上海高校高原学科建设项目资助

社区矫正评论

（第五卷）

主编 刘 强 姜爱东

中国人民公安大学出版社

·北 京·

图书在版编目（CIP）数据

社区矫正评论. 第 5 卷/刘强，姜爱东主编. —北京：中国人民公安大学出版社，2015.9

ISBN 978 - 7 - 5653 - 2375 - 1

Ⅰ.①社… Ⅱ.①刘… ②姜… Ⅲ.①社区—监督改造—研究—中国 Ⅳ.①D926.7

中国版本图书馆 CIP 数据核字（2015）第 222125 号

社区矫正评论（第五卷）

主编 刘 强 姜爱东

出版发行：中国人民公安大学出版社
地　　址：北京市西城区木樨地南里
邮政编码：100038
经　　销：新华书店
印　　刷：北京兴华昌盛印刷有限公司

版　　次：2015 年 9 月第 1 版
印　　次：2015 年 9 月第 1 次
印　　张：20
开　　本：787 毫米×1092 毫米　1/16
字　　数：400 千字

书　　号：ISBN 978 - 7 - 5653 - 2375 - 1
定　　价：62.00 元

网　　址：www.cppsup.com.cn　www.porclub.com.cn
电子邮箱：zbs@ cppsup.com　zbs@ cppsu.edu.cn

营销中心电话：010 - 83903254
读者服务部电话（门市）：010 - 83903257
警官读者俱乐部电话（网购、邮购）：010 - 83903253
公安图书分社电话：010 - 83906108

目　录

基层实务

海外之窗

简讯书评

狠抓落实 开拓创新
全面推进社区矫正工作

司法部社区矫正管理局局长 姜爱东

2014 年，社区矫正工作在司法部党组正确领导下，认真贯彻落实党的十八大、十八届三中、四中全会精神，认真学习贯彻习近平总书记系列重要讲话和关于社区矫正工作的重要指示以及全国社区矫正工作会议精神，实现了新发展、新突破。截至 2014 年 12 月底，全国累计接收社区服刑人员 223.8 万人，累计解除 150.5 万人，现有 73.3 万人，社区服刑人员在矫期间重新犯罪率控制在 0.2% 左右的较低水平，为维护社会和谐稳定，推进平安中国建设作出了积极贡献。

一、认真筹备召开全国社区矫正工作会议，印发《关于全面推进社区矫正工作的意见》，部署在全国全面推进社区矫正工作

经认真协调筹备并请示中央政法委同意，2014 年 5 月 27 日，司法部联合最高人民法院、最高人民检察院、公安部召开了全国社区矫正工作会议，总结了社区矫正全面试行以来的工作，对全国全面推进社区矫正工作作出了部署。这次会议规格高、内容实，中央政治局委员、中央政法委书记孟建柱同志出席会议并作了重要讲话，深刻阐述了新形势下全面推进社区矫正工作的重要意义，对加强队伍建设，提升履职能力，为全面推进社区矫正工作提出了明确要求。吴爱英部长、郝赤勇副部长和政法各部门领导分别讲话，以习近平总书记重要指示为指导，进一步明确了全面推进社区矫正工作的目标任务和措施办法。会后，最高人民法院、最高人民检察院、公安部、司法部联合印发了《关于学习贯彻孟建柱同志在全国社区矫正工作会议上的重要讲话的通知》、《关于印发吴爱英 景汉朝 李如林 黄明 郝赤勇同志在全国社区矫正工作会议上的讲话的通知》和《关于全面推进社区矫正工作的意见》，把思想统一到会议部署上来。

二、锲而不舍抓好全国社区矫正工作会议精神的贯彻落实，联合六部委出台《关于组织社会力量参与社区矫正工作的意见》

司法部社区矫正管理局开办了学习贯彻全国社区矫正工作会议情况专刊，及时交流各地贯彻落实情况，引导、鼓励和督促各地抓住机遇，精心组织，周密部署，全面推进社区矫正工作。

各地高度重视全国社区矫正工作会议精神的贯彻落实。北京、重庆、广东、河北、河南、贵州等28个省（区、市）党委、政府主要领导同志、政法委书记对贯彻全国社区矫正工作会议精神、全面推进社区矫正工作作出批示指示。江苏、甘肃、浙江、山东、安徽、四川、江西、云南、黑龙江、上海、福建、贵州、吉林、北京、内蒙古、广西、西藏、青海、新疆、山西、河北、湖北、湖南、陕西、广东、宁夏等26个省（区、市），以省委、省政府名义召开，或者参照全国社区矫正工作会议规格形式先后召开本省（区、市）社区矫正工作会议，部署全面推进社区矫正工作。北京等19个省（区、市）党委政府常务会议或政法委专题会议专门研究贯彻措施，出台《关于进一步加强社区矫正工作的意见》或《全面推进社区矫正工作的意见》，要求明确，措施有力。

机构队伍建设方面。江苏、陕西、黑龙江、安徽、浙江、云南等省（区、市）经编办同意，以"队建制"形式加强社区矫正机构建设。北京市司法局经批准成立"社区矫正管理总队"、各区县司法局成立"社区矫正管理支队"。上海、河南、重庆、广西、内蒙古等地更名成立省（区、市）司法厅（局）社区矫正管理局。目前，全国有14个省（区、市）经编制部门批准在省司法厅成立社区矫正局，15个省（区、市）设立社区矫正处，在省司法厅基层处加挂社区矫正处的四川和海南两省也正在积极协调成立单独管理机构。全国323个地（市、州）、2607个县（市、区）司法局单独设立社区矫正机构，分别占全国建制数的97%和91%。青海、新疆等地在省司法厅已经成立专门社区矫正管理机构的基础上，要求地（市、州）、区（县）两级限期全部单独设立专门机构，并由编制部门支持，增加专门力量，保证专人从事社区矫正工作。西藏各地市社区矫正机构全部建成，全区74个县区均配备了社区矫正专门工作人员。河北、内蒙古、安徽、重庆、贵州、西藏、陕西等省（区、市）司法厅根据省委常委会意见，协调省编制、人社、民政、财政等有关部门，采取有力措施，充分用好政法专项编制，并通过政府购买服务等方式选录一批社会工作者，切实充实一线工作力量。全国从事社区矫正的社会工作者有8万多人，志愿者66万多人。

经费保障方面。认真抓好司法部、财政部《关于进一步加强社区矫正工作经费保障的意见》的贯彻落实。全国31个省（区、市）和新疆生产建设兵团做到将社区矫正经费纳入同级财政预算，有286个地（市、州）和2007个县（市、区）社区矫正经费纳入同级财政预算，分别占全国地（市、州）和县（市、区）建制数的82%和70%。江苏、浙江、宁夏、江西、重庆、湖南6个省（区、市）、54个地（市、州）、598个县（市、区）按照社区矫正人员数量核定经费。2014年，全国各地社区矫正经费预算总计11.38亿元，比2013年增加了1.44亿元。其中，社区矫正指导管理费、工作经费和设备费合计6.82亿元（包含省级财政1.75亿元、市级财政 0.7 亿元、县级财政 4.37 亿元），社区矫正中心建设经费 1.13 亿元，专职社工聘用经费 3.43 亿元。

场所设施建设方面。全国累计建立县（区）社区矫正中心 1108 个，社区服务基地 24032 个，教育基地 8875 个，就业基地 8013 个。北京、江苏、上海、安徽等省市普遍建立县区社区矫正中心。陕西省已在 60% 的县（区）建立社区矫正中心，力争 2015 年年底实现全覆盖。吉林省 2014 年年内有 1/3 的县（市、区）社区矫正中心建成并投入使用。福建省 2014 年年内有 70% 的县（市、区）社区矫正中心建成使用。重庆市要求 2015 年年底前实现"一区县一中心"目标。河南省制定了县（市、区）社区矫正中心建设规划，要求到 2016 年年底全省所有县级司法行政机关全部建立社区矫正中心并投入使用。

社会力量参与方面。司法部会同中央综治办、教育部、民政部、财政部和人社部出台《关于组织社会力量参与社区矫正工作的意见》，对鼓励引导社会力量参与社区矫正工作，解决好社区服刑人员就业就学、社会救助和社会保险等问题提出要求。规定了鼓励引导社会力量参与社区矫正的原则、主要途径和对社区矫正社会工作者的薪酬保障机制、专业技术水平评价和表彰奖励机制。明确了社区服刑人员在就业就学、社会救助和社会保险等方面的保障措施以及各部门的职责分工。各地认真贯彻全国社区矫正工作会议精神和司法部部署，积极动员组织社会力量参与社区矫正工作。浙江省召开社会力量参与社区矫正工作推进会。内蒙古司法厅联合人社厅下发文件，将社区矫正社会工作者纳入高校毕业生志愿服务计划实施方案，选聘 1402 人专职从事社区矫正工作。吉林省为全省基层司法所增配 1200 个社区矫正社会工作者。重庆市通过政府购买服务的方式，聘用 1000 名工作人员从事社区矫正辅助工作。安徽省司法厅联合人社厅通过公开招聘专职社区矫正社会工作者 2316 名，使其与社区服刑人员比例超过 1：20，有效弥补了社区矫正工作力量的不足。

三、深入调研，有组织有计划地开展对社区矫正重大问题研究

结合筹备全国社区矫正工作会议，对江苏、浙江、北京、安徽等地社区矫正工作深入调研。按照国务院社区矫正立法工作协调小组《推进社区矫正立法工作实施方案》，积极参加由中央政法委、国务院法制办、全国人大常委会、最高人民法院、最高人民检察院、公安部、司法部、民政部等部门组成的 4 个调研组，分赴吉林、上海、江苏、浙江、安徽、山东、四川、陕西 8 省市参与立法调研，认真总结经验，客观反映问题，积极提出建议，及时提交调研报告。根据部领导指示，对全国职务犯罪社区服刑人员实施社区矫正情况进行统计分析和情况调研，并召开 8 省市区座谈会，研究提出加强监督管理的措施，探索提高对职务犯罪社区服刑人员教育矫正效果的办法。经认真论证，向中央改办报送了社区矫正执法人员身份的意见和建议。司法部社区矫正管理局与国务院政策研究室社会发展司、中

央编办一司负责同志分别组成调研组，先后赴山东、浙江调研社区矫正开展情况和机构队伍建设情况，实地考察社区矫正工作场所，详细了解社区矫正运行情况，与省市县乡四级社区矫正工作部门同志召开座谈会，听取社区矫正机构队伍建设的经验、存在的困难以及意见建议等情况，并写出专题报告。通过调研进一步增进了中央相关部门对司法行政机关指导管理、组织实施社区矫正工作的理解和支持，收到了较好效果。

四、精心组织举办三期全国社区矫正工作培训班，提高社区矫正工作队伍的能力和水平

根据《司法部 2014 年度培训计划》，部社区矫正管理局 2014 年先后举办了三期全国社区矫正工作培训班。社区矫正工作任务重的县（区）司法局局长以及各省（区、市）司法厅（局）分管领导、社区矫正局（处）主要负责人，副省级市司法局分管领导，部分地（市）司法局分管副局长，共 600 人分期参加培训。6月，在浙江警官职业学院举办的两期培训班，以贯彻落实习近平总书记关于司法行政工作的重要指示和全国社区矫正工作会议部署为主题，进行了培训和交流，并就修改完善《社区矫正法》草案、加强社区矫正机构队伍建设听取意见建议。11月，在中央司法警官学院举办的第三期全国社区矫正工作培训班；以学习贯彻党的十八届四中全会精神全面推进社区矫正为题进行培训交流。参训学员普遍反映，培训内容管用、针对性强，管理严格；既学习了业务，又交流了经验，收获很大。另外，积极支持民族地区和社区矫正工作开展较晚的省份做好社区矫正培训工作，部社区矫正局先后派员前往内蒙古、西藏、甘肃、陕西、贵州等省（区）社区矫正培训班授课，并有针对性地指导当地结合实际开展工作，实现发展。

五、统筹运用传统媒体和新媒体技术手段，加大宣传力度，为全面推进社区矫正提供有力舆论支持

经批准，三次以司法部负责人答记者问的形式，在法制日报等媒体就《关于全面推进社区矫正工作的意见》、《关于组织社会力量参与社区矫正工作的意见》和《贯彻党的十八届三中全会精神 推动中国特色社区矫正工作新发展》进行宣传报道。经批准，局主要负责人接受中央电视台等媒体采访，就贯彻党的十八届三中全会提出的"健全社区矫正制度"答记者问，澄清"社区矫正是劳动教养制度的替代"等错误认识。另外，及时向人民日报、新华社、新京报、法制日报、中国司法、人民调解、司法所工作等报纸杂志提供材料、线索，及时更新司法部网站社区矫正局网页专栏内容，积极宣传全国社区矫正工作的部署和经验做法。司法部网站刊登社区矫正工作信息 80 多条，社区矫正局网页日均浏览次数 2 万多次，浏览量位居前列。联系指导贵州、安徽、重庆、北京等省市司法厅（局）在法制日报等媒体宣传社区矫正工作的重大举措。指导江苏、湖南、河南、福建等省司法厅积极配合中央电视台社会与法频道，拍摄并播出三集社区矫正系列专题片。做好社区矫正简报编写和统计分析工作。继续用好全国社区矫正信息管理系统，及时做好社区矫正工作的月报表和季度报表统计工作，坚持每月中旬出上月工作分析。根据需要，专项统计了《各省（区、市）2012 年、2013 年因职务犯罪被人民法院判处有期徒刑同时又因身患疾病被决定暂予监外执行的情况统计》、《全国有关人民警察参与社区矫正工作情况统计》、《2004 - 2012 年假释人员增长情况统计》和《2009 - 2013 年社区服刑人员再犯罪情况统计》等，为科学决策提供依据。认真贯彻落实中央政法委《关于严格规范减刑、假释、暂予监外执行 切实防止司法腐败的意见》，指导各地对在社区服刑的职务犯罪、金融犯罪、涉黑犯罪等三类罪犯进行摸底排查，掌握情况，会同检察机关对保外就医的三类罪犯逐人见面、重新体检，对于不符合保外就医条件或者保外就医情形消失的，依法及时提请收监执行。

社区矫正工作进入全面推进阶段。2014 年，各地新接收社区服刑人员 48 万人，解除矫正 42.9 万人，净增长 5.1 万人。社区服刑人员构成日趋复杂，患有精神障碍、严重疾病、家庭发生重大变故、生活严重困难、有重新违法犯罪倾向的社区服刑人员人数有上升趋势。一些社会关注的案件中涉及社区矫正任务增多，监管安全的压力不断增大。总体上看，社区矫正开展时间不长，基础弱、底子薄，还存在一些不容忽视的困难和问题，主要是法律制度还不完善，工作力量不足，有的地方经费不落实、基础设施不健全等，这些都是新形势下加强和改进社区矫正工作的客观依据。

2015 年，社区矫正工作要认真贯彻落实党的十八大和十八届三中、四中全会精神，认真学习贯彻习近平总书记系列重要讲话精神，学习贯彻中央政法工作会议、全国社区矫正工作会议和全国司法厅局长会议精神，全面推进社区矫正工作，提高社区矫正实效，以问题为导向，进一步加强中国特色社区矫正法律制度建设、机构队伍建设和保障能力建设，切实做好对社区服刑人员的监督管理、教育矫正和社会适应性帮扶，进一步把社区服刑人员改造成为守法公民，为维护社会和谐稳定，建设平安中国、法治中国作出积极贡献。具体来讲，要着力抓好以下建设和工作：

一、要着力抓好社区矫正制度化规范化法制化建设

一是积极推动制定《社区矫正法》，完善社区矫正制度。认真总结全面推进社区矫正工作的好经验、好做法，将实践发展的新情况、新成果，根据要求及时以多种形式提供给立法部门参考；继续加强对社区矫正重大问题的研究论证，立足实际提出意见建议，积极配合立法部门做好相关工作，努力在立法中解决社区矫正执法队伍身份、经费保障体制等重大问题。二是加强规章制度建设。在《社区矫正实施办法》的基础上，进一步健全完善社区矫正工作制度规定，加强沟通协调，建立完善调查评估、收监执行等重点工作环节的专门制度；指导各地在社区矫正实施细则的基础上，进一步完善调查评估、交付接收、管理教育、考核奖惩、收监执行、解除矫正等环节的工作制度，细化完善工作流程，使之全覆盖，确保这项工作规范运行。三是完善工作机制。进一步建立健全社区矫正形势分析研判、执法考评、重大事项报告、突发事件预警处置等工作机制，提高社区矫正安全防范能力。四是加强执法检查。指导各地采取自查、互查、督查以及联合检查等方式，重点检查适用社区矫正调查评估、外出和居住地变更审批、考核奖惩、提请执行变更、实施手机定位等执法环节，切实解决纠正审批程序不严格、超越权限审批、法律文书不规范等问题，督促各地对存在的问题及时整改，确保严格规范执法。五是切实规范执法行为，强化执法人员的责任意识，严肃职业纪律，加强警示教育，提高队伍的整体素质，提高社区矫正执法水平，维护社区服刑人员合法权益，努力在每一个执法环节、每一起执法案件办理上使人民群众、社区服刑人员及其家属感受到公平正义。

二、要着力加强社区矫正工作机构和队伍建设

要理顺体制机制，建立健全各级司法行政机关社区矫正工作机构。目前全国尚有3%的地市和9%的县区没有成立专门的社区矫正工作机构。全国各省市县占编制的社区矫正专职工作人员仅有万余人。很多县区司法行政机关亟须建立适应全面推进工作需要的社区矫正专门执法队伍，具体履行调查评估、矫正接收（解除）、事项审批、司法奖惩、追查、收监执行、禁止令执行和应急处置等监管执法职责。要加强社区矫正工作机构建设，健全省、市、县三级社区矫正机构，重点加强县级司法行政机关社区矫正专门机构建设，切实承担起社区矫正工作职责。要切实加强社区矫正工作队伍建设。继续大力加强县（市、区）司法局和司法所社区矫正队伍建设，配齐配强专职工作人员，保证执法和管理工作需要。按照司法部、财政部、民政部等六部门文件规定，用足用好政策，采取政府购买服务等方式，动员组织社会工作者和志愿者参与社区矫正工作。要继续加大业务培训力度，组织开展岗位练兵，不断提高业务素质和工作能力。

三、要着力加强社区矫正经费、场所和信息化建设等基础保障能力建设

继续抓好《财政部、司法部关于加强社区矫正工作经费保障的意见》的贯彻落实，将社区矫正经费纳入各级财政预算，并探索建立动态增长机制，以适应社区矫正工作发展需要。在与财政部沟通协调的基础上，根据安排，配合计财司、联合财政部相关司局做好调研，争取更加有力的保障政策。要大力推进场所设施建设，多形式、多渠道建设社区矫正场所设施。适时召开会议，总结交流经验，制定出台社区矫正场所建设指导性意见。进一步加强社区矫正信息化建设，抓好司法部《社区矫正管理信息系统技术规范》和《社区服刑人员定位系统技术规范》的贯彻执行，不断完善并用好全国社区服刑人员数据库。通过举办培训班等多种形式，指导各地建立健全社区矫正信息平台，加强社区矫正信息统计和信息系统管理，确保信息安全、可靠、及时、快捷。推动与有关部门互联互通、资源共享，

对社区服刑人员实施网上监管、网上教育、网上服务帮扶,不断提升社区矫正工作的信息化水平。

四、要着力加强对社会力量参与社区矫正意见的贯彻落实

要认真贯彻执行司法部、中央综治办、教育部、民政部、财政部、人力资源和社会保障部《关于组织社会力量参与社区矫正工作的意见》,指导各地用好相关政策,采取有力措施,广泛组织社会力量参与社区矫正工作,切实解决社区服刑人员就业、就学、救助和社会保险等问题,有效地预防社区服刑人员重新违法犯罪。适时召开会议,总结交流各地组织社会力量参与社区矫正工作的办法措施。

五、要进一步加强社区矫正理论研究和宣传工作

根据全国司法厅(局)长会议部署,加强研究,建立健全监狱刑罚执行和社区矫正相互衔接、统一协调的刑罚执行体系。加强与专家学者的科研合作,就社区矫正立法和实践中遇到的重大问题进行理论探讨,为社区矫正工作深入开展提供理论和智力支持。充分发挥报纸、杂志、网络等媒体的作用,扩大社区矫正宣传工作,广泛宣传中央关于全面推进社区矫正工作的决策部署,及时总结推广地方的好经验好做法,充分发挥典型示范作用,集聚推动社区矫正工作发展的正能量。做好日常网络监测,加强与互联网管理部门、主流媒体的沟通联系,完善协调沟通联系机制,主动回应、及时发布社区矫正相关信息,提高社会知晓率,为依法实行社区矫正工作营造良好的社会氛围。

研究综述

2014 年社区矫正研究综述

上海政法学院社区矫正研究中心

一、社区矫正的发展简况

（一）社区矫正的相关活动

目前，全国共有社区服刑人员 73 万左右。2014 年 5 月，中央政法委书记孟建柱在全国社区矫正工作会议上强调，发挥社会主义制度优越性，提高教育矫正工作水平，全面推进社区矫正工作，促进社区服刑人员更好地融入社会。同月，司法部部长吴爱英在全国社区矫正工作会议上，强调认真做好社区矫正工作，健全社区矫正制度的重要性。2014 年 10 月，"两院两部"联合出台《关于全面推进社区矫正工作的意见》，对全面推进社区矫正工作作出整体部署。10 月，司法部副部长郝赤勇在北京市社区矫正工作会议上，强调全面推进社区矫正工作、健全中国特色社区矫正制度的重要性。除此之外，全国还举办了多次学术活动：2014 年 6 月，司法部社区矫正管理局在杭州举办了全国社区矫正工作培训班；2013 年 12 月，上海政法学院举办了"社区矫正十周年'回顾与展望'研讨会"；2014 年 9 月 26 日，由上海社科院法学研究所、英国驻上海总领事馆主办，上海政法学院社区矫正中心协办的"中英社区矫正理论与实践研讨会"在上海社会科学院召开。

（二）中央重视社区矫正

2013 年 11 月，党的十八届三中全会《决定》明确提出，要"健全社区矫正制度"。2014 年 4 月，习近平总书记指出，社区矫正已在试点的基础上全面推开，新情况新问题会不断出现。要持续跟踪完善社区矫正制度，加快推进立法，理顺工作体制机制，加强矫正机构和队伍建设，切实提高社区矫正工作水平。2014 年 10 月，党的十八届四中全会《决定》明确提出了"制定社区矫正法"。2014 年 11 月，司法部副部长张苏军在出席国新办新闻发布会并答记者问时指出，社区矫正立法已经列入国务院 2014 年立法工作的计划和十二届全国人大常委会五年立法规划。

（三）社区矫正研究成果

2014 年度在杂志上公开发表的社区矫正论文约 600 篇，另有硕博论文 39 篇。这一时段的出版物有：刘强、姜爱东主编《社区矫正评论》（第四卷）（中国人民公安大学出版社）；赵秉志主编《社区矫正法（专家建议稿）》（中国法制出版社）；王平著《社区矫正制度研究》（中国政法大学出版社）；连春亮、李玉成、殷尧著《犯罪矫正形态论》（群众出版社）；连春亮、张峰著《犯罪矫正模式论》（群众出版社）；金碧华著《支持的"过程"：社区矫正假释犯对象的社会支持网络研究》（法律出版社）；安徽省司法厅编写《社区矫正工作手册》和《社区服刑人员读本》（安徽人民出版社）；上海市社区矫正管理局编《社区服刑人员教育学习读本》（中国民主法制出版社）；张旭光著《和谐社会背景下的社区矫正问题研究》（中国农业科学技术出版社）；"北京市东城区阳光社区矫正服务中心"著《窗外有阳光》（知识产权出版社）。

二、研究的主要内容

（一）社区矫正立法研究

1. 全国性立法评价

对于社区矫正的法律保障问题，肖乾利等认为《刑法修正案（八）》、新《刑事诉讼法》都仅仅是对社区矫正作原则性规定，缺乏实务可操作性。《社区矫正实施办法》（以下简称《办法》）仅仅具有"司法解释"的地位。[①] 王燕飞认为《办法》填补了我国非监禁刑执行制度的空白，顺应了与监禁执行的制度衔接实践需求，成为我国社区矫正实现的"大法"或者"母法"。具体操作《办法》的详细实施细则尚需省级有关负责部门进一步明确。[②] 而黄瑞琦等则认为《办法》没有上升到立法高度。[③] 就《办法》的性质而言，刘丽敏认为，从法律位阶上就其对最高人民法院和最高人民检察院而言，属联合发布的司法解释；就公安部和司法部来讲，属联合颁布的规章，既非法律，亦非法规，仍属于规范性文件。[④] 而吴建则认为《办法》不属于司法解释，也不是行政规章，更不是行政法规。[⑤]

关于《办法》与其他法律之间的衔接问题，文范飞等认为，《办法》中审判机关、公安机关与司法行政机关的权力、义务有很多突破了现行的《刑法》、《刑事诉讼法》的规定，与法理不容。[⑥] 余贵忠等认为，依据《立法法》，关于犯罪和刑

[①] 肖乾利、李凤军：《未成年犯社区矫正实施效果评估及其优化》，载《重庆社会科学》2014 年第 8 期。

[②] 王燕飞：《我国社区矫正制度形态演化及体系特色》，载《湖南大学学报（社会科学版）》2014 年第 5 期。

[③] 黄瑞琦、张学军：《社工在未成年人社区矫正中的角色定位》，载《社会工作》2014 年第 2 期。

[④] 刘丽敏：《破解社区矫正的实践困境——国外经验借鉴及中国的体制机制构建》，载《河北学刊》2014 年第 2 期。

[⑤] 张文举：《社区矫正制度"上海模式"现状评析》，载《赤峰学院学报（汉文哲学社会科学版）》2014 年第 5 期。

[⑥] 文范飞、管圣东、伍正：《我国社区矫正的发展瓶颈及对策思路》，载《中国检察官》2014 年第 5 期。

罚的内容，只能由国家法律确定，社区矫正类属于刑罚，用"两院两部"的文件替代立法文件显然不恰当。① 马进保等认为，我国现行立法有明显的制度性缺失。通过最高司法机关制定的司法解释、《办法》和司法部起草的行政法规来规范司法活动，有违宪法所确立的法治原则。一个部门性的法律文件并不能成为刑罚执行的依据。另外，我国地域辽阔，各地经济社会发展很不平衡，社区矫正的功能发挥也存在明显差异，如果全国按照统一的标准开展此项工作，必然会导致部分规定难以落实。② 欧渊华认为，《刑法》与《刑事诉讼法》确定的社区矫正内容过于原则，立法局限性明显，在社区矫正制度方面，依然用较低效力等级的规范性文件指导犯罪与刑罚问题，不仅违背《立法法》的基本原则，而且存在自设职权现象，违背职权法定的法治原则。③

2. 地方性立法评价

王燕飞认为，省级试行专项办法的制定构造了专门性社区矫正制度。地方性规定在一定程度上是一种地方制度自我创造，具有一定程度上的变通形式，也就有了一定程度上的率先标新立异的突破性发展走向，给予实践者大胆尝试的地方特色制度建构的实质权力。④ 袁爱华等认为，云南省虽然出台了一系列有关社区矫正的规范性文件，但由于缺少全国性的上位法支持，使得这些规范性文件的性质和内容同样受到质疑。⑤ 杨红文等也认为，我国社区矫正的相关法律体系不完善。由于《刑法》、《刑事诉讼法》、《监狱法》等衔接不好，实践中虽然各地大都像广西一样制定了实施细则，但毕竟层级低，权威性不够。⑥

3. 社区矫正立法建议

张金祥认为，社区矫正法的立法宗旨首先应该以公平正义为前提，注重保护人权、公民私权，其次才是维护社会秩序。⑦

关于社区矫正的立法形式方面的阐述，主要有四种观点：第一种观点是倡导制定《刑事执行法》。栗志杰等认为，我国社区矫正立法形式和实现路径应当是加

---

① 余贵忠、周小稚：《服刑人员再社会化模式研究——以社区矫正为视角》，载《贵州警官职业学院学报》2014年第1期。

② 马进保、王唯：《我国社区矫正执行程序探讨》，载《江苏警官学院学报》2014年第1期。

③ 欧渊华：《积极推进社区矫正立法，健全完善社区矫正执行体系》，载《榆林学院学报》2014年第5期。

④ 王燕飞：《我国社区矫正制度形态演化及体系特色》，载《湖南大学学报（社会科学版）》2014年第5期。

⑤ 袁爱华、袁玲、林怀满：《云南省社区矫正工作存在的问题及对策》，载《云南农业大学学报（社会科学版）》2014年第3期。

⑥ 杨红文、王创伟：《我国民族地区社区矫正的现实困境及进路——以广西壮族自治区为视角》，载《中央民族大学学报（哲学社会科学版）》2013年第6期。

⑦ 张金祥：《劳动教养与社区矫正的衔接》，载《湖北经济学院学报（人文社会科学版）》2014年第4期。

快《刑事执行法》的立法进程。① 李世波等认为，从长远发展来看整合《社区矫正法》和《监狱法》，制定一部《刑事执行法》应纳入我国立法工作日程。② 第二种观点是制定专门的《社区矫正法》。刘丽敏认为，应适时制定一部全国性的社区矫正法。③ 施亮认为，需要注意《刑法》、《刑事诉讼法》、《监狱法》等法律中相关问题的衔接，完善实体和程序两方面的规定，实现对社区矫正工作的一体化立法保障。鼓励地方性法规的制定，以充分发挥社区矫正的制度价值。在此过程中，必须尊重地域差异，制定出符合本地区的法律实施细则。④ 张建议，将劳动教养制度纳入社区矫正法。⑤ 第三种观点是制定《社区刑罚执行法》。董杰等认为，当务之急是整合现有关于社区矫正的法律法规和工作规范，尽快制定一部《社区刑罚执行法》，全面、细致地对社区刑罚执行进行规定。⑥ 第四种观点是要在立法的基础上制定《社区矫正法实施细则》。伊建仁认为，《社区矫正法实施细则》能增强社区矫正法的可操作性。最终形成以《刑法》、《刑事诉讼法》为总则，以《社区矫正法》为基础，以《社区矫正法实施细则》为执行准则，以规章为重要补充的中国社区矫正法律体系。⑦

针对社区矫正法制在规范形态方面的观点，栗志杰等主张，应是由法律、行政法规、地方性法规、部门规章等法规组成效力等级高低有序、规范内容协调统一、功能作用有机互补的统一体。这是社区矫正法制体系的改革发展方向。⑧

对于立法模式或程序问题，刘宇驰认为，立法工作可有以下步骤：①对《刑法》进一步完善、对《监狱法》进行修改。②全国人大颁行单独的《社区矫正法》。③各地可根据自己的特色，制定符合域情的法规，以形成完善的社区矫正法律体系。⑨ 严励等认为，在立法模式上，类似"先上位立法、再下位立法"的观点值得商榷。宜采取"先下后上"的立法路径。⑩ 邵晨澎认为，应当加大宣传力度，为社区矫正立法工作营造氛围。⑪

就立法时机问题而言，以张德军为代表的大多数学者认为应该尽快立法。他

---

① 栗志杰、李玉娥、田越光：《俄罗斯社区矫正制度评述与启示》，载《河北法学》2014 年第 1 期。

② 李世波、陆中华：《社区矫正基本问题研究》，载《法制博览》（中旬刊）2014 年第 4 期。

③ 刘丽敏：《破解社区矫正的实践困境——国外经验借鉴及中国的体制机制构建》，载《河北学刊》2014 年第 2 期。

④ 施亮：《浅析我国社区矫正制度的构建》，载《法制与经济（中旬）》2014 年第4 期。

⑤ 张建：《浅议我国社区矫正制度》，载《商》2013 年第 21 期。

⑥ 董杰、邵宗林：《我国社区矫正若干问题的思考》，载《改革与开放》2014 年第 11 期。

⑦ 伊建仁：《枫桥经验的新内涵——浅析社区矫正工作与再犯罪预防》，载《公安教育》2014 年第 4 期。

⑧ 汪浔：《社区矫正中的检察监督与社会管理创新》，载《湖北警官学院学报》2013 年第 10 期。

⑨ 刘宇驰：《浅议我国社区矫正制度之完善》，载《法制与经济（中旬）》2014 年第 5 期。

⑩ 严励、张东平：《我国社区矫正模式的省思与完善》，载《南都学坛》2013 年第 6 期。

⑪ 邵晨澎：《加强社区矫正人员监管的对策建议——以浙江省衢州市为例》，载《法制与社会》2014 年第 21 期。

认为立法空缺是我国当前开展社区矫正工作的最大障碍，这导致了我国社区矫正的推行陷入"合法性危机"，造成了司法机关在处理相关案件中的诸多困惑。① 但也有学者认为社区矫正立法不能操之过急。屈学武认为，现阶段我国实务界、理论界并未形成相对成熟的刑罚执行理论。在刑罚执行方式层面，我国既有其立法滞后问题，也有其立法瑕疵，还有执法偏差问题等。需要在清正刑法乃至社区矫正的价值取向的前提下，先理顺刑事实体法本身尚存在的问题，修改社区矫正制度本身存在的诸多立法瑕疵或立法缺口等问题，再充分调研并归纳、演绎众多社区矫正或成功或失败的个案，进而考虑制定《社区刑罚执行法》，同时完善并强化我国社区矫正制度。② 张绍彦也认为并不是越早立法越好，在还不具备基本解决上述问题的理论和实践条件时，立法是不合时宜的。③ 李密认为，我国社区矫正立法虽然是件好事，但是实施社区矫正法的条件准备问题，还需要进一步研究探索，宜"从稳、从缓"制定我国的《社区矫正法》。④ 袁爱华等认为，因为立法模式、立法原则和立法内容等根本问题还未达成共识，所以，立法的时机还不完全成熟。⑤ 李敬瑶也认为，在《办法》适用的过程当中，促使社区矫正制度理念深入人心，等到时机成熟再制定《社区矫正法》。切忌急于求成，要根据我国经济和社会发展的特点，适时立法，保证立法的科学合理。⑥

王磊介绍了司法部起草《社区矫正法（草案稿）》的基本思路，以及司法部《社区矫正法（草案送审稿）》的主要内容。⑦

关于立法机关及法律地位问题，常素凤等认为，第一，《社区矫正法》的制定机关应该是全国人大及人大常委会；第二，《社区矫正法》与《监狱法》应该具有平等的法律地位。⑧ 而张济等则认为，应当重视社区矫正的法律地位，将之以基本法的形式加以规定。⑨

（二）社区矫正的性质和适用范围

1. 社区矫正的性质

（1）双重说。王平认为，社区矫正的性质具有多重性，社区矫正既是刑罚执

---

① 张德军：《短期自由刑执行机制改革研究——以社区矫正制度的完善为视角》，载《法学论坛》2014年第4期。

② 屈学武：《中国社区矫正制度设计及其践行思考》，载《中国刑事法杂志》2013年第10期。

③ 张绍彦：《社区矫正的现实问题和发展路向》，载《政法论丛》2014年第1期。

④ 李密：《我国未成年人社区矫正的瓶颈与突破》，载《黑龙江省政法管理干部学院学报》2014年第1期。

⑤ 袁爱华、袁玲、林怀满：《云南省社区矫正工作存在的问题及对策》，载《云南农业大学学报（社会科学版）》2014年第3期。

⑥ 李敬瑶：《中外社区矫正制度比较》，载《世纪桥》2014年第9期。

⑦ 王磊：《健全完善中国特色社区矫正法律制度》，载《犯罪与改造研究》2014年第3期。

⑧ 常素凤、杨翠芬：《完善社区矫正制度路径探析》，载《党史博采（理论）》2014年第4期。

⑨ 张济、朱振华、鞠静文：《社区矫正工作的有效运行机制之构建——从立法的角度看》，载《法制与社会（下旬）》2013年第12期。

行活动，又是社区社会活动。社区矫正就是对犯罪人以及虞犯进行矫正，矫正可以分为犯罪前的预防矫正、犯罪后的预防矫正、刑罚执行完毕后的后续矫正和帮助。① 连春亮认为，社区矫正应该由狭义的、单纯的非监禁刑罚执行活动变成非监禁的刑罚执行活动和矫正教育活动并举。社区矫正的本质属性是宽容性，但是宽容并非等同于放纵，将符合条件的矫正对象置于社区中，仍要通过一定的强制手段实现社区矫正目的。而这一手段的实施不是要突出或实现法律的惩罚性，但又不等同于对公众的社会管理，而是介于二者之间的一种中间措施。② 张旭光认为，社区矫正的性质具有刑罚执行属性和社会工作属性，但是这二者不属于同一层次。刑罚执行属于社区矫正的本质属性，而社会工作属于非本质属性。社区矫正是一种为了克服监禁矫正的弊病、降低行刑成本与提高矫正效益，充分利用和组织社会资源与力量而采取的一种非监禁性的刑罚执行制度。③ 郑艳从恢复性司法的惩罚性角度探讨社区矫正的性质，认为社区矫正性质是刑罚性和恢复性并重，而且刑罚性是为恢复性服务的。④ 莫晓宇等认为，社区矫正是与监狱矫正相对应的更倾向于矫正与福利性质的矫正制度与方法。社区矫正具有矫正和社会福利、社会保障的性质，即我国目前的社区矫正是由社区矫正组织针对非监禁刑和其他非监禁刑措施罪犯行刑与矫正的活动。⑤ 顾永景认为，社区矫正刑罚执行性质的观点从一般意义上来讲是正确的，既符合广大人民群众对社区矫正试点工作的理解水平和接受能力，又有利于对社区矫正对象的有效监督管理。但不能把刑罚执行看作是社区矫正的唯一的性质定位，从而排斥和批判对社区矫正性质的其他角度的解说。⑥

（2）行刑说。吴爱英认为，社区矫正是一项重要的非监禁刑罚执行制度，是将管制、缓刑、假释、暂予监外执行的罪犯置于社区内，由专门的国家机关在相关社会团体、民间组织和社会志愿者的协助下，在判决、裁定或决定确定的期限内，矫正其犯罪心理和行为恶习，促进其顺利回归社会的刑罚执行活动。⑦ 刘强认为，社区矫正的第一位任务是惩罚犯罪，教育矫正并非是社区矫正的根本任务和核心任务，而是在社区刑罚执行中派生出来的任务。刑罚包括刑罚执行的本质属性是惩罚性，需通过惩罚来实现国家对犯罪的否定评价以及一般预防和特殊预防作用，体现社会公平与正义。建议更正对"社区矫正"一词的误译和误读，用

---

① 王平著：《社区矫正制度研究》，中国政法大学出版社 2014 年版，第 13 页。

② 连春亮、李玉成、殷尧著：《罪犯矫正形态论》，群众出版社 2014 年版，第 211 – 212 页。

③ 张旭光著：《和谐社会背景下的社区矫正问题研究》，中国农业科学技术出版社 2014 年版，第 18 页。

④ 社区矫正十周年"回顾与展望"研讨会会务组：《社区矫正十周年"回顾与展望"研讨会综述》，载《河南司法警官职业学院学报》2014 年第 2 期。

⑤ 莫晓宇、李芳芳：《关于完善我国社区矫正制度的若干思考》，载《西南石油大学学报》2014 年第 4 期。

⑥ 顾永景：《社区矫正性质之新定位、对象之新确认与内容之新拓展》，载《云南行政学院学报》2014 年第 5 期。

⑦ 吴爱英：《认真做好社区矫正工作健全社区矫正制度》，载《中国司法》2014 年第 7 期。

"社区刑罚执行"或"社区惩矫"来替代。① 陈志海认为,我国社区矫正应该定性为"刑罚执行活动",理由是:①我国社区矫正的对象是受刑罚处罚的罪犯;②社区矫正属于刑事司法程序中的执行环节;③社区矫正手段多样化是实现行刑目的的需要;④社会力量参与社区矫正是行刑社会化的需要。② 屈学武认为,基于当前我国的现状,暂时仍然应该坚持社区矫正为一种刑罚执行方式。这从其适用机关的司法性、适用手段的强制性、适用对象的刑事被告人或其他"罪犯"之确定性、行刑机关的法定性等都可见一斑。③ 严励等认为,无论我国社区矫正形式如何变化,其刑罚惩罚的性质不容式微,否则其刑罚执行性质便会异化。在实践中,偏重强调人性化的一面,而忽视了严肃性的一面,导致社区矫正容易被误解为"感化运动"。④ 武玉红认为,在社区矫正中,实际工作者往往认为社区矫正就是矫正,导致工作导向的偏差。社区矫正和监狱是刑罚执行的双翼。强调矫正的价值是必要的,但要防止矫枉过正,避免从一个极端走向另一个极端。⑤ 李娟等认为,社区矫正是非监禁刑的刑罚执行活动,并提出要克服重监管轻矫正及超越刑罚的界限进行帮助保护的倾向,要力求在二者之间寻求一种均衡,使帮助保护措施的落实与刑罚的执行相得益彰。⑥ 赵娟则通过对我国社区矫正的适用对象进行分析,认为其在中国的性质是刑罚执行方式。⑦ 詹蔚莹也认同社区矫正在性质上是非监禁刑罚执行活动,并指出这是一种低成本、高收益的刑罚执行方式。⑧ 王利荣等认为,由于管制是刑种、缓刑是刑罚的附随性处分,假释、暂予监外执行是处于特殊阶段或者因特殊情形采取的行刑方式,它们都属于广义刑罚的范畴,社区矫正也就当然具有刑罚执行的法律性质。⑨ 李本森认为,社区矫正的性质是刑罚执行的非拘禁方式。⑩ 李霓则认为,按照国际通行原则,社区矫正应属于保安处分的一种,但是我国的社区矫正却是一种刑罚执行活动。⑪ 马进保等认为,社区矫正执行是具有一定强制性的刑事执法活动,既不能把它混同于单纯的行政行为,也不能把社区矫

① 社区矫正十周年"回顾与展望"研讨会会务组:《社区矫正十周年"回顾与展望"研讨会综述》,载《河南司法警官职业学院学报》2014年第2期。
② 陈志海:《社区矫正性质研究》,载《犯罪与改造研究》2014年第7期。
③ 屈学武:《中国社区矫正制度设计及其践行思考》,载《中国刑事法杂志》2013年第10期。
④ 严励、张东平:《我国社区矫正模式的省思与完善》,载《南都学坛》2013年第6期。
⑤ 社区矫正十周年"回顾与展望"研讨会会务组:《社区矫正十周年"回顾与展望"研讨会综述》,载《河南司法警官职业学院学报》2014年第2期。
⑥ 李娟、班毛展:《目前我国社区矫正存在的问题及对策》,载《湖北广播电视大学学报》2013年第10期。
⑦ 赵娟:《社区矫正契机下的刑罚变革》,载《法制与社会》2013年第31期。
⑧ 詹蔚莹:《关于构建我国统一刑罚执行制度的若干思考——以完善社区矫正法律制度为中心》,载《法治论坛》2014年第2期。
⑨ 王利荣、程炀:《社区矫正语境中的观护与观察》,载《海峡法学》2014年第1期。
⑩ 李本森:《社区矫正制度发展与创新的若干思考》,载《中国司法》2014年第7期。
⑪ 李霓:《从社会结构变迁理论探讨社区矫正的法律价值》,载《四川警察学院学报》2014年第1期。

正执行看成是与人民调解、社会救助相类似的辅助措施，而应视其为法定刑罚的一种变通执行方式。①

（3）处遇教育说。付丽认为，社区矫正是一种罪犯处遇制度，并通过使用各种非监禁性刑罚或刑罚替代制度，使罪犯留在社区中接受教育改造，以避免监禁刑可能带来的副作用，并充分利用社区资源参与社区矫正事业。② 化耀民认为，我国社区矫正是一种强化监督的措施，其并不等同于刑罚的执行活动。刑罚执行有着严厉的惩罚性特征，社区矫正的价值在于以帮助和教育为手段来矫正罪犯的犯罪心理和不良恶习，使其顺利地回归社会，而不是惩罚犯罪。如果将社区矫正工作的性质等同于刑罚的执行活动，将会有悖于社区矫正工作的初衷。③

2. 社区矫正的适用范围

（1）社区矫正的适用范围是否应该扩大。

余盛军认为，社区矫正的适用范围应该扩大。在国际社会中发展起来很多社区矫正的新形式，其刑罚种类远比我国广泛。而且，形式各异的社区矫正措施便于针对不同情况灵活运用，大大拓展了社区矫正的生存和发展空间。④ 李彦峰也认为，我国的行刑模式应顺应时代潮流由监禁化为主向非监禁化为主转变，应该扩大社区矫正适用范围，增设非监禁刑刑种。⑤

董孝威等不赞同扩大社区矫正的适用范围，尤其反对将行政拘留、劳动教养人员、社区戒毒和康复戒毒人员纳入。与西方发达国家相比，社区矫正在我国起步较晚，关于社区矫正的许多规定还有所欠缺，不能急于求成。⑥ 张光君认为，在社区矫正对象的选择上，主要应当局限于轻刑犯，并且只能逐步扩大适用范围，不能因为发达国家社区矫正的人数远远超过监禁矫正的人数而操之过急。⑦

如何扩大社区矫正的适用范围？史亚杰认为，可将过失犯、未成年犯、初犯、偶犯、与未满 5 岁的幼儿共同生活的母亲以及 60 岁以上丧失（部分）能力的人等都纳入范围，同时也可将一些具有社会危险性或有经济困难、报复社会心理等潜在危险的非犯罪人都纳入。⑧ 周昱铭等认为，社区矫正对象应当扩展至所有有罪但不进行监禁的罪犯以及部分被判处 5 年以下有期徒刑的罪犯。⑨ 黄杏更进一步认

① 马进保、王唯：《我国社区矫正执行程序探讨》，载《江苏警官学院学报》2014 年第 1 期。

② 付丽：《社区矫正的法律思考》，载《法制博览》2013 年第 11 期。

③ 化耀民：《社区矫正制度探析》，载《湖北警官学院学报》2014 年第 5 期。

④ 余盛军：《对我国社区矫正执行力影响因素的探讨》，载《湖北经济学院学报》2014 年第 4 期。

⑤ 李彦峰：《我国社区矫正制度探析》，载《云南社会主义学院学报》2014 年第 1 期。

⑥ 董孝威、柏璐：《2012 年刑事诉讼法修正案中社区矫正问题研究》，载《法制博览》2014 年第 7 期。

⑦ 张光君：《社区矫正中的公众保护问题初探》，载《长江论坛》2014 年第 3 期。

⑧ 史亚杰：《国外社区矫正模式对我国社区矫正模式创新的启示》，载《辽宁公安司法管理干部学院学报》2014 年第 2 期。

⑨ 周昱铭、唐浩斌、曾德昊：《和谐背景下我国社区矫正制度的立法缺陷及其完善》，载《法制与经济》2014 年第 5 期。

为，把那些即将释放的人员和解教人员、1 年以下在派出所的犯罪人员以及检察机关决定不起诉的犯罪嫌疑人纳入社区矫正范畴。[①] 王菲则提出，应把被判处 3 年以下有期徒刑的罪犯和少年犯等纳入。[②] 陈宗攀认为，对那些未能进入诉讼程序的、有潜在社会危害性的经济类犯罪嫌疑人，可以采用社区矫正。[③]

施亮等认为，应该通过对社区矫正刑罚方式的内容扩展与完善，扩大其适用范围：①对管制刑建议增加对被害人赔偿、强制参加劳动等惩罚，同时扩大管制刑的适用范围。②对缓刑增加暂缓起诉、暂缓宣告的类型等，同时，扩大缓刑适用范围，灵活运用缓刑。③扩大假释的适用范围，特别是对过失犯、少年犯、经济犯，以及初犯、偶犯、激情犯等。[④] 邱可认为，一方面，放宽适用标准，对未成年犯、老年犯、过失犯给予适当照顾；另一方面，扩大管制、缓刑和假释数量。[⑤]

重刑犯是否适用社区矫正，谢忠峰认为，可在其监禁刑执行完毕之时，或者行将结束之际对其适用社区矫正，使其成为犯罪人回归社会的必经阶段和缓冲带。这不仅是克服犯罪人长期与社会隔绝的需要，也是社区做好接纳犯罪人准备的需要。[⑥]

（2）剥权人员是否应该纳入社区矫正。

根据 2003 年《关于开展社区矫正试点工作的通知》，我国社区矫正的对象包括剥夺政治权利且在社会上服刑的罪犯。而《刑法修正案（八）》和新《刑事诉讼法》相关条文却未将被剥权罪犯纳入社区矫正。

梁立宝认为，从法律位阶上来看，应以《刑法》及《刑事诉讼法》为准，但这并不排除在实践中对被剥夺政治权利并在社会上服刑的罪犯进行监督。[⑦]

王平认为，剥夺政治权利仍然应该列入社区矫正制度的范畴。其理由是：对剥权者实施社区矫正，有利于将服刑人员在监狱行刑中的效果加以巩固；社区矫正并非处处充满强制和惩罚，也包含丰富的教育、帮助、保护等社会工作内容，有利于服刑人员真正回归社会、化解抵触情绪；公安机关作为刑事侦查机关和行政机关，承担管理不符合权力分立与制衡的原则，现实中难以有效开展对被剥权者的执行工作。[⑧] 姜山也认为剥权犯应当纳入社区矫正，其理由是：①从统一刑罚执行的角度，不应再分成多个部门来负责执行刑罚。这样有益于执行机关调配资源，创新方法，有效运用刑罚资源更好地实现刑罚目的。②实践证明将剥权犯纳

---

① 黄杏：《浅析我国社区矫正制度的不足及完善》，载《法制与社会》2014 年第 17 期。

② 王菲：《社区矫正制度实施的法律监督再完善》，载《中国检察官》2014 年第 3 期。

③ 陈宗攀：《经济犯罪社区矫正的实现路径》，载《云南社会主义学院学报》2013 年第 4 期。

④ 施亮：《浅析我国社区矫正制度的构建》，载《法制与经济》2014 年第 4 期。

⑤ 邱可：《我国社区矫正制度的立法完善——以英国社区矫正制度为借鉴》，载《牡丹江大学学报》2014 年第 4 期。

⑥ 谢忠峰：《社区矫正制度的完善——以社会控制理论为视角》，载《兰州学刊》2014 年第 2 期。

⑦ 梁立宝：《恢复性司法理念视野下的社区矫正制度初探》，载《法制与经济》2013 年第 9 期。

⑧ 王平著：《社区矫正制度研究》，中国政法大学出版社 2014 年版，第 174 页。

入社区矫正能够取得更好的社会效果。①

黄娅琴等则认为，不管是从剥权犯自身，还是从国家监管角度来看，对其采用社区矫正都不甚合理，因为这变相地加重了对剥权犯的处罚。② 赵娟认为被剥权人除了不具有《刑法》第 54 条规定的四项权利外，其他自由与常人无异。对其适用社区矫正，其人身反受限制，有违刑罚谦抑精神。③ 屈学武认为，剥权仅是资格刑，对其再科以半限制自由的社区矫正处遇，不但有悖刑罚的公正性、人道性，更有悖刑罚的罪刑法定及其一事不二罚的基本原则。④

（3）缓刑是否为刑罚执行。

武玉红认为，缓刑应视为刑罚的类别，缓刑的执行是刑罚的执行。⑤ 王平则认为，缓刑既是量刑制度，又是刑罚执行制度。缓刑犯虽然暂时没有执行有期徒刑或者拘役，但是其在缓刑考验期内接受社区矫正机关的考察，其本身也是刑罚执行活动。在这个意义上必须扩展刑罚执行的内涵与外延。⑥

吴建认为，在理论上将缓刑理解为一个独立刑种未尝不可。其既不同于管制，也不同于有期徒刑，该刑罚的突出特性在于其执行内容有一定的弹性：当被执行人违反法定条件要从限制自由刑变为被执行人剥夺自由刑。⑦

而屈学武则认为，我国《刑法修正案（八）》通过其第 13 条对被宣告缓刑人员在缓刑考验期限内"依法实行社区矫正"的规定有悖法理和事理，宜于取消。⑧

（三）社区矫正的惩罚监管

惩罚监管是我国社区矫正的第一项任务，针对实践中"重教育矫正，轻惩罚监管"的方向性偏差，张德军等认为，社区矫正应当是惩罚性与恢复性并重的改造理念。⑨ 胡晓军提出了构建我国社区矫正监管措施体系，包括事实性监管、拘束性监管、制裁性监管。⑩

1. 审前调查评估

针对目前我国社区矫正审前社会调查评估在实践操作中存在着启动程序随意性、启动主体单一性、启动时间滞后性、调查内容不统一、调查报告低质化以及调查评估报告效力上不确定性等问题，郑艳认为，社区矫正审前社会调查评估制

① 姜山：《我国社区矫正适用范围探讨》，载《犯罪与改造研究》2014 年第 1 期。

② 黄娅琴、鄢琦昊：《我国社区矫正法律制度的完善》，载《江西社会科学》2014 年第 2 期。

③ 赵娟：《社区矫正契机下的刑罚变革》，载《法制与社会》2013 年第 31 期。

④ 屈学武：《中国社区矫正制度设计及其践行思考》，载《中国刑事法杂志》2013 年第 10 期。

⑤ 武玉红：《"缓刑执行不是刑罚执行"辩》，载《青少年犯罪问题》2014 年第 5 期。

⑥ 王平：《社区矫正制度研究》，中国政法大学出版社 2014 年版，第 6 – 7 页。

⑦ 吴建：《社区矫正若干问题研究》，载《法制与经济》2014 年第 3 期。

⑧ 屈学武：《中国社区矫正制度设计及其践行思考》，载《中国刑事法杂志》2013 年第 10 期。

⑨ 张德军、邢占军：《恢复与惩罚：社区矫正功能的双重定位及实现路径》，载《理论学刊》2013 年第 12 期。

⑩ 胡晓军：《社区矫正监管措施的属性与规制》，载《犯罪与改造研究》2014 年第 5 期。

度的启动程序应强调启动主体的多样性和启动时间的前移，调查程序强调关注被害人的权利，审前社会调查评估报告则由检察机关通过量刑建议、监狱机关通过假释建议的方式使用。[①] 黑龙江省法学研究所社区矫正课题组分别从审前调查评估的形式、内容、执行主体以及程序等方面存在的问题进行了分析，建议将调查评估作为适用社区矫正前的必经程序、确定调查评估主体、明确调查评估对象、调查评估内容、细化调查评估程序、统一调查评估文书格式，做到有法可依、有章可循。[②] 邓陕峡认为，现存在调查主体专业性不足，对社区矫正对象社会接纳度评估流于形式，评估内容和事项设置不够合理科学等问题，并提出了提高调查评估主体的专业性与中立性，增强调查评估项目设置与评估方式的科学性等措施。[③]

2. 假释评估

新修订的《监狱提请减刑假释工作程序规定》中明确规定：对提请罪犯假释的，要求有县级司法行政机关对罪犯假释后对所居住社区影响的调查评估报告。然而实际评估调查并不顺利。李晓娥指出，调查评估所需的案件信息，其他部门并没有提供，阻碍了调查评估的顺利进行。比如，有些监狱缺乏对拟调查假释罪犯的基本服刑情况介绍，导致一些相关单位的不配合。因此，建议制定统一的社会调查评估实施细则，规范社会调查评估的方法步骤，做好各部门衔接工作。[④] 江苏省沭阳县司法局通过邀请洪泽湖监狱刑罚执行科会同街道司法所、社区三方联合对一名预假释人员开展假释前社会调查评估，实属假释前评估新模式的尝试。[⑤]

3. 工作衔接

工作衔接的问题主要来自法院与社区矫正机构、监狱与社区矫正机构两个方面。李世龙等就前者指出，在社区矫正入矫报到期间存在的接管机制问题，即见人不见档，见档不见人，甚至人档都不见的情况。[⑥] 郭玲就第二个方面指出，由于监狱的特殊性质，使得两个部门之间的信息共享存在安全风险、维护成本效益以及服刑人员隐私的保护等问题，要解决上述问题需要从法律层面、组织管理方面以及技术上入手，提出综合解决方案，方能扫除障碍，实现信息共享。[⑦]

---

① 郑艳：《社区矫正审前社会调查评估制度之程序构建》，载《行政与法》2014 年第 5 期。

② 黑龙江省法学研究所社区矫正课题组：《社区矫正适用前调查评估制度研究》，载《黑龙江省政法管理干部学院学报》2014 年第 3 期。

③ 邓陕峡：《社区矫正推行中的困境与探索——以四川省 C 市为实证观察》，载《黑龙江省政法管理干部学院学报》2014 年第 2 期。

④ 李晓娥：《社区矫正工作机制的完善与发展——以河北省 D 市 A 区为例》，载《河南司法警官职业学院学报》2014 年第 2 期。

⑤ 《沭阳县司法局尝试推行假释前评估新模式》，载江苏司法行政网，登录日期：2014 年 11 月 11 日。登录网站：http://www.jssf.gov.cn/sfyw/sqjz/gzjl/201410/t20141022_57960.html。

⑥ 李世龙、李堂军：《社区矫正重新犯罪的调查研究》，载《法制与经济（下旬）》2014 年第 11 期。

⑦ 郭玲：《监狱与社区矫正信息共享问题研究》，载《中国监狱学刊》2014 年第 2 期。

4. 考核奖惩

王平提出，在奖励方面，应当扩大对缩短矫正期的适用，取消与减刑的挂钩，使其单独成为一项奖励措施；此外，具体增加不同等级的多层次奖励措施，如延长外出时间、扩大会见权和接受媒体采访权、扩大治疗疾病以外的社会活动范围、减少社区服务次数或时间、降低电话汇报及思想汇报的频率、有限推荐就业等奖励措施。在惩处方面，可以增加罚金或赔偿、社区服务、家庭监禁、宵禁令、限制从业资格、短期拘留、延长矫正期等。[①] 司绍寒认为，治安处罚措施的设置并非合理：一是法律之间不一致；二是社区矫正属于刑事执行，由公安机关根据《治安管理处罚法》处罚理论上难以自圆其说；三是禁止令是施加于社区服刑人员这一特殊人群的，违反禁止令，未必就违反《治安管理处罚法》。因而，主张可以考虑将罚款和暂扣许可证或执照纳入处罚种类。[②]

5. 电子监控

现在各省市所建立的电子监控系统，把 GPS 定位技术应用到对社区矫正人员的监控上，建立起电子围墙，实现即时定位查询、自动跟踪、随机位置查询、历史轨迹查询和回放、自动区域报警等。[③] 存在的问题是：定位精度差；监控网络不统一；容易人机分离。[④] 袁爱华等介绍了云南省通过给社区服刑人员配发 GPS 定位手机，利用电信技术建立集统计分析、人员定位、信息交换等功能于一体的司法 e 通信息管理平台，全省实现了"人防"与"技防"相结合的监管模式。[⑤] 发展趋势：全国电子监控技术的尝试，从早期的实施定位管理（即 GPS 定位手机），到配备执法记录仪，最后到建立"全球眼"监控系统（2013 年 12 月石家庄建成首个社区矫正"全球眼"监控系统[⑥]），使得我国社区矫正电子监控呈现出由点及面的发展趋势。

6. 风险需求评估

在研究国外风险评估发展模式中，刘邦惠提出引入心理生物模式的第五代评估工具，主要加入个体的神经生物学信息，从而更准确地根据个体的犯罪类型提供可能的心理生物学治疗，并监测干预前后个体的改变。他认为，对社区服刑人员的风险评估不同于狱内评估，是一个系统的工程，无论是危险因子的筛选还是

---

① 王平主编：《社区矫正制度研究》，中国政法大学出版社 2014 年版，第 332 - 334 页。

② 司绍寒：《社区矫正执行程序研究》，载《中国司法》2013 年第 11 期。

③ 伊建仁：《谈再犯罪预防视野下的社区矫正工作——以温州市为例》，载《公安学刊——浙江警察学院学报》2014 年第 4 期。

④ 邵晨澎：《加强社区矫正人员监管的对策建议——以浙江省衢州市为例》，载《法制与社会》2014 年第 21 期。

⑤ 袁爱华等：《云南省社区矫正工作存在的问题及对策》，载《云南农业大学学报（社会科学版）》2014 年第 3 期。

⑥ 刚彦、王敬：《浅析社区矫正信息化监管》，载《中国管理信息化》2014 年第 15 期。

评估方式和路径的选择都需要多学科的交流、碰撞、组合来完成。①

在风险评估因子的考量上，冯卫国经过统计国（境）内外 30 个评估问卷后认为，我国首先在评估中比较重视社区服刑人员的心理状况，其次是家庭居住情况类因素，而美英等西方国家比较重视犯罪人的犯罪情况因素。我国香港、台湾地区也比较重视对犯罪人犯罪情况类因素，这一点和美英等国有类似之处。德国、日本则比较重视考察犯罪人的不良行为类因素。经过对比，建议将评估因素限定在 10 个左右为宜，即以六类因素计算，每类因素平均考量 2 个左右。②

7. 信息化管理

吴爱英指出，全国信息化建设取得显著成绩。北京、江苏、安徽、江西等省（区、市）已实现社区矫正网上交接、网上定位、网上督查及网上办公。③

彭卫城介绍了江苏省镇江市扬中市社区矫正管理局建立"阳光人生"在线交流网、实时监控互动网、"技能培训超市"和"阳光人力资源市场"四大虚拟平台，以推进社区矫正工作"监管信息化"建设。④ 马时明、徐祖华建议加强信息监控体系建设，落实安全稳定职责，探索构建联防、联动、联调、联处的社区矫正突发事件应急处置"三级四联"工作机制。浙江省充分运用信息技术建立了覆盖省、市、县三级司法行政机关和司法所的司法行政虚拟专网，充分运用"GPS"或"LBS"等信息技术，大力推进县、乡、村三级信息监控体系建设。⑤ 孙培梁以浙江现有信息化部署为例，依托全省电子政务网络，建立全省社区矫正信息管理系统平台，实现整个工作流程的一体化管理；建立横向联动的工作机制，与法院、检察院、公安、监狱、看守所等部门工作信息联动；建设全省社区矫正数据格式与接口标准；实现各级司法行政机关社区矫正部门办公自动化、公文交换无纸化、管理决策网络化、公共服务电子化。⑥

信息化管理更加强调纵向与横向的统一，纵向上如刚彦等建议，由各省司法厅牵头，统一开发并部署社区矫正信息管理系统平台，统一数据格式和接口标准，从而实现整个社区矫正工作流程的一体化管理。⑦ 横向上则如邓陕峡主张，将社区矫正工作纳入各地政法信息化系统中，形成一个通畅的横向信息管理体系。⑧

---

① 刘邦惠：《社区服刑人员犯罪危险性评估的探索》，载《犯罪与改造研究》2013 年增刊。
② 冯卫国、王超：《中外社区矫正风险评估因素结构差异研究》，载《法学杂志》2014 年第 7 期。
③ 吴爱英：《认真做好社区矫正工作 健全社区矫正制度》，载《中国司法》2014 年第 7 期。
④ 彭卫城：《四大平台推进社区矫正"监管信息化"》，载《人民调解》2013 年第 10 期。
⑤ 马时明、徐祖华：《推进县乡村三级监管教育帮扶体系建设的实践与思考》，载《中国司法》2014 年第 1 期。
⑥ 孙培梁著：《社区矫正信息化》，清华大学出版社 2013 年版，第 74 页。
⑦ 刚彦、王敬：《浅析社区矫正信息化监管》，载《中国管理信息化》2014 年第 15 期。
⑧ 邓陕峡：《社区矫正推行中的困境与探索——以四川省 C 市为实证观察》，载《黑龙江省政法管理干部学院学报》2014 年第 2 期。

8. 执法检查

袁爱华等认为，部分社区矫正工作人员忽视刑罚执行的法定性、程序性和强制性，监督管理措施松散、不到位、不落实，执法程序不严谨、不完备，执法文书不规范，奖惩不依法展开，这些都影响着社区矫正监督管理工作的实际效果，使得社区矫正的惩罚性大打折扣。建议借鉴"富源经验"，在县级司法行政部门建立专门执行机构——社区矫正执法大队，在乡（镇）一级设立执法中队。①

9. "三禁止"的执行

自《刑法修正案（八）》生效以来，禁止令经历了被各级法院广为适用到避而不用的大起大落。学者叶良芳认为主要原因有两点：一是禁止令难以执行到位；二是禁止令的立法规定过于原则，适用标准和适用条件都不够明确。因而，通过论证禁止令的保安处分的法律性质，建议我国建立刑罚与保安处分并存的二元化刑法结构体系。② 沈玉忠认为，当前禁止令的慎发是由于内容过于总括不具体，后续帮教措施难以到位，且其本身带有非强制性。建议在立法层面进行规范性规制，并加强社区矫正组织机构的建设，建立健全相应的监管措施以及公检法司各部门信息共享与联动等措施，实现应用的更广泛性。③

（四）社区矫正的教育矫治

1. 内容

金尚登认为，教育矫正机制的创新须坚持分段教育与分类教育相结合、集中教育与个别教育相结合、个案教育与警示教育相结合，深化社区服刑人员思想道德、法制、时事政策等教育活动，促使其消除思想行为恶习，帮助提高遵纪守法的自觉性。大力开展矫正案例点评、"教育改造能手"评比等活动，不断提升矫正队伍的能力。加强理论与实践研究，积极推进教育矫正质量评估体系建设，提升教育矫正的科学性。④

韩雪提出，建立社区矫正对象分类管理机制，根据对象在刑罚类别、社会危害性、犯罪诱因、年龄等方面的差异进行分类管理，制定不同的教育改造方案；设立专门针对未成年犯的社区矫正机制，确立以社区为基地，以家庭、学校、社会团体、社会组织、企事业单位参与的工作系统，定期对未成年犯安排形式多样的帮助教育措施，将教育、挽救的方针体现在其中。⑤

---

① 袁爱华等：《云南省社区矫正工作存在的问题及对策》，载《云南农业大学学报（社会科学版）》2014 年第 3 期。

② 叶良芳：《禁止令的法律性质及其司法适用——最高人民法院第 14 号指导案例评析》，载《浙江学刊》2014 年第 4 期。

③ 沈玉忠：《困惑与破解：刑法禁止令的法律适用》，载《汕头大学学报》2014 年第 4 期。

④ 金尚登：《关于全面推进社区矫正的思考》，载《中国司法》2014 年第 7 期。

⑤ 韩雪：《浅议我国社区矫正配套机制的缺失与完善》，载《法制博览》2014 年第 21 期。

2. 方法（循证方法）

循证矫正的理念和模式包含认知行为介入、家庭关系辅导、危机介入等诸多内容的专业项目，对评估量表进行本土化测试，并在实践中加以应用，探索建立规范化、科学化的矫正体系。循证实践，即在对社区服刑人员进行矫正的过程中，根据具体的工作情境，检索并选择与工作情境相关的最佳研究证据，再结合工作人员的个体经验，针对社区服刑人员的具体特点，设计、执行具体的矫正措施与矫正实务。[①]

循证矫正的方法，关键在于最佳证据的获得。陈大国引用了证据筛选级别理论。把获得的证据分为五个级别。一是"黄金标准"，具有严格控制的对照组实验研究、显著持续减少再犯率、广泛的复制性和获得各种证据支持等特点；二是"银标准"，具有合理统计控制的对照组准实验研究、显著持续减少再犯率、广泛的复制性和获得各种证据支持等特点；三是"铜标准"，具有无统计控制的对照组准实验、广泛的复制性和获得各种证据支持等特点；四是"铁标准"，具有和已有证据相矛盾、实验设立不合理等特点；五是"污垢标准"，具有研究结论是无效甚至是消极结果的特点。其中最佳证据应在前三中选取，首选最高级别。[②]

张荣艳认为，教育要加强针对性。应采取集体教育与个体教育相结合。首先对社区矫正对象进行全面梳理，将其家庭条件、环境、掌握的生存技能基本情况进行分类。对社区矫正对象进行信心、希望引导及生存技能培训，激发矫正对象努力改造的动机，从而将社区矫正对象接受社区矫正的过程化被动为主动，提高其社会适应性。矫正工作人员要对每名帮教对象进行背景评估，包括犯罪类型、犯罪情节、教育背景和家庭状况等要素，选择合适的人员组建最佳组合的帮教小组，制定个性化的矫正方案，将最终目标分为 N 个阶段性目标。[③]

3. 形式

许新春提出，除书面思想汇报和集中教育外，根据矫正对象年龄、犯罪性质、性格特点的不同，针对在集中教育中可能会有忽略的地方，确立每周一为"谈心日"，社区服刑人员主动打电话汇报自己的相关情况。谈心谈话以关心、激励社区矫正对象为目标，工作人员与矫正对象之间通过真挚的感情交流解决思想问题。工作人员对谈话教育，要认真做好记录，并根据发现的问题及时修订矫正个案，采取有针对性的教育措施。[④]

杨刚提出，通过培养社区服刑人员的自我教育能力，促使其正确地认识自我，进而自觉地改造自我，通过自我教育认识到自身的能力，从而完成对自我的认识，

---

① 陈春安、王广兵、张金武：《社区矫正工作中对循证矫正模式的探索与思考》，载《中国司法》2013 年第 10 期。

② 陈大国：《循证矫正的原则、方法和流程》，载《湖北警官学院学报》2014 年第 3 期。

③ 张荣艳：《社区矫正教育方法研究》，载《经济研究导刊》2013 年第 30 期。

④ 许新春：《社区矫正对象的思想教育》，载《学园》2014 年第 5 期。

会重新认识自己，发现自己过去的想法和做法上的问题，于是对自己提出新的要求，走上一个健康的自我教育的道路。①

程莹认为，应改造对未成年人的强制性教育，由原本对具有违法或轻微犯罪行为的未成年人进行特殊教育的半工半读学校，转变为提供多项措施的学校。包括工读班"托管班"各种生活技能训练班、职业技术培训班、文化教育补习班、提高班、专题讲座班等。可将其作为一种不限制人身自由的监管性的未成年人社区矫正方式。②

莫晓宇认为，教育矫治包括道德、法律和职业教育。定期组织道德宣讲会，宣讲之后要求个人上交思想汇报，再组织矫正对象旁听法庭庭审。职业教育则要求矫正机关安排职业培训会，使其树立正确的就业思想，积极鼓励他们参加职业招聘。③

马秀峰等提出了社区矫正和学校教育相结合，让未成年社区服刑人员在学校继续接受文化技术学习、矫治不良思想与行为的教育矫正新模式。④

4. 效果评估

李晟提出，在每一个服刑人员矫正期满解矫后，应组织相关人员对其矫正方案的效果进行评估，对具有示范性、普适性的方法，将作为下一次矫正工作以及其他矫正方案的依据。⑤

胡德葳等认为，应当培养具有专业知识的心理医生、技术统计人员以及社会工作人员，在各个社区矫正地区进行人身危险性的测试与评估。以动态的形式判断部分社区矫正对象人身危险性的变化，逐渐将人身危险性评估纳入社区矫正审核的评判依据当中，合理分配不同矫正对象的再犯罪预防工作。⑥

（五）社区矫正的帮困扶助

杨劲松等认为，社会适应性帮扶，帮助解决社区服刑人员就业、就学、临时救助、最低生活保障等问题，提供技能培训和就业指导。⑦ 张慧指出，帮困扶助是值得我们特别关注的新发展。⑧ 李光勇认为，帮扶工作指标体系涵盖了经济困难、

---

① 杨刚：《论社区服刑人员自我教育能力的培养》，载《法学论坛》2014 年第 14 期。

② 程莹：《论未成年人强制性教育措施——兼论与社区矫正之契合》，载《未来与发展》2014 年第 1 期。

③ 莫晓宇、李芳芳：《关于完善我国社区矫正制度的若干思考》，载《西南石油大学学报》2014 年第 4 期。

④ 马秀峰、董杰：《未成年社区服刑人员教育矫正新模式初探》，载《法制与经济》2014 年第 17 期。

⑤ 李晟：《循证矫正理念在社区矫正工作中的运用与思考》，载《河北广播电视大学学报》2014 年第 4 期。

⑥ 胡德葳、唐昕：《社区矫正对象再犯罪预防研究》，载《法制与社会》2014 年第 29 期。

⑦ 杨劲松、任庆起、李树彬、任晓坤：《关于全面推进社区矫正工作的对策研究》，载《中国司法》2014 年第 9 期。

⑧ 张慧：《健全社区矫正制度的必要性及相关问题分析》，载《福建警察学院学报》2014 年第 2 期。

就业困难、居住困难、社交困难、心理问题、制度障碍、工作评价七个方面。就业困难应该成为帮扶工作指标体系的核心维度，社区服刑人员因为犯罪人的身份，会面临许多制度障碍，这是开展帮扶工作过程中所遭遇和需要克服的最大困难。[①]浙江省乔司监狱课题组通过对 2010－2012 年的假释犯样本在社区的生存状况调查，说明了社会参与、社会支持社区矫正工作的重要性。[②]

1. 经验介绍

王燕飞推介了长沙市开福区各街镇以上麻园岭社区的"小社区、大矫正"模式为蓝本，充分发挥志愿者在社区矫正中的独特作用，积极开展以志愿者队伍为主力的"心理美容室"、"社区矫正阳关行"等人性化帮扶矫治活动。[③]浙江省总结了坚持和发展"枫桥经验"，大力加强县、乡、村三级社区矫正监管教育帮扶体系建设。建立健全专群结合的社会适应性帮扶机制，把村（居）社区矫正帮教工作纳入全省综治考核和乡镇（街道）对村（居）考核的内容，完善考核激励机制。[④]

2. 社会帮扶

金登尚建议广泛发动社区服刑人员所在的单位、学校、家庭参与社区矫正工作，开展"一对一"、"多帮一"的结对帮教帮扶活动。加强与慈善机构等社会组织的沟通与协调，对确有生活困难的社区服刑人员适时给予临时性救济帮扶，保障基本生活。[⑤]缪文海主张，协调财政、民政做好社区矫正对象的基本生活保障和救济，协调残联、共青团、妇联对特殊矫正对象的帮扶教育。民间组织可以为社区矫正对象提供专业帮扶，如心理协会能够为矫正对象提供心理咨询及矫治，退休教师协会能为未成年矫正对象提供学习辅导。[⑥]

张凯等主张借助社区资源和力量，帮助他们解决生活、心理、法律、就业等方面的困难。[⑦]常宇刚建议，要加入一大批民间组织参与社区矫正，为矫正对象提供援助。[⑧]

3. 就业帮扶

金登尚建议把社区服刑人员职业技能培训纳入地方再就业培训体系，认真总结推广在企业设立社区服刑人员"阳光驿站"的建设经验，积极推动税收等优惠

---

① 李光勇：《社区服刑人员帮扶工作指标体系构建研究》，载《改革与开放》2014 年第 1 期。
② 浙江省乔司监狱课题组：《社区矫正对象生存状况调查报告》，载《犯罪与改造研究》2014 年第 3 期。
③ 王燕飞：《社区矫正：罪犯管理创新的社会义举——以湖南省试点为切入点》，载《湖南警察学院学报》2014 年第 2 期。
④ 徐祖华：《加强社区矫正工作三级监管体系建设》，载《人民调解》2014 年第 7 期。
⑤ 金登尚：《关于全面推进社区矫正工作的思考》，载《中国司法》2014 年第 7 期。
⑥ 缪文海：《社会管理创新视阈下的社区矫正创新》，载《行政与法》2013 年第 10 期。
⑦ 张凯、高莹：《社区矫正人员矫正程序简论》，载《湖北警官学院学报》2014 年第 2 期。
⑧ 常宇刚：《浅析社会力量参与社区矫正》，载《法制与社会》2014 年第 7 期。

政策的有效落实，不断深化集思想教育、技能培训、过渡性安置为一体的"三型"帮扶基地建设。① 姜仙认为，检察机关应当联合相关职能部门，侧重于以扶持就业等解决实际困难为出发点，用来加强对监外执行犯就业方面的专门倾斜和扶持，拓宽就业安置渠道，包括加强对监外罪犯的就业技能培训，实行减免税收、快速申领最低生活保障待遇、预留免费市场摊位等扶持政策。②

李晓娥建议，政府提供优惠政策，鼓励企业雇用社区矫正人员。司法部门通过职业培训使企业愿意接收社区服刑人员，通过后续监管考虑与企业建立长久合作制。③ 迟云福指出，针对农村户籍矫正对象多的情况，为其提供农业生产技能培训，如举办棚室蔬菜种植技术培训班。④ 吴尚敏提出，对于特殊困难的应提供就业援助，技能培训等就业服务，通过多种形式促进其就业。⑤ 颜九红提出，以推动过渡性安置基地为载体，妥善解决社区矫正人员的生活和就业问题。探索和建立社区矫正人员就业与社会保障机制。⑥

4. 家庭帮扶

刘琪提出建立生活困难救助金制度。对生活困难，且经核实符合城乡最低生活保障条件的社区服刑人员，可给予最低生活保障救助，必要时为确保其生活基本需求，可以发给临时救助金，以有效预防其因生存问题而重新违法犯罪。⑦ 欧渊华认为，应关注社区服刑人员的家庭困难，对有家人冷漠、不接纳、婚姻破裂、难以养育子女等家庭问题者开展针对性的帮扶。⑧

王玲主张拓宽多种渠道，开展就业指导和帮扶工作，对符合条件的社矫及刑满释放人员办理最低生活保障金和临时救济证明。⑨ 王克敏等介绍了昌乐县司法局构建社会支持接纳系统，开展恢复性家庭教育，特别是对未成年人，全力做好亲属的工作，创造温馨的家庭环境，消除其与家人间的隔阂，让家庭全面参与社区

---

① 金登尚：《关于全面推进社区矫正工作的思考》，载《中国司法》2014 年第 7 期。

② 姜仙、德袁、榕黄瑛：《浅析基层检察机关社区矫正监督模式的实践与探索》，载《法制与社会》2013 年第 12 期。

③ 李晓娥：《社区矫正工作机制的完善与发展——以河北省 D 市 A 区为例》，载《河南司法警官职业学院学报》2014 年第 2 期。

④ 迟云福：《新形势下社区矫正工作面临的困境与出路——以山东省青州市为例》，载《决策咨询》2014 年第 2 期。

⑤ 吴尚敏：《浅析防城港市社区矫正与社会维稳》，载《广西政法管理干部学院学报》2014 年第 4 期。

⑥ 颜九红：《社会力量参与社区矫正之本土化探索：以北京市大兴区为例》，载《北京政法职业学院学报》2014 年第 1 期。

⑦ 刘琪：《关于推进西宁市社区矫正工作的调研报告》，载《法制与社会》2014 年第 3 期。

⑧ 欧渊华：《积极推进社区矫正立法，健全完善社区矫正执行体系》，载《榆林学院学报》2014 年第 5 期。

⑨ 王玲：《构建社区矫正新模式推动社会管理创新——以武汉市花桥街司法所的实践为例》，载《长江论坛》2014 年第 1 期。

矫正工作，使其在良好的家庭氛围中培养健康的人格。①

5. 学业帮扶

张凯等建议，对处在学龄期或者愿意继续在学校学习的社区矫正人员，可以协调有关部门帮助其就学。② 王宜建等介绍山东省枣庄市山亭区司法局先后组织社区矫正对象参与各类学习培训 100 余次。③

6. 关系协调

颜九红指出，监管和帮扶的角色冲突给执法者带来了执法的尴尬，执法角色很大程度受制于服务角色，引发了执法者的内在焦虑和外在功能失调。④ 袁爱华指出，一些人认为社区服刑人员不但不用"坐牢"，还可以在社区、村子里生活，享受教育、就业培训以及帮扶等待遇，觉得罪犯没有受到应有的惩罚，是对社会和被害人的一种不公平。⑤

（六）社区矫正的机构设置

"中途之家"是我国社区矫正实践中产生的一种新的机构。

安文霞认为，"中途之家"成立的必要性表现为创新社会管理、对"两类人员"支持内化、淡化公众排斥。通过切实有效的帮教措施，提高相应人员的社会回归率，大大降低了再犯率，为"两类人员"回归社会提供了生存性、重整羞耻性的支持，为其弃恶从善、顺利回归搭建了良性发展的"黄金桥"，为"两类人员"提供心理疏导、法律培训，亦为服刑人员家庭解决了现实的困难，使"两类人员"的家人重新燃起生活的希望。⑥

截至 2013 年 7 月底，我国社区矫正场所累计 682 个，除了海南省、西藏以外，全国其他 30 个省（市、自治区）、新疆生产建设兵团均有建立，最多的是江苏，已经建成 104 个，最少的是广西，只有 1 个。⑦ 目前我国社区矫正场所并没有统一，陈志海认为这种场所主要分为三类：一是由政府创立的具有刑罚执行的矫正场所，如北京的"阳光中途之家"；二是民办非企业性质的矫正场所，如上海洪智中心；三是官民协办的矫正场所，如江苏宜兴方圆帮教中心。⑧

张荆等认为，日本"中途之家"的借鉴价值是，提升"中途之家"管理理念，强化"中途之家"的救助功能，管理模式的多样化以及建设中小型"中途之家"，

---

① 王克敏、张兆利：《心理矫正 帮社区矫正人员打开心灵之门》，载《人民调解》2014 年第 4 期。

② 张凯、高莹：《社区矫正人员矫正程序简论》，载《湖北警官学院学报》2014 年第 2 期。

③ 王宜建、秦玉华、王强：《探索实施"1123"社区矫正工作机制》，载《中国司法》2014 年第 3 期。

④ 颜九红：《社会力量参与社区矫正之本土化探索：以北京市大兴区为例》，载《北京政法职业学院学报》2014 年第 1 期。

⑤ 袁爱华、袁玲、林怀满：《云南省社区矫正工作存在的问题及对策》，载《云南农业大学学报》2014 年第 8 期。

⑥ 安文霞：《"阳光中途之家"制度研究》，载《研究生法学》2014 年第 1 期。

⑦ 陈志海：《我国社区矫正场所建设问题研究》，载《中国司法》2014 年第 3 期。

⑧ 陈志海：《我国社区矫正场所建设问题研究》，载《中国司法》2014 年第 3 期。

积极培育民间社区矫正力量等。我国的政府强力推动和直接管理是其主要特色。这种从上至下行政命令式的发展模式长处表现为推动力度大，发展速度快，能得到政府在人、财、物方面的支持，有利于突发事件的处理和社会维稳。短处表现为容易与社区脱离，难以调动社区居民参与社区矫正的积极性。我们应当积极培育相关的民间组织，如志愿者组织、基金会、企业家联合会、大学生社团、妇女社团、社区的各种爱心社团等，形成民间参与社区矫正和"中途之家"管理的社会支持网络。①

刘强认为，"朝阳中途之家"的建立，事实上是把乡镇、街道司法所管理社区矫正的部分功能集中到区（县）一级，从发展的眼光来看，可以引发我们对社区矫正基层组织管理模式改革创新的深层次思考，即在我国区（县）一级设立社区矫正工作实体，来替代目前的乡镇、街道司法所管理社区矫正的现状。以解决司法所管理专业化程度低、工作人员流动性大、缺乏分工、不便于协助配合、执法不够规范、缺乏强制力措施、在执法中容易受到地方权力的干预、在法律上难以赋予其执法地位等问题。② 吴玲指出，乡镇司法所开展社区矫正工作存在的问题是：工作队伍严重不足、人员素质有待提高、权力有限、部门衔接不力、经费保障不到位。③

（七）社区矫正的队伍建设

卢秋婷等认为，要从工作人员的选聘、选聘后的教育培训、监督考核、营造良好的工作环境四个方面综合加强社区矫正工作队伍的整体素质。④ 王征宇认为，社区与学校应主动联姻，共同搭建"学校—社区"培养社会工作人才直通平台，采用人才定单式培养模式。大中专院校也应当改革社工专业人才培养模式，普及双元制人才培养模式，提高实践教学在专业教育中的比重，以社区服务单位为依托，加强社工专业学生实训基地的建设，使毕业生在实践中掌握不同类型社会服务的技能。⑤ 社区矫正是需要多种知识的综合工作，有较强的实务性，吴天文等认为，应开展"岗位练兵"活动，如每个司法所上报一卷完整规范的社区矫正人员档案、矫正个案、社区矫正调查评估意见书等执法文书参加质量评比；司法所长、社区矫正工作人员、社工参加社区矫正法律法规和业务知识闭卷考试等，通过岗位练兵可以有效地发现问题、解决问题，并且有助于规范社区矫正工作人员的执

---

① 张荆、廖灿亮：《中国与日本"中途之家"比较研究》，载《河南警察学院学报》2014年第2期。
② 刘强：《"朝阳中途之家"的贡献与我国社区矫正基层组织管理模式探究》，载《社区矫正评论》（第四卷），中国人民公安大学出版社2014年版，第94－95页。
③ 吴玲：《乡镇司法所社区矫正工作研究》，载《犯罪与改造研究》2014年第5期。
④ 卢秋婷、王建新：《加强城市社区干部队伍建设的思考》，载《新长征》2014年第9期。
⑤ 王征宇：《新形势下和谐社区社工人才队伍建设问题探究及对策》，载《读者文摘》2014年第10期。

法行为。① 陈希坡也指出，建立各类培训载体，科学制订培训计划，定期组织社区矫正专业队伍和志愿者参加培训，提高他们的专业水平、工作能力和职业素养。②

就队伍的稳定性问题，伊建仁指出，目前温州市社区矫正协理员与社区矫正人员的比例约为1∶31，离省里1∶20的考核标准有较大的差距，无法保证社区矫正日常管理工作质量。同时，由于协理员队伍无编制、待遇低、工作量大，导致很多人一有好的工作就选择离开，给保证工作的持续性和有效性增加了难度。③ 如何解决这一问题？黄延峰指出，要建立与之相对应的奖励机制，以便最大限度地调动志愿人员与社会组织团体的参与积极性。④ 杨红文等也认为，应该设置一定的管理监督、考核奖惩机制，通过对累计服务时间、服务效果、在志愿活动中的突出个案以及后续联系等多方面进行考核，既能激励志愿者的工作积极性，也能在一定程度上保证社区矫正的质量。⑤

就工作人员的身份与定位问题，陈志海认为社区矫正场所主要的管理人员应该是公务员，至少主任、副主任、各内设机构的负责人应该是公务员。⑥ 程杨梅认为，民间习惯于认同、相信穿制服的管理者的权威，从而导致社区矫正效果大打折扣。建议给予社区矫正工作人员一定的强制权力，在内部设立警察编制，授予警衔，属司法警察，并且依照《人民警察法》对其进行管理。⑦ 但林育青则认为，社区矫正虽然也要求对服刑人员进行管理监督，但其本质上是以为服刑人员提供教育矫治和社区服务为主。因此，像在美国、加拿大等西方国家的社区矫正工作人员一律不穿警服，为的就是不给服刑人员太大的精神压迫，保持相对的心理自由。⑧ 吴宗宪认为，把社区矫正官都变成警察不恰当，但在社区矫正中需要一定数量的警察。⑨ 李晓娥等认为，从事社区矫正的司法所工作人员应成为社区矫正警察，享受警衔津贴待遇。⑩

就经费保障问题。黄贵芬认为，应该积极争取上级部门支持，适当地推出公务员和事业单位面向社区聘用干部招考岗位。优先保障社区干部业绩考核奖金的

---

① 吴天文、张莉：《按照"职业化、规范化、专业化"要求建设高素质社区矫正工作者队伍》，载《人民调解》2014年第5期。

② 陈希坡：《关于社区矫正工作的调研与思考——以青州市为例》，载《新西部》2014年第15期。

③ 伊建仁：《谈再犯罪预防视野下的社区矫正工作——以温州市为例》，载《浙江警察学院学报》2014年第4期。

④ 黄延峰：《我国未成年人犯罪社区矫正制度探讨》，载《铁道警察学院学报》2014年第4期。

⑤ 杨红文、王创伟：《我国民族地区社区矫正的现实困境及进路——以广西壮族自治区为视角》，载《中央民族大学学报》2013年第6期。

⑥ 陈志海：《我国社区矫正场所建设问题研究》，载《中国司法》2014年第3期。

⑦ 程杨梅：《西部城市社区矫正工作主体建设困境与对策的实证分析》，载《攀枝花学院学报》2014年第4期。

⑧ 林育青：《对我国社区矫正制度的观察与思考》，载《法制与社会》2014年第7期。

⑨ 吴宗宪：《社区矫正立法中的警察问题探讨》，载《中国司法》2014年第11期。

⑩ 李晓娥、史景轩：《稳定社区矫正工作者队伍的方法研究》，载《犯罪与改造研究》2014年第9期。

发放，将社区财补人员、公益性岗位人员、下派挂职干部、选派教师业绩考核奖励资金纳入财政按月支付。① 张巍指出，应建立以省级财政经费为主，县级财政经费为辅的社区矫正经费保障机制，将社区矫正工作纳入政府财政预算体系筹考虑。此外，还可以参照美国、日本等国家的经验，采用市场化的方式筹集社会资金。② 张凯等认为，目前我国社区矫正经费主要来自省级财政的划拨，但经济发展的不平衡造成了一些地区社区矫正经费不足，主要表现有：办公设施陈旧，无法满足信息化建设的需要；缺乏购买社会工作者服务的专项资金、司法所工作人员的培训费用、社会志愿者的交通费等，严重制约社区矫正部门维护社会稳定的作用。③ 韩雪指出，社区矫正资金的落实应通过法律法规的形式加以保障。一方面由国家财政部门联合司法行政部门制定预算，并将其列为各级政府法制建设考核项目，另一方面社区矫正部门应该在争取财政部门加大资金投入的同时积极拓宽资金来源渠道，鼓励社会力量积极参与社区矫正工作，如采取设立社区矫正公益性基金会、点对点捐赠、面对面帮扶、网上救助等方式，拓展社区矫正经费的社会捐助渠道。④

对于志愿者工作应该有偿还是无偿问题，董会咏等认为，矫正工作是在重塑心灵、改变人生，必须用良心才能完成。若一旦有偿，其纯洁性将难以保证，矫正效果也将受到影响，所以无偿已成为各国惯例。⑤ 但董蕾则认为，需要对志愿者提供一定的物质津贴，包括提供交通补贴、午餐补助等。⑥

（八）对未成年犯的社区矫正

1. 管理机构

栗志杰等介绍了俄罗斯被判处缓刑、强制劳动刑、矫正劳动刑及其他非监禁刑的未成年犯，是列属于"有失管和违法行为的未成年人"范畴的。专门针对预防这类人管理的执行机关，是设在未成年人事务及权利保护委员会、居民社保管理部门、教育管理部门、监护机构等多家机关内的"预防未成年人失管和违法工作专项职能机构"，呈现理念先进、体系完整、措施综合、可操作性强的特征。⑦

金燚建议通过非官方组织介入来承担部分社区矫正的工作，提供部分矫正处遇项目，对服刑人员提供一定的训练和服务，如组织公益劳动、普法教育、心理

---

① 黄贵芬：《加强和改进创新社区干部队伍建设的研究》，载《人力资源开发》2014 年第 7 期。

② 张巍：《乌鲁木齐市沙依巴克区社区矫正现状调查研究》，载《新疆职业大学学报》2014 年第 3 期。

③ 张凯、赵亮：《社区矫正规范化调查研究》，载《商，Business》2014 年第 13 期。

④ 韩雪：《浅议我国社区矫正配套机制的缺失与完善》，载《法制博览》2013 年第 11 期。

⑤ 董会咏、杨志荣：《论我国社区矫正制度之建设——以刑事禁止令的执行为视角》，载《山西高等学校社会科学学报》2014 年第 2 期。

⑥ 董蕾：《公私权界分视角下的社区矫正》，载《国家检察官学院学报》2014 年第 4 期。

⑦ 栗志杰、田越光、吴春：《俄罗斯预防未成年人失管和违法法制建设》，载《犯罪与改造研究》2014 年第 10 期。

矫治、技能培训等较大规模的活动。①

2. 内容

张克峰等认为，目前我国对未成年犯心理矫正的认识存在误区：（1）泛化，将所有的社区矫正工作，包括社区服刑人员思想的转变、恶劣行为的改变等都认为是心理矫治；（2）简单化，把心理测试、心理咨询和精神治疗糅合到一起就认为是心理矫治；（3）夸大化，盲目夸大心理矫治的功能，矫正"异常心理"和"心理障碍"，已超出了心理咨询与治疗的范围，应该及时送精神病防治医院治疗。②

3. 方法

刘克志等认为做好未成年人社区矫正需注意：（1）建立回访考察制度；（2）充分发挥司法行政机关职责，如基层司法所参与辖区学校法制宣传等；（3）以人为本，注意细节；（4）加强关爱，创造继续就学、就业的条件；（5）转变走访形式，最大限度地保护未成年矫正人员在社会上的声誉。③

马秀峰等认为，应对符合一定条件的未成年人实施以社区矫正和学校教育相结合的教育矫正新模式，由司法行政人员、社会工作者、志愿者等组成执行小组，与学校校长、教导主任、班主任等组成的学校帮教小组，一起作为未成年犯社区矫正的执行主体。周一至周五在学校接受义务教育，周六、周日进行集中、个别的心理、劳动教育等，围绕法制、心理、社会功能教育三大模块展开。④ 张光君建议对未成年人社区矫正向"整合模式"发展：（1）应在少年刑事司法之中引入社会工作的理念和方法；（2）将社区居民的意见吸纳进未成年犯罪人的社会调查报告之中，从而使对其改过迁善和社区安全的保护相得益彰；（3）进一步细化家庭、学校和社会对未成年人的保护职责。⑤

4. 未成年犯的犯罪与矫正特点

肖乾利等认为，适合未成年人生理、心理特点的矫正项目严重匮乏。当前的矫正项目集中在公益劳动、思想教育、法制教育、社会公德教育、技能培训、心理辅导、就业指导等方面，多数项目缺乏针对性、缺乏评估标准，较多项目显得程式化、形式化、虚化。前述项目中又以思想教育和劳动教育为主，对未成年犯心理矫治这一国际通行做法进展缓慢。⑥ 韦文等认为，未成年犯社区矫正工作应形

① 金燊：《天津市未成年人社区矫正的问题与对策》，载《赤子》2014年第18期。
② 张克峰、闫潇潇：《未成年社区服刑人员心理矫正工作探析》，载《法制与经济》2014年第5期。
③ 刘克志、曹坤：《未成年犯罪人社区矫正工作的要点》，载《中国监狱学刊》2014年第4期。
④ 马秀峰、董杰：《未成年社区服刑人员教育矫正新模式初探》，载《法制与经济》2014年第12期。
⑤ 张光君：《社会管理创新引领未成年人社区矫正向"整合模式"发展》，载《甘肃理论学刊》2014年第4期。
⑥ 肖乾利、李凤军：《未成年犯社区矫正实施效果评估及其优化》，载《重庆社会科学》2014年第8期。

成以专业机构为主、以社会力量为辅、社会团体积极发挥作用的格局，将未成年犯与成年犯矫正工作彻底区分开来。有必要在专门机构中设立专门负责未成年犯社区矫正的部门，配备熟悉未成年人特点的社区矫正工作人员、各行各业专业人员和志愿者。① 林安民分析，未成年犯社区矫正制度在立法形式和内容上独立性较低，相对于 2012 年《刑事诉讼法》修订专设一章规定未成年人刑事诉讼程序而言，社区矫正制度体现出来的少年司法只能属于附属型，缺乏独立性。②

张光君认为，应区别未成年人与成年人社区矫正"刑罚执行"的功能定位，未成年人社区矫正不应是基于未成年人曾经的罪行而采取的一种宽大措施，而应是一种针对未成年犯罪的补偿和改善措施。向"强制改善"功能调整的三大优势：（1）为未成年矫正对象司法监管和社会监管提供正当性；（2）赋予未成年社区矫正对象一定的主体地位，明确监管机构职责范围；（3）强制改善个别化，回应未成年人犯罪的社会、家庭和学校的责任问题。③

曾志滨认为，需要考虑未成年人犯罪记录封存问题，当社区矫正和针对未成年人的犯罪记录封存制度在实践中碰撞，社区矫正机构可以根据未成年人的特点，制定更能保障未成年人权益的矫正方案，最大限度地减少社区矫正措施可能对失足未成年人产生的不利影响。④

陈海认为，要构建有别于成年人的未成年人社区矫正体系，须从社区矫正前、矫正过程中和矫正后三个阶段来具体落实：（1）矫正前调查评估的分开；（2）矫正过程中的社区矫正项目分开，目前《社区矫正实施办法》规定的未成年人社区矫正的方式方法都因过于原则性而难以操作，严重缺乏专门针对未成年人的社区矫正项目体系；（3）矫正后注意未成年人身份保护与轻罪记录封存工作。⑤

5. 其他建议

就法律监督问题，杨亚等人通过实证研究认为：（1）需要加强未成年犯社区矫正的法律监督，首先通过制定《社区矫正法》明确未成年犯社区矫正的具体规定，建议制定一部关于检察机关加强对社区矫正监督的规范性文件，确保检察机关监督内容完整。（2）需要创新监督机制，丰富监督手段。例如，尝试建立"驻所检察日制度"、建立分时分类分级检察监督机制，如针对未成年犯社区矫正对象的个性特点、日常表现、矫正需求等制定不同方案。⑥ 张庚辰等提出构建"一体

---

① 韦文、吕登明：《试论未成年社区服刑人员科学矫正的制约因素和有效路径》，载《中国司法》2014 年第 10 期。

② 林安民：《论我国未成年人社区矫正体系的缺陷》，载《当代青年研究》2014 年第 5 期。

③ 张光君：《未成年人社区矫正的强制改善功能研究》，载《中共郑州市委党校学报》2014 年第 4 期。

④ 曾志滨：《未成年人社区矫正与犯罪记录封存制度关系问题研究》，载《预防青少年犯罪研究》2014 年第 2 期。

⑤ 陈海：《未成年人社区矫正"分开进行"之研究》，载《山西青年职业学院学报》2014 年第 2 期。

⑥ 杨亚、王晓黎、李勤峰、孙静：《未成年犯社区矫正实证研究——以安徽萧县社区矫正为视角》，载《现代交际》2014 年第 1 期。

化"未成年人矫正帮教检察法律监督体系:在检察机关未成年人刑事检察科设置未成年人矫正帮教办公室;提高对检察干警专业化水平的要求;并让社会调查对制订个性矫正计划、有针对性的帮教起到实际作用。另外,在对未成年人心理矫正和帮教安置方面,建议地方党委、政府将未成年人的矫正帮教切实纳入地方工作序列,及时制定适合本地情况的地方性法规和政策,明晰操作程序,明确专门的组织机构、明确具体主管、组织实施以及考察督导的部门职责。①

杨琼建议建立未成年犯缓诉制度,即检察机关综合考量未成年人犯罪的各种条件,作出暂时不起诉的决定,待考验期限届满后视其表现,再决定是否提起公诉。这样既避免对未成年人过早被打上犯罪烙印,也为其悔过自新、重返社会和今后的成长创造一个比较好的外部环境。②

在未成年犯社区矫正适用、制度设置方面,莫然介绍:(1)广州市法院为丰富未成年人刑事审前社会调查,除了引入心理测评制度,还结合外来未成年被告人在审前阶段多处于羁押状态这一现实情况,设置了"在押人员表现评定制度"。(2)在试行暂缓判决制度的基础上形成"判前考察制度",通过3到6个月的考察期给予法官全面了解未成年被告人的机会,促进未成年人适用社区矫正非监禁刑罚的可能。③

朱妙等通过对上海市未成年人重新犯罪的调研,建议未成年人轻微犯罪判处短期刑,尤其是1年以下有期徒刑的应当考虑多适用缓刑,并提出要建立未成年人社会调查、社区矫正的异地委托制度。介绍称,上海高院少年法庭截至2012年将未成年人缓刑适用率从不足20%上升到36.92%,其中非沪未成年人适用缓刑率由不足10%上升到77.47%,体现了少年司法公正温情。④

(九)社会参与社区矫正

曹仁姐认为,志愿者在社区矫正活动中应充当好调停者、教育者、倡导者的角色,民政、社会保障等部门在社区矫正中应充当好倡导者、中介者等主要角色,为矫正对象量身制定个性化方案;发布劳动信息资料,提供就业机会;积极举办法律宣传、道德规范等大型教育活动,增强矫正对象的法制思想和道德修养;组织技能培训,提供社会保障,增强适应社会能力,确保犯罪者顺利回归社会。而社会团体、基金会等非政府组织在实施社区矫正活动中应充当好经纪人、执行者和策划者等关键角色,积极配合政府组织,顺利开展社区矫正活动。⑤

颜九红认为社会力量参与,更倾向于以一种平等主体的身份帮助矫正对象,

---

① 张庚辰、张琨:《对未成年人犯罪矫正帮教若干问题的思考》,载《公民与法》2013年第10期。
② 杨琼:《我国未成年犯社区矫正制度的缺陷与完善》,载《法制与社会》2013年第35期。
③ 莫然:《广州市外来未成年被告人非监禁刑适用实证研究》,载《西部法学评论》2013年第6期。
④ 朱妙、李振武、张世欣:《关于上海市未成年人重新犯罪情况的调研报告》,载《上海公安高等专科学校学报》2014年第3期。
⑤ 曹仁姐:《刍议我国社区矫正活动主体的角色定位》,载《兰州教育学院学报》2014年第10期。

更尊重、体谅社区矫正人员的感受，工作方法也是互动式、说服性、接纳式、建议性的而非强制性的，容易使社区矫正人员更为接受和认可，减少社区矫正人员潜在的抵触和戒备心理。① 常宇刚对社会力量参与的担忧是，虽然在各种相关文件中都规定了社区居委会和社区志愿者参与该项工作，甚至还规定了具体的实施细则，但是执行机关与社会力量缺乏足够的横向联系，社会力量还处在自发的、个别参与的层次，其参与的力度和效度均明显不足。②

当前社会力量参与的不足表现为：一是尚未健全社区矫正的相关法律法规。司皓洁认为，社会工作者、志愿者的权利、义务、责任不明晰以及缺乏参与机制等。③ 二是社会公众对社区矫正的认知不足，社会力量参与少。部分居民甚至认为将大量的罪犯放在社区，为社区的居住环境埋下了安全隐患，增加了社区内的不安定因素。④ 另外，唐文娟认为志愿者团队式参与模式尚未形成，个体力量分散，很难形成合力。应突出社会力量的专业性、稳定性与有效性，形成团体式的参与模式。⑤ 三是许多学者认为社区矫正队伍不够专业化。

张宇认为，社区矫正制度的实施首先需改变国民的观念，提高认知度。闫乃慈认为，可以通过宣传和鼓励社会工作人员参与社区矫正，但必须对这些人员进行较为严格的挑选，并对其进行必要的相关法律法规、规章制度、思想工作、心理辅导等方面的培训，向社会吸收大量的，具有专业知识或综合素养等较强、较高的志愿者参与，从而提高社区矫正工作队伍的整体实力及素质。⑥

史惠瑄等调研发现，社区矫正人员的重犯风险因其罪犯身份知晓程度不同而存在显著差异，罪犯身份被社区中大部分人或一半人知晓者有重犯风险。建议让参与矫正工作的公众为矫正人员的罪犯身份保密。⑦

（十）公检法司各部门的协调与制约

研究主要集中在如何克服监督不力，试图从检察院相关业务部门内部业务设置寻求解决渠道。司绍寒等认为，现行社区矫正存在法律依据不足，监督手段有限，对相关部门、人员职责规定不够明确，检察机关内部沟通衔接不够等问题。建议采取明确性、动态性、全面性、效力性、专业性监督等措施。⑧ 张云霄认为，我国社区矫正法律监督存在"柔性监督"为主，"刚性监督"不足；"静态监督"为主，"动态监督"乏力；"书面监督"为主，"实地监督"缺失；"单一监督"为

① 颜九红：《社会力量参与社区矫正之本土化探索——以北京市大兴区为例》，载《北京政法职业学院学报》2014 年第 1 期。

② 常宇刚：《浅析社会力量参与社区矫正》，载《法制与社会》2014 年第 21 期。

③ 司皓洁：《社会力量参与社区矫正问题研究》，载《法制与社会》2013 年第 34 期。

④ 吴尚敏：《浅析防城港市社区矫正与社会维稳》，载《广西政法管理干部学院学报》2014 年第 4 期。

⑤ 唐文娟：《法学专业学生参与社区矫正的路径探索》，载《行政与法》2014 年第 4 期。

⑥ 闫乃慈：《浅议社区矫正制度的完善》，载《法制与社会》2014 年第 3 期。

⑦ 史惠瑄、董洋：《从社区矫正罪犯身份保密的视角看公众参与》，载《法制与社会》2014 年第 28 期。

⑧ 司绍寒、熊正、王秋杰、贾淼：《浅议社区矫正检察监督程序》，载《中国司法》2014 年第 10 期。

主，"合力监督"欠缺四个方面问题。完善相关监督机制的根本出路在于增强"刚性监督"，关键在于强化"动态监督"；而基础条件在于增加"实地监督"；重要保障在于实现"合力监督"。①

叶兴智认为，社区矫正法律监督的立法过于笼统，检察机关职能定位不准确，社区矫正信息沟通不畅，监督机关监督强制力欠缺。可以通过找准监督切入点，制定专门的社区矫正法律，构建社区矫正统一信息平台，构建社区矫正动态监督机制，完善检察机关内部协作监督机制予以解决。② 李帅则认为，我国社区矫正检察监督存在法律依据不足，工作定位不准确，对社区服刑人员合法权益保障不够，对矫正效果缺乏监督的问题。可以通过制定《社区矫正法》，并重新定位检察监督在社区矫正中的作用，加强对服刑人员权利保障，重视执行效果等措施予以克服。③

关于社区矫正法律监督职能定位，吴晖认为，我国社区矫正法律监督具有监督法定、范围广泛、手段专门三个特点。基层检察院的社区矫正法律监督的职能定位需要：（1）通过立法明确检察机关的监督职能；（2）明确监督对象和责任；（3）加强检察监督平台建设，增强监督的实践操作性。④

孙文红等认为，可通过建立网络监督与互动平台，并建立监督反馈与联动机制，事先监督与介入机制，维权救济与帮扶机制，能较好实现对社区服刑人员的矫正与复归，达到犯罪人再社会化的目的。⑤

梁美英认为，人民法院在参与社区矫正工作中存在立法滞后，参与的法律依据不足，非监禁刑适用率低，与其他部门在程序上衔接不够紧密，尤其在审前调查、与司法行政机关在法律文书送达和人员接管以及撤销矫正时缺乏程序规制等问题。建议完善立法，加强法院参与社区矫正的立法研究，扩大非监禁刑的适用，规范程序，严密与其他部门的工作衔接等措施。⑥

（十一）国外（地区）社区矫正制度的研究

刘丽敏介绍了国外在社区矫正法律法规体系上的完善：（1）形式上有专门社区矫正法，有专门刑事执行法和单行的社区矫正法规。（2）内容上分为社区服务令、缓刑、假释、审前转处、出席中心令、家中监禁等。（3）性质上兼有实体法、程序法、组织法的内容，呈现兼容性特点。⑦

① 张云霄：《探析我国社区矫正法律监督制度之完善》，载《中国司法》2014年第7期。
② 叶兴智：《新刑事诉讼法视野下社区矫正法律监督工作之完善》，载《法制与经济》2014年第12期。
③ 李帅：《对完善社区矫正执行检察监督的思考》，载《法制与社会》2014年第9期。
④ 吴晖：《检察院在社区矫正工作中的法律监督职能定位》，载《法制博览》2014年第18期。
⑤ 孙文红、李英霞：《创新社会治理与完善社区矫正的法律监督》，载《沈阳工业大学学报》2014年第3期。
⑥ 梁美英：《人民法院参与社区矫正工作的理论与实践研究》，载《法制博览》2014年第17期。
⑦ 刘丽敏：《破解社区矫正的实践困境——国外经验借鉴及中国的体制机制构建》，载《河北学刊》2014年第2期。

　　李敬瑶分析我国社区矫正形式和措施缺乏外国及我国港台地区的社区服务、资格权利限制与剥夺、家中监禁、中途训练所、保安处分等措施的丰富性和人性化特质。因重刑主义传统而缺乏对罪犯回归正常甚至对社会作出贡献的要求。①

　　张雪介绍了一些境外青少年社区矫正的经验：（1）处理青少年违法犯罪的法规；（2）美国社区对青少年犯罪行为预防和矫正的实践；（3）英国"波尔斯坦训练命令"。同时指出其矫正方式多元、硬件设施齐全等的启示意义。②

　　史亚杰总结了国外社区矫正模式的特点：一是在刑罚适用中，非监禁刑适用比例很高；二是社区矫正都体现出复合型的刑罚种类；三是社区矫正的决定机关和执行机关都具有统一的机构且都配有高素质的工作人员；四是许多国家对于社区矫正作为刑罚的种类都有明确的法律规定；五是各国社区矫正取得的成果都证明社区矫正作为刑罚的执行方法在很大程度上可以节约国家资源。③

　　栗志杰等介绍了俄罗斯社区矫正管理机关的主要职能和具体任务、执行机关的主要工作职责，并评析了俄社区矫正法制体系、行刑人道主义、注重罪犯人权保护的立法价值取向、垂直的社区矫正组织管理体制及其经费保障机制，社区矫正机关主导、社会共同参与的社区矫正工作模式、独具特色的社区矫正管理人员队伍、刑罚替代转处、附条件免除履行刑罚程序设计更为科学的行刑制度等情况。提出了一系列我国应该注意的方面。④

　　唐彦介绍分析了美国非监禁刑的执行制度、缓刑制度、中间制裁制度、社区服务令等情况。⑤ 顾程雯介绍分析了中美社区矫正在适用现状、调查报告制度、机构设置上的差异。⑥

　　杨学农介绍了芬兰社区矫正中的社区服务、限制令、青少年犯罪处罚、假释犯监督、预假释，芬兰社区矫正立法（拟将所有社区矫正法律条文整合到一部法律中）、评估（设置评估中心，评估中强调风险性、坚持公开透明原则、充分尊重评估人意见、高度重视青少年犯罪评估、跟踪评估）及电子监控方面的主要做法，提出我国应当借鉴思考的问题。⑦

　　张凯分析了国外社区矫正监督工作中定量的危险评估、适当的案件分配以及多样的监督措施等情况，与我国刑本位监督理念、控制型监督内容以及形式化监

---

　　① 李敬瑶：《中外社区矫正制度比较》，载《世纪桥》2014 年第 9 期。

　　② 张雪：《境外青少年犯罪矫正的经验与启示》，载《法制博览》2014 年第 10 期。

　　③ 史亚杰：《国外社区矫正模式对我国社区矫正模式创新的启示》，载《辽宁公安司法管理干部学院》2014 年第 2 期。

　　④ 栗志杰、李玉娥、田越光：《俄罗斯社区矫正制度评述与启示》，载《河北法学》2014 年第 1 期。

　　⑤ 唐彦：《美国刑事执行法律制度借鉴》，载《广东技术师范学院学报（社会科学版）》2013 年第 11 期。

　　⑥ 顾程雯：《中美社区矫正制度比较研究》，载《法制博览》2013 年第 10 期。

　　⑦ 杨学农：《对芬兰社区矫正的借鉴与思考》，载《中国监狱学刊》2014 年第 3 期。

督措施的情况进行对比，提出了一些借鉴和启示。①

何挺翻译詹姆斯·邦塔等人对社区矫正中的策略性培训创新实验，研究犯罪者复归社会的风险和需求响应模式，介绍了研究的方法和发现，对缓刑官的矫正执行行为、后续诊所式的技术支持、社区服刑人员重新犯罪问题进行讨论并获得结论。②

三、对社区矫正研究的期待

在党中央对社区矫正工作高度重视、司法部社区矫正管理局积极推进社区矫正工作开展的背景下，我国社区矫正研究不断发展并取得丰硕的成果。广大教研人员和实务工作者通过不同角度对社区矫正进行的探讨，共同推动了我国社区矫正制度不断完善和成熟。但是，不可否认，目前我国社区矫正制度还存在许多问题，只有通过我国理论研究者和实务工作者的通力合作以及相关部门对社区矫正研究的有效组织，才能真正建立起一套科学的、完善的、符合国情的社区矫正制度。

虽然我们在过去一年的研究中取得了许多成就，但是仍然存在以下几个问题值得我们反思：（1）许多研究选题过大、针对性差，导致研究相对分散和缺乏年度的重点和聚焦；（2）有些理论研究缺乏与实际的结合，而另外一些实务研究却难以上升到理论的高度；（3）对国外（地区）的研究相对较少，缺乏专题的最新资料的翻译和研究；（4）基础理论研究仍然薄弱，如对社区矫正的性质和一些基本概念、问题仍然不能达成共识；（5）对社区矫正立法的基本原则、立法形式、立法程序等问题的研究仍然不足，尚有许多可以探讨的空间。

在党的十八届四中全会提出"全面推进依法治国"的时代背景下，社区矫正研究任务将会更加艰巨。这就对我们广大教研人员和实务工作者提出了更高的要求，在新一年的研究中，我们认为有以下几个方面特别值得期待：

第一，以中央全面推进依法治国为指导，以四中全会提出的"制定社区矫正法"为动力，在全面开展理论和应用环节方面的研究基础上，应重点围绕社区矫正立法，包括实体、程序、组织方面的重点内容展开，社区矫正的机构设置和队伍建设事关社区矫正的执法主体，需要以创新的精神深入研究达成共识。

第二，社区矫正研究需要减少传统的思辨模式，加强实证（循证）研究包括定性和定量研究。我国社区矫正已有11年的经验，需要加强对总体和对具体项目的评估。评估需要采取科学的方法，加强针对性，减少盲目性，提高工作效率。

第三，加强社区矫正研究的合力。在国家层面需要积极推动我国社区矫正的

---

① 张凯：《国外社区矫正监督工作实践对我国的启示》，载《人民论坛》2013年第35期。

② 詹姆斯·邦塔（加）：《社区矫正中的策略性培训创新：真实世界中的风险/需求响应模式实验》，载《刑法论丛》2013年第4期。

研究，进行必要的组织协调。我国社区矫正立法是一项艰巨的任务，《大清新刑律》与《大清监狱律草案》制定之前，清政府设立了修定法律馆，组织专人进行起草和研究，包括组织力量翻译国外相关法律、论著及出国考察，在起草监狱法时，翻译了《日本监狱法》、《监狱学》、《狱事谭》、《日本监狱访问录》、《比利时监狱则》等。1905 年刑部官员赴日考察裁判和监狱改良状况。1908 年，聘请日本监狱学家小河滋次郎为狱务顾问。建议在我国社区矫正立法时，官方与民间力量应有机结合，充分利用已有资源，认真组织力量进行专题研究，精心总结我国的成功经验，虚心借鉴国外（地区）的文明成果，真正制定一部良法。

上海政法学院教授：刘　强、武玉红

上海政法学院学生：马　晓、关占花、李宜兴、
　　　　　　　　　　郭　琪、吴玉芳、李　鹏、
　　　　　　　　　　田一夫、郝常青、程园园、
　　　　　　　　　　郑意雄

我国社区矫正机构设置创新研究

——以浙江省天台县的改革为视角

上海政法学院教授、社区矫正研究中心主任　刘　强
上海政法学院社区矫正专业方向学生　郭　琪

中央深化司法体制改革的精神和党的十八届四中全会全面推进依法治国的精神对社区矫正机构设置的指导主要表现为三个方面：一是社区矫正的机构设置应逐步向垂直管理的方向发展，确保执法机关依法独立公正行使执法权。如果采用平行管理的模式，虽然在一定程度上能获得地方党政领导的重视和支持（事实上有些省市虽然采取平行管理，也未能得到地方党政领导的足够重视和支持），但是由于执法机关的人、财、物受制于地方，执法活动易受地方保护主义的干扰，有可能影响法制统一、损害执法权威。二是社区矫正的执法管辖应逐步与行政区划适当分离。我国浙江省台州市天台县司法局已率先在全国进行了这样的尝试（用执法大队和执法中队来替代司法所的管理），取得了积极的效果，不仅打破了我国司法所长期以来总体上量少质弱、难以专职的窘境，而且有利于司法所自身工作的开展，提高了工作效率。三是将社区矫正的基层机构由乡镇、街道司法所提到县（市）一级的执法大队或惩教中心，有利于建立符合我国特点的正规化、专业化、职业化的执法人员管理制度，有利于促使社区矫正实体机构的最佳化。

通过浙江省天台县社区矫正机构设置改革的启示，笔者试对我国社区矫正机构设置作如下探讨。

一、创建执法大队、中队的动因

党的十八届四中全会决定中指出："完善刑罚执行制度，统一刑罚执行体制，改革司法机关人财物管理体制。"① 司法部部长吴爱英在《全面推进社区矫正工作健全完善社区矫正制度》中指出："必须坚持改革创新，用创新的思维和改革的办

---

① 摘自《中共中央关于全面推进依法治国若干重大问题的决定》，载《法制日报》2014 年 10 月 29 日第 2 版。

法解决工作中的困难和问题，不断实现新发展、取得新成绩。"① 这里应该涵盖对社区矫正机构设置方面的改革与创新。

2012 年颁布实施的《社区矫正实施办法》第 3 条规定"司法所承担社区矫正日常工作"。但是从全国情况来看，司法所确实存在力不从心的问题。从比较发达的省市来看，北京市在各区县设立了"阳光中途之家"，在每个司法所借调了监狱劳教人民警察，招聘了社区矫正协管员（后更名为社区矫正社会工作者）；上海市在全市 17 个区县均设立了"社区矫正中心"，从市戒毒局抽调了超出上海市司法所数量的戒毒人民警察 218 人，通过"政府部门服务"的形式，目前有一支 600多人的社区矫正社会工作者队伍；江苏省在各市县均成立了"管理教育服务中心"，并根据需要在司法所招聘了合同制社区矫正专职工作者。采取这些措施的目的就是为了弥补司法所管理社区矫正工作在人、财、物方面的不足。

浙江省地形多起伏，导致区划差别大，个别山区、临海地区较为封闭，司法所建设也难以与城区相比；各司法所入矫人员不一，而相同的社区矫正工作人员配备也造成了矫正资源不均、精力不一的问题。台州基层司法所开展工作所遇到的困境是：

1. 基层司法所作为司法行政系统的派出机构，任务繁、责任重，缺乏兼管社区矫正的精力，也缺乏管理执行社区矫正的专业能力。

目前台州市司法所在设置上直属县（市、区）一级司法局，属于司法局垂直领导，但在一定程度上需要依靠乡、镇、街道人民政府。许多司法所不但要做人民调解、法律宣传、安置帮教、法律援助、社区矫正工作，有时还需协助乡镇做其他中心工作，任务繁重。台州市司法局与县（市、区）一级司法局是指导关系，因此，台州市司法局社区矫正管理局对全市社区矫正工作不具有垂直领导关系，而是指导关系，这也是浙江省社区矫正机构设置的基本模式。

台州市天台县下辖 15 个乡镇、街道，在执法中队成立之前，具有司法所正式编制的工作人员只有 13 人（指公务员或事业编制），招聘的社工有 17 人，其中 2个所有 2 名正式工作人员，4 个所没有正式工作人员，5 个所（三州、雷锋、南屏、泳溪、龙溪）是 1 人所，这样的编制状况，凸显专职社区矫正的人力匮乏，司法所力量配置与社区矫正工作任务的矛盾突出，很难应对大量社区矫正相关调查管理监督评估等工作。

另外，司法所作为司法行政系统的派出机构，本身是面向人民群众、做的是司法行政的调解、宣传、服务、帮教工作，与其所承担的社区矫正刑罚执行职责形成一种分化，角色转换不易。严肃性、强制性在《社区矫正实施办法》所规定

---

① 吴爱英：《全面推进社区矫正工作 健全完善社区矫正制度》，司法部社区矫正管理局网站，http://www.moj.gov.cn/sqjzbgs/content/2014 - 08/25/content_5731406.htm? node = 30092，访问日期 2014 年 10 月31 日。

的社区矫正管理执行机构中难以体现。如果仍然完全依托司法所工作人员做社区矫正日常工作，会因其长期从事本职工作，缺乏刑罚执行的职业素养；且社区矫正试行仅10余年，尚未发展成熟，缺乏统一规范的管理规定及队伍建设规定；仅仅依靠少量借调的监狱劳教干警、短期社区矫正培训，很难掌握社区矫正这一注重专业性、具有一定执行难度的工作。在英美国家，社区矫正这一刑罚执行方式被普遍认为具有复杂性和艰巨性，他们对缓刑、假释官所设置的准入标准一般高于监狱执法人员。

2. 司法所一般设于地方乡镇，分布分散、所管地域广阔，不便对流动性较大、很难掌控动向的社区服刑人员进行管理，不便在全市形成统一规范的监督管理。

浙江省台州市地域广阔，其司法所设置较为分散，特别是在台州市一些山区、郊区，那里的社区服刑人员回归社会后又会趋于工作、生活要求而流入城区，难以跟踪矫正，"脱管、漏管"、"管不着、谁来管"的问题凸显。台州市下辖的县、市、乡、镇众多，更因其地形复杂、经济发展水平不平衡，郊区与城区承担的工作量有很大不同，司法所资源不均造成一部分浪费、一部分超负荷的情况。如台州市天台县就有6个乡镇地处山区，交通不便，监管难以落实，仅有1名司法所工作人员管理这里的社区服刑人员，工作很难触及。郊区司法所也很难跟踪管理那些未达到"跨居住地"又经常不在司法所管理范围的服刑人员。

从矫正教育、集中劳动方面看，司法所作为执行机构太过分散和独立，很难做到沟通和协作，矫正力量无法聚集，也就难以建设更好的劳动教育矫正平台和桥梁，导致缺乏规范专业的矫正教育，集中教育流于形式，改造成效甚微。

3. 司法所实际上不具执法权，只能说服教育；社区矫正对于司法所只是其任务中的一项，难免与司法所其他工作交叉，致使执行力下降，不利于社区矫正工作质量的保证。

不少司法所作为社区矫正工作主体存在"有能力管理、没能力管教"的情况，特别是在社区服刑人员存在日常监管、矫正教育学习、社区服务等不认真、不配合或其他情节轻微的不良行为时，达不到提请公安机关处罚或人民法院撤销假释缓刑的程度，无法对其进行强制性措施，导致矫正质量下降。

社区矫正这项社区刑罚执行方式的惩罚性和强制性并未在这些具体执行主体上体现，而不得不求助公安机关。无论是从日常矫正表现的了解程度上，还是采取处罚的即时性上，都能看出公安机关作为依法处理对违反治安管理规定和重新犯罪的社区矫正人员、具有《社区矫正实施办法》明确的执法权的机关，事实上对社区矫正的介入程度不佳，因此，社区矫正机构亟须获得直接、专管的职权。

台州市执法大队、中队模式是我国基层社区矫正机构设置的大胆探索。台州市执法大队与执法中队的设置，一方面反映了浙江省社区矫正工作鉴于我国社区矫正试点试行的较长时间注重教育矫正而忽视监管惩罚的偏向，为强化刑罚执行意识而设置，希望把社区矫正的方向引入正确的轨道。另一方面，在天台县探索执法大队与执法中队的垂直联动，执法中队并非以乡镇街道为单位设置，而是以适当集中的形式，与乡镇、街道的行政区划适度分离。中队执法人员身着专门配备的警服，对社区服刑人员具有一定的威慑力，管理风格上较司法所更为严肃、严厉，有利于体现刑罚执行的性质；县级垂直管理，能够独立执法，不必受乡镇地方政府的干预和工作的临时抽调，也不必承担社区矫正试点前司法所原有的各项工作。专职专管，工作质量能有效提高。"垂直管理可加强对社区矫正管理的直接业务指导和专业培训，根据需要调整和充实力量，并可统一进行管理效果的评估奖惩。"①

二、"天台模式"的创新做法

浙江省台州市司法局自 2012 年 8 月以来逐步成立了各县（市、区）社区矫正监管大队（后改为执法大队），执法大队与县级监管指挥中心、劳动教育基地（社区矫正中心）三机构并行，为社区矫正构建起了相对完备的统一监管、教育、劳动组织网络。另外，在矫正人数多、工作力量薄弱的乡镇（街道）试点设立执法中队，在村居（社区）一级建立社区矫正工作站，构建市、县、乡、村四级社区矫正组织管理体系。村居（社区）则以居委会为基础，由其建立兼管社区矫正的工作站，实行有清晰范围界限的、分片分块专人负责的网格化监管。这样，"大队、中队、工作站"构成了浙江台州的社区矫正三级管理模式。

（一）执法大队

2012 年 8 月，天台县司法局在全市率先成立了社区矫正执法大队，并建立了县社区矫正监管指挥中心。执法大队的特点是将原有司法局社区矫正行政管理机构转变为既有行政管理又有工作实体的县级社区矫正工作平台。

社区矫正执法大队的基本模式是内设社区矫正监管指挥中心，利用高清大屏的社区矫正管理平台（执法中队也设有此网络平台），可随时查询下辖社区矫正机构的矫正档案、心理及风险测评结果、考核奖惩等信息，通过在下属机构设置的摄像头监督工作人员是否作为、及时发现工作情况和问题；也可通过社区矫正人员携带的 GPS 定位手机随时监控其移动路线动态，执法大队干警及招聘社工每天对重点人员信息化核查 1 次，对一般社区服刑人员每天抽查 10 到 20 名，一经发现违规脱离监控、离开居住地或其他可疑情况，可立即报警，继而方便执法大队直接打电话到司法所了解情况，实现了即时监控的效果，解决了以往工作中监督难、缺乏违规证据的问题。此信息化管理平台还可实现社区矫正在线学习教育，规定社区矫正人员每月网上自学时间不得少于 8 小时，专题有法律法规、禁毒专题、法治与调解、实时政策等内容，所有学习都有网络时间记录，社区矫正人员不离家就能进行集中教育内容学习，解决了许多实际执行中往来不便、影响工作学习的

---

① 武玉红：《社区矫正管理模式研究》，中国法制出版社 2011 年版，第 161 页。

问题，更具灵活性；每个季度监管指挥中心还可通过视频点名的方式，对本区所有社区服刑人员进行点名，不必到各司法所就能实现管理效果，节约了司法资源。

（二）执法中队

2014年7月，在天台县社区矫正规范管理试点的动力推动之下，鉴于15个乡镇（街道）司法所建设不均、地域广阔、社区矫正工作开展难的情况，在县域内组建五支中队：（1）城区执法中队。管辖赤城、福溪、始丰3个街道267名社区服刑人员；（2）直属执法中队。管辖石梁、龙溪、泳溪、雷锋、三州、南屏6个乡镇74名社区服刑人员；（3）平街执法中队。管辖平桥、街头2个镇167名社区服刑人员；（4）白鹤执法中队。管辖白鹤镇60名社区服刑人员；（5）苍山执法中队。管辖坦头、洪畴、三合3个镇124名社区服刑人员。其中，除城区执法中队专职工作人员为6名外，其他中队都是4名，由1名中队长、指导员，至少1名公务员和2名社工组成（数据截至2014年8月）。这样的队伍安排有的是由县司法局执法大队直接下派组成，有的是在原司法所基础上重新组建，如天台县城区执法中队即依托福溪司法所而建，队伍来源于原司法所，中队长及指导员职位设置都是公务员编制，社会工作者采取社会招聘方式（合同为一年一签）。

执法中队的设置模式有三种：

一是在中心司法所增挂执法中队，两者在执行管理社区矫正工作中分工不分家，执法中队专职攻克监管执法难题，不受当地政府干扰，直接受命于执法大队，司法所做社区矫正中的村级工作站建设、审前调查、帮困扶助等基础工作。如白鹤执法中队就是与原有的白鹤司法所实行"一套班子两块牌子"运行社区矫正刑罚执行的，利用原有五星司法所的建设基础，协调两方工作，合作推进社区矫正的专门化、专职化、专业化。

二是按照地理设"片"的执法中队，同时管辖几个乡镇的社区矫正工作。这种设置能够避免工作量小的司法所与其他工作量大的司法所拥有同样设备及资源而造成浪费，按"片"合并管理实行矫正资源的合理分配。如平街执法中队就是管理平桥、街头两个镇的社区服刑人员，4名工作人员对接167名社区服刑人员。

三是直属中队，是专为乡镇山区流入城区的社区服刑人员成立的专门中队。如直属执法中队，就是在地域分散难以管理、社区服刑人员又有很大流动性的背景下专门成立的，直属于执法大队并与之共用办公场所，专管执行山区流向城区的社区服刑人员的刑罚执行，能即时了解和上报这些流动性强的社区服刑人员情况。

（三）执法大队与执法中队关系及职责上的区分

执法大队对下设的执法中队实行垂直管理，执法大队除了协同中队做好社区矫正入解矫、录入、执行、请销假、奖惩等基础工作以外，在执法队伍的人员管理、规范制度建设方面，负责指导、督促和检查、考核队伍业务学习等工作。而执法中队因更接近基层，负责指导监督村居社区矫正工作站的建设和教育帮扶、协助平安创建等中心工作。

目前台州市的一些执法大队直接管理直属中队，且大队中队在创新探索阶段共同积极主持具体社区矫正工作。虽有上下级、职责区分，但大队一方面指导和安排中队工作，另一方面也直接做与中队相同的宣告、各类手续、监管等工作。大队中队作为社区矫正专门机构，其上下级职能职责分配还不够规范。

目前台州市存在大队长和中队长在公务员职称级别上相同，彼此地位、职责比较尴尬的情况。这一点也说明台州市在未来建设专门执法队伍的探索中，除了考虑如何做社区矫正工作，也应继续考虑队伍如何进行规范化制度建设的问题。因为在台州市和县一级无权决定社区矫正专业执法人员的级别待遇问题，这些问题亟须国家从全局考虑强化社区矫正执法人员的职业保障制度，适当提高各层次职务的级别待遇。当前我国正处于社会矛盾凸显期，矛盾的对抗性、敏感性增强，社区矫正工作人员每天与罪犯打交道，本身就存在职业风险，随着社区矫正适用范围的扩大，社区服刑人员的社会危险系数会相应增大，社区矫正执法人员的职业风险也会相应增大，需要使现有的保障制度体现社区矫正的职业特点和职业风险，进而推动社区矫正执法队伍的专业化、职业化、正规化建设。

三、"天台模式"的积极效果

2014年9月，笔者在天台县执法中队参加了社区矫正专题座谈会。据当地执法大队徐队长介绍，天台县执法中队的设立，使社区矫正工作产生了质的飞跃。过去，天台县社区矫正由15个乡镇司法所管理，好比执法大队下面有15只脚，现在将执法力量集中到5个中队，其形象地将大队称为龙头，直属中队为龙的颈部，其他四个中队为龙的四个爪子，四爪相互配合，在颈部的灵活转动和龙头的带领下，一条龙才能腾飞。这样有利于工作的直线化、实战化，实现了令行禁止，真正实现了垂直管理。执法中队陈队长（过去是司法所所长，也承担社区矫正的管理工作）介绍，社区矫正工作由司法所转到执法中队后的前后变化：一是工作的时间精力有保障。司法所虽然归属于司法局，但事实上是双重领导，因为办公用房需由当地政府解决，因此，司法所只有50%的时间做司法所的工作，另外50%的时间做平安建设工作，如重点工程、土地征收等地方政府的中心工作。二是社区矫正工作的严肃性和专业化得到体现。司法所是一个行政单位的概念，执法中队明显体现非监禁刑罚执行的性质，执法中队对社区服刑人员具有一种震慑的作用。另外，人员相对集中，可以有适当的分工，如风险需求评估由一人承担，而不像过去每个司法所都要有人做评估，但是评估的质量差别较大。同时硬件条件也得到了改善。三是有利于执法公正。过去，司法所自由裁量权较大，制度不够健全，缺乏一定的制约。现在人员相对集中，强化了制度管理，同时根据司法局制定的规章制度，加强了检查和监督，挤压了工作人员的自由裁量权。四是有利于专业素质的提高。过去在司法所分散管理的情况下，局里统一组织系统学习少，建立中队后，有利于司法局组织统一的专业知识学习。例如，天台县组织了全县范围所有从事社区矫正的执法队伍、司法所专职工作者、社工等进行集中培训。

调研中，经历了天台县社区矫正工作由司法所转向执法中队变化的司法所所长表示，社区矫正工作由司法所转到执法中队的好处：一是有利于提高效率。不仅直接体现了社区矫正机构的执法严肃性，而且促进了人员整合、资源整合、场所集中、专业分工。二是有利于司法所做好本职工作。司法所原有八项工作，加上社区矫正有九项任务。人的精力毕竟是有限的，要求九项工作都做好，实际上难免有一些流于形式。人民调解是一项主要的工作，需要专业的知识、技能和时间保障，现在社区矫正工作转到执法中队，我们可以有比较多的精力抓好人民调解等重点工作。

四、社区矫正机构设置的完善

基于浙江省台州市"天台模式"对我国社区矫正基层机构设置的启示，根据党的十八届四中全会精神以及发达国家的经验，对我国社区矫正机构设置提出以下建议：

（一）县级司法行政部门社区矫正机构应成为工作实体，司法所不再承担社区矫正日常工作

应将2013年的《中华人民共和国社区矫正法（草案送审稿）》第8条中"司法所承担社区矫正日常工作"取消。主要理由是有利于专业化队伍建设。

党中央强调司法执法公正，需建立专业化、职业化、正规化的司法执法队伍。目前司法所中社区矫正是刑罚执行工作，而其他八项任务均非刑罚执行，由于工作性质的明显差异，将社区矫正放在司法所，有悖中央建立符合职业特点的司法人员管理制度的初衷。

每个司法所社区服刑人员的数量有较大差别，据对某省全省1308个司法所26429名服刑人员的调查显示，司法所管理的服刑人员最少的为0，最多的为333人。具体数字见下表：

服刑人员数量	司法所数量	所占比重（百分比）
0－10（最少0）	414	32
11－20	444	34
21－30	224	17
31－50	144	11
51－80	64	5
81－100	14	1
101以上（最多333）	4	0.3

　　如果某司法所专职社区矫正工作者工作量不足，势必要从事司法所其他工作；如果司法所专职社区矫正工作者工作量太大，势必需要司法所其他工作人员协助，协助人员的自身素质难以达到专业化的标准，势必影响执法的效果和执法的公正。

　　实践证明，社区矫正工作放在司法所，不利于这项工作在所内的分工。当承担社区矫正工作能给所内工作人员带来利益时，大家都愿意做这项工作，如某些省市的部分司法所是所内工作人员全部参与社区矫正的管理，因为承担社区矫正这项执法工作可以获得发放警服的待遇。但结果是司法所工作人员既从事社区矫正工作，又同时承担人民调解、法制宣传等其他工作，这样不利于专业分工的要求；而有许多司法所是在所内确定专人分管社区矫正工作，但当工作人员做社区矫正工作又没有特别待遇时，往往不愿承担此项工作，即使承担了这项工作，也不安心于做这项工作，希望将这项工作转给其他人做。因为社区矫正与人民调解和法制宣传工作相比，风险大、责任重、工作复杂、不能保证正常的休息、待遇不高。虽然许多省市自治区确定司法所专人承担社区矫正工作，但实际上只是形式上的专而非实质上的专。事实上司法所专职社区矫正工作人员的流动性也很大，不能保证专职化发展，更难以体现专业化。

　　（二）社区矫正机构向垂直管理方向发展，基层机构设置可多元化

　　社区矫正工作的垂直管理需要走出两个误区：

　　一是司法局对司法所的垂直管理并非等同于社区矫正的垂直管理。目前在我国浙江、安徽、上海、四川等省市，县（市、区）级司法局对司法所实现了垂直管理，这样有利于司法行政工作的统一管理和力量的统一调配，减少了地方政府对司法行政工作的干预。但是，县（市、区）级司法局社区矫正机构对司法所中社区矫正工作人员并无直接领导和调配权，还需要通过司法所来进行协调，因此，这不是真正意义上的社区矫正垂直管理。

　　二是设置执法大队、中队并非等同于社区矫正的垂直管理。台州市并不是最早试行执法大队、中队这种社区矫正专门队伍建设的地区，早在 2011 年，如东县就成立了社区矫正执法大队。与天台管理模式不同的是，如东县执法大队作为县级社区矫正管理机构，下设执法、技防监控、心理矫治三个直属中队，是按照功能而非地域分布设置的中队。大队由社区矫正科工作人员和聘请的专职社工共 12人组成，大队长、副大队长分别由局分管领导和社区矫正科科长担任，14 个镇也分别设立基层中队。① 由于中队设在司法所，而中队并非专门从事社区矫正工作，中队的社区矫正人员并非与县社区矫正机构形成垂直管理关系。因此，这样的大队、中队设置也并非等同于社区矫正的垂直管理，与"天台模式"有着质的不同。

　　目前，中共中央已决定对人民法院、人民检察院工作实现省级的垂直管理。从司法行政机关的监狱管理来看，早已实现了省级的垂直管理，并证明是行之有

---

　　① 《如东设社区矫正执法队伍》，载《法制日报》2011 年 6 月 5 日，第 6 版。

效的。在我国 1983 年开展"严打"之后，由于监狱在押犯人满为患，不得不在地市一级建立由地（市）司法行政机关管辖的监狱，但很快就证明了这样的发展不利于执法工作的专业化、正规化建设，不利于监禁机关的监管安全，因此，很快又将地市级监狱收归省级，由省级监狱局实行垂直管理。社区矫正是我国一项新兴的社区刑罚执行工作，势必展示出巨大的发展潜力和适用范围。随着社区服刑人员数量的增加，他们的社会风险程度也会相应增加。为加强社区矫正的监管、确保社区的安全，对社区矫正机构设置的专业化和正规化将会提出更高的要求。目前已完成了试点试行的过渡期，从发展的眼光和国际的经验来看，应加快社区矫正垂直管理的步伐。

具体建议如下：

一是县（市、区）级实行多元化的垂直管理。在县级司法行政机关建立社区矫正工作实体，"天台模式"是基于农村和山区的条件建立的大队、中队垂直管理模式，是有地方特色的。笔者认为，垂直管理可根据各地区的地理条件、人口数量、经济状况及多种因素而定。例如，在上海的徐汇区，地理面积不大，人口相对集中，交通十分便利，区级社区矫正中心完全可作为工作实体直接管理全区社区服刑人员，而不必将管理任务分散到每一个司法所。中心工作人员的工作量是按照平均的工作负荷而非按行政区划，这样在区级层面就实现了执法管辖与行政区划的适度分离。而在上海浦东新区，由于地理面积较大，人口相对分散，交通相对不便，可在社区矫正中心下设派出机构，但完全不必以司法所为单位。如果在比较边远的省份，经济条件较差，没有条件设立县级以下分支机构，也可将工作人员派驻到司法所，但该工作人员并非司法所工作人员，而是归属于县级社区惩教中心或执法大队，类似于检察院监所检察处（科）的工作人员派驻到监狱工作，虽然人在监狱工作，但不受监狱的管理和支配，与监狱工作人员有不同的法律地位和职权、不同的准入条件、不同的晋升机制、不同的待遇标准。

二是县（市、区）级以上的垂直管理。目前我国司法行政系统在县（市、区）级有对下的垂直管理系统，但没有省级对下的垂直管理系统，鉴于世界上大多数发达国家社区矫正管理实行省、州一级的垂直管理，如美国、加拿大在州、省级政府设立惩矫局，对社区矫正实行包括人财物的全面垂直管理，我国台湾地区在"法务部"下设保护司（为强化其执法力度，在工作关系上依附于台湾"法务部"的地区法院检察署），对台湾地区各市县也实行人财物的垂直管理。

目前我国大陆地区社区矫正试点采用以平行为主的模式，经费、人员等的调配大多来自地方政府和人事部门，虽有所谓充分利用和发掘地方资源的好处，但"司法机关按行政区划设立，管辖所属行政区划的案件，容易受到地方保护主义的干扰。同时，我国地区间发展不平衡，各地司法机关承担的业务量也有较大差距，一些地方司法资源闲置"①。扩大垂直管理的范围，不仅有利于贯彻中央司法体制改革的精神，减少地方保护主义的干预，而且有利于强化执法的公平与公正。

垂直管理的好处具体体现在：（1）有利于社区矫正法制的统一。对于国家社区矫正的法律法规、方针政策，对于司法部社区矫正管理局的各项举措和工作安排及调整，能够直接、迅速的严格贯彻，使得上下级部门机构工作管理更加统一，避免各循其路、各地各异的状况。（2）便于上级社区矫正机构针对下级机构及人员组织业务指导和专业培训，能在较大范围内实现资源、人员、做法及经验的交流，统一由上至下进行评估奖惩，激发队伍整体的进取心与发展潜能。有权做出人事调整调动，遇到违规执法、工作贪腐、失职时有权对其进行问责，规范执法。（3）垂直管理避免了与其他党政机关部门的挂钩联系，更具灵活性，有足够精力和空间面对未来不断扩大的社区刑罚的适用，探索社区矫正工作中难度不断增加的问题和挑战，专业研究社区矫正工作管理方式，丰富积攒我国社区矫正探索创新的能力和经验。

根据我国国情，建议首先在地级市司法行政机关设立社区矫正专门机构，如浙江省台州市司法局设有社区矫正管理局，对于县（市、区）级社区矫正机构实行垂直管理。由于我国目前尚无先例，建议先在适当的省、市进行试点，类似我国现已开始在法院、检察院进行省级垂直管理试点一样；在直辖市则可直接进行市司法行政机关社区矫正机构对区县社区矫正机构的垂直管理，如上海市司法局社区矫正管理局可直接对 17 个区县社区矫正机构进行垂直管理。如果条件许可，也可进行省级社区矫正机构对省以下的省辖市和地级市实行垂直管理试点。

---

① 孟建柱：《深化司法体制改革》，载《人民法院报》2013 年 11 月 26 日，第 2 版。

浙江省湖州市社会力量参与
社区矫正的创新范例

上海政法学院刑事司法学院教授　武玉红
上海政法学院刑事司法学院学生　吴玉芳

2014 年 12 月 17 日司法部等六部门联合出台《关于组织社会力量参与社区矫正工作的意见》，指出要充分认识社会力量参与社区矫正工作的重要性，进一步鼓励引导社会力量参与社区矫正工作。① 面对社区矫正服刑人员同比增长的趋势，需组织大量社会力量参与社区矫正，不断开辟参与渠道和方式。"把注重顶层设计与鼓励基层探索结合好"，② 积极探索，勇于实践，创造可复制、可推广的经验。

2015 年 1 月 26 日，在浙江省司法厅社区矫正局的支持下，我们赴浙江省湖州市开展为期三天的社会力量参与社区矫正的实地调研，走访了湖州市司法局及所属的吴兴区、南浔区、长兴县、德清县司法部门和社会组织。调查发现，湖州市社会参与力量各异，他们"不搞一刀切、齐步走"③，而是充分挖掘和利用本地区资源和优势，展示了社会力量参与社区矫正的不同进程和痕迹。它们是：南浔的"关爱导师"制；吴兴的"巾帼助矫"工程；长兴的"511"机制；德清的"社会工作服务社"。

课题组通过对湖州市社会力量参与社区矫正的微观考察，试图探讨宏观政策和机制的调整空间，以期探寻符合当前社区矫正工作的社会化帮扶机制。

一、湖州市社会力量参与社区矫正工作的背景

（一）顶层设计的决策要求

《关于组织社会力量参与社区矫正工作的意见》首次明确了鼓励引导社会力量参与社区矫正工作的主要途径，即"鼓励引导社会组织参与社区矫正工作，发挥基层群众性自治组织的作用，鼓励企事业单位参与社区矫正工作，切实加强社区矫正志愿者队伍建设以及进一步加强矫正小组建设。"

---

① 司法部、中央综治办、教育部、民政部、财政部、人力资源社会保障部：《关于组织社会力量参与社区矫正工作的意见》，载司法部社区矫正工作局网站，网址：http://www.moj.gov.cn/sqjzbgs/content/2014 - 12/17/content_5890445.htm，访问时间 2015 年 1 月 30 日。
② 孟建柱：《扎实推进司法体制改革试点工作　提高政法工作能力和水平》，载《长安》2014 年第 10 期。
③ 孟建柱：《扎实推进司法体制改革试点工作，提高政法工作能力和水平》，载《长安》2014 年第 10 期。

（二）社区矫正"开放性"的要求

社区矫正的"非监禁刑"性质，决定了社区矫正工作既应具有社区矫正机构的执法性与专门性特点，也应具有社会力量参与社区矫正工作的专业性与广泛性特点。社区矫正的最终目标，是让社区服刑人员回归社会，消除再犯的可能性。而回归社会的过程，社会力量的参与，具有不可低估的特殊优势。

（三）"枫桥经验"的传承和发展

浙江是"枫桥经验"的发源地。20世纪60年代，"枫桥经验"成为一个脍炙人口、具有鲜明时代特色的"依靠群众，预防纠纷，化解矛盾，维护稳定"的典型。习近平赴浙江考察时认为，"枫桥经验"没有过时。① "枫桥经验"的精髓，说到底，就是发动群众，坚持"专群结合"。浙江省秉承传统，在社区矫正领域着力探索构建党政动手、依靠群众、维护稳定的"专群结合"方法。②

（四）社会参与弥补专业力量的不足

司法所虽设有社区矫正专职人员，如同全国大多数地方一样，不能专岗专用，无论是在时间上还是精力上，对社区矫正工作的投入有限。社会力量的参与很大程度上能弥补司法所力量的不足。社区服刑人员实行居住地管理，地域广，人员分散，也需要整合地方资源，借助社会力量参与管理。

二、对湖州市社会力量参与社区矫正工作的考察

湖州市是浙江省第二批社区矫正试点单位，下设两区三县：吴兴区、南浔区、长兴县、安吉县、德清县。2006年首先在长兴县试点，2008年在湖州市全面推开。截至2014年12月底，湖州市共接收社区服刑人员9775人、解除矫正7745人，在册2030人，分布情况见图1。

全市共有司法所76个，在册社区矫正服刑人数的比例（所/人）差异较大（见图2），既有监管10人以下，也有监管100人以上的。司法所设有社区矫正专岗，工作人员从事社区矫正工作的投入时间有所增加，但专岗未专用（这在全国是普遍现象），借助社会力量的参与显得尤为重要。湖州市两区三县地域差异大，他们根据自身特点和优势，形成各具特色的社区矫正参与力量。

---

① 孟婷：《枫桥经验：在人民调解中传承光大》，载《人民调解》2014年第1期。
② 马时明、徐祖华：《坚持发展"枫桥经验"全面推进社区矫正工作创新实践》，载《中国司法》2013年第7期。

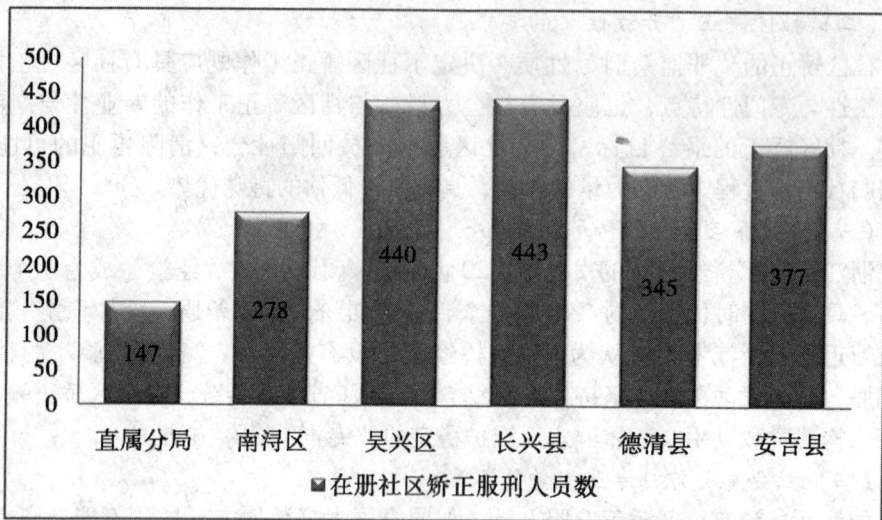

图1 截至2014年12月底湖州市各区县单位在册社区矫正人数分布图

注："直属分局"为特定区域，分管湖州市的"经济开发区"和"旅游度假区"的社区矫正工作。

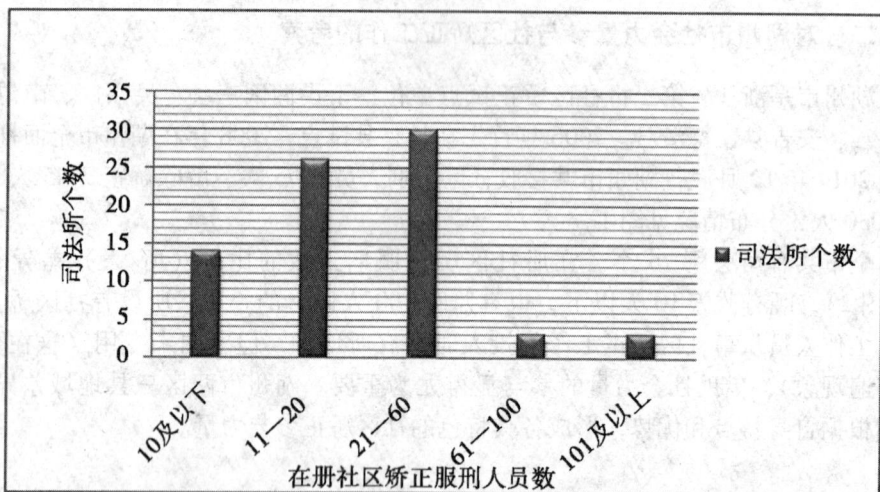

图2 湖州市76个司法所对应在册社区矫正服刑人数情况图

2014年11月，湖州市委、市政府出台《关于社会力量参与社区矫正帮教工作的指导意见》，明确了发展目标、帮教模式和工作要求。提出实现社区矫正工作"三个改变"，即社区矫正帮教工作由司法行政部门为主向司法行政部门牵头、全社会共同参与转变；矫治方式由单一行政化管控向科学综合矫治转变；矫治成效由单纯以降低"再犯罪率"向降低再犯罪率、提高社会"回归率"并重转变。截至2014年年底，湖州市各县区全面推开政府购买社工服务用于社区矫正工作，覆盖面达社区服刑人员总数的30%。湖州市计划在2015年覆盖面达到60%，在2016年达到100%。

湖州市以司法行政为主导，社会力量有效配合，以政法购买社会服务为主导，社会志愿者等其他社会力量提供必要的人力与资源，开创司法行政与社会力量的联动，其社会力量参与社区矫正工作模式具有创新性。

（一）"南浔模式"之"关爱导师"制

南浔区地处湖州市中心城区，社会治理资源相对集中，具有专业人才、文化氛围、经济保障等优势。

1. 运作模式

南浔区司法局利用区关工委（即关心下一代工作委员会）平台，以"老同志"为核心，组成由"老专家、老干部、老战士、老模范、老教师"（即"五老"人员）参与的"关爱导师"制。"关爱"对象是35周岁以下的社区服刑人员。每个"关爱导师"有《关爱导师手册》，记录他们的日常情况和行为动向，协助司法部门开展有针对性的个案矫正和人性化帮教，规劝和阻止有可能发生的冲动行为和危害社会的事件。

"关爱导师"制利用"五老"人员人生阅历及工作经验丰富、社会交际广、善于做思想工作等特点，运用"思想引导"、"心理疏导"、"帮困助导"、"行为教导"、"就业指导"（即"五导"工作法）参与社区矫正帮教工作。

为提高"关爱导师"制的工作质量，南浔区司法局一年召开两次"关爱导师"工作交流会，探讨工作方法，分享心得体会。对有共性问题的帮教案例，集体会诊，形成帮教意见，整理成册，将其作为"关爱导师"群体的指导手册和带动社会力量参与社区矫正的宣传资料。

截至2014年12月底，南浔区在册社区矫正服刑人员278人。在城区到乡镇的38个关工委的平台上，建立"关爱导师"人才库，聘任"关爱导师"190余名。

2. 对"关爱导师"制的评价

结合我国国情，"关爱导师"制具有可推广、可复制的前景，其优势在于：

一是人员优势。我国老年人基数庞大，可利用资源丰富。湖州市南浔区单就退休教师就达500人，参与社区矫正的老教师是"五老"中的中坚力量。他们和蔼可亲的形象、真心实意的关怀、语重心长的教育、循循善诱的方式尤其适用于青少年阶段的社区矫正。

二是人才优势。"五老"人员来自各个领域和各个部门，能够利用其原有的岗位经验、人文知识、协调能力、社会阅历等，教育和引导青少年社区矫正服刑人员。

三是长者优势。"五老"人员的长辈身份易拉近距离，增加社区服刑人员及亲属对他们的信任度，长者的仁慈也易使社区服刑人员对他们亲近，其规劝也易于被接受。

四是时间优势。"五老"人员空闲时间多,能够全身心投入帮教"新事业",全方位了解青少年社区服刑人员的精神状态和生活、工作、学习情况。

五是人际优势。"五老"人员阅历丰富,人脉资源广。基于老教师、老干部等身份,可以帮助有就学需求的社区矫正服刑人员联系学校,帮助有就业需求的服刑人员解决就业等问题。

六是地域优势。"关爱导师"制尤其适合于市中心城区,南浔区即是如此。相比其他区县,南浔区社区建设相对成熟,社会资源相对丰富,"五老"人员居住地相对集中,便于帮教工作的开展。

进一步的思考:

"五老"人员无薪水、无补贴,纯义务的付出不是常态化、可持续发展之计。志愿者服务的宗旨是不求回报、无私奉献,但并不意味着"志愿"服务就不需要成本。据调查获悉,不少"五老"人员不仅没有补贴,反而自己贴钱贴物救助生活困难的帮教对象。"五老"人员均为退休人员,长期下去会有压力。给予"五老"人员一定的补贴是社会对他们的尊重和认可,这与"自愿参与、无私奉献"的志愿者精神并不矛盾。我国志愿者相关条例中也有规定,要求为志愿者提供必需的条件和必要的保障。由于"五老"人员"倒贴式"的"关爱"服务,致使司法行政部门不好意思提出较高的工作要求,也难以形成制约机制。

"五老"人员的人脉资源和长者为尊的优势,有利于他们利用原有关系,从学习、工作等各个方面为青少年社区服刑人员提供帮助。即便如此,解决上述问题是民政、工会、共青团、妇联、红十字会等部门的正本渠道和本职工作,需加强与之联系和互动。

(二)"吴兴模式"之"巾帼助矫"工程

1. 运作模式

"巾帼助矫"的特点是以妇联组织为核心,由特定人员组成的针对特定对象的帮教服务。吴兴区司法局与妇联签订《关于整合资源推进社会管理创新的战略合作》协议,"巾帼助矫"是该协议的重要内容之一。他们整合社会资源,在妇联组织内创设"巾帼助矫",专门针对女性社区服刑人员的帮教计划。截至2014年12月底,吴兴区在册社区矫正服刑人员共440人,其中女性社区服刑人员50人,其特点是学历低、年纪轻。因此,提高她们对法律和伦理的认知是重点。

女性服刑人员犯因性不同和认识上的差异性,需区别对待。"巾帼助矫"根据女性特点,开展"自尊、自信、自立、自强"活动,邀请专家为女性社区服刑人员开设心理健康、婚姻咨询、女性卫生知识等系列讲座;为需要帮助的女性社区服刑人员提供维权服务;为单亲母亲家庭送温暖,开展义务家教等帮扶活动。一些女性犯罪与"性"有关,需要为其保守秘密并进行相应的治疗。

2. 对"巾帼助矫"工程的评价

妇联在妇女工作方面有着丰富的工作经验,更懂得和了解妇女。"巾帼助矫"

借助妇联平台和资源优势，将对女性社区矫正服刑人员开展的帮教活动纳入常规的妇联活动中，让我们颇感新鲜。"巾帼助矫"行动让女性社区矫正服刑人员像其他女性一样参加妇联活动，一同听相关讲课，一同开展"寓教于乐"的活动，不分对象，不分彼此，有助于提升女性社区矫正服刑人员积极、健康的心态，融入社会，提高"助矫"效果。

进一步的思考：

在吴兴区，男性社区服刑人员有 390 人，女性服刑人员有 50 人，男性是女性的 7.8 倍，"巾帼助矫"还需要建立与大比重的男性社区服刑人员的帮教联动机制，以使社会帮教力量投入达到均衡。同时，因女性和未成年人皆属于社会中的弱势，这两个群体有相通之处，"巾帼助矫"可以扩大范围，将对未成年社区服刑人员的帮教活动纳入"巾帼助矫"计划，让两个群体在共同的学习和交往中，感受"母亲"与"孩子"的责任，感受温情和舒缓情绪，共同进步。

（三）"长兴模式"之"511"帮教机制

1. "511"机制形成背景

长兴县是湖州市在册社区服刑人员人数最多的地区。全县村和社区共计 271个，位于苏浙皖三省交界，地处城乡结合部，治安任务重，监管任务艰巨。

2013 年 5 月，浙江省开展"在职党员进社区"活动，要求"在职党员到居住地社区报到，根据个人兴趣特长和社区所需，认领服务项目"，[①] 随即，湖州市开展深化在职党员进社区活动，"工作在单位、活动在社区、奉献双岗位"。[②] 长兴县以此为切入口，以全县 922 名政法干警为资源，以专业力量业余参与的形式，建立"511"帮教机制，为全国提供了一种范例和试验。其独特的队伍、参与的方式以及是否具有可复制性有待进一步探讨。

2. 运作模式

基于社区矫正"正规军"力量的不足和监管的压力，2014 年 7 月，长兴县整合县政法委、县法院、县检察院、县公安局、县司法局五家单位的人力资源，建立了一支由特殊人群组成的、法律专业性较强的社会帮教志愿者队伍。他们在各自工作或居住的社区就近开展"一对一"结对帮教活动。

一是业余的队伍，正规化建设。长兴县成立社区矫正"511"帮教领导小组并设办公室，在县政法委的执法监督科、县法院的刑事审判庭、县检察院的监所检察科、县司法局的社区矫正科设立联络站，在基层法庭、检察室、司法所、派出所、乡镇综治办设立联络点。

二是业余的工作，制度化开展。长兴县出台了《社区矫正工作委员会关于建

---

① 《亮出党员牌认领服务岗　浙江省推行在职党员进社区》，载浙江新闻网站，网址：http://zjnews.zjol.com.cn/05zjnews/system/2013/04/20/019292589.shtml，访问时间 2015 年 2 月 1 日。

② 《浙江湖州组织在职市级机关党员进社区活动，推进服务型机关党组织建设》，载中直党建网，网址：http://www.zzdjw.com/n/2013/0517/c153945-21522940.html，访问时间 2015 年 2 月 1 日。

立社区矫正"511"帮教工作组织的通知》和《长兴县社区矫正"511"帮教工程实施方案》，形成制度化、规范化的工作机制。根据帮教工作的设计，制作《帮教告知书》、《帮教工作联系单》、《帮教对象矫正变动情况告知书》和"季走访、月交谈、周电话"工作表格，明确"511"工程的适用对象和工作职责。

三是摸底排查，精确性建库。对全县20个司法所的社区服刑人员、刑满释放人员情况进行摸底排查，对不同犯因、不同居住地、不同年龄、不同性别的帮教对象进行甄别分类，建立准确的社区服刑人员和刑满释放人员数据库。

四是业余的人员，专业化帮教。由各单位选派，按照就近、自愿原则，组成与本部门工作具有相关性的"一对一"帮教，如涉毒类帮教对象，由县公安局禁毒大队的民警或乡镇街道综治办禁毒专管员与之结对；职务类犯罪帮教对象，由县检察院反贪、反渎部门的检察官或者公安经侦民警与之结对；青少年帮教对象，由法院基层法庭的法官与之结对。工作要求是"季走访、月交谈、周电话、日记录"。

截至2014年12月底，全县共落实"511"帮教结对220余人。

3. 对"长兴模式"的评价

"511"帮教机制力求打造一支由懂法律、专业性强、有针对性的特殊人群组成的帮教志愿者队伍。从登记约谈（矫正期6个月以上的在册社区矫正人员、脱漏管、重新犯罪风险较高的社区矫正人员、其他需要帮教的刑满释放人员），到筛选结对（根据其罪名联系相关职业的政法志愿者结对），到就近安置（根据其居住地或工作学习区域联系其所在辖区的政法志愿者），到落实帮教（以面对面交流、电话沟通和走访形式，了解帮教对象动态，采取相应的帮教措施），到解矫送档（将《帮教告知书》、《帮教工作联系单》、《帮教对象矫正变动情况告知书》和"季走访、月交谈、周电话"的工作表格移交给司法行政部门），开展了一系列有迹可循的帮教制度，打破了社区矫正帮扶志愿者工作流于形式的瓶颈。它是社会力量参与的突破性尝试，有其独特的优势：

一是威慑力强。"511"帮教志愿者来自五家政法部门，其社会地位、职业特性、着装特点对社区服刑人员形成了一种职业威慑力。通过"周电话、月交谈、季走访"形式参与一对一帮教工作，能对帮教对象起到约束作用。

二是针对性强。"511"帮教机制尽可能地以罪甄别、职业对接，增强了帮教工作的针对性。尽可能地就近配对，同性帮教，有利于帮教工作的开展和落实。

三是专业性强。相较于其他社区矫正志愿者，来自政法部门的志愿者法律素养高、经验丰富。来自五部门的志愿者中，公安为主，执法意识强。帮教对象之所以犯罪，首要原因是法制观念淡薄或者无视法律。政法志愿者以自己的专业知识解释罪名和量刑依据，有助于提高帮教对象的认罪、悔罪、赎罪意识。

四是共管共赢。五家政法单位联动参与社区矫正工作，不单是缓解了司法所面临的困境，也是政法单位本职工作和任务的延续，达到共赢效果。对于公安和综治办，打击犯罪和维护社会稳定是首要职责，对社区矫正服刑人员的管理更是重中之重。对于法院和检察院，通过结对帮教的体验，有助于对刑事法律的准确适用和法律监督提供帮助。对于司法行政部门来说，更是本职工作的一部分，有助于其对主管的社区矫正提供完善的改进方案。

进一步的思考：

"511"帮教模式是以浙江省"党员进社区"为契机，基于党性要求，对政法党员参与社区志愿者服务具有一定的强制性。志愿者"志愿"的意思表示难以体现。借助五部门政法力量，以志愿者身份参与社区矫正，只能暂时地缓解司法所的力量不足和维稳压力；"党员进社区"是党组织内部开展的阶段性活动，今后何以维系？政法志愿者本身的职业与帮教工作具有相似性，如何分清政法本职工作与业余帮教工作的边界？

尽管如此，在司法所管理现状没有根本改变的情况下，这种自组织性、自适应性的改革勇气和务实的尝试值得肯定。

（四）"德清模式"之政府购买服务

湖州市德清县是中国中小城市综合实力百强县，市场经济活跃、社会管理理念前沿。他们在浙江省率先尝试政府购买社区矫正的非执法类服务，成立了4个社会工作服务社，帮教人数共计206人。德清县社工组织的特点是：市场化、多元化、综合性和独立性。

1. 社会工作服务社形成背景

大背景是"政府购买服务"已经成为我国政府治理转型和社会管理创新的有益尝试和制度选择；小背景是社区矫正社会资源不足，完成上面要求的任务有很大困难，本地区市场经济的氛围为货币化的购买服务和市场化的运作提供了可能。

2. 社会工作服务社运作模式

2013年3月，德清县与晨曦社工组织签订协议，在全省率先开展政府购买社会服务的尝试。2014年4月，《德清县政府购买社会组织社区矫正服务实施方案（试行）》出台，将社会服务扩大到社区矫正。

截至2014年12月底，德清县司法局委托德清晨曦、德清彩桥、德清蒲公英、德清新市镇七色花四家社会工作服务社，为206名社区服刑人员提供服务，实现德清县社区服刑人员"全覆盖"。

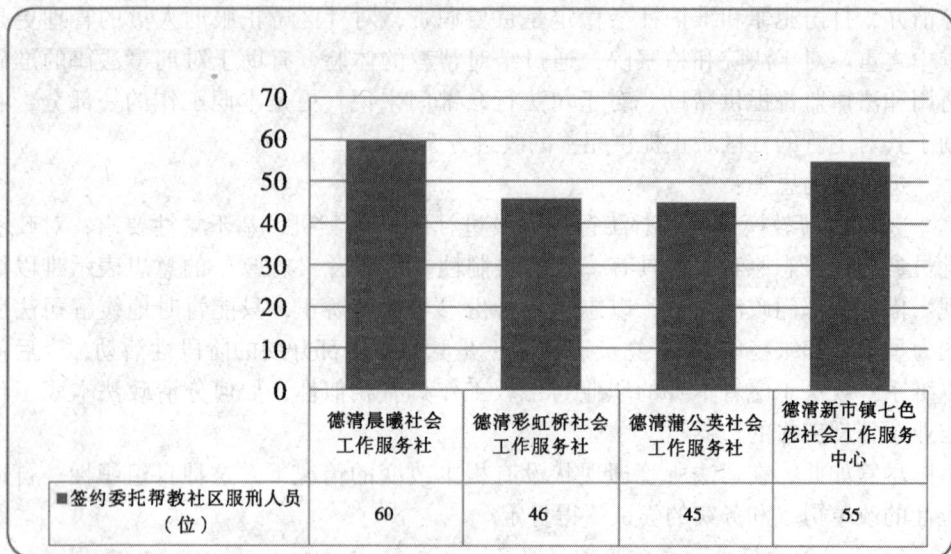

	德清晨曦社会工作服务社	德清彩虹桥社会工作服务社	德清蒲公英社会工作服务社	德清新市镇七色花社会工作服务中心
■签约委托帮教社区服刑人员（位）	60	46	45	55

图3　湖州市德清县社会组织参与社区矫正帮教工作情况统计

购买服务主要是社区矫正的"两个八小时"，即"教育学习"和"社区服务"。运作方式是："教育学习"由县司法局主导，社会组织参与；"社区服务"由社会组织主导，司法所参与。这一做法分解了县司法局和乡镇司法所的工作任务，缓解了社区矫正力量不足的压力，确保了"人员、时间、场地、内容"的落实，从一定程度上消除了"两个八小时"不到位或形式化的倾向。

表1

截至 2014 年 12 月底，德清县四个社工组织共完成项目	次数
教育学习	84 场次
社区服务	77 场次
安排各类小组活动	232 场次
进行走访	1670 人次
提供困难帮助	108 人次
开展技能培训	95 人次
开展重点人员专业心理辅导	82 人次
帮助就业	152 人次

3. 对德清社会工作服务社的评价

一是实施方案详尽，确保服务有序开展。德清县在浙江省率先出台《德清县政府购买社会组织社区矫正服务实施方案（试行）》，规范政府购买社区矫正非执法类服务细则。县司法局是政府购买社区矫正服务的主体，县司法局与服务提供方签订购买服务协议，明确购买服务的内容、目标任务、服务要求和服务期限、资金支付、违约责任等。县财政将购买社区矫正服务费用列入年度部门预算，以"以人定费购买服务"方式安排专项资金，根据购买服务项目的执行情况拨付资金，保证专款专用。县司法局定期对购买的服务项目进行跟踪检查。

二是选择试点孵化，逐步培育提升推广。民政部、财政部《关于政府购买社会工作服务的指导意见》首次将社区矫正正式纳入政府购买社会工作服务的范围，容易形成的景象是：对购买服务趋之若鹜并在短期内迅速开展服务。这种策略行动无不带有"大干快上"的色彩。湖州市并没有仓促上马，而是选择代表性强、条件较为成熟的乡镇试点、孵化、培育，取得经验后再逐步推广。与长兴县"511"机制不同的是，德清县根据本地市场经济活跃的优势，通过购买服务的形式，从另外一个角度化解了当前社区矫正工作面临的人手少、任务重、专业力量薄弱、帮教方式单一等问题。一年多来，该县已引入4个社会工作服务组织加入购买社区矫正服务项目。现在该县专业社工发展至25名，由社会工作服务组织帮教的206名社区服刑人员无一人受到警告及警告以上处罚。在德清试点的基础上，湖州市扩大试点范围，截至2014年12月底，湖州市下属区县司法行政机关与9家社会组织签约，并在区县主城区实现"全覆盖"，约500名社区服刑人员委托社会组织帮教，在半年多的帮教过程中，无一社区服刑人员违规、脱管、重新犯罪。

三是社工机构多元，服务项目综合共享。与上海、北京等地的政府购买服务不同的是：第一，在德清县有4家政府购买的社会服务机构为社区服刑人员提供服务，这给购买服务的部门提供了"货比三家"、"择优选择"的机会。第二，每一家社会服务机构并非只为社区服刑人员提供服务，而是根据服务机构提供的服务产品，为所有需要帮助的群体提供服务，其中包括社区服刑人员这一特定的群体，有利于社会服务资源的有效利用。第三，对于服务项目，以"大众"参加为原则，以"小众"参加为例外。服务社对于一些"共性"的服务项目，适用于所有需要帮助的人，不限于社区服刑人员。当然，"小众"项目仍需要特定人员参加，如对社区服刑人员的集中教育等。第四，政府购买服务是购买"项目"而不是"岗位"，具有独创性。第五，服务社没有"铁饭碗"，他们需要不断地关注社会问题和政策导向，为购买方提供"服务项目"的设计、实施方案，有利于减少"拍脑袋"工程的几率。

这种运作模式有利于降低成本和提高效率，值得全国其他地区结合本地区实际效仿，具有较高的推广价值。

进一步的思考：

德清县4个社会工作服务社水平、能力参差不齐，介入社区矫正的深度和广度不均衡，带来服务质量和帮教效果的差异性，需要尽快地进行总结、评估、改进和完善。同时，社工服务机构需要就服务项目的运作与基层司法所沟通和磨合，以满足社区矫正特定服务要求。

　　社会工作服务社为社区矫正提供服务具有特定性，与其他领域的社会服务应有所区别，不能完全市场化运作。服务项目运作时，一方面，需要司法行政机关对社区矫正服务项目给予必要的考核和监督；另一方面，司法行政机关对服务项目不要干预太多，避免"非专业的"指导，让社会服务社更好地发挥其专业所长。

　　另外需注意社区矫正和社会工作的边界和交叉。从二者的定位来看，社区矫正是一项刑事执法活动，社会工作是一项助人的事业，二者有明显的区别。作为一项严肃的刑事执法活动，社区矫正包含了对犯罪人的惩罚，这与对刑满释放人员的安置帮教工作、人民调解工作以及社区中的其他社会工作有本质的不同。作为一项助人的事业，社会工作职能是为服务对象提供救助和帮助，解决他们的困难。从二者的功能来看，社区矫正与社会工作存在着交叉。社区矫正除了履行刑事执法活动中的惩罚和改造功能外，还有一项重要的功能就是为社区服刑人提供帮助和服务。这项功能需要社会力量尤其是专业社会工作者的介入，如帮助他们端正生活态度和勇气，帮助他们寻找工作并在获得工作后保持工作，帮助他们调解与家庭、邻里的关系以及主观能力与社会现实之间的矛盾，同时，尽可能恢复犯罪人和受害人之间的关系等，这些无不体现着社区矫正与社会工作在教育帮扶功能上的交叉与互补。

　　需要进一步厘清的是，社会服务社在社区矫正中如何定位，其职责和权限是什么？社会工作专业理念和方法如何与社区矫正作为刑事执法性质相结合？司法行政机关、司法所、社会服务机构的关系格局？

　　这不仅是一个理论探讨的问题，更是一个实践亟须解决的问题。

法经济学视角下社区矫正与
监禁矫正的替代与互补

——兼论立法中对社区矫正性质的界定

吉林司法警官职业学院讲师　孔祥鑫

随着我国社区矫正全面试行的推进，专门的社区矫正立法已经提上日程，而立法中对社区矫正性质的界定，无疑是关系国家司法行政资源配置与法律制度运行成本的关键问题。用经济学的方法分析监禁矫正与社区矫正在刑罚体系中的地位与联系，将对我们把握社区矫正的性质提供有益的启示。

一、问题的提出与对当前研究方法的评价

当前，对于社区矫正与监禁矫正关系问题的探讨大多从法学的视角切入，通过概念分析、价值判断与推理或比较研究等方法，从"惩罚"与"矫正"两条主线分别予以解释。一是沿着刑事古典学派威慑理论的思路，将社区矫正看成是严厉程度梯次分明的刑罚体系的一部分，是针对部分情节较轻的违法或犯罪"在可能和值得的范围内"[①] 设置的新型惩戒措施。这种观点在我国表现为社区矫正的"非监禁刑罚论"与"刑罚执行活动论"。二是以刑罚人道主义和教育刑理论为源泉，将社区矫正看成是能有效避免监禁负面效应、提高矫正效率、促使罪犯重新回归社会的"社会化矫正措施"[②]。其中"刑罚性"是对传统刑罚的继承与延续，而"社会性"又是对传统刑罚方式的超越。在缜密的概念分析与充分的价值判断基础上，社区矫正"刑罚性"与"社会性（非监禁性）"两大特征被总结出来。然而，由此也引发了旷日持久的争论，争论的根源恰恰是概念分析与价值判断所站的立场不同，因为"刑罚性"与社区矫正制度为了避免刑罚的"标签效应"而逐步去刑罚化的发展趋势相矛盾；而"非监禁性"又与"中间制裁"是在监禁门槛上运行的现实相抵触。

20 世纪中期以来，法经济学异军突起，经济学的方法在侵权法、刑法、垄断

---

① ［英］边沁著：《道德与立法原理导论》，商务印书馆 2000 年版，第 224 页。
② 这种观点最典型的代表是法国刑法学家马克·安塞尔提出的新社会防卫思想。

法、专利法等法学传统领域取得了令人瞩目的成就。法经济学坚持新古典经济学"效用最大化"、"偏好稳定"与"市场均衡"三大假设，主要运用经济学的价格理论从"方法论个人主义"与"方法整体主义"两条进路分析个体的决策与制度的结构。与法学研究方法相比，经济学方法的优势在于"成本—收益分析"的专业化与比较标准的统一。在法学领域非此即彼的质的差异，在经济学领域看来是一种由此及彼的量的变化。在经济学的视野里无论是人的生命、自由，还是恐惧、厌恶等心理感受，或是人们成功与失败的几率都可以融入价格体系去衡量。用经济学的方法分析刑罚体系的结构变迁，可以让我们避免法学研究价值多元的难题，进一步厘清社区矫正与传统刑罚的关系，更加准确地把握社区矫正的发展方向。

二、社会成本理论下社区矫正对监禁矫正的部分替代

（一）源于社会成本的制度变迁理论

经济学需求理论认为消费者对一个物品的需求量不但与该物品的价格有关，而且与其替代品的价格有关。在经济学上当一种物品价格下降引起另一种物品需求减少或者当一种物品价格上升引起另一种物品需求增加时，这两种物品被称为替代品。例如，公路运输、铁路运输与航空运输；书信、电话与网络聊天等都是替代品的关系。可见替代品是因条件变化，使用或消费被替代物成本上升而做的次优选择。而促使法律制度发生替代或演化的动因是以"制度成本"为表现形式的"社会成本"问题。早在古典经济学时期，经济学家西斯蒙弟在批评古典经济学派以物质财富增长为核心的研究倾向时，就体现出对社会成本的关注。他说："财富是社会的目的还是达到社会目的的手段呢？……把财富的增长当作社会的目的，那总是为了手段而牺牲目的。人们生产的增多了，却付出了更多的人命和更严重的灾难的代价……"① 可见，对社会总福利的关注是经济学先天具备的情结，这同样也可以看作促使新制度经济学产生与发展的基因。1924 年，庇古（Pigou）在其《福利经济学》一书中论证了社会边际净产品和私人边际净产品两者之间存在差异，是因为外部经济或不经济（extetnal economies ordiseconomies）。② 1960 年，科斯在著名的《社会成本问题》一文中率先使用了"社会成本"的概念，但科斯对社会成本理论的贡献更主要地体现在其通过"交易成本"的概念，论证了"权利的界定是市场交易的基本前提，但是最终结果（产值最大化）与法律判决无

① ［法］西斯蒙弟著，何钦译：《政治经济学新原理》，商务印书馆 1997 年版。
② 这类现象的概况是："某甲在为某乙提供一些服务的过程中（这种服务是有报酬的），附带地也给其他人（不是同类服务的生产者）提供服务或带来损害，这种服务得不到受益方支付的报酬，也不能使受害方的利益得到补偿。"［美］科斯著，盛洪、陈郁译校：《企业、市场与法律》，格致出版社、上海三联书店、上海人民出版社 2009 年版，第 128 页。

关"① 的观点。科斯关注产权制度及交易成本的倾向，逐步将对私人成本、负外部成本等社会成本方面的讨论引入一定法律制度的范畴内。从此社会成本集中表现为一种制度成本，即一种制度所引导的全部资源配置，在最优替代配置方式中可产生的最大效益。而社区矫正对监禁矫正的部分替代，正是由于使用"被替代的那部分"监禁刑社会成本过高的缘故。

对社会来讲，监禁矫正、社区矫正都是可以满足公众安全需求的公共物品②，监禁刑与社区刑罚都可以在一定程度上起到一般预防与特殊预防的作用。虽然二者之间的功效不同，但它们在一定程度上存在相互替代的可能。另外，由于二者的运行条件与模式不同，国家在提供这两个不同的公共安全服务产品时花费的成本会不同，并且，这两种行刑模式产生的负外部性也不同。随着社会经济、文化、科技的发展，提供二者所需的成本会呈现此消彼长的状况。民众组成的社会是这两项公共物品的需求者与消费者。抽象的社会也是理性的，它会依据公共物品价格的变动，改变自己的消费偏好。也就是说，当人们意识到监禁矫正这项公共物品的价格或成本过高时，社会就会减少对它的消费，转而增加对其替代品——社区矫正的消费。因此，社区矫正得以替代部分监禁刑成为刑事惩戒体系的主角。

（二）监禁矫正的社会成本与社区矫正对其的部分替代

许多研究已经证明，监禁刑运行成本高昂。波斯纳正是站在社会成本的立场总结了监禁刑的成本："建筑、维修、管理监狱存在着成本花费（而其中只有部分可以通过罪犯不在监狱时引起的生活费用之外的节省而得以弥补）；还存在着被监禁的个人在监狱期间的合法生产（如果有的话）损失；监禁期间对他产生的负效用（这也不会与罚金一样对国家产生相应的收益）和他获释后合法活动生产率的减弱。"③ 可见，在波斯纳看来，监禁刑的社会成本既包括直接成本又包括监禁刑的负外部性。

负外部性实质上是给他人或社会增加了额外的成本。监禁刑的负外部性主要表现在以下几点：一是监禁会使犯罪人形成"监狱人格"，其出狱后难以适应正常的社会生活，这是自由刑对犯罪人福利的额外削减。二是监禁会中断犯罪人的家庭或其他社会联系，从而破坏家庭完整，割裂社会纽带，增加犯罪人亲友、工作单位的经济负担，并使他们的精神或名誉遭受损害。三是监禁会降低出狱人的社会评价，他的信誉、能力都会因此而减损，他创造价值的能力也将降低。对一个人来说，他的价格就是他在社会生产中所能创造的价值，或别人使用他所要支付

---

① ［美］科斯著，盛洪、陈郁译校：《企业、市场与法律》，格致出版社、上海三联书店、上海人民出版社2009年版。

② 公共物品一般是指由政府提供的公共服务产品，在消费上不具有竞争性与排他性，除了治安、刑罚外还包括国防、消防、急救、供水、公共交通、公共环卫等。［美］曼昆著，梁小民译：《经济学原理》，机械工业出版社2006年版，第189页。

③ ［美］理查德·A. 波斯纳著，蒋兆康译：《法律的经济分析》，中国大百科全书出版社1997年版。

61

的对价。出狱人的人力资本价值降低，而他现在的价值就是其再犯罪的机会成本，其价值降低，犯罪机会成本也会降低，从而会增加其再次犯罪的可能性。四是监禁刑不但易使犯罪人之间交叉感染，而且，标签理论认为，长期的罪犯标定会使罪犯认同这一标定，从而转变成一名职业犯罪人。因此，监禁可能会为社会制造更具危害性的犯罪人。

与监禁矫正相比，社区矫正因运行成本低廉并且可以在监督、矫正部分犯罪人的同时，避免监禁刑交叉感染、监禁人格形成等负外部性，因此可以成为部分监禁刑的替代品。当然，这并不是说使用社区矫正制度就是无成本的，社区矫正立法本身就要耗费大量的社会资源，并且社区矫正会给犯罪被害人以及社区安全带来负外部性。我们选择对部分罪犯适用社区矫正而不是监禁矫正，是因为这些社区矫正运行的社会收益大于社会成本。收益包括社区矫正对包括犯罪人在内的社会主体产生的正外部性与所避免的监禁矫正运行的直接社会成本与负外部性；成本包括社区矫正的立法成本、组织机构设立及运行成本以及社区矫正产生的负外部性。

三、社区矫正对刑罚边际威慑力的扩展

（一）边际分析方法与刑罚边际威慑理论

西方经济学边际学派产生于 19 世纪 70 年代，随着英国斯坦利·杰文斯的《政治经济学原理》（1871 年）、奥地利卡尔·门格尔的《国民经济学原理》（1871 年）、法国莱昂·瓦尔拉斯的《纯粹经济学要义》（1874 年）等著作的相继发表，标志着边际学派的正式形成。边际学派首先提出了著名的"边际效用递减规律"：随着所消费的商品数量不断增加，消费者从该商品连续增加的每消费一单位中所得到的效用增量是递减的，因此，当对下一单位商品消费的预期边际效用为 0 时，理性的消费者将停止消费。可见，边际分析是通过分析某些变量的增量对比来决定是否实施某一行为的决策方法。[①] 由于理性人是考虑边际量进行经济决策的，而边际分析为考察动态的效用满足与消费、需求与价格以及资源投入与产出等方面的关系提供了易于测量与表达的分析工具，所以边际分析方法迅速替代了传统的研究方法并在经济学中大放异彩，这一过程也被称为经济学上的"边际革命"。

随着经济学原理与方法在社会科学其他领域的推广，边际理论及其分析方法被运用到刑事法律研究领域，并为现代刑罚体系的构建提供了新的启示。贝克尔坚持新古典经济学个人主义方法论，将边际分析方法全面贯彻到刑罚威慑理论中。他指出："一定数量的违法造成的边际损害的增加会提高通过 P（违法受到惩罚的可能性）或 F（惩罚的严厉性）的变化而改变的，违法的边际成本由于 P 与 F 的

---

① 罗猛、丁芝华：《论美国刑罚理论发展中的边际主义路线》，载《北京理工大学学报（社会科学版）》2012 年第 4 期。

最优值都在提高，因而最优违法数量必然下降。"① 这种观点的出发点是影响潜在犯罪分子的期望效用计算，② 使其感到投入或再投入一定单位的资源实施犯罪是不值得的，从而停止犯罪活动。如果一个危害更严重的犯罪与一个更严厉的预期制裁相联系，那么行为人有理由只实施一个危害较轻的行为而不去实施危害更严重的行为。如果更严厉的制裁威慑了更严重的犯罪，我们就称这种威慑效果为边际威慑（marginal deterrence）。③ 因此，当刑事制裁措施的设计使犯罪人每增加一定量的危害所预期的刑罚成本都可以抵消因危害的增加所产生的效用时，这时的刑罚设计是有边际威慑力的。然而，由于犯罪的多样性以及刑罚资源的稀缺性，刑罚在实际运作中往往体现出威慑过量与威慑不足两种弊端，这一方面表现在面对诸多边际危害递增的犯罪，相对应的刑罚的严厉性往往拉不开层次，从而使潜在犯罪人对刑罚的威慑力失去敏感性；另一方面表现在，由于可用作实施惩戒犯罪的最极限资源就是人的生命，因此，当这一资源投入使用后，刑罚将不再具有边际威慑力。对此，波斯纳曾告诫道："……然而，这并不意味着死刑应该适用于杀害一个人的谋杀。因为如果这样的话，我们就会碰到对杀害多人的谋杀犯的边际威慑问题。"④ 其实，针对这种边际威慑难题，我们并非无计可施，现实中社区矫正的蓬勃发展已经对刑罚的边际威慑危机起到了缓解作用，我们可以将这种现象称为刑罚威慑力的反向增长与横向延伸。

（二）社区矫正对刑罚边际威慑力的扩张

20 世纪中后期"中间制裁（intermediate sanctions）"措施的蓬勃发展正是由于其能有效拓展刑罚的边际威慑力。所谓中间制裁，是指介于传统的缓刑和监禁刑之间的刑罚或刑罚执行方式。因其严厉程度介于传统的缓刑与监禁刑之间，所以称为中间制裁。20 世纪中后期，由于缓刑、假释制度对传统监禁刑的完善所产生的刑罚供需的均衡状态，很快又被一些新发现与新问题所打破。一是监禁刑制造罪犯"监禁人格"和"标签效应"的现象引发了社会的广泛关注；二是宽缓的缓刑与假释监督措施在严厉程度上与监禁刑之间缺少过渡、难以衔接；三是由于缺少有效的监控措施，随着缓刑与假释案件的增多，重新犯罪率也随之上升。因此，一些欧美国家本着去监禁化、刑事制裁措施多样化以及监督措施惩戒化的刑罚结构调整理念，率先发起了新一轮的刑罚改革。1972 年，英国《刑事司法法》首先规定了社区服务令，因效果明显，这项措施得以在世界范围内开始流行。另

① ［美］加里·S. 贝克尔著，王业宇、陈琪译：《人类行为的经济分析》，格致出版社、上海三联书店、上海人民出版社 2010 年版，第 76 页。
② 史普川、陈春良：《莱维特的犯罪经济学研究述评》，载《制度经济学研究》2008 年第 3 期。
③ 沈海平：《寻求有效率的惩罚——对犯罪刑罚问题的经济分析》，北京大学博士学位论文 2008 年，第 221 页。
④ ［美］理查德·A. 波斯纳著，蒋兆康译：《法律的经济分析》（上），中国大百科全书出版社 1997 年版，第 300 页。

外，更多的中间制裁措施是融合了缓刑的"开放性"和监禁刑"人身控制功能"的变种。其最具代表性的是 20 世纪 80 年代美国出现的强化监督的缓刑（Intensive Supervised Probation）①、家中监禁（home arrest）、震惊的监禁（shock incarceration）② 等多种制裁措施。不同于法学研究注重概念之间的内在统一与逻辑结构，经济学将刑罚及其执行看作统一的可以满足社会安全需要的"公共物品"，无论是刑罚还是刑罚的执行方式或是其他非拘禁措施（Non – custodial measures），它们都是通过增加犯罪的预期成本来威慑犯罪，它们在满足社会安全效用上有着异曲同工的效果。一方面，"中间制裁为法院公正裁判量刑提供了一种选择。根据犯罪严重性和惩戒罪犯的需要，中间制裁在监禁和传统的缓刑、假释之间提供灵活、公正、不同严厉程度的惩罚措施之选择"③。另一方面，中间制裁对部分犯罪产生了较经济的威慑效果。中间制裁在惩罚的严厉性和适度性上找到了一种平衡，这不但有利于节省刑罚资源，还可在一定程度上发挥刑罚的一般预防和特殊预防的功能。④

目前，中间制裁已经成为刑罚体系中不可或缺的一部分。前述已经分析，从有期徒刑、无期徒刑到死刑，它们对犯罪的威慑力既是递增的又是有限的，过早的适用有期徒刑会使整个刑罚体系的边际威慑力下移。在没有中间制裁时，对情节较轻的犯罪要么适用有期徒刑，要么克制对其的威慑，而中间制裁的出现既可以对这类犯罪产生有效威慑，又延缓了有期徒刑的使用。可见，中间制裁有效地拓展了刑罚体系的边际威慑力。

四、社区矫正与监禁矫正的互补性

我们对社区矫正与监禁矫正关系的探讨，更多地关注二者的差异而非联系，但从经济学的视角看，它们既存在替代关系又存在互补关系。经济学中的互补性是指当一种商品的消费增加时也会导致另一种商品消费增加的现象，这时称两种物品具有互补性。社区矫正与监禁矫正并非两个各自独立运行的领域，机械地各自对应不同严重程度的犯罪。为了引导矫正对象在矫正过程中配合矫正，实现各自的矫正目标，可以根据一定条件允许矫正对象在这两个领域进行流动。这种可预测的流动会对矫正对象产生激励作用。经济学家曼昆提醒过我们："公共决策者绝不应该忘记激励，因为许多政策改变了人们面临的成本或利益，从而改变了行

---

① 依据罪犯人身危险程度和自身需要的量化评估结果，为罪犯设置严格考验条件、严密的监督和提供更多治疗计划的一种刑罚执行措施。

② 是指一种将罪犯集中起来进行短期（2 周 – 3 个月）监禁、军事化集训后再纳入社区中进行下一段的严密监督、教育培训或治疗计划的一种制裁方式。实质上是短期监禁与社区监督的组合。

③ 蔡国芹：《美国社区矫正体制的中间制裁制度》，载《时代法学》2007 年第 6 期。

④ 孔祥鑫：《中间制裁威慑力的经济分析》，载《经济纵横》2014 年第 5 期。

为。"① 激励作用原理也是经济学"经济人"假设的一个派生理论。在经济学的视角里，人们通过比较成本与利益作出决策。所以，当成本或利益变动时，人们的行为决策也会改变。这就是说，人们会对激励作出反应。激励包括正激励与负激励。对正接受监禁矫正的犯罪人而言，社区矫正是一种正激励因素，它会引导监禁矫正的罪犯遵纪守法、服从管理，争取早日变更为更轻缓的刑罚执行方式。对于社会危害程度并不十分严重的犯罪人来说，由于社区矫正制度的存在，其自首、积极赔偿损失就是明智的选择。因此，监禁矫正需要社区矫正这一配套制度来减少自身运行的成本，提升矫正质量，减少犯罪造成的社会成本。而对于正接受社区矫正的人来说，监禁矫正是一种负激励因素，它会警戒社区矫正对象，如果不遵纪守法，不遵守社区矫正管理规定，将要承担更加不利的后果——监禁矫正。

五、结论

通过对社区矫正与监禁矫正关系的经济分析，我们对二者的关系及社区矫正的性质产生了更加深刻的认识。社区矫正绝不是简单地对传统自由刑执行方式的改变，而是在考量社会成本的基础上，对自由刑这种治安类公共服务产品的部分否定与创新，这种新兴的公共物品必然带有刑罚的印记，同时也要具备非刑罚、非惩戒以及社会帮扶的属性，因此其性质必然是多元的。

将社区矫正机械地定性为刑罚或刑罚执行活动的制度安排，必然使我国的社区矫正工作与安置帮教、社区戒毒等对象与内容相近的工作割裂开来，无法实现司法行政资源的优化配置，导致司法行政资源的浪费；在经济学看来，监禁刑、中间制裁与行政处罚措施并没有什么本质的区别，它们只不过是在威慑程度上存在量的差异并连续递减的惩戒措施而已，对某个犯罪人选择运用不同惩戒措施的原则不是措施性质的差别，而是预期社会成本的差别；如果将社区矫正看作可以满足社会预防与惩治犯罪需要的综合性的治安公共服务产品，那么立法对社区矫正兼具刑罚执行活动、刑罚具体运用措施、非惩戒性强制措施、行政处罚与监督措施及社会帮扶措施的定位，并且允许各种措施搭配使用，将更有益于满足社会预防犯罪的需要。另外，既然将社区矫正看成是监禁矫正惩戒性连续减弱的结果，监禁与非监禁就不应该是其与监禁矫正的本质区别，我国的社区矫正应当允许融合短期监禁、强制中途之家居住、半开放监狱等形式，形成更灵活的惩戒机制。

---

① ［美］曼昆著，梁小民译：《经济学原理》，机械工业出版社 2006 年版，第 8 页。

社区矫正执行体系研究

山东省司法厅党委副书记、副厅长　马灵喜

　　刑法惩罚目的的实现，不仅在于审判过程中依法对犯罪人判处具体刑罚，更在于刑罚执行活动中将惩罚性措施落实到位，把服刑人员教育改造成守法公民。党的十八届四中全会审议通过的《中共中央关于全面推进依法治国若干重大问题的决定》（以下简称《决定》）明确提出，"健全公安机关、检察机关、审判机关、司法行政机关各司其职，侦查权、检察权、审判权、执行权相互配合、相互制约的体制机制"、"完善刑罚执行制度，统一刑罚执行体制"。在党的文件中第一次提出"四个机关"和对应的"四种权力"，明确了刑罚执行权应当统一归属司法行政机关，这为我们构建刑罚执行体系提供了政策依据。社区矫正作为一项非监禁刑罚执行制度，既是刑罚执行活动的主要形式，也是刑罚执行制度的重要内容，更是刑罚执行体系的重要组成部分。加强和研究社区矫正执行体系，有利于健全社区矫正制度，确保刑罚目的实现，对完善刑事执行制度、统一刑罚执行体制具有十分重大的实践和理论价值。

一、社区矫正执行体系概述

　　社区矫正执行体系作为刑罚执行制度体系的重要组成部分，可以说，在理论和实践上仍处在探索阶段，相关理论支撑尚不多见。

（一）社区矫正执行体系概念及特征

　　所谓执行，是指执行机构按照法律规定，将已经发生法律效力的判决和裁定等法律文书的内容，采取一定的方式方法加以实现的活动。体系，是指若干有关事物或某些意识相互联系而构成的一个有特定功能的有机整体。社区矫正执行体系，则是指司法行政机关依法对社区服刑人员实施教育改造建立的各个系统相互联系而构成的非监禁刑罚执行的有机整体。其内容不仅仅包括执行主体、制度、保障建设等，更重要的是通过构筑一个完整的执行模式来保证执行的有效性；其任务不仅仅在于研究掌握执行技巧等层面的战术，更重要的是研究如何制定和落实执行的战略。

　　对执行体系特征的研究，不能脱离对执行特征的正确认识和理解，总的来说有如下几个典型特征：一是刑事执行的惩罚性。社区矫正本质上是刑罚执行活动，因而决定了社区矫正是具有法律强制性的刑事制裁措施。适用于社区矫正的人员，其罪犯身份并没有改变，所判处的刑罚也没有改变，必须遵守《刑法》、《刑事诉讼法》所确定的法律义务和社区矫正的有关管理规定，否则就要承担消极的法律后果，这是以国家强制力保障实施的。二是执行主体的单一性。社区矫正执行主体只能是国家的刑罚执行机关，即根据法律规定，由司法行政机关指导管理的社区矫正机构负责执行。当然，在社区矫正执行过程中，需要社会力量的广泛参与，法院、检察院、公安、人社、民政等相关部门以及各种社会团体等社会组织其定位应当是配合、参与职能，而不能成为执行主体。三是执行对象的特定性。社区矫正执行对象只能是被依法判处刑罚的犯罪人，即触犯刑法并被依法判处刑罚或者被变更刑罚执行措施并准备交付或正在接受矫正的公民。按目前《刑法》、《刑事诉讼法》规定，仅限定于被判处管制、宣告缓刑、裁定假释、决定暂予监外执行四类罪犯。四是执行依据的法定性。社区矫正执行的依据只能是人民法院生效刑事裁判或监狱、看守所依法定程序作出的决定，即社区矫正执行应当依据人民法院或监狱、看守所作出的、已经发生法律效力的刑事判决书、裁定书、决定书和执行通知书所确定的矫正种类、矫正期限来实施。这是刑事执行司法活动的法律前提。

社区矫正执行体系除具有体系的一般特征外，还具有其自身鲜明的特征，主要包括以下四个方面：一是系统性。系统性是社区矫正执行体系的基本特征。社区矫正执行体系是一个有机整体，它以教育改造社区服刑人员成为守法公民为目标，围绕这个目标构建的执行体系及其各个子体系之间不是机械组合和简单相加，而是相互联系、相互作用的集合体。二是层次性。层次性是社区矫正执行体系的根本属性。执行体系层次性来源于机构、职责的层次性。不同层次机构有不同的职责，这是执行体系层次性的重要内容和主要体现。根据行政等级和职责内容的层次性，我国社区矫正执行体系大致分为国家和省、市、县、乡五个层次。这五个层次是随着试点试行工作的不断发展逐步建立完善的，其中，县乡两层是其他层次的基础，是关键层次。三是可分性。任何事物都是可分的。社区矫正执行体系是由若干个子体系构成的。根据功能作用和承担职责的不同，社区矫正执行体系可以分为执行主体、制度、保障、监管、教育、监督等子体系，子体系以下还可以再分解为若干个子体系。每个子体系自成系统，多个子体系最终汇合成整个社区矫正执行体系。四是协同性。社区矫正执行体系作为一个有机整体，其体系自身及其各个层次、各个子体系之间是相互联系、相互作用的，减少或弱化其中的任何一个要素，都会影响到整个体系作用的功能发挥。

（二）构建社区矫正执行体系法律依据

一是根本依据。宪法是国家的根本大法，其中规定的法律原则、法律制度等是建立社区矫正执行体系的最高法律依据。例如，《宪法》第 5 条规定："一切违反宪法和法律的行为，必须予以追究。任何组织或者个人都不得有超越宪法和法律的特权。"这些规定对于社区矫正执行活动具有重要的规范和指导作用。二是基本依据。《刑法》、《刑事诉讼法》作为基本法律，对社区矫正、刑罚执行等作了大量规定，是建立社区矫正执行体系的重要依据，如《刑事诉讼法》第 258 条规定："对判处管制、宣告缓刑、假释或者暂予监外执行的罪犯，依法实行社区矫正，由社区矫正机构负责执行。"原则上明确了社区矫正执行体系适应范围、执行机构等，确立了我国社区矫正法律制度。三是直接依据。《决定》明确了刑罚执行权归属司法行政机关，是构建社区矫正执行体系的政策依据。同时，相关司法解释和规章制度是建立社区矫正执行体系直接的制度依据，如"两院两部"《社区矫正实施办法》对社区矫正执行主体、执行对象、部门协作、机构队伍、经费保障、制度建设、监督管理、教育帮助等进行了全面规范，是社区矫正执行体系的法律渊源。

（三）构建社区矫正执行体系理论基础

主要体现在两个方面：首先，在我国，刑法学、刑事诉讼法学、刑事执行法学构成刑事科学的三大支柱，已经形成比较完善的学科体系，拥有比较成熟的理论成果和研究阵容。刑事执行法学的学科体系，是指构成刑事执行法学学科的分支学科及其组成的学科整体，主要包括监狱法学、社区矫正法学。由于社区矫正开展时间较短，其作为一门学科还不成熟。但是，从未来发展来看，社区矫正法学能够成为与监狱法学并行的刑事执行法学的分支学科。因此，从理论体系上看，社区矫正执行的理论基础主要是刑事执行理论。其次，世界刑事执行理论的发展，曾先后出过"报应型"、"劳动型"、"社会型"、"教育型"四大具有代表性刑事执行理论体系，但其理论各有其偏颇之处——报应型重在报复，劳动型重在劳动，社会型重在环境，教育型重在教育。随着社会文明的不断发展，在这四种理念体系基础上，出现了一种新的刑事执行理论，就是以"教育型"为主要特征的教育劳动矫正型，突出了教育和劳动的矫正功能。既坚持刑罚的惩罚性，又重视罪犯的思想道德、法制教育矫正的功能；既重视其优良习惯及生存技能的养成，使其具备基本的正常人的思想意识和思维能力，又具有适应社会生存的基本技能和习性，使其能顺利回归并融入社会。这正与社区矫正所追求的理念和目的一致，为建立社区矫正执行体系提供了理论基础。

（四）社区矫正执行体系功能定位

一般而言，一个完整的刑事司法活动包括侦查、起诉、审判和执行等重要环节，其中刑事执行是刑事司法活动的最后一环，是执行刑事司法判决、实现刑罚的基本实践过程。缺少执行环节不是完整的刑事诉讼活动，缺少执行的审判是没有实际意义的。只有把对犯罪人判处刑罚的内容全部实现，也就是将刑罚的内容予以执行，才能使刑罚达到其预防犯罪的目的。社区矫正执行体系在刑事司法活动中，属于刑事执行环节。刑事执行包括监禁刑罚执行和非监禁刑罚执行，社区矫正执行体系属于非监禁刑罚执行范畴。社区矫正执行体系功能与监禁刑罚执行体系一样，具有惩罚和教育罪犯、最大限度地预防和减少重新犯罪、维护社会和谐稳定的基本功能。

二、社区矫正执行体系现状评价

社区矫正在我国开展了 11 年，司法行政机关在有关部门的密切配合下，积极构建社区矫正执行体系，不断加强执行主体、执行制度、执行保障建设，全面落实社区矫正工作任务，积累了丰富的实践经验。一是执行机构队伍基本建成。全国有 31 个省（区、市）和96%的地（市、州）、90%的县（市、区）成立了社区矫正机构，其中 12 个省司法厅（局）成立了社区矫正管理局。全国省市县三级社区矫正机构专职工作人员平均近 3.5 名，司法所配有专职工作人员，社会工作者和社会志愿者队伍不断充实壮大。二是执行制度逐步健全。健全完善风险评估、刑罚执行、监督管理、教育帮扶、考核奖惩、档案管理等制度规范，全面统一法律文书格式，构建了与《刑法》、《刑事诉讼法》和《社区矫正实施办法》相配套的制度体系。三是执行机制初步形成。建立了适用前、入矫初、矫正中、解矫后四个阶段链条式风险评估机制，分类管理、分级处遇相对应的监督管理机制，入矫教育、常规教育和解矫教育相衔接的教育矫正机制，心理矫治与行为矫治相结合的矫治模式，政府主导、社会参与、家庭扶持的"三位一体"帮扶机制。四是执行保障能力不断提升。社区矫正监管执法、集中教育场所建设快速推进，多数县（市、区）社区矫正中心基本建成。开发使用社区矫正管理信息系统，探索推行网上执法、网上监管、网上教育、网上监督的工作模式。

但是，我们应当清醒地认识到，制约执行体系建设的深层次问题仍未从根本上解决。一是社区矫正立法滞后。刑法、刑事诉讼法确立了我国社区矫正法律制度，但其内容太简略，不能满足社区矫正工作实际需要。部颁规章效力远不如法律法规，与社区矫正的重要性、特殊性不相匹配，亟须一部社区矫正法来规范和保障。二是机构设置不适应社区矫正快速发展的实际。各地各部门积极采取加挂或内设等形式加强社区矫正管理机构建设，但机构性质、形式、职能不统一、不规范，级别相对较低，不能较好地承担组织管理职责和处理刑罚执行事务。三是队伍现状不适应刑罚执行的需要。社区矫正工作人员代表国家执行刑罚，由于不具有警察身份，执法威慑力不强，社区服刑人员不服从监管教育的现象时有发生，甚至威胁到工作人员的人身财产安全。四是保障政策不能得到彻底落实。全国上下尚未普遍建立科学合理的经费保障机制，经费短缺致使有些监管教育措施无法有效落实。

三、社区矫正执行体系建设路径选择

随着我国改革进入攻坚期深水区、发展进入转型期，利益格局深刻调整，社会矛盾多样多发，人民群众对社会公平正义提出了更高的要求，社区矫正工作维护社会大局稳定、促进公平正义、保障人民安居乐业的任务更加艰巨繁重。面对新形势、新情况和新问题，各级司法行政机关应当认真学习贯彻党的十八大、十八届三中、四中全会和习近平总书记系列重要讲话、指示精神，坚持全面深化改革的方向不动摇，根据中央司法体制改革的总体部署，全面推进社区矫正，健全社区矫正制度，完善社区矫正执行体系，切实提高社区矫正工作水平，最大限度地预防和减少社区服刑人员再犯罪。

（一）健全完善组织机构体系

维护社会和谐稳定是社区矫正工作的根本任务。加强社区矫正组织机构建设，是健全完善社区矫正执行体系，全面提升司法行政机关履职能力的关键。一是推动机构专门化。加强省、市、县三级司法行政机关社区矫正专门机构建设，统一规范社区矫正机构设立的形式、名称、性质、职能等，重点推动县级司法行政机关成立社区矫正管理局，充分发挥社区矫正机构职能作用，切实承担起刑罚执行职责。推广队建制模式，推动县级司法局向一线实战转变。二是推动队伍专职化。坚持人员下移、力量下沉，通过增加编制、内部调剂、交流轮岗等方式，配齐配强省、市、县三级司法局社区矫正专职工作人员，重点是县级；推动空余的司法所政法专项编制管理使用到位，深化政法干警培养体制改革试点工作，分批次为司法所招录公务员，确保司法所至少有2名公务员从事社区矫正工作。用足用好政府购买服务等政策，开发社区矫正公益性岗位，招聘社会工作者，充实壮大社会工作者和志愿者队伍。三是推动教育培训专业化。建立国家和省、市、县四级分层次教育培训机制，重点依托社会心理培训机构，分批次开展社区矫正心理矫治培训，鼓励社区矫正工作人员参加全国心理咨询师资格考试，推行执法人员持证上岗，提升职业素养和专业水平，推动队伍正规化、职业化、专业化发展，努力建设信念坚定、执法为民、敢于担当、清正廉洁的社区矫正队伍。

（二）健全完善制度规范体系

法律是治国之重器，良法是善治之前提。要善于运用法治思维，以法治方式解决问题，提高社区矫正工作法治化水平。在国家层面上，应当按照党的十八届四中全会《决定》"制定社区矫正法"的要求，尽快出台《社区矫正法》，解决工作实践中存在的机构设置、人员身份、执法权限、经费保障、执法装备等一系列问题，应当明确司法行政机关是社区矫正执行主体。同时，进一步修改完善刑法、刑事诉讼法，增加刑种，完善刑罚执行措施，扩大社区矫正适用范围，健全完善我国刑罚执行体系。在地方层面上，根据《刑法》、《刑事诉讼法》和《社区矫正实施办法》，对原来的社区矫正制度逐个梳理，及时进行立、改、废，健全与法律法规相配套的制度规范，适时启动社区矫正地方立法工作，逐步构建完善以《刑法》、《刑事诉讼法》为基础，《社区矫正法》为核心，有关法规、司法解释、部门规章、规范性文件等为内容的社区矫正法律制度体系。

（三）健全完善监管教育体系

把社区服刑人员教育改造成守法公民是社区矫正工作的中心任务。要善于运用底线思维,全面落实监督管理、教育矫正和帮困扶助三项任务,增强社区矫正工作前瞻性、主动性。坚持依法监管,严格落实日常监管措施,完善分段评估、分类管理、分级处遇机制,建立国家与省、市、县、乡四级互联的社区矫正监管指挥中心,全面应用定位技术,对重点人员进行重点管控,及时打击各类违法违规行为。坚持科学矫正,建立科学合理的教育矫正机制,完善分段教育、分类教育、分片教育制度,抓好入矫教育、常规教育和解矫教育,并按犯罪类型、居住区域开展分类、分片教育;大力开展心理矫治工作,健全心理健康教育、心理咨询、心理危机干预矫治模式,不断增强教育矫正的针对性和实效性。坚持社会适应性帮扶,健全政府主导、社会参与、家庭扶持"三位一体"的帮扶机制,开展社会适应性帮扶活动,加大职业技能培训和就业指导力度,提高社区服刑人员社会适应和生存能力。坚持规范化执法,加强社区矫正执法规范化建设,强化执法意识,规范执法行为,提升执法质量,不断提高执法能力和水平。

(四)健全完善执行保障体系

以提升执法安全为出发点,以提高执法能力和水平为落脚点,重点构建符合社区矫正执法需求的综合保障机制。一是强化工作场所保障。社区矫正场所是县级司法局集中开展监管执法、教育帮扶的重要场所。发挥县域资源优势,充分整合县、乡系统内资源,建立集多功能于一体的社区矫正场所,统一规范外观标识、功能室设置、工作制度、运行机制,形成司法局、司法所社区矫正职能任务各有侧重、相互结合、互为补充的工作新格局。二是强化业务装备保障。逐步为县级司法局社区矫正机构配备分级管理仪、车辆等社区矫正业务装备,为社区矫正执法人员配备执法记录仪、头盔、防刺背心、防刺手套、急救包等防护装备,提高基层执法能力,提升执法安全水平。三是强化经费保障。司法行政机关代表国家执行刑罚,社区矫正经费应当由国家予以保障。进一步贯彻落实财政部、司法部关于加强社区矫正经费保障工作的要求,将社区矫正经费纳入各级财政预算,确保社区矫正经费足额保障到位,建立动态增加机制。探索建立社区矫正经费专项转移支付制度,地方财政按比例配套,健全国家和地方财政共同承担社区矫正经费的保障机制,切实提高社区矫正经费保障标准。四是强化信息化保障。按照司法部《社区矫正管理信息系统技术规范》,加快推进省级社区矫正信息管理平台建设,依托司法行政专网,实现省、市、县、乡四级网络互联,建立健全网上审批、网上监管、网上教育、网上监督"全网"工作模式,提高社区矫正信息化应用水平。

(五)健全完善社会支撑体系

坚持社区矫正执行体系开放性和社会化特征,把激发社会参与活力作为支撑点,鼓励和引导社会力量参与社区矫正工作,全面推动社区矫正工作深入开展。一是建立基层组织支撑平台。以社区(村居)办公场所为依托,以司法行政协理员、矫正小组成员为主体,全面加强社区(村居)矫正工作站建设,将社区矫正工作触角和力量向基层组织延伸，构建省、市、县、乡、村五级工作网络，彻底打通社区矫正最后一公里，使社区矫正工作接地气，夯实组织基础。二是建立社会资源支撑载体。全面搭建社会力量参与社区矫正工作平台，依托各类纪念馆、敬老院等建立教育基地和社区服务基地，依托医院、社会专业机构建立心理矫治基地，依托社会企业、职业技术学院等单位建立就业安置和职业技能培训基地，依托高等院校组建社区矫正专家咨询库，为创新发展社区矫正提供硬件支撑和智力支持，夯实社会基础。三是建立舆论支撑新模式。各地要根据新媒体技术的特点和需求，善于运用换位思维，从群众立场、社会视角分析问题，探索建立以信息化为基础的新媒体管理模式，加大宣传力度，切实提高人民群众对社区矫正工作的知晓率、关注度、参与度，为社区矫正营造良好的社会氛围，夯实群众基础。

（六）健全完善执行监督体系

建立法律监督、行政监督、社会监督、舆论监督"四位一体"的全程同步监督机制，确保公正执法。加强法律监督，建立常态化的执法联查联改机制，定期与检察院等部门开展执法专项检查活动，及时发现改进执法工作中存在的问题。加强行政监督，有效整合系统内纪检、监察、法制等部门力量，建立内部执法指导和监督机制。深化执法质量考评工作，完善考评标准、范围，实行平时考评、阶段考评、年终考评相结合，实现执法质量考评动态化、经常化。加强社会监督和舆论监督，健全完善执法监督员聘任制度，主动接受群众和媒体监督，增强执法透明度和公众参与度，提升执法的公信力、亲和力。

总之，健全完善社区矫正执行体系是系统工程，以上六个体系作为整个执行体系建设的子体系，应当同步规划、同步建设、同步发展，在某一个阶段可以有所倚重，但在整体发展过程中不可偏废。

社区矫正程序控制初探

山东政法学院警官学院副院长、教授　张传伟

社区矫正制度在发展之初，往往较重视社区矫正的实体制度建设，如社区矫正的执行机关、社区矫正官的条件、社区服刑人员的种类、社区矫正的公益劳动、帮扶制度等，但同时在一定程度上忽视了程序控制体系建设。本文意在从社区矫正程序控制的角度，分析社区矫正程序控制体系，为完善社区矫正制度抛砖引玉。

一、社区矫正程序控制的界定与类型

（一）社区矫正程序控制的含义界定

程序控制的本义是指通过事先编制的固定程序实现的自动控制。它是从计算机应用领域引进的概念，广泛应用于各种生产和工艺加工过程的控制。社区矫正的控制分为实体控制和程序控制两个方面。实体控制主要指社区矫正的适用条件、适用对象、社区矫正官的产生等。程序控制是通过法定程序对社区矫正活动进行控制，追求的是社区矫正运行的公正性与合理性。威廉·道格拉斯认为，正当程序决定了法治与恣意的人治之间的基本区别，[1] 由此可见程序的重要性。

社区矫正在实施过程中出现的程序违法现象，究其原因，主要是由于程序控制不力导致的。尽管程序控制不能像实体控制那样直接控制社区矫正的运行，但是，通过严格的程序控制可以避免社区矫正运行过程中的权力滥用、徇私舞弊，制止不符合程序规定的社区矫正活动，能够将社区矫正活动控制在合法的范围内。由于《刑事诉讼法》在本质上是控权法，因此，在社区矫正运行过程中，只要社区矫正机关、检察机关和审判机关能够严格遵守相应的程序，就可将不符合法律基本精神的社区矫正排除掉，从而达到社区矫正合法、合理适用的效果。从这个角度讲，对社区矫正进行程序控制，是利用法律手段对社区行刑权力限缩的要求。

因此，本文所指社区矫正的程序控制之含义，是国家通过控制社区矫正运行过程中的审前调查程序、社区矫正机构过程监管程序、评估程序、检察监督程序等重要节点的程序，达到将社区矫正活动纳入预先设定的程序中，将其纳入法治轨道的系列制度的统称。

（二）社区矫正程序控制的类型

根据《刑法》和《刑事诉讼法》的规定，我国社区矫正程序的类型，按照运

---

[1]　季卫东：《法律程序的意义——对中国法治建设的另一种思考》，载《中国社会科学》1993 年第 1 期。

行阶段的不同,可以分为社区矫正的适用前调查程序、社区矫正过程监管程序、社区矫正评估程序和社区矫正监督程序。因此,社区矫正程序控制的类型,包括社区矫正审前调查的程序控制、社区矫正过程监管的程序控制、社区矫正评估的程序控制以及社区矫正监督的程序控制四种类型。

二、社区矫正审前调查的程序控制

根据《刑法》的规定,对犯罪分子决定缓刑、假释时,应当考虑其缓刑、假释后对所居住社区的影响。对罪犯缓刑、假释后所居住社区影响的评估,应委托社区矫正机构,就罪犯适用缓刑、假释将给罪犯所居住社区造成的影响进行调查评估。这一制度起源于美国的缓刑资格调查制度。1950年,在海牙召开的第12届国际刑法及监狱会议积极倡导这一制度,目前已有不少国家和地区采用了此制度。例如,在我国香港地区,惩教署的职能之一就是向法庭提供判决前评估服务,即对有关犯罪人是否适合羁留在特定的行刑机构向法庭提出建议。① 社区矫正机构接到委托调查申请以后,应立即组织社区矫正工作人员对缓刑、假释的罪犯对所居住社区的影响情况进行专项调查评估。

(一)调查评估的人员组成

对提请假释罪犯对所居住社区的影响调查评估的人员,包括承担社区矫正任务的专职矫正工作人员和具有法学、心理学、教育学等知识的专业人员,同时按照基层社区矫正机构在当地社区招募的司法社工和社区矫正志愿者,组成调查小组,对提请假释罪犯生活的社区可能造成的影响进行专项调查,评估罪犯未来对所居住社区的影响,广泛征求罪犯未来所居住社区居民的意见,形成专项调查报告。

(二)调查的内容

首先是家庭环境调查。家庭对一个人的成长有非常大的影响,甚至是决定性的影响。一是家庭品德状况调查。罪犯提请假释,将来实施社区矫正,如果罪犯原先生活在一个正常健康的家庭,罪犯家庭成员之间与罪犯的关系是融洽和谐的,家庭对罪犯的教育是正面的,则罪犯对居住社区的负面影响就会较小。二是家庭成员关系状况调查。当罪犯和家庭成员关系融洽时,罪犯在一定程度上可以抵御不良行为的侵扰。如果罪犯对家庭拒斥,罪犯与家人矛盾尖锐,甚至因为家庭矛盾而导致其犯罪,则罪犯不宜在该社区中进行矫正,至少不宜留在该家庭生活的社区中。三是家庭生存现状调查。罪犯出狱后重新犯罪的原因,主要有不被社会认可、生活无着落、没有经济收入、找工作难等。

其次是教育背景和职业背景调查。一是教育背景调查。从教育传播的特性来看,受教育的经历,就是一个与社会联系、沟通的过程。一个受过良好教育的人,

---

① 傅强、朱旎:《社区矫正的程序保障制度比较研究》,载《福建公安高等专科学校学报》2005年第4期。

其身心往往受到内在文化的熏陶，对自己的不良行为进行自我约束，不易有盲从行为，自控能力较强，使用暴力犯罪的可能性以及再犯可能性都会较低。对一些涉及人生方向的关键问题，需要犯罪人自己去判别时，犯罪人已有的文化知识往往起着关键的抉择作用。二是职业背景调查。职业背景反映了罪犯的基本生活阅历、基本技能和团队协作意识等，一般情况下，有稳定职业经历的罪犯比无工作经历的人更能体现责任感，遵守基本的社会规范，处理问题更符合社会常态。因此，有较长稳定职业经历的罪犯，更容易被社区所接纳。

最后是社区环境调查。社区环境包括社区生活气息、生活情调、居民人文素养、治安状况、邻里关系等方面。社区环境因素对所生活的居民有同化作用，潜移默化中影响着人的行为。当社区居民中的多数人排斥罪犯生活在自己的社区，可能因为社区居民受到了该罪犯或者是其他犯罪行为的直接或间接威胁。

（三）调查的方式和程序

一是入户调查。对提请假释罪犯近亲属的调查可以采取入户的方式。对罪犯的配偶、父母、子女、兄弟姐妹等近亲属，了解他们对该罪犯的基本看法，从中看到罪犯亲属的家庭环境和家庭气氛，家庭关系是否融洽、家庭氛围是否和谐，从而了解罪犯近亲属对该罪犯的性格、脾气、人格的日常影响。

二是访谈调查。对该罪犯老师、同学、同事的调查可采用访谈的方式。他们和该罪犯曾经朝夕相处，对其学习、生活、工作习惯较为熟悉，也了解其性格中的优缺点。老师和同学与该罪犯往往没有直接的利益之争，倾听其老师和同学的评价往往接近该罪犯个性的客观真实，对同事的访谈调查更接近罪犯的真实社会品格。

三是问卷调查。问卷调查的方式适用于与罪犯生活在同一社区的邻里居民。这种调查不记名、不用语言交流，不会碍于情面难为情，得出的结果较客观。与该罪犯生活在同一社区的居民，对该罪犯生活习惯了解更多，较全面了解真实生活中的该罪犯的脾气、性格、为人处世特点，这些调查更接近社区生活的真实状况。

四是专业人格调查。犯罪人格是犯罪人个体因所处社会和自然环境的影响而形成的反社会性的心理和行为倾向。通过人格特征，可以预测罪犯在特定情境中实施犯罪可能性的大小。人格调查的方式多采用直接调查法，调查员深入罪犯曾经生活、学习、工作的地点进行实地调查，采取发放人格调查表、访谈、提取原物、拍照等方法收集材料。调查结束后，社区矫正机构应在规定的期限内向委托的监狱出具该罪犯对所居住社区影响情况的调查报告。

三、社区矫正过程监管的程序控制

（一）社区服刑人员的分类矫正程序

1. 国外社区矫正分类的做法

英国的社区矫正制度根据社区服刑人员的年龄和犯罪情况等的不同，对矫正社区服刑人员的自由限制和管理形成一个从宽到严的阶梯。英国宵禁令适用于所有年龄段的犯罪人；缓刑令、社区服务令、毒品治疗和检测令仅适用于已满 16 周岁的犯罪人；管护中心令适用于未满 21 周岁的犯罪人和不履行责任者；监督令、行动计划令仅适用于未满 18 周岁的犯罪人；补偿令适用于未成年人犯罪人；缓刑适用于被判处 2 年以下监禁刑的犯罪人。[①]

社区服刑人员的人身危险性是可以测量的。在 20 世纪 20 年代，美国学者哈特与瓦纳尔设计了衡量假释成败的预测表；在 20 世纪 60 年代产生了作为预测假释成败测量方法的"加利福尼亚基本预测估分制"，并被广泛用于假释与罪犯分类决定；在 1972 年，美国假释委员会采纳了一种相似的测量法，将其作为假释准则的一部分。[②]

2. 我国对社区服刑人员分类的尝试

（1）定量分析法。我国也有学者研究对人身危险性的定量分析，而且得出了计算公式。在确定了影响刑释人员人身危险性的 14 种客观因素和这些因素对刑释人员人身危险性的影响程度后，以这 14 种因素为自变量，以释放后表现（2 年内是否重新犯罪）为因变量……得到了刑满释放人员人身危险性的回归公式：刑释人员人身危险性标志值 P = 性别 × 0.081 + 文化程度 × 0.034 + 捕前职业 × 0.012 + 婚否 × 0.01 + 罪名 × 0.077 - 刑期 × 0.007 + 剥夺政治权利 × 0.033 + 前科次数 × 0.11063 + 离监类型 × 0.065 + 改造 × 0.074 + 就业 × 0.155 + 帮教情况 × 0.2042 - 逮捕年龄 × 0.032 - 释放年龄 × 0.024 - 703790。[③] 这些测量方法虽然不能完全精确地测算人身危险性，但其是对司法实践经验的总结，具有一定的合理性。如果因为人的意图变幻莫测，就认为人身危险性无法测量、无法估计是片面的。

（2）ABC 分类法。北京市以社区服刑人员的人身危险性（即再犯罪可能性）大小为标准，结合其回归社会的趋向程度（即再社会化程度），将其分为 A、B、C 三类，其中 A 类为人身危险性小、回归社会趋向好的服刑人员，B 类为人身危险性较大、回归社会趋向较差的服刑人员，C 类为人身危险性大、回归社会趋向差的服刑人员。三类人员从报到、走访、活动范围、教育、公益劳动等方面分别实施低、中、高三种不同强度的管理。

3. 社区服刑人员的分类矫正程序控制

根据人身危险性对社区服刑人员进行分类，首先要分析影响人身危险性的因素，从司法经验出发，影响人身危险性的因素主要有：前科、职业、人际关系、不良习惯、矫正表现、思想观念等，对这些因素要进行综合考察、量化是可能的，也是可行的。笔者对服刑人员的分类程序设计如下：

[①] 陈和华、叶利芳：《国外社区矫正的经验和问题》，载《犯罪研究》2006 年第 1 期。

[②] 邱兴隆著：《关于惩罚的哲学》，法律出版社 2000 年版，第 203 页。

[③] 邬庆祥：《刑释人员人身危险性的测评研究》，载《心理科学》2005 年第 1 期。

前科状况（累犯的为6分，非累犯前罪为暴力犯罪的为6分，非累犯前罪为暴力犯罪之外故意犯罪的为4分，拒不认罪的为2分，其他的为0分）+职业（无职业的为3分，无固定职业的为2分，职业收入不能满足生活需要的为1分，其他的为0分）+人际关系（与不良分子交往密切的为4分，与不良分子有交往的为2分，基本与不良分子无交往的为0分）+不良习惯（有吸毒习惯的为5分，拒绝劳动的为3分，有酗酒习惯的为2分，无吸毒、酗酒、拒不劳动习惯的为0分）+思想观念（具有民族歧视、民族独立、邪教思想的为8分，有仇视社会、反社会道德观念的为4分，经常有对现行社会制度和政策不满言论的为2分，与社会主流观念相一致或类似的为0分）+矫正表现（拒绝矫正的为4分，对矫正有抵触情绪的为2分，积极参与矫正活动的为0分）+初次犯罪年龄（14－16周岁为6分、16－18周岁为5分、18－25周岁为4分、25－30周岁为3分、30－40周岁为1分、40周岁以上为0分）+婚姻状况（结婚后离异未再婚的为4分，未婚为2分，已婚为0分）。最终分数在15分以上的为高度危险的服刑人员，分数在9－14分的为中度危险的服刑人员，8分以下的为低度危险的服刑人员。

（二）社区服刑人员异地托管的程序控制

现代社会人员的流动性很大，很多人由于求学、打工、投资、旅游、探亲等原因，不可能固定地生活在某个地方，社区服刑人员也不例外，未必会在户籍所在地或住所地工作、学习或生活。对于人户分离的服刑人员，可按以下程序进行异地委托管理与矫正。

1.服刑人员离开原住所地时，应向本地县区级矫正机构提出申请并征得矫正机构同意。对于社区服刑人员，允许其合理流动是社会文明与进步的标志。当服刑人员基于工作等原因提出离开现住所地时，只要没有妨碍矫正的事由，或者故意不履行矫正义务，矫正机构原则上应同意其离开本地，以维护其正当的迁徙权。对于未经申请批准而擅自离开原居住地的，以擅自脱离矫正论处，矫正机关可以向法院提出建议，对擅自脱离矫正情节严重的服刑人员处以罚金刑，情节严重且拒不遵守矫正机关规定的，可易科为短期监禁刑。

2.服刑人员住所地县级矫正机构应在作出同意服刑人员离开原居住地后的5个工作日内，及时与服刑人员前往目的地的县区级矫正机构取得联系，将服刑人员的基本情况、矫正表现通知服刑人员目的地社区矫正机构，并将服刑人员异地委托管理函及时发往目的地矫正机构，目的地矫正机构不得无故拒绝接收。

3.服刑人员到达目的地后，应在5个工作日内前往目的地县级矫正机构报到，接受目的地矫正机构的监督、管理、教育、矫正。对无故拒不报到的，以脱离矫正论处。目的地矫正机构在接收异地服刑人员后，应在5个工作日内将异地委托管理函回执寄发原矫正机构。如目的地矫正机构在收到异地委托管理函后一个月内，服刑人员没有前来报到，应通知发函的异地委托矫正机构。

4.目的地矫正机构将新接收的服刑人员纳入本地社区矫正体系，与本地服刑人员同等对待，异地委托管理手续完成。在条件成熟时，建议全国矫正机关实行电脑联网，利用电脑网络强化对社区服刑人员的矫正管理。

（三）社区矫正担保的程序控制

服刑人员在社会中工作、学习和生活，能够对服刑人员实行最直接、最有力的监控及教育的不是矫正机关，而是其家人或亲属。为了达到良好的矫正效果，应让服刑人员的家人在自愿的基础上承担一定的矫正责任。因为矫正机关和矫正官对其所进行的监督和约束是有局限的，因此，对危险评估属于较高危险等级的服刑人员，有必要加强家人对其的管束。矫正担保程序可以填补我国目前在社区矫正担保程序方面的制度空白，也可以充分调动服刑人员家属的积极性。对于矫正调查中属于中度危险以下级别的服刑人员，则没有适用矫正担保的必要。

社区矫正担保程序可以分为两种：一是保证人程序，即服刑人员的家人或亲属向矫正机关签订书面保证书，保证监督并约束服刑人员，督促其遵守矫正机构的管理规定，遵纪守法，并就服刑人员情况每季度向社区矫正机关予以汇报。如果发现服刑人员严重违反社区矫正义务时，应在3个工作日内向矫正机构报告。如社区矫正机构发现保证人不履行保证义务，则可视情节轻重处以一定数额的罚款，如果构成犯罪则应追究其刑事责任。保证人的适用顺序可按配偶、父母、子女、兄弟姐妹、村委会或居委会、工作单位的顺序进行，优先适用于排序靠前的保证人，由社区矫正机构将保证人的书面保证书存档。二是保证金程序。服刑人员根据社区矫正机构调查的服刑人员的经济情况向矫正机构缴纳一定数额的保证金，可按被调查服刑人员年收入的一倍缴纳，在服刑人员违反法定义务时将保证金没收，收归国有。其后可以要求服刑人员再次交纳保证金，或者提供保证人，由服刑人员自愿选择。但在矫正期满之后，保证人的保证义务自然消灭，对于表现良好的服刑人员，没有违反矫正管理规定法定义务的，矫正机构要及时返还其保证金。

对属于较高危险级别以上服刑人员的担保，可以使用一种保证程序，也允许同时使用保证人和保证金两种保证程序。

四、社区矫正评估的程序控制

对社区服刑人员的矫正效果进行评估，是社区矫正工作的一个重要方面，是社区矫正工作不可缺少的"后续工程"。[1] 社区矫正工作关系着社会的稳定与和谐，而社区矫正工作的成败主要取决于能否对服刑人员进行正确的认识和评价。因此，有必要建立一个适合我国国情的社区服刑人员跟踪评估程序体系。

（一）对服刑人员矫正过程中的评估程序

在矫正过程中，对服刑人员的矫正效果进行及时准确的、科学的评估是正确

---

① 冯卫国：《论社区矫正的程序构建》，载《湖北警官学院学报》2008年第1期。

认识矫正得失、发现矫正问题的重要方法，国外对于矫正评估做了大量有益的探索。例如，"美国的犯罪学、刑事司法、执法的学者和工作者以及政策的制定者对社区矫正有大量的研究成果，包括：（1）注意保持社区监督、制裁和治疗的平衡；（2）对滥用酒精和毒品的治疗；（3）对性罪犯的治疗；（4）假释过渡期的服务；（5）认知技能的增长；（6）采用及时反应的、有效的和实质性的干预；（7）对于有高度和中度危险的罪犯给予更多的关注；（8）社区的监督和服务需要有经过较好训练的工作人员来执行；（9）社区监督和治疗相结合，等等。运用这些研究成果，形成了一些系统的量化的评估量表，并将矫正质量评估贯穿于整个矫正过程的始终，各个阶段的评估结果将用于指导并及时调整下阶段的矫正方案，从而使得矫正更具有针对性"①。

笔者认为，对服刑人员矫正效果的矫正评估在矫正过程中可以随时进行，当然，以间隔一定的时间为宜。矫正评估考虑的因素主要有两点：第一，服刑人员的个人情况：职业技能、婚姻变化情况、就业情况、工作或学习表现、收入状况；第二，执行矫正规定的情况：思想汇报情况、思想转变情况、不良习惯纠正情况、参加公益劳动情况、违法违纪情况、受处罚情况、人际关系评估、社会适应性评估等，对这些因素在致罪可能性及影响回归社会的重要性不同方面按照比例赋予一定的分数，同样采用量化计分的方法以衡量对服刑人员的矫正效果。

（二）解除矫正后的追踪评估程序

解除矫正措施后的追踪评估，目的在于检验矫正的效果，是否达到制定矫正项目的目标，它不是矫正评估的主要方面，所以，解除矫正措施后的追踪评估不是矫正机构的常态性工作。此项评估应主要考察以下内容：服刑人员被解除矫正后的现实表现，工作或就学情况，是否有重新违法犯罪情况，如果有，重新违法犯罪的原因是什么，社会对解除矫正措施人员的态度等。解矫后追踪评估的方式包括：与解矫人员面谈，通过其亲属、邻居等知情人进行了解，与村委会、居委会及解除矫正措施人员所在单位领导、同事座谈、问卷调查等。② 通过对解除矫正措施后服刑人员的跟踪评估，可以检测社区矫正工作的社会效果，对进一步完善教育矫正的方案与措施，更好地实现社区矫正工作的目标，起到重要的促进作用。

五、社区矫正检察监督的程序控制

孟德斯鸠曾经说过："一切有权力的人都容易滥用权力，这是一条亘古不变的经验，有权力的人使用权力一直到遇有界限的地方才休止。"③ 社区矫正的运行也不例外。我国《刑事诉讼法》第265条规定："人民检察院对执行机关执行刑罚的

---

① 陈和华、叶利芳：《国外社区矫正的经验和问题》，载《犯罪研究》2006年第1期。
② 冯卫国：《论社区矫正的程序构建》，载《湖北警官学院学报》2008年第1期。
③ ［法］孟德斯鸠著：《论法的精神》，商务印书馆1993年版，第154页。

活动是否合法实行监督。如果发现有违法的情况，应当通知执行机关纠正。"这是检察机关社区矫正进行监督的法律根据。目前，检察机关已经作出了不少规定，保障同步监督权的实现，但还不完善，需要健全社区矫正执行过程的同步监督程序，逐步完善检察机关参与式的过程监督。应保持检察机关处在社区矫正监督的一线，并参与社区矫正的接收、日常管理、变更、调查评估等程序的全过程。同时，检察机关有职责调查社区矫正机关对社区服刑人员管理、刑罚执行过程中可能存在的违法腐败行为。

要实现对社区矫正检察监督的及时到位，就应建立检察机关的同步监督介入程序。检察机关对社区矫正活动进行监督检察时，有权要求社区矫正机关提供与社区矫正有关的情况材料，配合检察机关依法进行监督。同时，对检察机关的监督也应明确和细化有关程序，以防止权力滥用。收到检察机关纠正违法通知书的机关，必须在规定的时间内进行纠正，并将结果在规定时间内向检察机关通报；有异议的应当在收到纠正违法通知书后的规定时间内向提出纠正意见的上一级检察机关提出复议；上级检察机关应当在规定的时间内作出决定，通知下级检察机关和被纠正违法机关执行；对检察机关的纠正意见既不执行，也不提出异议的，要增设被监督机关的义务性规定，明确其法律责任。检察监督人员应经常走访矫正机构、人民群众和社区服刑人员，建立与社区服刑人员谈话制度，多与社区服刑人员亲属、基层组织、社区工作人员、司法所社区矫正工作人员等进行沟通和交流，认真听取意见，增强监督工作的公信力和社会效果。①

---

① 郑建军、李益明：《论社区矫正的检察监督》，载《云南大学学报（法学版）》2011 年第 4 期。

社区矫正审前社会调查评估制度之程序构建

浙江警官职业学院应用法律系教授　郑　艳

审前社会调查评估是人民法院适用社区矫正的一个前置性程序。目前，我国社区矫正审前社会调查评估制度在实践操作中存在启动程序的随意性、启动主体的单一性、启动时间的滞后性、调查内容的不统一、调查报告的低质化以及评估报告效力上的不确定性等问题。本文认为，社区矫正审前社会调查评估制度的启动程序应强调启动主体的多样性和启动时间的前移，调查程序强调关注被害人的权利，审前社会调查评估报告则由检察机关通过量刑建议、监狱机关通过假释建议的方式使用。

一、问题的提出

作为非监禁处遇的社区矫正代表着犯罪矫正的未来走向，体现了刑罚的轻缓化、人道化和行刑的社会化、经济化。截至 2013 年 8 月底，全国实行社区矫正的罪犯占全国罪犯总数的1/4。随着"两院两部"联合发布的《社区矫正实施办法》正式实施，法院不断扩大非监禁刑的适用率，判处缓刑、管制和裁定假释的比例越来越高。法院应当如何确保对被告人采用社区矫正的正确性呢？理论与实务界普遍认为，审前社会调查评估制度是一项行之有效的保证措施。

社区矫正审前社会调查评估制度，是指人民法院在拟适用社区矫正前，由专门机构对犯罪人的犯罪背景、人格特征、社会评价、犯罪行为后果和影响等情况进行专门调查，并对其人身危险性和是否具备社区矫正的监管条件进行系统评估，从而为人民法院提供书面调查评估报告并提出是否适用社区矫正的建议的活动。通过科学的审前社会调查评估，分析犯罪人的人身危险性，使人民法院对犯罪人是否适用社区矫正的评判能够建立在和犯罪人有关的、体现其再犯可能性的所有因素的综合评价上，以降低社区矫正的适用风险，为社区矫正执行机构开展个性化的预防犯罪和矫正犯罪提供科学依据，从源头上预防和减少社区服刑人员再犯罪的风险。所以，审前社会调查评估在社区矫正的适用阶段扮演着"身先士卒"的角色，是非常重要的一个步骤和过程，调查评估报告则为社区矫正执行阶段开展个性化预防与矫正提供科学依据。

审前社会调查评估制度起源于美国的缓刑资格调查制度，到 1930 年，缓刑资格调查演变成为整个量刑提供判决前的调查报告，从而形成现代意义上的审前社会调查制度。1950年，在海牙召开的第12届国际刑法及监狱会议积极倡导这一制度，之后被许多国家效仿。我国的社会调查评估制度最早运用于审理未成年人犯罪领域。为贯彻《联合国少年司法最低限度标准规则》（又称《北京规则》）的公约要求，最高人民法院率先于2001年4月出台了《关于审理未成年人刑事案件的若干规定》，其中第21条明确规定审判机关在审理未成年人犯罪案件之前可以进行社会调查。随后最高人民检察院颁布《人民检察院办理未成年人刑事案件的规定》，规定人民检察院可以对未成年犯罪嫌疑人进行社会调查，为办案提供参考。2012年修订的《刑事诉讼法》第268条以法律的形式确立了未成年人审前社会调查制度。

审前社会调查评估制度在未成年人犯罪案件中普遍适用且取得了良好的社会效果。少年司法改革对这一制度的探索，对于社区矫正的适用带来了启发。人民法院对"罪行较轻、主观恶性较小、社会危害不大"的刑事案件适用缓刑、管制的比例越来越大。但"罪行较轻、主观恶性较小、社会危害不大"都属于量刑情节，只有通过审前社会调查获得较为充分的量刑信息，法官才能准确地判断能否适用缓刑、管制，将罪犯放置于开放的社区环境接受社会矫正。在《社区矫正实施办法》出台以前，就有不少省市如江苏、浙江、安徽、四川、湖北等对社区矫正审前社会调查评估制度进行了探索和实践。2012年，"两院两部"联合下发《社区矫正实施办法》，进一步明确和细化了审前社会调查评估的启动程序、工作主体、调查内容等问题，这标志着我国社区矫正审前社会调查评估制度的正式确立。

审前社会调查评估制度在当下的社区矫正实践中被广泛运用和实施，也取得了较好的法律效果和社会效果。但这一制度的形成和实施在我国尚处于起步阶段，还存在着诸多问题：因《社区矫正实施办法》第4条对相关部门进行调查评估的权力所设置的是"可以委托"的"授权性"规范，而不是"应当型"的"义务性"规范，导致调查具有随意性；启动主体主要为人民法院的单一性导致启动时间的滞后性；调查内容的不统一，有可能会造成部分关键调查项目和调查环节的缺失，导致调查报告就事论事、肤浅空洞、对犯罪原因的深层剖析和人身危险性的综合判定严重不足；调查报告的低质量，无法为法院适用社区矫正提供有价值的参考，进而导致调查评估报告效力上的不确定性。

针对上述问题，本文将对社区矫正审前社会调查评估制度的程序构建提出一些设想，将整个程序设计为启动阶段、调查阶段和调查评估报告的使用阶段，然后分别进行程序构建。

二、启动程序的构建

审前社会调查评估的启动程序是指由什么主体在什么时候针对哪些案件开始着手社会调查工作，适用案件范围、启动主体和启动时间是启动程序最重要的三个要素。

在英美，刑事审判分为"定罪裁判"和"量刑听证"两个相对分离的阶段。在大部分案件中，一般是在法院判定被告人有罪之后、开始量刑之前，法院才委托内部具有相对中立性的缓刑官进行量刑前调查。少年被告人案件则由社会工作者单独或者会同缓刑监督机构一起调查。究竟哪些案件需要进行量刑前调查呢？在美国，联邦法院和各州法院采取了各不相同的做法。在一些州中，要对所有被宣告犯有重罪的案件都进行量刑前调查；在另一些州中，仅要求对可能判处一定时间（如1年）以上刑罚的案件进行量刑前调查；还有的州规定对21岁以下或18岁以下的犯罪人和初次犯罪的犯罪人必须进行量刑前调查。需要注意的是，在进行量刑前调查的案件中，并不必然要判处犯罪人缓刑。而在不可能被判处缓刑的案件中，是否进行量刑前调查，由法官自己决定。①

我国目前普遍的做法，即在法院立案经由承办法官初步阅卷后，认为有可能被判处非监禁刑的案件，委托社区矫正执行机构——司法行政机关进行社会调查，这是一种模仿英美的做法。细细比较我国与英美国家在刑事审判模式、制度安排、机构设置等方面的不同，这种模仿和借鉴在我国存在着水土不服的情况。

（一）案件范围

社区矫正审前社会调查评估制度的适用范围主要是建议被判处缓刑和裁定假释的案件。《刑法修正案（八）》明确规定缓刑和假释前需要"考虑罪犯对社区的影响"、"不致再危害社会"，这为社区矫正审前社会调查评估提供了明确的法律依据。但是，对于判处管制和决定暂予监外执行前是否需要考虑罪犯对社区的影响，法律并没有作出规定。笔者认为，法院判处管制是《刑法》等相关法律明文规定具有相应的量刑情节时就应当适用的刑罚，而且管制本身就是一种非监禁刑，不需要考虑社区影响就应当适用社区矫正。《刑事诉讼法》、《监狱法》明确规定了暂予监外执行的条件，是否适用暂予监外执行，决定主体不存在行使自由裁量权的问题，而且监外执行的条件消失后，社区服刑人员就应回监狱服刑。社区矫正期间主要是强化监管，教育矫正和帮助其再次融入社会的作用不明显。所以，判处管制和决定暂予监外执行，是因符合法定量刑情节而依法独立作出相应的裁判，管制中的酌定情节也只对量刑期限有影响，法院作出这两种形式的裁判，审前社会调查的重要性不大。而法律对于裁判缓刑、假释的条件只有原则性的规定，审判人员需要更多地考虑犯罪人自身的具体情况，在专门调查的基础上，对其人身危险性进行系统评估，全面综合的前提下作出裁判。这些罪犯的具体情况大多数属于酌定的量刑情节，所以，笔者认为，裁判缓刑、假释的审前社会调查程序是必不可少的，而且应作为裁判的前置性程序。

另外，笔者仍需补充两点。第一，我国《刑法》规定缓刑的适用条件为：一

---

① 吴宗宪：《社区矫正比较研究（上）》，中国人民大学出版社2011年版，第104页。

是适用对象是被判处拘役或者 3 年以下有期徒刑且不构成累犯者；二是犯罪分子确有悔改表现，适用缓刑确实不致再危害社会。这说明缓刑只适用于主观恶性不大、社会危害较小的轻微刑事案件，只有被判缓刑才能适用社区矫正避免监禁刑。然而，缓刑的条件限制排除了那些法定刑期为 3 年以上，但被告人悔罪态度非常好、再犯罪可能性非常小的案件。笔者认为这部分案件如果通过审前社会调查评估，发现被调查人确实一贯表现很好，只是过失犯罪或激情犯罪，且悔罪态度非常好，积极赔偿被害人，再犯罪可能性极小，本着修复被伤害的关系的目标，可以考虑借鉴适用国外的严格监督性缓刑。当然这得需要修改缓刑的条件，增加属于社区矫正性质的非监禁刑种（措施）。第二，社区矫正审前社会调查评估制度本身就是从"未成年人社会调查报告"制度发展而来。笔者认为，本着"教育、感化、挽救"的理念，所有未成年人刑事案件，不论是否可能被判缓刑，一律需要开展审前社会调查。

（二）启动主体和启动时间

因启动主体的单一性造成启动时间的滞后性问题，已成为现在审前社会调查制度的诟病之一。根据《公安机关办理未成年人违法犯罪案件的规定》、2001 年最高人民法院《关于审理未成年人刑事案件的若干规定》、2002 年《人民检察院办理未成年人刑事案件的规定》和 2012 年修订的《刑事诉讼法》，我国针对未成年人的社会调查启动主体可以是公安机关、检察院、辩护人和法院。而《社区矫正实施办法》也规定可以启动审前社会调查的主体包括法院、检察院、公安和监狱部门。下面笔者一一分析上述主体作为审前社会调查启动主体的适合性。

《刑事诉讼法》规定公安机关是刑事案件的侦查机关，有权依法收集能够证实犯罪嫌疑人犯罪行为及犯罪情节轻重的各种证据。有观点认为，公安机关在侦查案件时，就与犯罪嫌疑人、被害人、犯罪嫌疑人所处社区群众、单位职工都有接触，因而公安机关可以在办案的同时就启动审前社会调查程序开展调查，还可以节约诉讼成本。[①] 然而，在侦查阶段，犯罪嫌疑人往往是本能地逃避制裁，认罪态度不一定好，被害人正处于愤怒期，在此阶段开展社会调查，恐怕难以收集到真实可靠的信息。公安机关的走访调查是为了侦破案件的需要，更为重视那些能够证明嫌疑人有罪或者无罪的证据，对于那些涉及嫌疑人罪轻或罪重问题的量刑证据，公安机关并没有足够强大的动力开展调查和收集。[②] 所以，公安机关的侦查职能和审前社会调查的性质目的不同，公安机关不适宜作为审前社会调查的启动主体。

目前，全国检察机关开展量刑建议改革，检察机关完全可以通过量刑建议权，

---

① 周立琴：《浅议审前社会调查制度的不合理性》，http://hubeigy. chinacourt. org/public/detail. php? id = 13820，访问时间 2014 年 1 月 13 日。

② 陈瑞华：《论量刑信息的调查》，载《法学家》2010 年第 2 期。

提出适用非监禁刑的建议，提供法庭采信，而量刑建议的提出有待于调查收集丰富的量刑信息。所以，检察机关启动社会调查活动，是为了在量刑建议中提出酌定量刑情节，进而建议法官能否适用缓刑。刑事审判中的简易程序一般是针对轻微刑事案件、被告人自愿认罪，并对起诉书指控的犯罪事实没有异议，而仅对被告人量刑的过程。所以，检察机关是在犯罪嫌疑人自愿认罪的前提下，启动审前社会调查程序，以获得丰富的量刑信息。对此，已有地区尝试了此做法。例如，上海市浦东区检察院与法院、司法局协商，主动承担起审前社会调查工作，对可能适用缓刑的被告人，由检察院在审查起诉阶段进行调查，并作为量刑建议材料提交给法院。① 检察院作为启动主体将社会调查工作提前到审查起诉阶段，也体现了检察院对社区矫正的监督职能，避免了事后监督的不及时和效果不佳的弊端。

辩护人则根据自身辩护职责的需要开展社会调查工作，制作书面材料提交法庭，以便法庭在量刑辩论时，有充分的调查信息和公诉人（检察机关）相抗衡，法庭将重点审理发生争议的量刑事实。

法院启动审前社会调查容易造成先入为主、未审先定、合而不议的偏差，无法保证审判的公正和实质化的审理。而法院自行开展社会调查，会和法院的中立地位、司法被动性和证据裁判规则产生冲突。② 英美国家是由法院内部的缓刑官开展调查，缓刑官地位独立，有着较高的职业素养、职业操守和敬业精神，能够保证调查信息的真实性和全面性。但是，中国法院内部并没有设置这种专职的"缓刑官"，也没有设立作为司法行政机构的"缓刑官办公室"。若由法院的法官担任社会调查员开展社会调查，会存在因权力过于集中而滥用的可能。另外，基层法院从事刑事审判的法官工作量本来就非常大，让法官亲自从事"审前社会调查"，不仅法官普遍不支持，而且也没有基本的可操作性。③ 但是，有的案件检察院认为不可能适用缓刑，但法院审理阶段又出现新的证据，认为可能适用缓刑；或者一审判决实刑，但到二审认为可能适用缓刑。在上述两种情况下，笔者认为，应赋予人民法院审前社会调查程序的启动权，但不是自行调查权。所以，法院不适合作为审前社会调查的调查主体，但是必要时可以委托专门调查机构进行社会调查。

监狱管理机关是罪犯的管理部门。监狱根据罪犯的改造情况，对于被判处有期徒刑、无期徒刑的部分犯罪人，在执行一定刑罚之后，认为确有悔改表现，不致再危害社会，就可以向中级以上人民法院提交假释建议书。罪犯的悔罪态度、改造表现、社会危害性才是决定能否假释的实质条件。监狱在管理过程中对罪犯的各方面情况比较了解，赋予监狱对拟假释的罪犯调查"对社区的影响"，将调查结果与罪犯的悔罪表现、社会危害性评估等综合考虑，制作假释建议书，提交法

---

① 蔡顺国：《上海浦东区检察院创新社区矫正监督方式对接新规》，http://news. jcrb. com/jxsw/201209/t20120906_941331. html，访问时间 2014 年 1 月 12 日。

② 杨百胜：《法院的调查取证权应当取消》，载《湖北大学成人教育学院学报》2008 年第 6 期。

③ 金兰等：《基层法院实施社会调查制度的调研报告》，载《法治研究》2009 年第 12 期。

院裁定。所以，监狱管理机关是适用假释案件的审前社会调查启动主体。

综上分析，笔者认为，对于法院判处缓刑等适用社区矫正刑罚和相关措施的，审前社会调查程序的启动主体主要应为提出量刑建议的检察机关和为被告人辩护的辩护人，其中检察机关的审前社会调查是一种职责，辩护人的审前社会调查是一种权利。必要时，审判机关可以启动审前社会调查程序。对于法院裁定假释适用社区矫正的，审前社会调查程序的启动主体应为建议假释的监狱管理机关。一般启动时间应为检察院审查起诉阶段或监狱准备提交假释建议书阶段。启动时间的前移是为了确保调查主体有充裕的时间开展调查，而不是匆忙应付了事。

三、调查程序的构建——关注被害人的权利

(一) 调查主体分析

根据《社区矫正实施办法》的规定，审前社会调查的调查主体（被委托主体）是县级司法行政机关。在实际工作中，真正进行审前社会调查的主体往往是基层的司法所。笔者认为，制度设计由社区矫正的执行主体即基层司法行政机关作为审前社会调查的调查主体理由有以下几点：第一，英美国家的量刑前报告是由缓刑官根据法官的要求准备，而缓刑官负责缓刑犯的监督执行。我国借鉴了国外的做法。第二，由社区矫正执行主体开展审前社会调查可以使其提前了解拟适用社区矫正犯罪人的基本情况，有利于今后对其有针对性地进行教育和矫正，实现刑罚的个别化，提升社区矫正的效果。第三，可以实现社区矫正的适用主体（审判机关）和社区矫正的执行主体（司法行政机关）的无缝对接，有利于及时接收、管理，防止脱管、漏管现象发生。

但是，该制度设计从学理上来说，存在着不合理的因素；从实施的实际效果上看，也存在着诸多问题与不足。

其一，由社区矫正执行主体司法行政机关作为审前社会调查的调查主体，违反了职能相分离的原则。审前社会调查是社区矫正适用阶段的重要程序，调查评估结论对人民法院决定是否适用社区矫正有着重要的参考价值。而英美国家规定由社区矫正执行主体缓刑官准备量刑前报告，是因为缓刑官是法院内部相对独立的司法调查员，法院内部又设立作为司法行政机构的"缓刑官办公室"作为缓刑执行监督机构，他们都属于法院系统。在我国不具备这样的结构构造，我国社区矫正的适用主体和执行主体分别属于两个不同的国家机关，根据职能相分离的原则，司法行政机关不适合成为审前社会调查的调查主体。

其二，基层社区矫正机构的人员配备紧张、知识结构不合理、专业性不强等受制因素，影响了审前社会调查评估结论的客观性和中立性。审前社会调查评估工作是一项专业性非常强的工作，按照规定，每份评估报告需走访调查评估对象的家庭、社区、邻居、单位，听取被害人、所在村（社区）等意见，非常的费时费力（人力、物力）。另外，随着经济快速发展而演变的人口流动频繁和异地犯罪

的社会现象，人户分离情况严重，客观上加剧了审前社会调查评估的难度。基层社区矫正机构的工作人员大都缺乏法学、社会学等相关领域的专业知识，加之人力又普遍不足，有时为了应付工作临时组合，甚至社工、志愿者也加入审前社会调查的队伍中。可想而知，审前社会调查评估报告质量往往无法保证。

根据上述分析，笔者认为审前社会调查评估的调查主体应和启动主体同一，即由谁启动就由谁调查，这种设计既保证了时效性，又保证了调查质量。但人民法院作为启动主体例外。社区矫正机构可以对是否具备社区矫正的监管条件进行调查，同时还应当作为调查的参与主体发表自己的意见。据笔者实际调研发现，社区矫正机构开展审前社会调查重点关注的就是是否适合社区矫正的外部监管条件，而对人身危险性和社会危害性的调查，因受制于工作人员的素质差异，调查评估结论简单粗糙。

目前接受法院委托从事"社会调查"的主体有：未成年人保证组织，如共青团、妇联、青少年保护委员会、关心下一代委员会等；专职社会工作者或青年志愿者；社区矫正机构。① 问题是这些被委托的社会团体组织在从事本职工作之外兼职从事社会调查，难以保证其全身心地投入调查中，因而也就无法保证调查的全面性和深入性，所以社会团体组织不足以承担社会调查的重任。从长远考虑，中国应该设立专门从事审前社会调查的机构，以确保调查评估结论的中立性和专业性。笔者建议在法院系统内部设立专门的刑事案件审前社会调查委员会（或者专职的调查员），同时建立兼职调查员专家库（具有一定心理学和教育学知识的人），提供专业方面的指导和帮助。

（二）调查内容的确定

缓刑前的社会调查评估内容和假释前的社会调查评估内容是有所区别的，但总体来说应包括两大块的内容：一是犯罪人自身情况的调查，二是是否适合社区矫正外部条件的调查。

犯罪人自身情况的调查重点调查犯罪人的人身危险性和社会危害性。人身危险性调查中最重要的是被告人或罪犯的认罪悔罪表现，包括对犯罪行为的认识、悔罪态度和赔偿损失情况。认罪态度好，悔罪表现突出，表明行为人的主观恶性和人身危险性较小。其次是犯罪前的平时表现（包括工作学习表现、业余生活、邻里关系、社会交往以及违纪违法情况）、主观思想动态和个性特点。最后是家庭、单位、邻居对其的社会评价。社会危害性调查包括被告人走上犯罪道路的环境因素、被告人造成损害的社会影响、被害人的谅解等内容。

是否适合社区矫正外部条件的调查包括家庭背景情况和社区公众被害人的态度（社区环境）。家庭背景调查包括家庭关系情况（包括配偶、子女、父母、兄弟姐妹的基本情况，是否是离异家庭，配偶、子女、父母是否有违法犯罪情况，家

---

① 金兰等：《基层法院实施社会调查制度的调研报告》，载《法治研究》2009年第12期。

庭是否存在经济纠纷等）、家庭经济状况、家庭成员的态度。社区公众被害人的态度主要调查被害人的心理承受状况、社区（村）基层组织的意见、公安派出所的意见，未成年人还需调查学校的意见。

那些被告人实施犯罪时的情况，如犯罪人的年龄、职业、精神状态，犯罪动机、犯罪目的、故意过失、是否预谋、犯罪手段、犯罪时间、地点等内容，不应该是审前社会调查的内容，而是公安机关在刑事侦查时就应调查的内容，是作为定罪的证据。

辩护人的调查内容则是在全面研读公诉方的案卷笔录，洞悉公诉方的量刑建议的前提下，对起诉书所记载的量刑情节进行必要的调查核实，调查收集各种被公诉方所忽略的酌定量刑情节。

（三）调查的方式方法

当前，我国关于审前社会调查评估的具体方式没有明确的规定，社会调查评估应当如何实施还是一个空白。但调查方式是否科学合理直接关系到所获取信息的真实性、准确性和全面性。[①] 笔者通过走访调查发现，实践中的审前社会调查主要有两种方式：一种是填写审前社会调查表，表格中内容的获取采取个别约谈、查阅资料、召开座谈会、走访等形式，如《浙江省社区矫正审前社会调查表》；另一种是直接以调查笔录的形式出现，调查笔录中有若干预设的问题，包括被告人、社区居民、派出所、所在村（社区）等调查笔录。

我们来看一下美国缓刑官的量刑前调查过程：首先，缓刑官要与被定罪的犯罪人进行一次面谈，被称为"最初面谈"。这种最初面谈通常是在缓刑官的办公室中进行；如果犯罪人已经被拘留或逮捕，就在看守所中进行。在犯罪人未被拘留或者逮捕的情况下，最初面谈也可能在犯罪人的家中进行，这样的面谈也给缓刑官提供了了解犯罪人的家庭状况等信息的机会。家庭面谈使缓刑官不仅可以通过实地观察证实某些信息，还可以通过和犯罪人的其他家庭成员面谈来证实有关信息。该面谈的内容包括犯罪人的犯罪历史、儿童时期的成长经历、受教育程度、就业情况、身体和心理健康状况、家庭情况等。其次，缓刑官试图通过医疗记录、雇佣记录、社会服务部门的记录、学校记录等来核实这些情况。如果时间允许，缓刑官应与所有的有可能了解犯罪人情况的人进行面谈，并核实信息的准确性。在一些案件中，缓刑官还应该到犯罪案件发生的地方，现场了解与犯罪案件的发生有关的情况。[②]

上述调查过程并没有反映出犯罪人的悔罪态度问题。笔者认为，犯罪人对被害人的真诚道歉并积极赔偿的行为能较好地体现其悔罪态度，同时也体现了犯罪人不再犯罪乃至回归社会的意愿，人身危险性大大降低；犯罪人积极赔偿被害人，

---

① 王东明：《未成年人犯罪审前社会调查制度研究》，载《前沿》2011 年第 24 期。
② 吴宗宪：《社区矫正比较研究（上）》，中国人民大学出版社 2011 年版，第 105 页。

努力帮助被害人摆脱困境，这也是犯罪的社会危害性降低的标志。被害人接受道歉和犯罪人给予的赔偿并对犯罪人表示谅解，这意味着双方的矛盾有所化解，因犯罪所破坏的社会关系得到一定的修复。此类信息的调查收集将对法官量刑起着非常重要的作用。所以，调查主体在对犯罪人面谈后，应再与被害人进行面谈，了解双方和解的可能性。被害人的态度在很大程度上制约着社区矫正的社会效果，因此，有必要在社区矫正审前社会调查过程中引入刑事和解程序，以使社区矫正尽可能得到被害人的认同，从而实现各方面的利益平衡，促进社会和谐。① 关注被害人的权利和意见是调查程序中不能忽视的问题。

四、社会调查评估报告使用程序的构建

（一）检察机关使用社会调查评估报告的程序

检察机关根据社会调查评估报告，向法庭提出是否适用非监禁刑的量刑建议，连同起诉书、案卷材料一并提交法庭，作为量刑参考依据。检察机关作为公诉机关，检察官受刑事追诉地位的影响，其提出的量刑建议一般会具有程度不同的偏向性。② 近期一些基层法院的量刑程序改革，即简易程序审理已出现检察官出庭支持公诉，法官则对控辩双方存有争议的量刑情节进行有针对性的调查，引导双方就量刑发表辩论意见。③ 这种量刑模式的改革，改变了以往人民法院对简易程序的"办公室操作"模式，有效地规范了法官的自由裁量权，同时也纠正了检察官的偏向性。在这种量刑模式下，法官必须充分考虑双方提出的量刑建议，对双方提供的社会调查评估报告中有争议的内容展开质证和辩论，两造对抗的模式确保了量刑的公正性。需要注意的是，检察机关通过量刑建议的方式适用审前社会调查评估报告，不能总是强调"法律监督"，而应从行使诉权的角度来对待审前社会调查评估报告，以使得辩护方的"量刑建议"与检察机关的"量刑建议"具有同等的影响力。④

（二）监狱机关使用社会调查评估报告的程序

监狱机关根据社会调查评估报告，向法院提出是否适用假释的建议书。实践操作中往往是人民法院对假释建议书进行书面审理，人民法院只对监狱报送的材料进行审核即作出裁定。有的法院甚至会以罚金的缴纳情况作为裁定假释的决定性因素，而完全忽视罪犯在监狱的悔罪表现和对被害人的补偿等因素。近年来，人民法院也出现了对一些特殊的假释案件召开听证会，进行公开、公正的审理，以避免法官自由裁量权的滥用。至于哪些假释案件需要召开听证会还需要进一步的论证，笔者就不在此分析。若人民法院对假释案件召开听证会，那么社会调查评估报告中有争议的内容就会被质证和认证，从而确保法院裁定假释的公正性。

---

① 冯卫国：《论社区矫正的程序构建》，载《湖北警官学院学报》2008 年第 1 期。
② 陈瑞华：《论量刑建议》，载《政法论坛》2011 年第 2 期。
③ 培军、胡志英：《山东临沭审理简易程序案件公诉人必须出庭》，载《齐鲁晚报》2006 年 11 月 10 日。
④ 陈瑞华：《论量刑信息的调查》，载《法学家》2010 年第 2 期。

浅谈社区矫正工作中的廉政风险防控

浙江省洞头县司法局　蔡建伟

《刑法修正案（八）》明确规定了对判处管制、缓刑以及假释的罪犯依法实行社区矫正，标志着我国社区矫正法律制度的确立。2012 年"两院两部"制定的《社区矫正实施办法》正式实施，明确社区矫正工作全部由司法行政机关承担，司法行政机关成为非监禁刑罚执法主体。因为社区矫正这一司法行政职能的增加，司法行政部门日渐成为高风险部门。社区矫正工作是一项管人的工作，但是管理别人的同时首先要管住自己，否则社区矫正执法稍有不慎就会使自己步入违法犯罪的境地，加强社区矫正廉政风险防控显得十分重要。

一、司法行政机关在社区矫正工作中的主要权力

1. 调查评估权。《社区矫正实施办法》第 4 条规定的主要是缓刑与假释适用的调查评估权，调查评估对于工作人员来说有一定风险，务必实事求是，对拟适用社区矫正的被告人、罪犯其居所情况、家庭和社会关系、一贯表现、犯罪行为的后果和影响、居住地村（居）民委员会和被害人意见、拟禁止的事项进行调查形成评估报告，评估报告对社区服刑人员的"狱外"还是"狱内"执行至关重要，"调查评估权"在执法实践中容易产生执法腐败现象。

2. 批准权。《社区矫正实施办法》第 12 条规定了司法行政机关对社区服刑人员进入特定区域或场所进行批准的权力，《社区矫正实施办法》第 13 条规定了离开居住地需要司法行政机关批准，司法所有准假权 7 天、司法局有准假权一个月。《社区矫正实施办法》明确规定请假一个月的理由只有两项，即"就医和家庭重大变故"，工作人员不得随便准假。同时《社区矫正实施办法》第 14 条规定了社区服刑人员变更居住地需要司法行政机关批准。

3. 警告和建议权。《社区矫正实施办法》第 25 条主要规定的是就减刑建议权和撤销缓刑、假释建议权，第 23 条规定了司法行政机关的警告权，工作人员运用警告权可以树立执法权威。

二、社区矫正具体执法环节的廉政风险点

1. 接受决定机关委托开展适用社区矫正前调查评估时，是否严格依规定开展调查，或存在接受当事人及家属请客送礼，为当事人的调查评估工作提供方便。

2. 审核或审批社区服刑人员外出请假申请时，是否严格依规定审核或审批。

3. 审核或审批社区服刑人员进入特定场所、从事特定行为或会见特定人员的申请时，是否严格依规定审批。

4. 落实社区服刑人员日常的报告、教育、社区服务等规定时，是否存在对社区服刑人员教育管理的疏漏。

5. 对社区服刑人员的手机定位操作时，是否按规定进行定位，或发现手机定位异常不进行纠正。

6. 对社区服刑人员奖惩时，是否存在帮助社区服刑人员骗取奖励或者减轻处罚，或者以奖惩为由接受社区服刑人员请客送礼等违反相关规定的行为。

7. 确定社区服刑人员矫正期限时，是否擅自提前解除社区矫正或对脱管的社区服刑人员未积极查找。

8. 对社区服刑人员的违规违法行为进行处理时，是否未及时采取处置措施或徇私包庇。

9. 对社区服刑人员办理不批准出境报备时，是否不报备或故意延迟报备。

10. 对司法所开展业务指导时，是否存在监督管理不严格、发现问题未及时报告或处理。

三、社区矫正执法容易发生的刑事问责情形

1. 受贿。《社区矫正实施办法》第4条明确规定："人民法院、人民检察院、公安机关、监狱对拟适用社区矫正的被告人、罪犯，需要调查其对所居住社区影响的，可以委托县级司法行政机关进行调查评估。受委托的司法行政机关应当根据委托机关的要求，对被告人或者罪犯的居所情况、家庭和社会关系、一贯表现、犯罪行为的后果和影响、居住地村（居）民委员会和被害人意见、拟禁止的事项等进行调查了解，形成评估意见，及时提交委托机关"。对拟适用社区矫正的被告人、罪犯开展调查评估，司法行政机关起草的"调查评估意见"直接关系到服刑人员及其家庭的命运，因此会出现某些不法人员千方百计托关系以谋求逃避监狱服刑处罚的情形。同时司法行政机关工作人员因此可利用"调查评估权"，直接或间接收取钱财，达到"以权谋私"、"索取他人财物"的目的。可见，随着社区矫正职能增加，司法行政机关工作人员执法不公正就极易步入受贿的犯罪道路。

2. 滥用职权。《社区矫正实施办法》第13条明确规定，社区服刑人员外出理由只有两项，即就医和家庭重大变故；规定了司法所的审批权限只有7天，同时明确规定了社区服刑人员离开所居住的市、县（旗）不得超过一个月，实际上就规定了县级司法行政机关最多只有一个月的准假权。如司法行政机关人员超越职权，擅自批准服刑人员外出，当给国家和人民造成重大物质性损失和非物质性损失的时候就会受到责任追究。滥用职权行为与造成的严重危害结果之间有必然因果联系的，构成滥用职权罪，应当追究刑事责任。

3. 玩忽职守。《社区矫正实施办法》第 10 条明确规定，县级司法行政机关对社区服刑人员建立社区矫正执行档案，司法所建立社区矫正工作档案。社区矫正执行档案材料如果"闭门造车"，流于形式，把刑罚执行当作虚功来做，长期下去必然会受到刑事责任追究。社区矫正工作是一项刑罚执行工作，每个执法环节都来不得半点虚假，一招一式都要执行到位。不严格依法开展各环节执法工作，如通过编造、伪造社区服刑人员思想汇报、电话汇报记录等方式应付上级检查，导致社区服刑人员脱管而重新犯罪，致使公共财产、国家和人民利益遭受重大损失的将会构成玩忽职守罪。

4. 徇私舞弊。因为目前社区矫正工作各种机制尚在不断完善中，一些服刑人员在矫正期间内重新犯罪，特别是异地犯罪，按照《社区矫正实施办法》第 4 条规定，在检察机关和审判机关不知情的情况下很可能考虑拟适用社区矫正。司法行政机关工作人员可能会认为因为系异地犯案，对方审判机关或者检察机关不知情而出具适用社区矫正的"审前调查评估"报告，使之又回到原地适用社区矫正。《刑法》规定，"有查禁犯罪活动职责的国家机关工作人员，向犯罪分子通风报信、提供便利，帮助犯罪分子逃避处罚的就构成帮助犯罪分子逃避处罚罪"。

四、社区矫正执法环节廉政风险防控工作的主要困难和问题

1. 监督配套制度欠操作性。目前没有一部统一的与《刑法》、《刑事诉讼法》相协调、相配套、相衔接的《社区矫正法》来统率和协调社区矫正活动，对社区矫正的法律性质、适用范围、监督管理措施、保障体系、工作程序及社区矫正机构和人员设置、职责、权利义务、执法监督、法律责任等方面未作出明确规定，对本社区矫正执法人员岗位廉政防控方面的操作性监督配套机制尚不完备。

2. 社区矫正执法人员思想认识上的麻痹性。不少社区矫正执法人员认为司法行政机关本身就是清水衙门，刚性职能少，腐败空间有限，干部想腐败也没有机会，没有什么岗位廉政风险，因而容易产生松懈、麻痹心理，认为组织要求进行岗位廉政防控未免"危言耸听"等，容易产生消极、不配合情绪，工作深入中主观因素影响大。

五、洞头县司法局在社区矫正执法岗位廉政风险防控工作中的做法

1. 强化教育预防机制。腐败行为的发生取决于个体思想，净化思想必须首先依靠教育。加强岗位廉政风险教育是司法行政系统构筑思想道德防线的根本途径，也是拒腐防变的第一道屏障。该局结合近年来全省社区矫正领域的渎职案件中的"反面典型"，在社区矫正执法队伍中进行警示教育，要求执法人员树立刑事执法的严肃性和权威性，坚决杜绝通过编造、伪造社区服刑人员签到、请假手续和思想汇报等应付督查，坚决杜绝为社区服刑人员脱离监管提供方便等玩忽职守行为的发生。同时，在社区服刑人员中开展了违规违法的"后果模式"教育。通过以

案说法，将近年来提请收监执行的事例在全县社区服刑人员中分片组织宣教，进一步使社区服刑人员认识到"假释"、"缓刑"和"暂予监外执行"的机会来之不易。继续强化"违规及违法犯罪的成本"意识，扭转部分社区服刑人员中存在的反社会人格和服刑意识淡漠化的倾向。

2. 强化制度建设机制。加强制度建设是岗位廉政风险防控的基础。该局以制度建设为抓手，构筑廉政风险防控建设基石。建立健全廉政风险防控预警处置制度、审前社会调查工作合议制度、社区矫正奖惩合议制度和廉政防控风险责任倒查制度，并对社区矫正工作的廉政风险点作出界定，即在对社区服刑人员的接收、日常管理、考核奖惩、解除矫正等环节查找可能存在的"风险点"，对风险产生的内外因素进行分析判断。同时，从防控的角度，按风险发生的几率或危害损失程度对风险等级进行评估界定，使从事社区矫正工作的人员对本职岗位的工作职能、岗位职责和廉政风险有了清醒的认识，并结合日常工作，提出有针对性的预防措施，增强自我防范意识，从思想上筑牢拒腐防变的底线，切实提高抵御风险的能力。另外，以信息技术为支撑，构建廉政风险防控建设防线。全面启用社区矫正工作信息化平台，执法人员按照不同权限配备 U 盾，在 7 个重点执法环节设置网络执法监督，开通指纹＋面部报到系统和声纹识别系统，通过计算机程序来控制权力行使过程。配备指纹采集器、面部识别仪、定位手机、高拍仪、扫描仪和录音笔等社区矫正执法专用设备，最大限度地防止人为因素的干扰，确保廉政风险点控得牢。

3. 强化监督制约机制。牢固树立监督就是关爱、从严治警就是最大的从优待警的理念，切实加强岗位权力监督。该局为强化对执法过程中的内部监督检查，相继出台了《洞头县社区矫正执法监督暂行办法》、《洞头县司法局社区矫正执法质量考评暂行办法》和《社区矫正执法联席会议制度（试行）》，编印《社区矫正执法工作手册》，推行执法工作标准化流程。严格执行社区矫正工作人员"八条禁令"，进一步加强社区矫正工作人员在矫正工作中的自我约束，规范管理行为，严肃工作纪律，确保社区矫正工作人员依法、文明、公正、廉洁地履行职责。同时，强化横向部门监督，主动接受检察院对社区矫正工作的法律监督，联合检察院开展职务犯罪预防活动，加强与法院、公安、监狱和村居等部门的联系协作，拓宽监督面。开展公检法司四部门联合执法检查，查找社区矫正教育、管理工作中的薄弱环节，及时堵塞管理漏洞、消除矫正隐患。同时，聘请行风监督员，通过定期召开座谈会、广泛听取社会各界对社区矫正执法工作的意见和建议，自觉接受社会各界的监督。

刍议社区矫正处罚措施的阶梯性

——对社区服刑人员适用治安管理处罚的几点思考

浙江省青田县司法局　季毅晓

对违反监督管理规定的社区服刑人员依法给予必要的处罚，对重新违反法律法规的社区服刑人员及时依法处理直至收监执行，是刑罚执行强制性、严肃性的体现。"两院两部"颁布实施的《社区矫正实施办法》（以下简称《实施办法》）第23条至第26条规定了对社区服刑人员的警告、治安管理处罚、撤销缓刑、撤销假释、暂予监外执行罪犯收监执行等处罚措施，概括来说，主要有三个阶梯：第一阶梯为警告，第二阶梯为治安管理处罚，第三阶梯为收监执行。社区矫正与监禁矫正的对接制度，能够发挥处罚措施对社区服刑人员的警示和威慑作用，是一套轻重衔接合理、相对科学的连续递进的处罚措施体系。但在实践中，对社区服刑人员处罚措施的适用却存在着诸多问题。笔者以治安管理处罚的适用为例，就面临的现实问题提出几点粗浅的看法，以期抛砖引玉。

一、社区服刑人员适用治安管理处罚存在的问题及原因

《治安管理处罚法》第60条第4项规定，被依法执行管制、剥夺政治权利或者在缓刑、暂予监外执行中的罪犯或者被依法采取刑事强制措施的人，有违反法律、行政法规或者国务院有关部门监督管理规定的行为，处五日以上十日以下拘留，并处二百元以上五百元以下罚款。该规定明确了治安管理处罚在社区矫正惩处体系中的地位。但是，《实施办法》并未对社区服刑人员适用治安管理处罚的条件作出具体规定，对治安管理处罚与警告、提请收监执行三者之间的衔接问题，依然存在模糊地带；另外，在现实执法实践中，也存在着执法者重警告、轻治安管理处罚的情况，不愿意轻易使用提请治安管理处罚的惩处措施，警告越过治安管理处罚，直接与提请收监执行挂钩。

社区矫正中存在的问题需要在发展中解决。由于社区矫正立法的滞后性，在正式的社区矫正专门法颁布之前，相关法律法规的不完善，甚至是相互不协调的情况都是客观存在的，这些问题会随着我国法制化进程的不断发展，在未来的社区矫正法颁布及其他配套法律法规的完善后逐渐得到解决。但是，在现有的法制环境下，对社区服刑人员适用治安管理处罚的法律渊源仍然是充分的，那么为何执法者不愿意轻易适用治安管理处罚呢？笔者认为，主要是由于相关执法部门及

其工作人员出于自身的种种考量而作出了趋利避害的"理性"选择。

《实施办法》第 24 条规定，"社区矫正人员违反监督管理规定或者人民法院禁止令，依法应予治安管理处罚的，县级司法行政机关应当及时提请同级公安机关依法给予处罚。公安机关应当将处理结果通知县级司法行政机关"。也就是说，治安管理处罚由县级司法行政机关提出，而处罚决定是由同级公安机关作出。这就要求县级司法行政机关与同级公安机关在这一问题上要达成一致意见，需要双方充分的沟通和协调。且不论司法行政机关是否积极推动此项工作的落实，单是公安机关，在很大程度上也不热衷受理此类业务。一些公安机关的民警甚至认为这是司法局内部的事情，不愿意介入。加上治安管理处罚的程序较为烦琐，许多办案民警对司法行政机关提请的治安管理处罚并不十分配合。更重要的是，司法行政机关自身也并不积极去推动治安管理处罚措施的落实，究其原因，司法行政机关及其干警主要有以下几点考量：一是提请对社区服刑人员进行治安管理处罚程序较为烦琐，周期较长，且司法行政机关自身没有决定权，要"看别人的眼色"，削弱了司法行政干警的积极性，这样一来，就不难理解为什么广大司法行政机关愿意使用"警告"这种由自身能够决定的惩处措施了。二是提请对社区服刑人员进行治安管理处罚，需要确实充分的证据材料，由于司法行政机关特别是广大基层司法所人力、物力、财力的限制，在调查取证方面存在着不小的难度，难以形成翔实的证据材料，这也制约了治安管理处罚的适用。三是许多司法行政干警觉得治安管理处罚虽然有一定的威慑力，但只是短期的制裁措施，并不能从根本上解决在社区矫正监管中存在的问题，效果不如提请收监执行。在面对违反监管规定的社区服刑人员时，更愿意直接给予警告，直至警告三次仍不改正的（暂予监外执行的社区服刑人员是受到两次警告，仍不改正），下一步直接提请收监执行。四是司法行政机关特别是基层司法所干警害怕社区服刑人员打击报复，这也是一个非常重要的原因，在自身安全存在隐患的情况下，刑罚执行的严肃性也打了折扣。

二、司法行政机关的警告与公安机关的治安管理处罚的衔接问题

在社区矫正试点期间，根据 2004 年 7 月 1 日起实施的《司法行政机关社区矫正工作暂行办法》的规定，增设了警告、记过两项惩处措施。《实施办法》执行以后，取消了社区服刑人员适用记过的规定，只保留了警告，并规定统一由县级司法行政机关独家作出。但是，《实施办法》对社区服刑人员适用治安管理处罚却并未作出具体规定，这就导致了警告与治安管理处罚在衔接上存在模糊地带，主要体现在以下两个方面：

一是如何区分第二次警告、第三次警告与治安管理处罚的关系。从《实施办法》第 25 条、第 26 条规定可以看出，缓刑、假释对象违反监管规定受到一次警告后，仍然违规的，司法行政机关可以给予第二次、第三次警告；暂予监外执行对

象违反监管规定收到一次警告后，再次违规的，司法行政机关可以给予第二次警告。问题在于，社区服刑人员受到一次警告后，如果第二次、第三次违反监管规定，说明其不思悔改，危险性较大，违规行为情节较为严重。继续给予第二次、第三次警告，一方面难以体现刑罚执行的威严，另一方面会导致在实践中滥用警告，架空了治安管理处罚。因此对第二次、第三次违规行为，是继续给予警告，抑或是提请治安管理处罚，值得商榷。

二是警告越过治安管理处罚，直接与收监执行衔接。一个合理的刑罚惩处结构应当轻重分明，呈现出层次梯度。当下的社区矫正刑罚执行措施中，警告、治安管理处罚、收监执行是一套相对科学、衔接合理的阶梯型惩处措施。在惩处力度上，治安管理处罚在惩处结构中居于警告和收监执行之间，重于警告，轻于收监执行。但是根据《实施办法》第 25 条、第 26 条规定，缓刑、假释对象受到三次警告后仍然违规、暂予监外执行对象受到两次警告仍然违规的，司法行政机关应当报请相关部门撤销社区矫正。这样的规定显然是架空了治安管理处罚，使得警告越过了治安管理处罚，直接与收监执行相挂钩，违背了《治安管理处罚法》第 60 条第 4 项的立法初衷，也违背了刑罚的阶梯性原则。

为解决上述问题，笔者认为，在未来的社区矫正立法中，应当对警告、治安管理处罚的适用条件作出具体规定。对部分违规情节较重的行为，可以直接给予治安管理处罚（违法违规情节严重的，可以直接提请收监执行）；对管制、缓刑对象的一般违规行为，第一次、第二次应给予警告，第三次出现违规行为的，应当提请治安管理处罚；对暂予监外执行对象第一次违规的行为应给予警告，第二次出现违规行为的，应当提请治安管理处罚；社区服刑人员在受到治安管理处罚后拒不改正，仍然违规的，应当提请收监执行；对假释对象是否适用治安管理处罚，笔者将在下一章节中进行讨论。

三、假释对象是否适用治安管理处罚

假释的发动基于对罪犯人身危险性业已消除的认定和在监督考察下不再危害社会的期待，基于此，在社区矫正监管中对假释人员提出更高的监管要求是理所应当的。然而，《治安管理处罚法》第 60 条第 4 项并未明确将假释人员纳入处罚对象范围，那么，这是否是立法者的疏忽呢？《刑法》第 86 条第 3 款规定，"被假释的犯罪分子，在假释考验期限内，有违反法律、行政法规或者国务院有关部门关于假释的监督管理规定的行为，尚未构成新的犯罪的，应当依照法定程序撤销假释，收监执行未执行完毕的刑罚"。与《刑法》第 77 条第 2 款撤销缓刑的条件相比较，撤销假释并不要求违法违规行为具备"情节严重"的条件，由此可以看出，法律对假释人员的监管要比对缓刑人员更为严格，只要假释人员有违法违规行为的，无须区分是否过失、情节是否严重，都应当撤销假释。从这个角度出发，对假释人员，是没有适用治安管理处罚的余地的。《监狱法》第 33 条第 2 款也规

定，"……被假释的罪犯，在假释考验期限内有违反法律、行政法规或者国务院有关部门关于假释的监督管理规定的行为，尚未构成新的犯罪的，社区矫正机构应当向人民法院提出撤销假释的建议……"假释罪犯有违法违规行为，尚未构成犯罪的，社区矫正机构"应当"提请撤销假释，法条也未对违法违规行为是否故意、是否具有严重情节进行区分。由此可以看出，《治安管理处罚法》第60条第4项之所以没有提到假释人员，不是立法者的疏忽，而恰恰是其有意安排，其目的是与《刑法》对假释对象从严管理的精神保持一致。但是，从各地执法实践来看，目前普遍将假释人员等同于缓刑人员进行管理，对缓刑、假释人员等同适用警告、治安管理处罚、收监执行等惩处措施，这种做法显然违背了《刑法》第86条第3款的立法精神，暴露出现阶段社区矫正执法的混乱局面。对假释人员是否有必要比缓刑人员作出更严格的管理规定，目前学术界存在不同看法，尚无定论。但是，在现行法律制度面前，为了维护法律的权威，应当严格按照规定对假释人员进行从严管理，不得对其适用治安管理处罚。

一个科学的社区矫正刑罚体系不仅应该要素齐备、结构合理，更应该宽严相济、衔接紧凑，只有这样才能够充分发挥它的教化功能和威慑功能，实现刑罚的目的。现行社区矫正刑罚措施虽然在体系上还有需要完善的地方，但是，这并不能成为执法人员"选择性"执法的推辞，特别是在对社区服刑人员适用治安管理处罚措施的问题上，执法人员要厘清法律渊源，严格执法，确保刑罚的严肃性和权威性。社区服刑人员适用治安管理处罚只是社区矫正刑罚执行程序中的一环，如果处理不好，不但有违刑罚体系的阶梯性，更有损刑罚的权威性和严肃性，只有把这样一个个看似并不起眼的问题处理好，才能切实地提高我国社区矫正工作的实效。

公安工作与社区矫正衔接若干问题研究

山东警察学院教授　董纯朴

一、形成合力：建立健全公安机关参与社区矫正工作协调机制

目前，在社区矫正方面国家法律规定比较含糊，"两院两部"通知比较笼统，存在原则规定多、实务规定少的诸多问题。这使得各有关部门职责不清、权限不明。社区矫正工作机制和工作职责涉及公安、法院、检察院、司法等部门，能否顺利开展需要多个执法部门之间协调配合。公安机关通过建立社区矫正工作协调会制度，加强与司法行政机关之间的互动，及时通报公安工作中有关社区矫正工作情况，定期就一些重要的议题进行沟通，研究、探讨、协商社区矫正工作中一些突发和临时性的重点问题，有利于同司法行政机关就相关政策形成合力，有利于司法行政机关及时充分了解公安机关相关政策意图，通过双方及时沟通、协商，从而提出切实可行的解决问题的意见和建议，最终达到解决在社区矫正执法过程中存在的交叉执法、重复执法、不作为等问题，消除社区矫正监管盲区和死角，提高社区矫正执法的有效性。

（一）建立高层级公安、司法社区矫正工作协调机制

机制，在此特指一种有效的、较为固定的工作方式，能够有效地促进社区矫正工作开展，对于社区矫正系统良好运行发挥着重要作用。近期，安徽省公安厅治安总队与司法厅社区矫正工作处在多次会商的基础上，共同完成了社区矫正与公安机关工作衔接相关问题的专题报告，并向公安厅主要领导作了汇报，受到了公安厅领导的高度重视。在此基础上，2014 年 5 月 8 日，该省公安厅组织召开了社区矫正工作协调会，公安厅副厅长及治安总队、监管总队、刑警总队、经侦总队、禁毒总队、交警总队、出入境管理局、法制处、情报处、科技信息化处等部门负责人出席会议，省司法厅社区矫正工作处受邀参加会议。会上，双方围绕社区矫正执法衔接中的信息进行了交流，长期存在的工作衔接问题得到了初步的沟通、解决。例如，双方就收监执行、治安处罚、信息反馈、出境管理等方面最新信息和存在的相关问题展开深入交流和讨论，并在如何做好社区服刑人员抓获与送交执行、脱逃追捕、收监执行、罪犯临时羁押、治安处罚适用等工作配合达成共识。在此次社区矫正协调会上，双方提出了建立公安机关和司法行政机关社区矫正工作协调机制的构想，希望继续用好工作协调会议的平台，进一步丰富工作

协作内涵，完善工作协作机制，共同提升社区矫正工作管理水平，充分显现出公安机关和司法行政机关双方联动、运转协调的良好态势。

（二）建立和完善省级公安机关、司法行政机关社区矫正工作联动机制

目前，在社区矫正探索实践中存在一些公安机关与司法行政机关协调不完善和有关工作范围、内容不明确、无硬性规定等问题。公安机关与司法行政机关的工作衔接具有长期性、复杂性、多层极、多方位的特点，在具体衔接过程中按照"细致、充实、具体管用"的原则，突出协调机制建设的针对性、可操作性、有效性，建立系统的规章制度尤为重要。

近期，北京市在加强社会管理创新的基础上，出台了《北京市社区矫正实施细则》，对各部门的职责分工、衔接配合等予以细化。根据实施细则执行中遇到的新问题、新变化，又出台了《北京市社区矫正实施细则补充规定》，规范了社区服刑人员限制出境报批、居住地核实等重点环节的工作，形成了以实施细则和补充规定为核心的工作制度体系。近年来，浙江省公安厅积极发扬创新精神，通过不断总结、完善、积累经验，有力推进了公安机关履行社区矫正工作职能的制度化、规范化和程序化进程。该厅出台了《浙江省社区矫正工作流程》、《关于加强社区矫正衔接工作的若干规定》等一系列文件规章，对开展社区矫正的工作职责、衔接流程等各项工作均作出了具体的规定。其中，明确了公安、司法联席会议启动情形、程序、召集人、参加人等，使之制度化、规范化。其做法具有较高的科学性、较强的执行力特点，已初步形成了一种权责明确、程序规范、有效协作的工作联动机制。

（三）建立基层派出所、司法所联动协作机制

社区矫正是多部门联合、对资源进行重新整合的非监禁化惩罚犯罪的活动，尤其需要基层公安机关的多方面紧密配合。山东省昌乐县的做法：一是建立了警力联动机制。2009年年初，昌乐县制定了《昌乐县社区矫正警力联动暂行办法》，按照就近和便于联动的原则，将全县11个镇（街、区）划分成4个片区，在组织开展集中教育、公益劳动等重大活动或者发生突发事件时，实施由县社区矫正办公室和公安局、联动区域内司法所组成的警力联动。二是建立了信息沟通机制。社区民警和司法所干部对各自登记造册的人员名单每周一次核对，每月一次联席会，及时研究解决工作中遇到的困难和问题，做到了人员信息互通有无、教育管控双管齐下，确保了各项教育矫正措施落到实处。三是实行社区民警联系制度。针对部分社区服刑人员思想活跃、外出频繁、人员交往和社会关系复杂的实际情况，在社区民警与社区服刑人员定期见面谈话提醒的基础上，进一步密切掌握重点人员的思想动态和活动情况，对有违法苗头和倾向的社区服刑人员及时跟踪教育转化，对违反矫正管理规定且屡教不改的依法及时采取必要惩戒措施。①

---

① 王克敏、张兆利：《社区矫正工作"四个机制"》，载《人民调解》2011年第5期。

（四）树立责任意识，明确工作职责

为了加强公安机关与司法行政机关在参与社区矫正工作中的协作配合，促进社区矫正工作顺利进行，结合各地开展社区矫正工作的实际，出台具体的文件规章，对各地公安机关开展社区矫正的工作职责、衔接流程等各项工作作出具体规定，有利于公安机关协助做好社区矫正工作中的日常衔接、监管工作。在将来社区矫正立法时进一步明确，在发生异常情况或突发事件时，司法行政机关和公安机关分工负责的权限范围和责任追究机制。

目前，笔者考虑公安机关在社区矫正工作中的主要职责为：

一是派出所对社区服刑人员申请迁居或离开居住区域的，会同当地社区矫正工作领导小组办公室（司法所）及时进行调查了解。在本市范围内迁居或离开居住区域的，由派出所批准并报上级公安机关户政科备案（户口迁移政策有特殊要求的除外）；迁居到外地或请假离开本地的，由派出所上报上级公安机关户政科批准、备案。派出所将报批结果及时通报当地社区矫正工作领导小组办公室（司法所）。

二是派出所对漏管脱管、下落不明的社区服刑人员应及时查找下落，落实追查工作措施。对违反监督管理规定的社区服刑人员，由派出所上报上级公安机关依法予以治安处罚；对违反监督管理规定情节严重或暂予监外执行条件消失，符合收监条件的社区服刑人员，由公安局（分局）呈报原裁定、决定机关审核裁定。派出所将社区服刑人员被治安处罚、收监结果及时通报当地社区矫正工作领导小组办公室（司法所）。

三是派出所对社区服刑人员在社区服刑期间符合减刑条件的，参照当地社区矫正工作领导小组办公室（司法所）提出的意见，依照有关规定程序，提请中级人民法院依法审理裁定，人民法院裁定后，派出所应将裁定结果及时通报当地社区矫正工作领导小组办公室（司法所）。

四是派出所对依法批准决定收监的社区服刑人员，及时向当地社区矫正工作领导小组办公室（司法所）通报情况，并办理相关终止矫正手续。

（五）完善考核和追究制度

为了确保社区矫正执法各方（当地公安、司法、法院、检察院）依法履行职责，提高对社区矫正人员的监督管理水平，最大限度地预防和减少社区矫正人员重新犯罪，维护社会和谐稳定，应由当地政府牵头，建立健全社区矫正工作部门（当地公安、司法、法院、检察院）考核机制。本着贴近实际、简化流程、便于操作、加大力度的原则，进一步强化社区矫正执法意识，细化执法环节的注意事项，确保执法者公正、严格、文明执法，对进一步加强和规范社区矫正工作，预防和减少社区矫正人员重新违法犯罪，维护社会和谐稳定具有重要意义。这种机制应在"何种过错须追究责任，以及如何追究责任"等可操作性内容上下功夫。重点明确对因重视不够、措施不力，导致矫正对象脱管、漏管，给社会造成严重危害的责任单位或责任人依据有关规定给予党纪、政纪处分和组织措施处置的责任追究。为加强派出所与司法所的衔接，切实解决出现矫正对象脱管、漏管问题，浙江省各级公安机关以派出所等级评定工作为抓手，对社区矫正监管工作加大了考核力度，促使监督管理措施落到实处。

二、积极参与：在推进社区警务建设中多方位强化社区矫正管理

（一）多角度认识公安机关在社区矫正工作中的重要地位

笔者近期在山东省内外20多个县域公安机关、派出所进行实地调查时发现，由于基层公安机关的工作范围不断扩大，任务繁重，绝大部分公安机关不愿意抽出警力专门从事社区矫正工作。不少基层公安机关认为社区矫正是司法机关的事情，缺乏参与、配合社区矫正的积极性，部门之间相互配合不够紧密。

社区矫正实践迫切需要公安机关进行有效的配合协助。目前，最基层的司法行政机构——司法所的现状不容乐观。以河南省为例，截至2013年年底，全省在矫人员达4万余人，总人数居全国前列。全省从事社区矫正的社会工作者仅有400余人，与其他省份的社区服刑人员与社会工作者达到15:1的比例相去甚远。"公安机关在社会管理中发挥着极为重要的作用。社区矫正场所的开放性使得公安机关的社会管理与社区矫正管理活动产生众多交叉关系。从维护社会治安角度看，在相应公安机关辖区内的服刑人员应是公安机关的重点监控对象，且在其违反有关社会管理规定时，公安机关有权对其实施行政处罚。服刑人员的户籍、档案等重要身份证明事项都与当地公安机关有着紧密的联系。司法行政机关在管理社区矫正过程中与公安机关发生联系是必然的。特别是处于基层地位的司法所与派出所之间的关系更为紧密。公安机关与监狱机关有着较为良好的传统配合关系，且公安机关掌握着大量的社会管理资源，在针对社区矫正人员的管理活动中，如果出现社区矫正人员脱管或漏管甚至出现违法犯罪时，可以充分利用公安机关的优势资源，以协助司法行政机关。"[①]

（二）在推进社区警务的同时做好基础建设工作

社区服刑人员的户籍、档案等重要身份证明事项都与基层公安机关有着紧密的联系。但在实践中，一些基层公安机关在社区矫正对象档案管理方面还存在一些问题。因此，要做好以下工作。

一要建立健全严格的社区矫正登记、发函、复函、建档等管理制度。矫正对象进入社区后，派出所应为其建立监管档案，并将有关的法律文书、走访笔录、矫正个案以及思想汇报等立卷归档，并登记到治安信息系统派出所应用平台。矫正对象执行期满前，派出所根据社区矫正工作小组提供的书面鉴定意见，报上级公安机关审核并分别签发《解除管制证明书》、《恢复政治权利证明书》、《缓刑期

---

① 庄乾龙：《社区矫正执行衔接问题研究》，载《燕山大学学报》2012年第1期。

满证明书》、《假释期满证明书》。

二要高度重视社区警务信息采录工作。信息共享是做好社区矫正衔接工作的重要基础。从司法实践来看，"派出所与司法所之间的衔接断裂主要表现为以下两个方面：一是服刑人员文件接收存在时间差，二是对异地服刑人员情况掌握不一致。司法所与派出所对服刑人员的有关信息来源不同。司法所是通过文件资料的普通传递获得的。派出所是从公安网络上直接下载的，存在时间差。文件来源获得的非同时性容易造成工作衔接上的误差。司法实务中已经出现公安机关列管服刑人员与司法所矫正人员不一致的现象"[①]。

社区警务信息化建设是当前公安机关实施社区警务和科技强警战略的一项基础性系统工程，能够对社区内的"人、地、物、事、组织"实施有效的控制；对社区的各种倾向性、苗头性、预警性信息进行全面掌控。各种采集录入的有效信息（社区民警日常会议记录、工作日志、网上签到、实有房屋管理、实有人口管理、治安管理、安全防范、服务群众、重点人员管控等）进入计算机后能够启动警务信息化链条（实现信息提醒、预警，对社区民警的任务执行、完成情况进行实时监督、量化和自动化考核），为公安内部各职能部门及时提供全面、准确、翔实的信息，能够有效实现警务工作快速反应。

社区警务事务繁杂，"要结合深入推进公安信息化建设，将辖区内社区矫正对象的动态信息录入警务综合管理系统，通过信息化管理，实现对社区矫正对象活动轨迹的全程掌控，提高工作效率"[②]。在实现信息大融合、大共享的基础上，各级公安机关依托大数据警务云的强大支持，深化拓展"警务千度"（警务千度不同于传统的关键词搜索，它基于云数据、云平台、云搜索和公安业务模型，打破了部门警种界限，增加了警务实战要素，内置了"大数据"深度挖掘和统计分析功能，为各级公安机关各警种部门和民警提供了全息化、动态化、立体化的数据支持，实现了跨警种、跨地域的快速反应和联动）、"云搜索"、"云警务"、"微警务"等领域，实现矫正对象管理全部上云运行。多年来，江西省各级公安机关按照公安部的部署要求，探索建立了用信息化手段开展社区警务、强化公共服务、实施公正考核的新途径。各级公安机关全面采集矫正对象基础信息、帮教信息和监督考察信息，自2009年至今，累计纳管监管对象38542人，采集录入相关信息12.3万条，形成监督考察记录83376份，社区服刑人员纳管率达100%。在警力有限的情况下，实现了社区警务信息化，充分运用信息化手段，大大提高了全省公安机关社区警务工作效率。《社区矫正实施办法》第35条第3款规定："司法行政机关和公安机关、人民检察院、人民法院建立社区矫正人员的信息交换平台，实现社区矫正工作动态数据共享。"在社区矫正实践过程中，各级公安机关要依托社

① 庄乾龙：《社区矫正执行衔接问题研究》，载《燕山大学学报》2012年第1期。
② 黄明：《在全国社区矫正工作会议上的讲话》，2009年10月21日。

102

区警务信息系统，将已掌握的正在列管的矫正对象、解除矫正对象、新增矫正对象各种重要信息及时与司法行政机关进行沟通，达到资源共享、防范效能最大化的目的。

（三）切实履行公安机关对社区矫正对象依法管理、监督、考察职责

社区警务是我国维稳战线上的一个重要环节。从宏观的角度分析，社区警务工作中包含社区矫正的内容。社区警务的重点是公安机关强化对整个社区的日常治安管理，社会正常秩序的维护，社区矫正的重点则是对在社区范围内服刑人员的日常管理。两者之间是一个既联系又分开的关系。社区矫正对象作为一个特殊群体，在所在社区中始终具有一定的治安隐患，存在再犯罪的潜在危险。因此，公安机关应该积极配合司法所参与对社区服刑人员的监督管理、帮教、考核工作。

一是抓好入矫报到关。严把入矫关，做好相关衔接工作，能够有效地防止脱管、漏管，杜绝社区服刑人员对社会的潜在危害性。看守所在暂予监外执行、假释罪犯出所之日起7日内，将有关法律文书寄至罪犯所在地公安派出所（户籍所在地与实际居住地不一致的，以实际居住地为准），并应书面告知罪犯自出所之日起7日内到居住地司法所办理社区矫正登记手续，同时持报到登记等相关证明材料到公安派出所办理户籍登记等相关手续。"公安派出所在办理社区矫正对象户籍登记手续时，应当询问其是否已办理社区矫正登记手续，对未办理社区矫正登记手续的，应责令其到司法所办理社区矫正登记手续，同时责令罪犯作出书面保证，接受社区矫正，服从矫正组织的管理教育。"①

二是把社区矫正对象作为人口管理的重要内容。"各地公安机关要以全面试行社区矫正为契机，把社区矫正对象作为人口管理的一项重要内容，真正纳入到派出所社区民警的工作职责中，进一步明确工作任务和要求。要确保'底数清'。要主动向检察院、法院、司法行政部门了解情况，对被判处管制、被剥夺政治权利、被宣告缓刑、被裁定假释和被暂予监外执行并在社会上服刑的罪犯，及时履行法律手续、接收法律文书，按照'一个不漏'的要求，逐人登记、建档，逐人采集基本信息，防止脱管、漏管。""做到'情况明'。要将社区矫正对象作为实有人口管理的重点，全部纳入工作视线，定期进行入户走访，参照重点人口管理的有关要求，全面了解掌握其动态表现，做到'知体貌特征、知主要问题、知活动轨迹、知交往人员、知经济状况'，打牢社区矫正工作的基础。"② 矫正对象矫正执行期满后，派出所应及时将对象转为重点人口第四类予以列管。

在司法实践中，吉林省各级公安机关充分履行协助司法行政部门做好社区矫正工作职责，对社区服刑人员加强管控，严格监督考察。对思想活跃、外出频繁、人员交往和社会关系复杂等监督考察难度大的社区服刑人员，公安机关积极配合

---

① 云南省公安厅、云南省司法厅《关于印发加强社区矫正衔接工作的若干规定（试行）的通知》。

② 黄明：《在全国社区矫正工作会议上的讲话》，2009年10月21日。

司法行政部门，定期对社区服刑人员进行实地走访，密切掌控其现实表现和活动情况，有效预防了矫正对象重新违法犯罪。全省社区服刑人员重新犯罪率从2008年的27%，下降到2013年的0.06%。江西省丰城市各派出所以市局部署的每个季度"五同活动"为契机，于每年的3月、6月、9月、12月与辖区内矫正对象逐一见面，建立工作台账，切实做到"底数清、情况明、不漏管、不失控"。同时，要求矫正对象每季度书面汇报本人的生活、工作、思想情况，结合其他业务工作的开展，进行走访调查，及时掌握动态，发现问题及时查处。江西省社区民警按照对重点人管控要求，坚持每月进行一次考察，通过电话询问、上门走访、指定地点约谈等形式，及时了解矫正人员的思想动向、现实表现。对行为反常、有重新犯罪苗头的社区服刑人员，公安派出所及时进行训诫，有针对性地加强法制教育，必要时依法给予处罚。近年来，全省公安机关共查处社区服刑人员违反治安管理行为273起，发现和打击犯罪行为83起。

（四）帮助司法行政职能部门提高社区矫正管理水平

社区矫正工作是一项专业性、知识性、政策性、纪律性要求都很强的工作，对工作人员的能力素质要求较高。判处缓刑、实施管制、剥夺政治权利、假释、暂予监外执行五大类改造对象是社区矫正的工作对象。在传统的管理体制下，公安机关是国家具有武装性质的治安行政力量和刑事司法力量。自从新中国成立以来，五大类改造对象一直是由公安机关实施监督改造，公安机关有着丰富的执法经验。多年来，浙江省公安厅为了提高基层社区矫正工作人员的业务能力，全省各级公安机关一方面组织社区民警主动参加街道、司法行政部门组织的业务培训，另一方面主动向司法行政等职能部门传授公安机关在"五类监管对象"管理工作中的成功经验和做法。在历年来司法厅组织的多次司法干部业务培训中，浙江省公安厅均专门安排人员就社区矫正所涉及的法律、法规和公安机关以往的做法进行讲解。

（五）妥善解决收监执行难问题

社区矫正对象下落不明后，虽撤销非监禁刑，但收监执行难度大。目前，公安机关认为，社区矫正人员撤销非监禁刑后下落不明，如何追捕没有明确法律依据，只能按照《社区矫正实施办法》第27条规定，由司法行政机关负责追捕，公安机关只尽协助义务，即只提供脱管社区矫正对象情报信息。在司法实践中，已经出现有的地区出现收监执行少，甚至为零的现象。同时，社区矫正对象居住地与判决法院所在地或原服刑监狱所在地经常不一致，收监执行多涉及异地押送，耗费大量的人力、物力和财力，司法行政机关难以保障到位。收监执行难问题严重损害了法律的权威，影响了社区矫正工作的开展，应重点予以关注并努力解决。

一是立法明确对下落不明已被决定收监执行的社区矫正人员进行追捕的主体是公安机关。"社区矫正人员蒋某，男，汉族，因犯利用邪教组织破坏法律实施罪于2010年3月10日被判处有期徒刑3年，缓刑5年，缓刑考验期自2010年3月

28 日至 2015 年 3 月 27 日。因其长期脱管，人民法院于 2014 年 1 月依法对蒋某作出了撤销缓刑，执行原判刑罚的裁定。司法行政机关随后与公安机关联系抓捕事宜，公安机关认为，对蒋某进行抓捕，主要应由司法行政机关负责，公安机关只尽协助义务，故没有采取网上追逃等有效措施，目前，蒋某尚未收监执行。"①

目前的司法实践表明，司法行政机关无力抓捕决定收监执行的社区矫正对象。公安机关享有法律赋予的行政、刑事强制权及刑罚执行权等，同时公安机关在追捕执行方面具备强有力的人力、物力、财力以及技术保障，具有较强的追捕执行能力，建议在今后出台的《社区矫正法》中应明确社区矫正人员信息查询、人员查找、网上通缉、收监执行（抓捕、移送）由公安机关负责，司法行政机关协助。或立法机关对人民法院决定暂予监外执行的罪犯的收监由谁执行问题以具体司法解释的方式予以明确。

二是制定社区服刑人员收监执行制度。在建制过程中，应取消"会同"、"协助"等不确定的用词，杜绝出现相互推诿现象。2013 年，河南省高级人民法院、省人民检察院、省公安厅、省司法厅经协商一致，联合制定了《河南省社区矫正人员收监执行规定（试行）》。其中对社区服刑人员收监执行工作进行了详细规定，界定了社区服刑人员收监执行的适用范围，对如何提请收监执行建议，收监执行裁定、决定的作出，以及收监执行的交付等程序予以规定，明确了收监执行决定书送达后，罪犯的交付由居住地公安机关立即收押，社区矫正机构予以配合，并依法办理交接手续。

三是通过修改相关法律完善网上追逃制度。"社区矫正人员葛某，男，汉族，因犯敲诈勒索罪于 2010 年 4 月 29 日被判处有期徒刑 3 年，缓刑 5 年，缓刑考验期自 2010 年 4 月 30 日至 2015 年 4 月 29 日。2014 年 2 月，葛某无假外出，并更换了手机号码，失去联系 3 个月。司法行政机关经多次查找无果。葛某拒不报到，违反《社区矫正实施办法》第 25 条之规定，司法行政机关向原判人民法院提出撤销缓刑，执行原判刑罚建议。人民法院认为，作出撤销缓刑裁定应公平、公正、公开，要求司法行政机关将葛某移送到人民法院，经调查取证后，方能作出裁定。司法行政机关随后与公安机关联系，请求协助。公安机关认为，按照程序，应先由人民法院作出撤销缓刑，执行原判刑罚的裁定，才能进行网上追逃。人民法院和公安机关始终坚持自己的观点，目前陷入僵局，葛某未收监执行。"②

网上追逃是随着网络技术的发展出现的一种新的侦查手段，已经在打击刑事犯罪中发挥了越来越大的作用。网上追逃必须具备拘留或逮捕手续，没有完备的法律手续公安机关就无法运用先进的科技手段实施网上追逃。社区矫正对象脱逃

---

① 刘志：《从具体案例谈社区矫正人员收监执行难问题》，载四川法制网 http://www.scfzw.net/flfwmk/html/90－1/1554.htm，2014 年 10 月 23 日。

② 刘志：《从具体案例谈社区矫正人员收监执行难问题》，载四川法制网 http://www.scfzw.net/flfwmk/html/90－1/1554.htm，2014 年 10 月 23 日。

需要上网追逃的，必须要有有效的逮捕证、拘留证。公安部《关于办理网上追逃犯罪嫌疑人有关问题的规定》中规定，办理网上追逃必须经办理刑事拘留或者逮捕法律手续后，按照……办理网上追逃手续。2012 年 10 月 8 日，安徽省滁州市来安县司法局向县公安局提出协助执行收监函，县公安局认为，因在罪犯张某住处查找不到罪犯本人，根据公安部《关于办理网上追逃犯罪嫌疑人有关问题的规定》，网上追逃需要具备有效的逮捕证、拘留证，如果对罪犯张某实行网上追逃必须要有有效的逮捕证、拘留证，而没有逮捕决定书无法开具逮捕证。最终，该县公安机关无法上网追捕。收监执行属于刑事执行阶段，应通过修改、细化法律来不断完善网上追逃制度。进一步明确适用条件、适用程序，明确规定司法机关的《收监执行建议书》为网上追逃的法律凭证之一。

三、理论创新：开展公安工作视野下完善社区矫正制度研究

（一）社区矫正研究领域缺乏公安系统专家学者的参与

社区矫正试行十年来，全国各地累计接收社区服刑人员 151 万人，累计解除 89 万人，现有社区服刑人员 62 万人。我国社区矫正的试点工作目前已取得了很大的成绩，但也面临着诸多的困难、问题和挑战。

社区矫正制度的建立和完善是一个系统工程，涉及行刑理论、司法改革、执行保障和社区支持等方方面面。在社区矫正领域的理论研究探讨过程中，需要公安系统专家学者的积极参与，需要多学科（刑法学、犯罪学、社会学、教育学、心理学、管理学等）的交叉与融合。通过理论和实践的双向互动，积极推进我国社区矫正的深入发展。但是，目前还存在一些不足。

一是公安系统专家学者参与社区矫正学术研究会议的不多。自我国社区矫正开展以来，总体上看，公安系统专家学者在对社区矫正的学术研究方面的参与和成果较少。例如，2013 年是我国社区矫正试点十周年，为探讨我国社区矫正发展中的瓶颈问题，继续推动我国社区矫正法律制度的完善，上海政法学院社区矫正研究所举办了"社区矫正十周年'回顾与展望'研讨会"。来自 10 多个省市 50 余所高等院校、研究机构、实务部门的专家学者 90 余名代表与会。在研讨中，学者们以独立的精神、科学的方法探讨社区矫正制度在运作中需要改进完善之处，积极提出建议和对策，形成对国家立法和实务工作的影响。但是，在这次较高层次的学术会议上，参会的公安系统专家学者不多，因此，从公安机关的角度研究社区矫正的学术论文甚少。

二是公安系统开展的理论研究活动缺乏社区矫正方面的内容。为了"开辟一扇展示警学理论研究最新成果的窗口，构筑一方理论界和实务界专家学者交流思想、分享智慧的平台，拓展一片探索新的历史阶段解决公安工作重大疑难问题的园地，锤炼一支为领导决策和基层执法提供高水准理论服务和保障、推动公安工作持续健康发展的专家队伍"，公安部于 2005 年成立了中国警察协会。其曾多次

组织公安系统广大民警开展公安理论研究和学术交流，组织评审和推广公安理论研究成果等重要学术活动，极大地调动了基层民警开展理论研究的积极性。协会目前已在公安系统内举办了五届"中国警学论坛"学术活动，并出版了四期《中国警学论坛文集》。一大批公安系统专家学者和基层民警围绕当前公安理论研究的前沿问题和公安工作热点问题进行了深度的研究，取得了许多成果，对提高公安系统的警学研究水平发挥了重要作用。但是，综观协会已出版的四期《中国警学论坛文集》，其中缺乏有关以公安工作与社区矫正为内容的学术性研究成果。

三是公安系统学术刊物发表有关社区矫正的文章数量偏少。《公安研究》、各省公安厅主管、各省公安高校主办的警察院校学报和各省公安厅主管、省警察协会主办的会刊是开展公安理论研究、传播警察文化的重要学术阵地，在紧密结合公安工作实际，开展公安理论研究和警察学术交流，推进公安工作和队伍建设方面作出了突出的贡献。但是，笔者通过多方查阅，发现公安系统的学术刊物中刊载有关社区矫正方面的学术性文章不多，特别是有关开展公安机关与社区矫正衔接方面的理论研究甚少。

（二）研究解决社区矫正中公安工作遇到的困难和问题

一是研究社区矫正行刑权主体过于分散及行刑权非均衡性问题。社区矫正的执行主体是国家刑事执行机关，即行刑机关。目前，在我国社区矫正实践过程中，公安机关作为社区矫正执行主体，继续行使监督考察社区矫正对象的权力，司法行政机关作为工作主体，负责对社区矫正对象的日常监管、教育、考核。一些学者认为我国开展的社区矫正过程中存在"双执行主体"，出现了执行主体不明确的问题。

从立法角度看，有的学者认为，现行的"双主体"模式下，司法行政机关虽然实际从事社区矫正的执行工作，但不具备承担执行社区矫正的法律后果的能力。而公安机关虽然没有实际从事社区矫正的法律后果的能力，但法律上仍需承担社区矫正执行工作的法律后果，而公安机关与司法行政机关是什么关系，法律上没有作出规定，两者之间的权利义务则无法确立。

从法律定位角度看，"根据目前的法律规定，我国纳入社区矫正范围的执行权属于公安机关，即执行社区矫正是公安机关的职权。职权代表国家利益，职权既不能转让，也不能放弃，否则就是失职或者违法。而从社区矫正工作的实际来看，司法行政机关实际上承担了对非监禁刑罪犯的帮教、管理工作。虽然并没有排除公安机关在社区矫正中的作用，但公安机关在社区矫正工作中已不是起主要作用的机关。也就是说，司法行政机关已经实质从事了法律上的执行主体应该从事的工作，但并没有得到法律的授权"①。

从组织结构方面看，"《关于开展社区矫正试点工作的通知》要求各部门依法

---

① 周杏：《我国社区矫正执行主体的法律定位》，载《中国司法》2009 年第 4 期。

履行各自职责，相互配合、相互支持，保证试点工作的顺利开展，但其前提是各负其责、各司其职，这种'两都管'的模式导致'两不管'的真空状态，不仅是司法资源的浪费，更不利于社区矫正工作的开展，不利于刑罚目的的实现。因此，有学者评估总结为'基于这种管理模式，给社区矫正的试点带来了诸多的不便。上海的实践可以证明：这样的模式存在多头管理、职责不清、效率低下的问题'。从长远来看，目前这种司法行政部门为工作主体、公安机关为执法主体的试点操作模式只是一种变通，难以规范操作"①。这是广大公安、司法学者们在进行理论研究时面临的一个具有十分重要现实意义的理论问题，具有重要的学术研究价值。

二是研究公安机关在推进社区警务建设的同时如何在社区矫正工作中发挥出自己的作用。"社区警务和社区矫正皆在特定历史条件下起源于英、美等西方国家，在预防违法犯罪、提高社区居民安全感、促进社会和谐发展等方面起到了积极作用。随着近几年中国城市化进程的不断加快，执法机关也开始重视并引进社区警务和社区矫正的理论与实践。"② 2006 年，公安部下发了《关于实施社区和农村警务战略的决定》。在社区警务建设中，各地公安机关依托社区党组织和社区管委会，优化警力配置，根据社区大小和所处地理位置、治安状况，实行一区（社区）双警为主，一区一警或一区多警为辅的警务模式，充实、配足社区民警，全面落实防控、打击、服务、管理、宣传等措施，努力实现发案少、秩序好、社会稳定、群众满意的目标。目前，全国范围内社区警务城乡统筹的格局已基本形成，为维护社会和谐和治安稳定构筑了坚实的屏障。在我国社区矫正实践中，公安机关如何充分利用自己的社区资源和有利条件为社区矫正提供积极支持和帮助？公安机关如何在推行社区警务的同时既要参与社区矫正执法，又要避免与社区矫正机关工作的重叠和资源的浪费？在完善社区矫正制度过程中公安机关参与的具体内容应做哪些调整？公安机关在社区矫正工作中如何投入合理适当且有效的警力资源？这些均为目前社区矫正工作中现实存在并值得重点进行深入研究的重要课题。

三是研究建立中国特色的社区矫正警察制度。社区矫正是一种刑事制裁，这种属性要求执法人员具备人民警察身份。社区矫正在社区内执行，需要维持好社区秩序，加强对矫正对象的监督和管理，降低社区居民的不安全感。人民警察这一身份的震慑作用已经得到实践证明，能够有效保障稳定有序的社区矫正秩序。因而，建设一支业务过硬、结构合理、稳定性强的社区矫正警察队伍，警察与社区服刑人员按比例配备，并实行动态管理，能够明确刑事执法者的法律地位，保障非监禁刑罚执行的严肃性，提高威慑力。对于依法规范、有序地开展社区矫正工作，确保刑罚执行的严肃性、准确性，提高罪犯的教育质量，预防和减少重新

---

① 蒋璐：《浅议社区矫正现存的问题与不足》，载江苏法院网，2013 年 12 月 9 日。
② 翁里、刘萍、徐公社：《中美社区警务和社区矫正的比较研究》，载《公安学刊》2005 年第 6 期。

犯罪，维护社会稳定具有十分重要的意义。

"在俄罗斯，包括社区矫正机关在内的整个刑罚执行机关工作人员都属于警察序列，而且其警察序列均授予军衔。社区矫正管理人员属于警察，享有相应的警察待遇并依法拥有相应职权，如对社区矫正中罪犯逃避矫正等情况下采取缉拿并短期控制其人身自由的权力，以及优先乘坐公共交通工具、紧急情况征用公民财产等警察权力。"① 目前，"我国社区矫正机关并非刑事执行警察机关的组成部分，不具有相应职权，遇到异常或突发情况时，必须由公安机关决定并采取相应措施进行处置"。国内对社区矫正执法人员纳入警察编制问题存在截然不同的态度：在2013年3月举行的十二届全国人大一次会议期间，有62位代表提出两件关于修改《人民警察法》的议案。全国人大代表、秦希燕联合律师事务所主任秦希燕建议将《人民警察法》第2条第2款修改为："人民警察包括公安机关、国家安全机关、监狱、劳动教养管理机关的人民警察和人民法院、人民检察院以及基层司法行政机关从事社区矫正工作的专职人员。"有学者指出："社区矫正执法人员是由普通公务员担任即可，还是由人民警察担任更合适，法学界尚有争议。不过，从社区矫正的刑罚执行属性角度看，赋予社区矫正执法人员警察身份，更为符合刑罚执行的执法属性，有利于社区矫正工作的顺利开展，可以更好地维护社区安全，减少不服管教的情况发生。建议修改现行《人民警察法》，确立社区矫正人民警察的地位和身份，让社区矫正警察的身份名正言顺。建议在正在拟定的《社区矫正法》中进一步明确社区矫正人民警察的法律地位、任职条件、职权职责、管理机构等。"② 作为社区矫正执法主体的公安部则认为，目前各级司法行政机关、法院、检察院和公安机关根据职责分工，各自履行相应职责，符合社区矫正工作实际，不宜将社区矫正执法人员纳入警察编制。

"在我国社会结构复杂变化、利益格局深刻调整、社会矛盾日益凸显的当下，法学研究者更应该走到社会实践的前沿，以理论丰富实践，从实践中探索新理论。"③ 从国家战略发展的角度来看，社区矫正工作在国内还处于初始阶段，仍然是一个新生事物，需要国内多方学者进行不断摸索，不断总结，认真研究和思考，积极探索和创新。其中，构建中国特色的社区矫正警察队伍制度是一个全新的研究课题，是目前社区矫正工作中面临的一个重要理论和实践问题，目前已有的研究成果甚少。解决好社区矫正中警察队伍建设的法律依据、社区矫正警察队伍建设模式、普通警察与社区矫正中警察权力关系、社区矫正中警察的隶属、来源、管理、培训等诸多问题亟须公安系统专家学者在社区矫正实践过程中进行更多、更深入的系统性理论研究。

① 栗志杰、李玉娥、田越光：《俄罗斯社区矫正制度评述与启示》，载《河北法学》2014年第1期。
② 刘武俊：《社区矫正执法人员》，载《法制晚报》2013年2月5日。
③ 周尚君：《法学如何面对社会事实》，载《光明日报》2014年10月22日。

社区服刑人员收监执行
实践操作难题与破解途径

山东省日照市东港区司法局　朱纪来　毕四伟

《社区矫正实施办法》赋予了县级司法行政机关对符合条件的社区服刑人员提请撤销缓刑、假释，并送监执行的职权。日照市东港区司法局坚持"维护社区矫正刑罚权威，严格依法矫正"的原则，先后对不服从监管的 12 名社区服刑人员提请撤销缓刑、假释，其中 10 人收监执行，2 人通过公安机关网上追逃，有效维护了社区矫正的权威性和严肃性。但在具体收监执行过程中，我们也遇到了诸多困难，影响了执行的顺利进行。

一、收监执行实践操作中的难题

一是提请收监执行标准难认定、异地提请难度大。虽然《社区矫正实施办法》第 25 条、第 26 条对提请撤销缓刑、假释和暂予监外执行的情形作出了明确规定，但仍有某些标准在程序上和实体上都缺乏具体的规定。特别是"情节严重"、"严重违反"、"仍不改正"等词汇的内涵与外延、证据标准、具体程序以及"接受社区矫正期间脱离监管超过一个月"的期限的起算标准、"未按规定时间报到"中对"报到"的认定标准等尚无权威性法律意义的界定。这给司法行政机关在执法过程中带来了困惑和不确定性。首先可能造成司法行政机关与法院在理解上出现不一致，从而导致举证方面出现偏差，同时导致证据经不住推敲，得不到法院认可或者被要求反复补充证据，迟迟不能作出裁定。其次因规定不明确，在具体操作中裁定收监执行的随意性较大，不同地市甚至同一地市不同区县法院对"情节严重"等词汇的认定标准、证据标准、具体程序的理解掌握不尽相同，可能造成同类的收监提请建议在某些法院得到采信，而在另一些法院得不到采信的情况。另外，涉及"异地提请"收监难度也很大。《社区矫正实施办法》第 25 条规定，撤销缓刑、假释的提请应当由居住地同级司法行政机关向原裁判法院提出。第 26 条规定，对暂于监外执行的罪犯提出收监建议也是由居住地县级司法行政机关向批准、决定机关提出。在现实中，原判法院所在地与罪犯居住地不一致的情况比较普遍。由于居住地与裁决地分离，区域跨度较大，相关法律资料只有通过书信邮寄送达。特别是在证据收集、证据补充等方面，书信反复邮寄往来，导致案件办理拖延、滞后。并且，异地提请可能导致各相关部门衔接配合难度增加，不利于推动工作的顺利开展。同时，由于居住地检察机关不能及时掌握相关情况，对跨区域人民法院的裁决不能及时有效监督，有的提请收监建议往往石沉大海或得不到采信。①

二是法律冲突导致收监执行执法主体冲突。《社区矫正实施办法》第27条规定："人民法院裁定撤销缓刑、假释或者对暂予监外执行罪犯决定收监执行的，居住地县级司法行政机关应当及时将罪犯送交监狱或者看守所，公安机关予以协助。"最高人民法院《关于适用〈中华人民共和国刑事诉讼法〉的解释》第458条规定："人民法院应当将撤销缓刑、假释裁定书送交罪犯居住地的县级司法行政机关，由其根据有关规定将罪犯交付执行。"可见，两者都明确规定了被撤销缓刑、假释或暂予监外执行的社区服刑人员收监执行的执法主体是县级司法行政机关，但这些规定与我国《监狱法》、《看守所条例》、《看守所留所执行刑罚罪犯管理办法》的有关规定是冲突的。《监狱法》第33条规定："……人民法院裁定撤销假释的，由公安机关将罪犯送交监狱收监。"《看守所条例》第9条规定："看守所收押人犯，须凭送押机关持有的县级以上公安机关、国家安全机关签发的逮捕证、刑事拘留证或者县级以上公安机关、国家安全机关、监狱、劳动改造机关、人民法院、人民检察院追捕、押解人犯临时寄押的证明文书。没有上述凭证，或者凭证的记载与实际情况不符的，不予收押。"《看守所留所执行刑罚罪犯管理办法》第9条规定："看守所在收到交付执行的人民法院送达的人民检察院起诉书副本和人民法院判决书、裁定书、执行通知书、结案登记表的当日，应当办理罪犯收押手续，填写收押登记表，载明罪犯基本情况、收押日期等，并由民警签字后，将罪犯转入罪犯监区或者监室。"以上法律、条例和规章规定的收监主体中都没有司法行政机关，按照法理和《立法法》第88条规定"法律的效力高于行政法规、地方性法规、规章。行政法规的效力高于地方性法规、规章"，《社区矫正实施办法》是司法部制定的规范性文件，属于部门规章，其效力远低于《监狱法》和《看守所条例》，这就导致监狱、看守所在面对司法行政机关收监执行的情形时要么依照自己执行的规定不认可司法行政机关的执法行为，对罪犯不予接收；要么面对法律冲突拿不定依据，需多方请示，影响了收监的顺利进行，如果不能当日办结，司法行政机关还面临着无羁押场所、无专业看管人员、社区矫正刑罚权威受损等一系列问题。东港区司法局在第一次办理收监执行案件时就遇到了看守所以没有法律依据和先例为由拒收的情形，后经多方协调才将社区服刑人员成功收监。虽然现在东港区司法局在公安机关的协助下，已经建立起了收监执行的畅通机制，但如果《社区矫正法》不及时出台，收监执行仍会困难重重。

三是收监执行中执法权的缺位，严重影响社区矫正刑罚权威性。《社区矫正实施办法》第27条仅规定了县级司法行政机关在公安机关协助下将罪犯交付监狱或

---

① 李博荣：《从一起收监执行案件剖析社区矫正收监执行中存在的问题及立法完善》，载陕西法制网 http://www.dgz.cc/view-23971-2.html, 2015年4月5日。

看守所,但没有实质赋予县级司法行政机关相应的押解权、抓捕权等强制执行权力。① 实践操作中罪犯的抓捕、押解全部由公安机关执行,司法行政机关的主体地位被大大弱化。② 且《社区矫正实施办法》规定了公安机关的协助义务,但具体协助的内容、协助的程度都没有明确规定,我们在实践操作中就发现不同的派出所对协助收监执行重视程度、支持力度不一致,致使在收监过程中容易产生风险。另外,在对下落不明的社区服刑人员的查找、追捕过程中,司法行政机关也处于被动地位。根据最高人民法院、最高人民检察院、公安部、国家安全部、司法部、全国人大常委会法制工作委员会《关于实施刑事诉讼法若干问题的规定》第35条、《山东省社区矫正执法工作规范》第24条规定,我局在实践操作中遇到社区服刑人员下落不明的情况,第一时间向公安机关提请追逃,此情况下公安机关多采用网上追逃的形式,但网上追逃周期长,如果罪犯不使用身份证,则很难掌握其动态,最终对罪犯的收监执行可能要陷入无尽的等待。

四是司法行政工作人员在收监执行过程中存在风险。收监过程中,罪犯可能会因为心理落差大出现抗拒收监、逃逸或进行反抗,司法行政机关工作人员既没有接受过像警察一样的专业训练,也没有相应的设备、措施予以保护,很容易在抓捕过程中受到伤害。而在面临某些特殊职业病方面,司法行政机关工作人员的保障力度明显不足。比如,国家卫生计生委等四部门最新印发的《职业病分类和目录》规定,将医护人员、警察感染艾滋病纳入职业病范畴进行保障。但司法行政机关工作人员在收监执行过程中同样可能在工作中因接触艾滋病等病毒携带者而面临"职业暴露",也存在被感染的风险。我局提请撤销缓刑的12人中,有5人有吸毒经历,在抓捕其中一名服刑人员时,工作人员就遇到了对方抗拒,其不断地撕扯工作人员,甚至动口咬,因其可能携带艾滋病病毒,致使整个抓捕过程充满危险,直至将该犯带到医院体检确认安全后,所有工作人员才安心将其送往看守所。

二、破解途径

一是加快社区矫正立法进程,明确矫正执行各项规定。党的十八届三中全会、四中全会都将社区矫正立法纳入工作规划。加快推进《社区矫正法》出台将有效解决社区矫正工作中法律冲突、执法权缺位、标准不一等制约矫正工作的关键问题。同时《社区矫正法》出台后,根据实践操作中出现的问题也应尽快通过司法解释等规范性文件出台,不断细化矫正工作,确保矫正执行每个环节标准统一、有法有据,保证矫正工作顺利开展,形成完整的社区矫正执法体系。③

二是设立社区矫正专门机构,明确矫正工作人员身份。现在普遍区县的社区

---

① 刘志:《从具体案例谈社区矫正人员收监执行难问题》,载中国民生经济网 http://www.msjjw.org/news – show. php? menuid = 129&infoid = 7757,访问日期 2015 年 4 月 5 日。

② 廖斌:《社区矫正工作主体初论》,载《法学杂志》2005 年第 4 期。

③ 司法部部长吴爱英:《坚持和完善中国特色社区矫正制度》。

矫正工作都由司法局社区矫正科或社区矫正办承担，与公、检、法等执法机关相比，科室代表司法局开展工作，明显不对等、不对称，不利于工作的协调和推进。虽然山东部分区县设立了社区矫正管理局，但因为没有省里的统一规定，没有自上而下地推行矫正局模式，矫正局设立没有达到全覆盖，导致了各地矫正工作推进的不平衡，建议省司法厅协调省编办在全省推行社区矫正管理局模式。在设立矫正局同时还应明确社区矫正工作人员警察身份，现阶段社区矫正工作人员身份不确定，缺乏威慑力和约束力，导致社区服刑人员存在不服管理，对社区服刑视同儿戏，严重影响了社区矫正刑罚的威严性和严肃性。① 如果能明确社区矫正工作人员警察身份，必将有效提升社区矫正工作的规范性和严肃性，确保对社区服刑人员的威慑和约束，实现有效监管，确保社会稳定。同时，明确社区矫正工作人员警察身份后，其人身安全等方面的保障措施也能相应参照国家法律法规得以解决。

三是加强社区矫正工作人员培训，提升应急执行能力。现阶段各地司法行政机关社区矫正工作队伍主要由原司法局负责基层工作的工作人员、近几年政法干警试点培养的政法干警及司法局招聘的社会工作者组成。除考录的政法干警经过一定的统一培训外，其他社区矫正工作人员普遍面临业务培训、技能培训不到位的情况。面对日益严格的社区矫正工作，打造一支政治意识、法律意识坚定，业务水平突出，能有效应对矫正工作中突发情况的高素质社区矫正工作队伍至关重要。② 建议充分利用省司法警官学院的教育功能，分批次对全省社区矫正专职在编工作人员进行有针对性的业务和技能培训，市、区（县）司法局与公安机关联合强化对社区矫正社会工作人员的培训，努力打造适应新形势下社区矫正工作的过硬干警队伍。

四是设立社区矫正联席会议，强化部门协调形成工作合力。社区服刑人员的收监执行，从提请、裁定到收监执行，涉及多个相关职能部门，任何一个环节出现问题都不利于推动收监执行工作的顺利进行。因此，设立联席会议制度是解决目前社区矫正工作中疑难、重大、复杂问题的必要途径。同时，规定联席会议制度的启动程序、参加主体、召集人，哪些情况下可以启动联席会议等相关事项，以便解决收监执行过程中的重大、疑难问题。

① 赵阳：《身份问题困扰社区矫正工作开展》，载《法制日报》2012 年 6 月 12 日。
② 吴宗宪：《中国社区矫正的发展前景》，载《检察风云》2006 年第 22 期。

社区矫正质量提升体系建设*
——基于预防重新犯罪的角度

山东司法警官职业学院讲师　邢文杰

社区矫正已成为我国刑罚执行体系中的一项重要内容，对社区服刑人员的矫正质量在整个预防重新犯罪体系中的重要性也日渐凸显。我们不仅要研究监狱作为监禁刑执行机关在教育改造罪犯、预防重新犯罪中的作用和策略，而且要加强对社区矫正工作质量的思考和研究，与监狱等刑罚执行机关形成机制合力，共同落实监管工作，预防重新犯罪。

一、预防重新犯罪，提高社区矫正质量的必要性分析

在当前社会形势下，重新犯罪率一直居高不下，相关责任主体在提高社区矫正工作质量、预防重新违法犯罪方面还有很多路要走。

（一）当前社区矫正工作尚处于低层级发展状态，诸多制度亟须健全

我国社区矫正工作从若干城市的试点，到全国范围内全面试行，到现在已经规定到《刑法》、《刑事诉讼法》、《监狱法》等主要刑事法律中，可以说社区矫正制度在我国从无到有，组织机构逐渐走向健全，执行主体和职责分工逐渐清晰明朗，各项监管教育制度逐渐充实丰满，整个社区矫正制度构建一步步走向完善，走向成熟。但社区矫正作为我国刑罚执行体系中的一项重要内容，涵盖非监禁刑的执行体系，与监狱系统的监禁刑执行体系相比，还处于低层级发展状态。社区矫正制度在法制化、规范化方面还很不完善，尚没有建立完善的机构设施，没有组建一支有力的执行队伍，没有统一的立法规范。即使已经形成了一些社区矫正具体制度，但在执行过程中，很多执行内容过于空洞，矫正效果不明显，从长远考虑，不利于我国刑罚执行体系的协调发展，不利于发挥社区矫正的应有功效，势必引发更多的重新违法犯罪行为。

（二）社区矫正的规模和压力日趋增加，给预防重新犯罪带来更大压力

2009年，社区矫正工作在部分省市、部分地区的试点工作基础上进一步扩大，

* 本文系2014年度山东省高等学校人文社科研究计划项目《社区矫正发展瓶颈及突破路径研究》（J14WB64）阶段性成果。

推向全国。自 2012 年至今，我国社区服刑人员数量每月以万人的速度净增长①，这给社区矫正监管安全以及防控重新犯罪带来更大的压力。社区服刑人员急剧增加，但是社区矫正执法人员数量却没有相应地跟进，配套设施建设、经费保障也同样没有相应地跟进。虽然全国范围内社区服刑人员重新犯罪率一直保持在 0.2% 的较低水平，但随着矫正规模的逐步扩大，矫正风险势必增大，因此，有必要对如何提高矫正质量、防控再犯罪进行深入的研究。

另外，我们不应当对 0.2% 的社区矫正重新犯罪率过于乐观。关于重新犯罪率的界定有两种方式：一是刑期内的重新犯罪率的统计，是指罪犯在服刑期间又犯罪；二是刑期外的重新犯罪率的统计，是指刑满之后一段时间内又犯罪。我国监狱机关一般采用第二种统计方式，而社区矫正主管部门一般采用第一种统计方式，仅对矫正期内又犯新罪的作为重新犯罪率的统计对象。

二、预防重新犯罪，提高社区矫正质量的策略设计

当前，我国社区矫正仍处于起步阶段，制度、体系和机制等均需要逐步健全和完善，从提高社区矫正质量、预防重新犯罪的角度出发，应当加强以下几方面的建设：

（一）组织机制：整合统一的刑事执行体系

社区矫正作为我国刑事执行体系的一项重大改革，将原来公安机关负责的部分刑罚执行任务转移到司法行政机关负责，是规范我国刑事执行权配置的一项重大举措，向以司法行政机关为中心的刑事执行一体化模式又迈进了重要一步。但在组织机制方面，还存在一些问题需要改革和完善。

1. 立法层面：建立统一的刑事执行法律体系

刑罚权作为对犯罪人实施刑罚惩罚的重要国家权能，也是国家主权的重要组成部分，其分为四部分：制刑权、求刑权、量刑权、行刑权。行刑权，即刑罚的实现，是刑罚权运行的最后一环，也是最关键的一环，刑罚是否得到有效的实现，关系到前三个环节的成败，关系到刑罚各项功能和价值的实现，关系到公平、正义与社会秩序。因此，首先应当在立法上对刑罚的实现给予高度重视。

目前我国调整刑罚执行的法律规范存在一定缺陷。《刑法》从实体法的角度，在总体上对各类主刑和附加刑的适用标准作了原则性的规定；《刑事诉讼法》从执行的角度，对各类刑罚的执行作了规定，但重点规定的是对刑罚的交付执行，而对刑罚的具体执行没有规定；《监狱法》可以说是当前我国刑事执行体系的主干法，但仅对在监狱服刑的死刑缓期执行、无期徒刑、有期徒刑适用，对监狱外行刑的法律规定较为薄弱，监狱外刑罚执行的法律规范体系亟须建立和规范。虽然

---

① 周斌：《我国社区矫正每月净增长上万人重新犯罪率保持 0.2% 较低水平》，http://www.legaldaily. com.cn/index/content/2013 – 02/26/content_4226141.htm? node = 20908，2013 年 3 月 26 日。

近几年《刑法》、《刑事诉讼法》、《监狱法》等针对社区矫正的开展作出了一些修改和补充，也颁布了《社区矫正实施办法》，但这些规定在具体内容和立法层级上，与社区矫正发展的实际需求仍相距甚远，不利于发挥预防重新犯罪的整体刑罚功效。

在立法模式上，笔者赞同制定统一的《刑事执行法》的观点①，形成《刑法》、《刑事诉讼法》和《刑事执行法》相互协调的刑事立法模式。将包括监禁刑执行、非监禁刑执行在内的各类刑罚执行活动统一规定在刑事执行法中，这样既有利于推动监狱内外行刑体系的一体化和行刑资源的有效共享，同时也有利于规范社区矫正的运行，提高社区矫正的矫正质量。

2. 机构设置：规范社区矫正执行机构

从保证刑罚运行的科学和效率的角度出发，刑罚权运行的四个环节应当相互独立、相互协调、相互制约。当前，我国在制刑权、求刑权和量刑权的配置上比较科学和规范，分别是由立法机关、检察机关和审判机关专职负责，但在行刑权领域，则是监狱、审判机关、公安机关、社区矫正机构各司其职的分散型、多元化的执行体制。从根本上讲，这样的行刑体制背离了行刑权作为行政权的本质，违反了刑事诉讼宏观视野下的权力制衡原则，② 也威胁到侦查、裁判工作的透明公正，降低了刑罚执行效率和检察监督的效率，不利于实现司法公正。从权力分工和分权制衡的角度出发，由司法行政机关统一行使刑事执行权是我国目前政治体制下的最优选择。

社区矫正制度是推动刑事执行一体化改革的重要一步。社区矫正开展以来，将部分非监禁刑罚交由司法行政机关执行，在司法行政系统内部，从部级到县级，开始逐步建立社区矫正管理局，专职负责社区矫正的执行。在刑事执行体制上，将逐渐形成监狱管理局负责监禁刑的执行，社区矫正管理局负责非监禁刑的执行模式。但目前在刑罚执行体制上存在一个令人担忧的问题，社区矫正机构与监狱作为两个最为重要的刑罚执行机关，在刑罚执行工作中却自我封闭、各自为政，缺乏必要的工作协同性。这样一来，仍然没有摆脱刑事执行多元化的弊端，无法形成工作合力，势必会影响罪犯改造的整体质量。因此，如何最大限度地实现司法行政系统内部资源优化配置，实现监狱与社区矫正的优势互补和资源共享，构建统一、高效的监禁刑与非监禁刑一体化的刑事执行模式，是当前需要深入探讨和研究的问题。

在下一步的社区矫正机构完善方面，应当在统一协调的刑事执行法律体系的指导下，进一步加强监狱管理局与社区矫正管理局之间的高效协作关系。监狱作

---

① 冯卫国、储槐植：《刑事一体化视野中的社区矫正》，载《吉林大学社会科学学报》2005 年第 2 期。

② 卜开明：《刑事执行权配置研究》，http：//www. moj. gov. cn/yjs/content/2012 - 10/18/content _ 2787462. htm？node = 30053，2012 年 10 月 18 日。

为长期以来监禁刑的执行部门，在服刑人员监督管理、教育改造等方面积累了丰富的实战经验，在硬件建设和软件建设上都达到了规范化的水平。社区矫正部门经过近十年的探索，在利用社会资源参与服刑人员重新回归社会方面也积累了丰富的经验。可以说，监狱与社区矫正两个部门在工作内容方面具有本质上的一致性，在工作方法上各有所长。一方面，监狱需要进一步向外延伸，借鉴社区矫正的经验，进一步推进行刑社会化的程度，提高教育改造质量；另一方面，也是更为重要的，社区矫正部门需要向监狱学习其在长期刑罚执行过程中积累的关于监督管理、教育矫正、社会帮扶、心理矫治等方面丰富的实战经验，结合监狱外服刑的实际情况，加以变通，为我所用。在具体工作上，应当加强两部门之间的沟通和合作，同一行政区划范围的监狱机关与社区矫正机关可以建立联席会议制度，定期沟通，加强交流。定期抽调监狱干警到社区矫正机构指导工作，传授改造罪犯的经验和方法，定期组织社区矫正工作人员到监狱学习其教育改造罪犯方面先进的经验和做法。监狱通过参与社区矫正工作，也可以及时更新自身的行刑理念、工作内容和工作方法。我们的最终目标就是监狱与社区矫正执行机构在共同上级司法行政机关的指导下，最大限度地实现刑罚执行的机制合力和整体效益。

3. 队伍建设：明确专职社区矫正官制度

从刑事执行一体化的角度出发，从监狱机关与社区矫正机构内外协同的角度出发，专职社区矫正工作人员作为国家刑罚权的具体执行者，应当具有与其他刑罚权参与者诸如法官、检察官、监狱人民警察等相当的知识、能力、素质和职权、地位、待遇。但目前社区矫正工作人员还存在很多与社区矫正的深入开展不相适应的问题，亟须完善，如社区矫正工作力量严重不足、专业化程度不高、执行力度不够、工作积极性不高等问题。这些问题都严重影响着社区矫正的长远发展和整体质量，不同程度地威胁着监管的安全。

如何提高社区矫正工作人员的整体素质和刑罚执行力，笔者建议设立专职社区矫正官制度。关于社区矫正官的人员配备，鉴于现阶段社区矫正一直由司法所负责执行，首批社区矫正官应当从司法所工作人员中择优选聘，这部分人员已经具有开展社区矫正工作的经验，经过一系列培训，即可担任社区矫正官。同时，鉴于社区矫正与监狱行刑工作内容上的一致性，可从优秀的监所警察中调配一部分有志于从事社区矫正工作的警察担任社区矫正官，待到社区矫正官制度建立之后，通过公务员统一招录的形式，从社会上选拔符合任职条件的人员充实到社区矫正官队伍中。关于社区矫正官的专业素质要求，考虑到社区矫正工作内容的专业性和复杂性，社区矫正官应具备三个方面的专业素质要求：必须具备一定的法律及犯罪学知识，能够熟练掌握社会工作的系列方法，具备较强的组织领导能力和协调能力。[①] 在工作身份方面，社区矫正工作人员应当具有警察身份，这样的考

---

① 刘强：《社区矫正组织管理模式比较研究》，中国法制出版社 2010 年版，第 258 – 259 页。

虑既是落实社区矫正作为刑罚执行本质属性的需要,也是强化社区服刑人员服刑意识和罪犯意识的需要,有利于提高社区矫正的质量,最大限度地避免社区服刑人员重新犯罪。

(二)管理机制:落实精细化分类管理,提高管理质量

"两院两部"在2009年下发的《关于在全国试行社区矫正工作的意见》中提到,"根据社区服刑人员的不同犯罪类型和风险等级,探索分类矫正方法"。社区服刑人员在犯罪类型、主观恶性、危害程度、悔改程度及家庭关系等方面千差万别,如果按照"一刀切"的模式去粗放管理,既影响社区矫正的工作效率,也无法保证社区矫正工作的质量和效果。实施科学的社区矫正分类管理,既是刑罚个别化原则的要求,也是防控监管风险的有效策略。而在司法实践中,由于工作观念的滞后,很多地方尚未充分意识到分类管理的重要性,并未采取分类管理的方式,而是统一粗放式地进行管理和教育。在我国社区矫正试点试行初期,矫正规模有限,如此做法尚可理解,但从长远发展角度考虑,应当实施精细化、标准化的分类管理。关于分类管理的方法,应重点以人身危险性为分类标准。

1. 完善社区矫正风险评估体系

社区矫正试点以来,北京、上海、江苏等地在社区矫正风险评估方面进行了一些有益的探索,制定了针对社区服刑人员的风险评估量表,一些专家学者也通过对社区服刑人员风险评估工作的深入调查研究,取得了一些很有价值的研究成果,制定了一些相关的风险评估指标体系。[①] 以上的探索和研究工作对于推动我国社区矫正工作具有非常重要的积极意义,但仍需要在实践中不断进行检验和修正,在必要的时候应当制定在全国范围内普遍适用的社区服刑人员人身危险性评估量表和评估操作体系。

2. 规范风险评估专业队伍建设

在制定了科学的评估量表体系之后,就必然需要培育一批高素质的专业评估队伍去专门实施风险评估工作。风险评估工作对于专业性和技术性的要求比较高,涉及社会学、法学、心理学、统计学等多门学科领域,评估人员必须具备相应的专业知识和技术背景。当前,我国社区矫正评估工作主要由司法所的工作人员负责进行,他们既要对社区服刑人员开展日常监督管理、教育矫正等工作,又要对其进行风险评估工作,由于其知识素质、能力精力有限,难以保证评估工作的有效性和准确性。因此,应当加强专业评估队伍的建设。笔者建议招募具有一定知识背景和技术能力的专业评估人员组成专门的评估小组,专职从事该项工作。同时,不断加强对评估人员的业务培训,不断提高风险评估队伍的业务水平。

---

① 吴艳华、张凯、吴春:《论我国社区矫正风险评估体系的构建与完善》,载《河南司法警官职业学院学报》2012年第2期。

3. 完善科学的分类管理措施体系

风险评估之后，应根据每一名社区服刑人员的风险大小，划分出其相应的管理级别。根据北京市社区矫正机关的做法，将社区服刑人员分为 A、B、C 三类，其中 A 类是人身危险性较小、回归社会趋向好的社区服刑人员；B 类是人身危险性较大、回归社会趋向较差的社区服刑人员；C 类是人身危险性大、回归社会趋向差的社区服刑人员。社区服刑人员的管理类别被确定后，社区矫正主管部门与工作人员即严格按照社区服刑人员被划定的各自类别和所对应的管理措施，对其进行 A、B、C 三级分类管理、考核①。笔者认为，这种管理模式有一定的推广价值，有必要进一步加强规范化，进而制定更具普遍指导意义的分类管理工作体系。

4. 完善动态分类管理工作

应当对社区服刑人员适时进行阶段性风险评估，根据评估结果，适当调整管理类别，实施动态管理模式。进行阶段性风险评估一般应当把握三个关键时间段：首先，入矫前风险评估，即社区矫正适用前调查评估，社区矫正机关在决定适用社区矫正前，对被告人或服刑人员进行调查评估，避免人身危险性较大的人员进入社区矫正中，从而避免其给社会带来较大的安全隐患；其次，入矫后风险评估，一般是在入矫一段时间后，定期对矫正人员进行评估，一方面评估其再犯危险性，另一方面对矫正质量与效果进行评估，根据所得的评估结论实行累进处遇；最后，解矫前风险评估，对整个矫正期的矫正质量进行全面评定，根据评估分析结论为随后的安置帮教工作提供工作指导和参考。

（三）惩罚机制：规范惩罚程序，落实刑罚惩罚属性

当前，我国社区矫正惩罚机制严重不足的问题已经得到理论界研究者的普遍认同。惩罚机制在社区矫正中发挥着至关重要的作用，从一定意义上说，惩罚措施是社区矫正的主要管理手段。② 由于社区服刑人员都是曾经触犯刑法的犯罪人，在接受矫正的过程中，难免会有不服从管理等违反社区矫正规定的情况，如果其违规行为没有得到及时的处理和惩罚，将会在其内心进一步强化其违规心理，弱化其作为服刑人员的服刑意识，进而增加其继续挑战规则、蔑视法律，走上重新犯罪道路的危险。因此，必须加强社区矫正的惩罚属性，规范违规行为的惩罚程序。虽然《刑法》、《刑事诉讼法》、《治安管理处罚法》等法律对违规的社区服刑人员进行惩罚和收监作出了原则性的规定，但实践部门对法律条文的理解，具体程序的操作缺乏明确统一的认识和把握，致使一些违规的社区服刑人员得不到应有的惩罚，或即使有不痛不痒的惩罚也无法真正体现惩罚教育功能。笔者建议通过专项立法明确以下事项：

---

① 范燕宁：《北京市分类管理分阶段教育的社区矫正模式研究》，载刘强等主编：《社区矫正理论与实务研究文集》，中国人民公安大学出版社 2009 年版，第 11 页。

② 周折：《浅析目前社区矫正试点存在的问题》，载刘强等主编：《社区矫正理论与实务研究文集》，中国人民公安大学出版社 2009 年版，第 98 页。

1. 明确各种违规行为、惩罚种类及程度

社区矫正机关应当在入矫教育过程中通过教育学习的方式，让社区服刑人员了解各类可能存在的违规行为，给予惩罚的种类及程度，以及相关的法律后果。比如，不按时进行电话汇报或当面汇报，不参加社区服务，不参加教育学习，违反禁止令，违反外出请假规定等违规行为应当及时给予惩罚。至于给予惩罚措施的种类，我国现行法律中仅规定了治安处罚、撤销缓刑假释、收监执行等惩罚措施，由于法律条文的规定过于模糊且缺乏可操作性，上述惩罚措施也只能适用于严重违规或重新犯罪的社区服刑人员，而对于一般违规行为无法发挥作用。我国社区矫正相关文件规定中还创设了警告、记过等惩罚措施，而这类措施只是对社区服刑人员的否定性评价，而无其他任何附加义务，对矫正人员根本起不到应有的威慑和惩戒作用。因此，笔者建议在立法层面具体规定对社区服刑人员进行惩罚的种类和适用程序，还可以增设如电子监控、关禁闭等其他惩罚措施。

2. 适当简化惩罚决定权和执行权

意大利刑法学家贝卡利亚在论述刑罚的及时性时指出："惩罚犯罪的刑罚越是迅速和及时，就越是公正和有益。"① 那么，对社区矫正过程中出现的各种违规行为进行惩罚越是及时，同样就会越有效。因此，笔者建议，适当简化惩罚的决定程序，避免不必要的繁杂的审批程序。同时，建议直接由司法局、司法所等社区矫正执行机构负责部分惩罚措施的执行。实践中，对社区服刑人员采取强制措施以及部分惩罚措施都需要公安机关人民警察介入并负责执行，笔者认为这样的做法必然牵扯不同部门之间的协调和审批，既导致工作效率低下，也不利于社区矫正机构工作的开展。这样做会让社区服刑人员心里只畏惧并认可公安机关人民警察的管教，而不服从社区矫正机构工作人员的管理。因此，笔者建议赋予社区矫正机构工作人员人民警察身份，并赋予其强制执行权。

（四）教育机制：规范教育矫正活动，提高教育矫正效果

当前社区矫正的教育矫正工作主要有教育学习、社区服务、个别教育和心理辅导等内容。由于社区矫正各项教育矫正工作缺乏其应有的强制力和有效的工作手段，在教育学习方面，教学资料、教学场所、教学队伍、教学质量评估等都缺乏有力的制度保障，只能靠工作人员去尝试探索，但成效不大，有的更是流于形式，应付台账检查。

1. 推进社区矫正工作平台建设

在各地社区矫正部门的不断探索中，涌现出一批类似于"中途之家"的社区矫正工作机构。国外的"中途之家"（halfway house），也译为"重返社会训练所"、"社区矫正中心"，是指帮助犯罪人克服危机、提高环境适应能力的一种过渡性住宿式社区矫正机构，主要为刑释人员提供食宿、基本就业和教育咨询、心理

---

① ［意］贝卡利亚著：《论犯罪与刑罚》，黄风译，中国大百科全书出版社1993年版，第56页。

辅导和咨询、经济帮助、继续治疗、辅助性监督工作等服务①。目前"中途之家"已成为发达国家社区矫正工作中不可或缺的一个重要环节和平台。在国内的社区矫正平台建设中，比较具有典型意义的如江苏省宜兴市方圆帮教中心，内设六大区域：安置区（对"三无"人员提供暂时性的食宿服务）；教育区（对矫正人员的集中教育矫治、专职人员的培训实践、青少年预防违法犯罪教育）；心理矫治区（对矫正人员进行心理测评、风险评估、心理咨询等）；劳动区（对矫正人员的公益劳动教育）；技能培训区；办公和后勤保障区。② 江苏省的这种集管理、教育、劳动、服务等职能于一身的做法，可以有效提升社区矫正的整体质量；同时，可以帮助"三无"社区服刑人员平稳度过生存危机，消除社会不稳定因素，降低他们重新违法犯罪的可能性。鉴于当前司法所作为社区矫正工作一线阵地，在人力、物力以及基础设施方面存在的尴尬和不足，我们有必要以社区矫正工作平台建设为契机，在集中教育、社区服务、心理矫治等方面发挥社区矫正工作平台的积极作用，弥补当前由司法局、司法所作为社区矫正执行主体的缺陷和不足。

2. 充分发挥社会力量在教育矫正活动中的积极作用

社区矫正工作力量主要包括三部分人员：司法行政机关社区矫正机构工作人员、社会工作者和社会志愿者。第一部分人员作为国家机关工作人员，应当是刑罚执行者，代表国家负责监管、改造等工作，后两部分人员作为社会力量，应当在教育、心理矫治、帮扶等方面发挥积极作用。笔者在司法局、司法所调研时，发现有的社会工作者实际上扮演着司法所办公室内勤的角色，社会工作者存在的意义仅仅是在数量上充实了社区矫正工作力量，起不到其应有的作用。因此，必须明确司法所工作人员与社会工作者的职责分工，明确二者的工作重点，前者的主要工作任务是依法对社区服刑人员进行监管、教育，严格落实刑罚执行，后者则主要是秉承助人自助的职业宗旨，发挥自身潜能，协调社会关系，对社区服刑人员开展形式多样的教育和帮扶活动。另外，社会志愿者作为一支重要的社会力量，应当在社区矫正工作中发挥其应有的作用。志愿者的范围一般包括国家工作人员、高校学生、离退休干部、知名学者、社会活动家、社区服刑人员的亲属及所在单位或者居委会、村委会人员等。但是，由于社区矫正还未完全被社会公众广泛认识和接纳，以及社会志愿者本身的流动性特征，这支志愿者队伍还比较临时、松散，参与社区矫正的积极性也不高，还未在矫正领域充分发挥应有的作用。③ 因此，应当进一步完善和强化社会志愿者参与社区矫正工作的制度保障。第一，参与准入问题。志愿者应当具有参与社区矫正工作的独特优势，如教师在思想教育工作中的优势，心理医生在心理辅导上的优势，离退休干部在政治教育中

---

① 郭建安、郑霞泽：《社区矫正通论》，法律出版社 2004 年版，第 281 – 285 页。

② 江苏省社区矫正工作办公室：《江苏省社区矫正管理教育服务中心的探索实践》，载刘强主编：《社区矫正评论》，中国法制出版社 2011 年版，第 167 页。

③ 但未丽：《社区矫正：立论基础与制度构建》，中国人民公安大学出版社 2008 年版，第 321 页。

的优势，回归较好的刑释人员在现身说法方面的优势等。第二，考核奖励机制问题。虽然志愿者参与社区矫正原则上是自愿、无报酬的，但考虑到参与社区矫正必定会付出一定的时间、精力，且产生一定的合理费用，因此出于公平和道义，应当给予社会志愿者一定的津贴或补贴，以提高社会志愿者参与社区矫正的积极性，提高其参与社区矫正的效果。

3. 完善教育矫正项目的评估机制

教育学习和社区服务是社区矫正教育任务的两个重要项目，其教育和服务的质量如何，在很大程度上影响着社区矫正工作的整体质量。但从各地的实践来看，普遍缺乏对教育矫正质量的评估机制，导致社区矫正相关参与主体对一系列教育矫正活动都缺乏应有的重视。因此，应当加强对各项教育矫正项目的质量与效果评估。第一，对教育内容及方式的评估。对社区服刑人员应当教育其什么内容，如何开展教育活动是首先要反复评估确定的。对不同矫正类型的矫正人员需要制订不同的教育计划，结合矫正人员的自身特点，应当重点从道德教育、法制教育、心理健康教育等不同的方面进行侧重教育。第二，对教育质量与效果的评估。在开展了一系列教育活动之后，应及时进行质量与效果的评估。评估项目主要包括遵纪守法、心理健康、道德素质、社会适应、外界评价等情况的检验和评估。第三，评估方法的择取。应综合直接记录法、定量考核法和观察访谈法等多种评估方式科学判断。

法治视角下的社区矫正

——对《社区矫正实施办法》的检视

湖北省沙洋监狱管理局劳动改造管理处科长　李克林

　　社区矫正是刑罚形态和观念的革命性变革，就我国刑事司法领域而言，这更是一项历史性的结构变革。在肯定这一基本制度设计的同时，也应看到我国现行的社区矫正制度还不完善，特别是目前社区矫正主要的执行依据《社区矫正实施办法》在法律授权上还存在不足，相关规定还存在法律冲突等，所以我们有必要对其以法治思维进行检视，逐步改进并完善我国社区矫正制度，使之在合乎法治的轨道上、在健全完善的机制下有效地运行。

一、对矫正机构的检视

　　法治是党的十八届四中全会的关键词，法治思维的标准就是权力行使的合法性，也就是执法要做到于法有据。以法治的视角来审视，社区矫正工作必须坚持法治思维，坚持职权法定。

　　我国《刑法》和《刑事诉讼法》虽然初步规定了社区矫正制度，但"社区矫正机构"具体是指哪个部门或哪个机构，并没有法律为此作出明确规定。目前，我国《社区矫正法》尚未制定，根据《立法法》第9条规定："本法第八条规定的事项尚未制定法律的，全国人民代表大会及其常务委员会有权作出决定，授权国务院可以根据实际需要，对其中的部分事项先制定行政法规，但是有关犯罪和刑罚、对公民政治权利的剥夺和限制人身自由的强制措施和处罚、司法制度等事项除外。"而《社区矫正实施办法》第3条规定："县级司法行政机关社区矫正机构对社区矫正人员进行监督管理和教育帮助。司法所承担社区矫正日常工作。"由于没有法律明确授权，《社区矫正实施办法》作为最高人民法院、最高人民检察院、公安部、司法部联合制定的规范性文件，作出此规定，显然法律依据不足。

　　目前，司法所工作人员除了承担人民调解、法制宣传等多达9项职能工作以外，还要完成党委、政府交办的其他工作任务。而司法所队伍存在着人员少、兼职多、不稳定的问题，导致其在工作中往往顾此失彼，严重影响了社区矫正工作的正常开展。另外，只有在政府组织、协调、指导，而并非由政府领导或主导的社区里，非政府的社会组织、团体、社工和志愿者等共同参与，即政府转变"大包大揽"的管理方式，为独立于政府之外的非政府社会组织和社区的发育提供必要的环境，① 促成社区矫正从"在社区内矫正"到"依靠社区的矫正"的根本转变，真正意义的社区矫正才能得以实施。否则，在目前的情况下要让已经不堪重负的司法所继续承担社区矫正职能，未来必将难以为继。因此，要实现立法和改革决策相衔接，做到重大改革于法有据、立法主动适应改革和经济社会发展需要，第一，应尽快出台《社区矫正法》，对社区矫正机构的法律定位和职权配置作出明确规定；第二，在《社区矫正法》对社区矫正机构的法律地位、职权进行明确时，应重点加强县级司法行政机关社区矫正机构建设，明确县级司法行政机关社区矫正机构的主体地位。

二、对社区服务的检视

社区矫正要严格执法，必须遵从法定原则。法定原则要求职权法定，即执法机关的权力必须来自法律具体而明确授予，执法机关必须在严格依据法律规定的权限内履行职责，而不能超越法律滥用权力。党的十八届四中全会审议通过的《中共中央关于全面推进依法治国若干重大问题的决定》（以下简称《决定》）中提出，行政机关不得法外设定权力，没有法律法规依据不得作出减损公民、法人和其他组织合法权益或者增加其义务的决定。而《社区矫正实施办法》在社区服务的规定上，存在法外设权现象。

根据《刑法》第39条、第75条、第84条的规定，并没有要求管制犯、缓刑犯和假释犯应当参加社区服务。我国《刑法》对缓刑犯、假释犯在考验期间的义务的规定属于限制自由性消极的义务。而《社区矫正实施办法》将社区服务作为社区服刑人员的一种法律义务，规定有劳动能力的社区服刑人员应当参加社区服务，社区服刑人员每月参加社区服务时间不少于8小时。不按规定参加教育学习、社区服务等活动，经教育仍不改正的，县级司法行政机关应当给予警告，并出具书面决定。《社区矫正实施办法》不仅在《刑法》没有规定的基础上增加了矫正对象的义务，而且没有按照《刑法》第39条第2款的规定，对管制犯参加劳动实行同工同酬，是有违法理的。另外，有的学者认为，对被判处管制、宣告缓刑、假释或者暂予监外执行的罪犯，依法实行社区矫正，本来是要通过最大限度地减少其已然"犯罪"所导致的社会不良影响和标签效应，按照《社区矫正实施办法》的规定，如今却不得不定期前往社区参加公益劳动、社区教育等，这在几乎将所有犯罪人"等视"为坏人的中国社会而言，无异于向全社会公示他们的"坏人"或"准坏人"身份，由此所导致或者很可能导致的精神伤害和心理影响之大，不言而喻。②

尽管《社区矫正实施办法》要求有劳动能力的社区服刑人员参加社区服务，

---

① 张绍彦：《社区矫正的现实问题和发展路向》，载《政法论丛》2014年第1期，第71页。
② 屈学武：《中国社区矫正制度设计及践行思考》，载《中国刑事法杂志》2013年第10期，第21页。

实际上是人本刑罚观的体现，初衷就是为了培养他们正确的劳动观念、集体意识和纪律观念，强化社会责任感，进一步得到社会的谅解和接纳。但是，《社区矫正实施办法》对社区服务的相关规定毕竟突破了《刑法》的规定，增加了社区服刑人员的义务。

因此，应为《社区矫正实施办法》中的社区服务提供法律依据。一是建议对《刑法》进行修改。在义务规定中增加管制犯、缓刑犯和假释犯应当参加社区服务的规定。二是建议在《社区矫正法》中对管制犯参加社区服务实行同工同酬予以明确。三是建议对《社区矫正实施办法》进行修改，在法律没有明确规定和授权的前提下，社区矫正机构不宜强制社区服刑人员参加社区服务，而应当把它看成是社区服刑人员是否接受改造的重要表现，将社区服务视为一种自愿参加的劳动，以协议方式保证社区服刑人员履行承诺。

三、对收监规定的检视

"徒法不足以自行"，仅有立法并不意味着法治。目前，我国的备案审查机制基本上处于虚置状态，法律规范之间的冲突依然相当严重，这在一定程度上已经损害了国家法制的统一，造成事实上的有法不依、执法不严、违法不究。例如，在对社区服刑人员收监的规定上，《社区矫正实施办法》就与现行法律规定存在冲突。《刑事诉讼法》第257条规定，对于人民法院决定暂予监外执行的罪犯应当予以收监的，由人民法院作出决定，将有关的法律文书送达公安机关、监狱或者其他执行机关。此规定并没有明确由哪个机关执行收监。而《最高人民法院关于适用〈中华人民共和国刑事诉讼法〉的解释》（法释〔2012〕21号）规定，人民法院应当将收监执行决定书、撤销缓刑、假释裁定书送交罪犯居住地的县级司法行政机关，由其根据有关规定将罪犯交付执行。《社区矫正实施办法》第27条也规定，人民法院裁定撤销缓刑、假释或者对暂予监外执行罪犯决定收监执行的，居住地县级司法行政机关应当及时将罪犯送交监狱或者看守所，公安机关予以协助。2014年4月24日，全国人大常委会根据司法实践中遇到的情况，作出了《全国人民代表大会常务委员会关于〈中华人民共和国刑事诉讼法〉第二百五十四条第五款、第二百五十七条第二款的解释》。其中对《刑事诉讼法》第257条第2款的解释是："根据刑事诉讼法第二百五十七条第二款的规定，对人民法院决定暂予监外执行的罪犯，有刑事诉讼法第二百五十七条第一款规定的情形，依法应当予以收监的，在人民法院作出决定后，由公安机关依照刑事诉讼法第二百五十三条第二款的规定送交执行刑罚。"《刑事诉讼法》第253条规定，对被判处死刑缓期二年执行、无期徒刑、有期徒刑的罪犯，由公安机关依法将该罪犯送交监狱执行刑罚。从《刑事诉讼法》第253条的规定和全国人大常委会对《刑事诉讼法》第257条第2款的解释来看，实际上是对交付执行的送押机关进行了统一，即由公安机关交付执行，并没有规定社区矫正机构有交付执行权。《最高人民法院关于适用〈中华

人民共和国刑事诉讼法〉的解释》的规定与全国人大常委会对《刑事诉讼法》第
257 条第 2 款的解释是相抵触的，不能作为执法依据。同样，《社区矫正实施办法》
规定人民法院裁定撤销缓刑、假释或者对暂予监外执行罪犯决定收监执行的，由
居住地县级司法行政机关将罪犯送交监狱或者看守所，此条也违反了法律规定，
应归于无效。

因此，对于上述法律冲突，应按照全国人大常委会对《刑事诉讼法》第257
条第 2 款的解释规定，对《社区矫正实施办法》进行修改，规定："人民法院裁定
撤销缓刑、假释或者对暂予监外执行罪犯决定收监执行的，由公安机关依照刑事
诉讼法第二百五十三条第二款的规定送交执行刑罚，居住地县级司法行政机关予
以协助。"

四、结语

在改革开放初期法治基础薄弱、法律体系尚不完备的条件下，我国司法部门
依据"摸着石头过河"，先探索实践、试点试验，改革成果经过检验后，再通过立
法予以确认。这种政策推动型的改革在当时特定历史条件下有其合理性和必要性，
也发挥了积极作用。但随着依法治国基本方略的全面落实，随着改革进入"深水
区"，实践先行立法附随的改革模式也日益显现出弊端，并导致"改革就是要突破
现有法律"的认识误区。随着中国特色社会主义法律体系的形成和各方面制度体
系的成熟，我们有条件也有必要从政策推动改革转变为法治引领改革，实现改革
决策与立法决策的协调同步。改革不能以牺牲法制的统一、尊严和权威为代价，
任何层面、任何领域的改革，都必须经受住是否合乎法治的检验。要严格按照中
央的要求，凡属重大改革要于法有据，确保在法治轨道上推进改革，需要修改法
律的可以先修改法律，先立后破，有序进行；有重要改革措施需要得到法律授权
的，要按法定程序进行，不得超前推进，防止违反宪法法律的"改革"对法治秩
序造成严重冲击，避免违法改革对法治的"破窗效应"。①

社区矫正是严肃的刑罚执行方式，必须依法规范进行。首先，应坚持法治思
维，在制定政策、出台规定以及日常执法过程中，都要检视其是否合法，有无法
律依据。不仅在社区矫正各项规定上要于法有据，在执法上更要严格依法办事。
其次，应自觉提高运用法治思维和法治方式深化改革、推动发展的能力，坚持行
刑法治、职权法定原则，坚决贯彻落实党的十八届四中全会《决定》的要求，坚
持"立改废释"并举。最后，应及时对《社区矫正实施办法》进行修改，尽快制
定《社区矫正法》，真正做到"重大改革于法有据、立法主动适应改革和经济社会
发展需要"。

---

① 王乐泉：《在第九届中国法学家论坛上的讲话》，http://www.chinalaw.org.cn/Column/Column_View.
aspxColumnID=216&InfoID=8228,2014 年 9 月 5 日/2014 年 10 月 18 日。

司法社会工作者在社区矫正
工作中的角色和定位

上海新航长宁工作站　苏婉璐

社区矫正制度作为刑罚的一种，兼具法律的严肃性与和谐社会的人性化。司法社会工作者由于具备较高的理论知识和职业素养，在社区矫正实际工作中发挥着不可替代的作用。本文就当今司法社会工作者在社区矫正中扮演的角色、产生的功能、遇到的瓶颈及相应对策作相关阐述。

一、2003 - 2013 年司法社工介入社区矫正工作概述

自 2003 年社区矫正第一支司法社工队伍建立起，社会工作介入社区矫正已经有十个年头。在这十年间，司法社会工作者在社区矫正领域越来越发挥出不可忽视的作用。相比较十年前，如今的司法社工队伍更加具有专业性、服务性和功能性。社会组织作为社工队伍的领头羊，在不断完善政策体系，加强队伍建设的基础上，持续提升专业化工作水平，通过重视个案和小组工作发挥作为民间组织在社区矫正工作中的作用。

社区矫正社会工作的定位在于司法社会工作者运用专业知识帮助社区服刑人员克服困难、解决问题并预防问题的发生，以恢复、改善和发展社区服刑人员功能，使其适应和恢复正常社会生活的服务活动。在服务过程中，司法社工坚持以助人自助的价值理念为指导，综合运用各种专业工作方法，向需要帮助的社区服刑人员提供服务，帮助他们解决困难，促进自身发展，最终实现解决问题的社会目标。

当前，我国正处于社会转型的关键时期，随着社会形势的发展变化，社区矫正工作更需要政府、社会的共同协作来完成。这就意味着社会工作需要不断深入社区服刑人员，拓展影响领域，通过和司法行政部门合作，共同维护社会的稳定和谐。

二、司法社工在社区矫正工作中的角色定位

1. 司法社工是社区矫正的专业工作者

不同于司法行政机关公务员、派出所民警、居委会干部，司法社会工作者隶属民间组织。其虽是在政府主导下推动的，但社团实施的是"自主运作"。在秉持

社会工作专业理论的基础上，通过开展具有专业性的帮教服务，对社区服刑人员焦虑情绪的疏导、人际交往的改善、家庭关系的调整、社会资源的整合等方面开展工作。

2. 司法社工是社区矫正工作的实施者

司法社工在司法行政部门的指导下，根据司法所工作职能和预防犯罪的实际工作需求，在社区服刑人员服刑期间，由司法社工利用专业理论与技术，在开展日常管理工作的基础上，帮助社区服刑人员重建符合社会规范的生活方式。

3. 司法社工是社区服刑人员的启发者

司法社工秉持"案主自觉"、"知情同意"、"热情尊重"等原则开展有针对性的个体、小组（团体）社会工作。司法社工在帮教过程中强调注重社区服刑人员的个人尊严，在制订和实施矫正计划时，尽可能尊重社区服刑人员的意愿，站在第三方的角度，在社区服刑人员心中树立起信赖、可靠的角色形象，力求在他们需要合理帮助时提供有力的支持。在社区矫正发展的十年间，司法社工角色逐步从原来的"管教者"转变为"启发者"和"促进者"。

4. 司法社工是社区矫正工作的评估者

社工组织作为公共领域的第三部门，从客观角度出发，化解政府部门和社区服刑人员之间的矛盾，在社区矫正工作中发挥正向引导作用。社会工作通过评估社区服刑人员的个人、家庭、社会环境，有助于深入了解社区服刑人员的背景和性格、犯罪行为的性质和成因，从而制定有针对性的矫正方案，了解并满足社区服刑人员正当需求，有利于降低重新犯罪率。

司法社工从加强社区服刑人员改造观念、减少产生监狱化人格和树立重新开始新生活的信心这三方面入手，采用"前—后测"的观察测量法，对社区服刑人员的情况作出评估，对于出现评估数值有明显偏差的社区矫正对象，及时联合矫正小组，商讨重新制定矫正方案，准确评估其在社区矫正开展过程中的表现，有助于其加快重新适应、融入社会的脚步。

三、司法社工在社区矫正工作中的功能定位

1. 社会工作凸显以人为本，体现人文精神

在人类现代文明中，精神文明是不可或缺的一部分。人文精神作为精神文明中的一类，具有和社会工作相互融汇的属性。在这样的大背景下，尊重社区服刑人员的价值，肯定他们的生存价值，充分尊重其人格尊严，给予人性化关怀，维护其正当权利，对于其顺利回归为社会人有实际作用。

我国社区矫正工作自开展以来，已在理论和实践方面积累了大量的经验，取得了较为显著的成绩，这是与社会工作的发展奉献密不可分的。社会工作的开展过程，是社会工作机构解决和预防社区服刑人员在与环境互动中产生的种种问题，进而满足其需求，激发其潜能的过程。社会工作在社区矫正中人性化的介入，使

得社区中社会资源、综合管理等专业知识和手段相互结合，为社区服刑人员提供全面的人性化服务，使得矫正对象得到心理上的治疗和行为上的改变，最终回归正常生活。

2. 社会工作有助于扩大社区矫正影响力

社会工作扎根社区，从基层开展服务，具有广泛的群众基础，对于扩大社区矫正在社会的认同度、强化社区矫正社会参与性有着独一无二的优势。另外，社会工作还有助于转变传统的社会认知，了解社区矫正相较于实刑的意义内涵，使得社区矫正深入人心，为社会民众所理解和接受。

3. 社会工作更利于社区矫正工作深入进行

社会工作的积极介入，有利于找准社区矫正的工作重心，认清社区矫正的对象特征，创建社区矫正的科学方法，实现社区资源的科学配置，完善社区矫正的工作方法，从而有利于了解社区服刑人员心理状况和排斥心理产生的原因，从而更利于社区矫正工作深入进行。

四、司法社工在社区矫正中遇到的困境

1. 缺乏有力的财政保障

自从社区矫正实施以来，一直通过政府购买服务的方式支撑着社团的发展。十年前，司法社工队伍刚刚起步，社会上对于这个新兴行业有诸多期待，众多优秀人才相继进入司法社工队伍。随着时代的进步，发展过程中遇到的问题逐渐凸显：司法社工平均工资低于当地平均工资水平，由于资金的缺乏无法为社区服刑人员开展更多的专业服务，无法满足社区矫正人员的物质需求，渺茫的发展前景，使得司法社工队伍人才逐渐流失，削弱了司法社工对于社区矫正工作的专注性。没有坚实的物质基础，司法社工仅凭一腔对于社会工作的热情，不仅是对司法社工职业化的否认，更不利于今后社区矫正社会工作的开展。

2. 实际工作中社会组织职能模糊

在社区矫正中，政府部门和社会组织之间的职责应分工明确。以政府部门及其工作人员为代表的执法力量，其所履行的职责范围主要涉及刑罚的执行方面，诸如监督管理、考核、执法等；社会组织则应负责诸如教育、帮助等服务性职能。但从实际情况来看，双方的职责界限不明，社会组织仍旧笼统地承担着社区服刑人员监督管理的职责，造成专项职能的弱化，违背了社区矫正的初衷。

五、解决措施

1. 拓宽发展前景

一支素质优良的司法社工队伍是社区矫正工作的有力支柱，而只有建立成熟的薪酬激励机制、不断提高工作人员待遇、改善工作软硬件后，才能吸引更多的优秀人才投身社区矫正工作，从而形成良性循环。

2. 明确司法社工职能

政府购买服务的目的在于进一步深化政治体制改革，明确政府和社会服务机构各自在社区矫正方面的工作职责与权限，在强化司法行政部门行政职责的同时，激励社会工作组织机构的发展。通过形成横向到边、纵向到底的社会管理体系，明确司法社工职能，积极推行专业社会组织和社区矫正司法行政部门相互结合，力求无缝衔接，紧密配合，做到双管齐下，既保证社区矫正执法的严肃性，又体现出司法社工服务的专业性。

六、总结

社会工作拥有专业的人才队伍和专门的知识体系，在推进社会管理创新的历史机遇面前必然是一股举足轻重的社会力量。这支社会力量一旦融入社区矫正过程，必将提高社区矫正的质量，促进社会的和谐与稳定。司法社工在我国必将成为司法体系中不可或缺，以及维持社会稳定、保障人民安居乐业的重要组成部分。

国家治理视野下的社区矫正

——以具有国情代表意义的 G 市为例

重庆市沙坪坝区人民法院执行局　禹得水

我国自从 2003 年在全国六省市试点社区矫正开始，这一制度就经历了"分散存在阶段—地方探索阶段—全国试点阶段—全国试行阶段—法律确认阶段"五个阶段。但是，在看到光明前途的同时，我们必须正视当今国家治理条件的复杂性和长期性，甚至会出现改革推进的反复性。社区矫正理论研究提出的发达城市的模式研究，如"北京模式"、"上海模式"等。这些由地方推出人、财、物全力打造的黄金模式，是否能够在经济欠发达、思想意识依然传统、社会治理手段单一的中国几千个县域城市适用，这必须引起我们的重视。未来的中国社区矫正推进，也要充分重视代表中国 90% 的欠发达地区的县域城市的具体实践，及时总结他们的制度推进成果，从内在规律和运行逻辑的角度深刻挖掘理论资源，促进实践成果及时提炼和转化，真正实现为决策层和治理者提供具有可操作性和可推广性的成熟改革方案。

一、缘由：国家治理视野下社区矫正的提出

想要全面推进社区矫正进程，必须充分认识到在社区矫正中引入国家治理概念的必要性。

（一）国家治理下刑罚观念变革，尚缺重视

中国从有历史记载以来，一直注重国家权力至上，将刑罚看作是治理国家的重要手段，强调"刑赏二柄"。可以说，中国几千年的官僚政治体制就是建立在刑罚的暴力威慑的基础之上的。随着现代国家的建立，中国改革开放的深入彻底，国家治理能力和现代化的要求不断提高，中国刑罚理念的变革，刑罚文明化、轻缓化得到重视，罪犯的个体人格和权利受到关注，客观促使社区矫正理念得到国家的肯定与支持。而国家推出这一项重大的制度必然是对于国家治理现状的一种

回应，也是对于未来治理能力的一种高度自信①。换句话说，只有在国家社会控制能力和治理能力达到较高水平的国家，社会才能开放、包容和自信，国家的刑罚理念转变才将拥有广大的民意支撑，社区矫正才能够被提出、发展和成熟。但是，目前的理论学说大部分是借鉴国外的具体制度，如果没有考虑我们国家具体的政体、政权结构模式、民族心理性格等，只是单纯采用照抄照搬的方法对中国进行批判和改造，这种改革是不可能成功的。因此，我们在推广社区矫正这一制度的时候，必须充分重视以下问题：一是我们国家的权力组织结构。二是国家治理能力的现状。三是刑罚理念变革必须充分考虑国家治理能力的限度。

（二）既有模式脱离具体国情，难以推广

当前，社区矫正开展较好的地区已经成功产生几种模式："北京模式"、"上海模式"、"江苏模式"②。然而，笔者认为，"模式"一词本身具有巨大的感情色彩，凡是形成模式的，必然是合理的，能够借鉴的。但不容忽视的是，有的模式的产生往往是人为构建的产物，有些地方只是招聘专家学者进行"包装"，从概念到概念做一些逻辑上的自证，然后直接"上市"。这样的模式未考虑基本的社会现实，实际上没有任何推广的价值和意义③。一是"社区"概念脱离中国国情。社区是西方传来的概念，社区在当今中国被狭义理解为"城市社区"④。这种错误观念直接导致认为社区矫正必须建立在社会发展成熟的城市社区基础之上，如果没有成熟的城市建设基础，就不能形成有效的社区，就不能够成功开展社区矫正。这是对中国特色社区矫正的极大误解。中国的社区是围绕政府产生的，是由乡镇和村居权力辐射范围构成的，这才是认识中国特色社区概念的基本观点（后文详述）。二是"中途之家"不具有可借鉴性。目前，宣传开展较好的"中途之家"有"北京朝阳区阳光中途之家"、"上海洪智中途驿站"、"浦东民新中途之家"。"中途之家"需要耗费大量人力、财物、时间。而我国中西部绝大多数地区，财政状况难以支撑如此庞大的花费。另外，"中途之家"的民意基础十分薄弱。根据笔者对 G市 100 位随机受众的街头问卷调查显示，有 83 人不赞同设立这种机构。原因在于他们认为在我国社会保障不健全、国家弱势群体依然庞大的情况下，国家不将注

---

① 中共十八届三中全会决议以及孟建柱的公开讲话都表明，推动社区矫正发展，提升国家治理能力和治理体系现代化是国家发展的必然走向。孟建柱指出："要从国家治理体系和治理能力现代化的高度，切实增强全面推进社区矫正工作的责任感。"孟建柱：《全面推进社区矫正工作促进社区服刑人员更好地融入社会》，司法部网站，http:www. moj. gov. cn/index/content/2014 – 07/11/content/_5663313. htm？ node = 7343，访问时间 2015 年 3 月 5 日。

② 本文在于对中国社区矫正进行客观评价，并不是为了诋毁社区矫正的地方性实践；相反，笔者一直认为东部发达地区的社区矫正实践一直引领着中国社区矫正的发展潮流。

③ 禹得水：《法学存在中国模式吗？》，载《法府书香》2013 年第 4 期。

④ "由于城市始终是政治权力的中心，基于城市社区所具有的特征内涵的各种条件优势：城市社区人口集中、城市社区商品经济发达、城市社区各阶层与职业分化充分、城市社区设施完备、城市社区精神文化生活丰富"。朱久伟、王志亮主编：《刑罚执行视野下的社区矫正》，法律出版社 2011 年版，第 126 – 127 页。

意力集中在改善底层人民的生活境遇上，反而将罪犯的待遇提高到国家统包统揽的地步，这无异于是鼓励大家竞相犯罪。根据国外开展社区矫正情况显示，"中途之家"的资源耗费巨大。例如，日本目前就面临严重的经费短缺问题①。三是委托服务的不切实际。根据上海等地的经验做法，将社区矫正的部分工作打包委托给专业机构，这一做法被解读为民间力量参与刑罚执行的重大突破。但是此处存在几个突出问题：首先是资金问题。没有充足的资金，就没有足够的服务。除了北京、上海等地拥有这种优势资源外，中国大部分地区难以支撑这方面开销。其次是监管问题。立法规定社区矫正机构是司法行政机关的法定职责，司法行政机构负责社区服刑人员的监管、服务、教育、帮教安置。其中监管属于严格的刑罚执行活动，绝对不能委托给社区矫正管理教育服务中心，这是在推卸执法责任，是一种渎职行为。最后是民间力量问题。除了北京、上海等发达地区的民间力量发育较好，大量的非政府组织出现，但是中国大部分地区民间力量依然发育不充分，难以负担起一般性的教育、服务重任。

（三）社区矫正的"平面"立法，导致难产

平面立法实际上指的是一种应景性的立法，只是针对当前出现的问题，表面性地提出简单化对策。我国的社区矫正开展已有 12 年，但目前仍然没有出台专门的《社区矫正法》。也就是说，法制的支持性严重不足。立法层面的解释就是平面立法难以承载社区矫正的制度性压力，难以回应现实对于法律的不满：一是立法没有前瞻性，缺乏长远规划，难以承担起理论指导实践的责任。社区矫正立法是由各个司法机关之间利益博弈、最终妥协的结果，对于我国立法进程具有间接带动的作用。这种立法具有不彻底性，因为部门利益驱使，造成各自出台解释、细则等，然后不断篡改、超越条文，最终完全扭曲立法目的。二是立法过分重视发达地区经验总结，缺乏对于欠发达地区的适当关照。这是因为我们过分关注黄金模式，没有考虑广大中西部地区的社区矫正发展状况，对于客观存在的实践难题以及社区矫正立法后的风险挑战重视不足，没能够及早达成共识。笔者强调，中国是一个超大规模的国家，即使中国不断进步，但是至少几十年内具有典型代表意义的不在都市，而是欠发达地区。这就决定了我们立法必须以中国最广大地区的实际作为基础。三是平面立法缺乏本土性考虑。强调国外模式引进，没有关注中国独特的权威组织机构模式、地方的治理能力和限度、民情民意等。同时，当前的立法建议制作粗糙。由于没有严谨科学的实证分析和翔实的数据为基础的调研报告作为基础，难以有效说服决策者，更不能够打消决策者对于大面积推广社

---

① "以早稻田新生会为例，政府按人头支付给该机构'委托费'共分三个部分，即伙食补助费、住宿补助费和事务经费。经费不足主要是事务经费……早稻田新生会共有更新保护对象 18 人，月事务经费 216 万日元（约 17.59 万人民币），除去 6 位工作人员的工资外，事务运营经费所剩无几，更生保护设施的负责人谈到，在日本的许多更生保护设施的住房和办公设施陈旧，无钱更新和翻修。"详见张荆：《日本社区矫正"中途之家"建设及对我们的启示》，载《青少年犯罪问题》2011 年第 1 期。

区矫正的隐忧。综上所述，"平面"立法不能够解释解决社区矫正发展的现状及问题，也难以指导和支撑社区矫正的进一步发展。

二、经验：集体动员型的社区矫正制度实践——以欠发达地区的 G 市为例

中国的发展具有严重不均衡性，存在城乡、工农、地域差异，是影响中国现代化的重要原因。可以说，欠发达地区才最能够代表中国最广大的实际，欠发达地区社区矫正的国情代表性，应当重视。对于新的制度，欠发达地区的接受方式和应对模式如何，关系到我们深入理解中国的基层社会和执法实践，对于解释实践、破解实践难题具有重要作用。笔者以西部 G 市①为例，对社区矫正具体开展运作以及其中的逻辑规律予以阐释和发掘，将这种制度实践概括为"集体动员型的社区矫正制度实践"。

（一）以权威推动为主导

权威推动是集体动员型社区矫正制度的核心力量和灵魂所在。当前，集中反映社区矫正权威推动发展方式的就是成立工作领导小组。有学者指出，对于需要攻坚克难、啃硬骨头的重大复杂问题，党政机关会利用民主集中原则，集中权力，形成领导小组，发挥其"总体设计、统筹协调、整体推进、督促落实"的功效，并且指出"领导小组是高密度复合型的政治权力结构，充分借用高层领导的原有权力，因而具有高于常设机构的权威性。这种权威对于解决复杂问题是很管用的"②。

（二）以社会控制为主线

社会控制是集体动员型的社区矫正的行为目标和底线要求。通过法律实现社会控制，是现代国家治理的基本策略。"在近代世界，法律成了社会控制的主要手段。在当前的社会中，我们主要依靠的是政治组织社会的强力。我们力图通过有秩序地和系统地适用强力，来调整关系和安排行为。"③ 正是这种全景敞视主义④的监控，确保国家权力对服刑者的微观物理学的强制。换句话说，国家将意志和权力贯穿刑罚执行的始终，借助的是一套横向到边、纵向到底的网格化监控模式。这种立体式的监控，确保了国家整体平稳发展，促进法秩序的安定，实现国家对社会的有效治理。

---

① G 市是西部 S 省的一个省辖市，下辖 2 区 3 县 1 市，辖区面积 6344 平方公里，总人口 472 万。尽管如同其他中西部城市一样发展较快，但是由于人口基数较大，发展总量规模较小，处于发展中的地区。可以说，G 市属于欠发达地区，具有中国广大中西部地区的典型特征。

② 潘旭涛：《领导小组里的中国治理模式》，人民网，http://politics.people.com.cn/n/2014/0328/c1001-24758817.html,访问时间 2015 年 3 月 5 日。

③ ［美］罗斯科·庞德著，沈宗灵译：《通过法律的社会控制》，商务印书馆 1984 年版，第 1-2 页。

④ ［法］米歇尔·福柯著，刘北城、杨元婴译：《规训与惩罚》，生活·读书·新知三联书店 2007 年版，第 223-249 页。

1. 社区防控。在中国，社区是单位制解体之后，国家为了强化社会控制，利用传统的行政中心自发形成的。换句话说，社区的中心在政府，社区围绕政治权力机构形成。无论居住在距离权力中心多么遥远的地方，国家权力都会辐射出巨大能量。因此，可以利用政府力量形成对于社区服刑人员的从严监管，实现控制服刑人员的目的。可以说，社区防控是集体动员制度发挥功用的空间所在。例如，G 市的社区矫正任务被分配到各个乡镇，乡镇以政府为中心，划片分割治理，继续分配给村委会、居委会（简称村居）。利用乡镇和村居接近社区服刑人员，熟悉人和环境的优势，积极发挥其治安防控作用，加强对于服刑人员的监管。G 市通过建立乡镇、村居参与社区矫正的责任机制，要求司法行政机关积极与基层乡镇沟通协调，与各乡镇和村居共同签订《社区矫正工作目标责任书》，将村居开展社区矫正工作作为考核乡镇和村居"两委"班子和干部政绩的重要内容。实际上，乡镇政府和村居成为维稳综治最基层的监控力量，成为中国国家治理的最末端神经。

2. 社区警察防控。根据我国《人民警察法》的规定，司法行政机关负责刑罚执行的司法警察属于警察的范围。众所周知，监狱由司法行政机关管理，负责监禁刑罚执行的监狱警察被称为"狱警"，具有正式编制以及制服；同理，同样由司法行政机关管理的社区矫正工作也应当有此待遇，即非监禁性工作的社区矫正工作者也应当具备警察身份，并且解决制服问题。由此可知，这是符合国家法律规定的。G 市司法行政机关在充分论证、广泛采纳各方意见、借鉴其他地区经验基础上推出了社区矫正警察制度：在每个区县司法局建立司法警察队伍，解决警察编制，并且配备警服以及警用械具。推而论之，我们从中可以描绘出国家强制力量的作用方式，这主要是基于警察的形象和含义：一方面，警察代表一种国家权威，是震慑犯罪的利器，除了能够直接强制之外，更多的是刻画出一种惩奸除恶的国家制暴形象，从而达到对于服刑人员的一种心理强制；另一方面，警察是一种安全符号，是确保公众安全感的力量。使公众从内心深处产生一种国家权力存在、生存环境安稳的印象，这是民众配合支持警察工作的心理基础。

（三）以国家力量为主力

国家力量是集体动员型的社区矫正的动力来源和基本保障。以国家力量为主力，主要指的是党政领导下的集体参与制度。党政高度重视，公检法司等专门机关为主导，司法行政机关为执法主体，财政、民政等相关部门为保障等。

三、困局：社区矫正开展的瓶颈所在

以 G 市为代表的广大中西部地区的集体动员型的社区矫正发展模式，注重从实践出发，积极发挥制度性优势，切实解决复杂问题，确保国家社会稳定，夯实了国家治理的基础。然而，集体动员作为一种非常态的政治运作模式，一旦被频繁操作，必将带来一系列难题，影响社区矫正发展的深入性，甚至危及其生命力。

（一）权威推动发展，带来工作不可持续

权威推动发展模式，通过凝聚共识、汇聚力量、集中力量推动社区矫正发展的深入。然而，这种发展模式具有制度性不足、专业性不足、精力分散的突出问题。

1. 制度性不足导致连贯性不强。权威推动的重要作用在于集中力量办大事，然而过分集权导致的后果就是非制度化现象明显。一是过分依赖领导意志。目前，社区矫正工作的开展主要依赖的是党委、政府主导的工作领导小组，尤其是"一把手"的意志。G市的社区矫正开展较好的重要原因在于地方党委、政府的高度支持，在此前提下得到相关部门以及基层干群的全面配合。与此相反，笔者考察几个情况相似的地方，社区矫正工作由于没有取得地方党委、政府的足够重视，没有足够的力量支持，开展起来遇到非常大的阻碍。可以说，地方党委、政府对于这项工作的认知在很大程度上决定了工作开展的成效。然而，这种发展模式的缺点是连贯性不足，因为这是"人治"而非"法治"，一旦领导改变，那么相应的社区矫正工作就将面临重新洗牌的问题。

2. 权威组织的非专业化导致工作方式的简单化。权威推动的模式是一种魅力型的工作方法，重视人的作用，重视命令、政策、文件等非正式手段，强调的是一种上命下从的服从性安排，这种推动模式带来的就是非专业化的社区矫正发展方式。以G市为代表的中西部欠发达地区的社区矫正推进模式，没有足够的专业化力量进入社区矫正专业队伍，没有专业文化氛围，没有专业性的监管、教育、服务方法，没有公益劳动、心理辅导、志愿帮助等。专业化不足带来工作方式简单、粗暴，任何问题都"一刀切"地以"问题摆平"为核心，以"维护稳定"为标准。这种简单化做法直接导致的就是社区矫正的刑罚执行色彩黯淡无光，变成单纯的一项党政事务，作为一项不出事就可以的工作安排。

3. 多重责任导致精力分散。"领导小组的臃肿现象更多的是存在于地方层面。党政'一把手'兼职各类领导小组的数量从几个到几十个不等……领导小组的确提高了效率，但是随之而来的是过多的会议，占用了领导干部大量时间。什么样的事情可以成立领导小组，还是应该规范一下"。① 这种精力透支型的权威推动，只会带来消极影响：一方面，造成社区矫正工作独特性和优先性被忽略不计，被淹没在党政事务性工作之中，难以体现制度的特色和发展重要性，对于社区矫正的长远发展十分不利；另一方面，逆向损害权威组织者和推动者，造成其精力分散，客观上限制社区矫正工作的深入发展。

（二）行政主导过分，缺乏民间力量的有效合作

改革开放以来的社会转型期，我国的宏观制度环境正经历从国家主义的社会

---

① 潘旭涛：《领导小组里的中国治理模式》，载人民网，http://politics. people. com. cn/n/2014/0328/c1001 - 24758817. html，访问时间2015年3月5日。

治理模式向有限合作的社会治理模式转变。中国当前的中西部广大地区的社区矫正依然是一种行政主导型的发展模式。国家的绝对主导，某种程度上已经压抑了社会力量的发展；同时，社会力量本身的弱势和依赖性，导致其难以成为独立自主地推动社区矫正深入发展的力量，从而造成社区矫正的畸形发展态势，即国家的大包大揽带来的低效率与民间力量的边缘和无力。

1. 民间力量自身发育不足，难以满足社区矫正的社会合作要求。在国外，各种 NGO 组织众多，对于社会事业的发展具有举足轻重的作用。国外先进国家和地区的社区矫正已经有制度化的民间力量参与和主导。反观我国，目前的社区矫正偏重于整体结构上的国家主导，即使是经济发达的东部沿海地区，也难以做到民间组织发育状况良好。一是平均每万人拥有社会组织数。据统计，2013 年，上海、青岛、深圳、广州分别为 7 个、6.5 个、4.2 个、3 个，全国平均数为 3.3 个，远远低于世界发达国家每万人拥有社会组织数一般超过 50 个的标准。与此相对应，以 G 市为代表的广大中西部地区民间组织发育更是迟缓，每万人拥有社会组织数还不到 1 个。二是志愿者参与社区矫正的数量。"美国大约有 30 万至 50 万志愿者加入到社区矫正工作中"①，"挪威等北欧国家平均水平达到 35% 左右，强调社会服务工时的美国已经达到了 40%，而我国的注册志愿者人数只占总人口的 1% 左右。各国志愿服务精神在整个国民心中的重要性和影响力远胜于我国"②。以 G 市为例，只有 3 个志愿者组织，即安置帮教志愿者协会、G 市义工联合会、五老志愿团③。并且分布比较分散，工作重点偏重于教育、扶贫等，愿意从事社区矫正相关工作的基本没有。

2. 国家力量影响，导致民间力量难以有效参与社区矫正。目前，执政党具有的统揽全局、协调各方的制度性优势是相当明显的。但是，随着国家开放进程的加快，国家统揽一切的格局被新兴的民间组织冲破，逐渐形成国家社会共同治理的结构格局。这就要求执政党必须重视吸收积极健康的民间力量参与到国家治理中来。

3. 国家扶持不够，难以提升民间力量参与社区矫正的积极性。一是法律政策的支撑不足。（1）注册难是因为我们国家对于社团登记制度的规定过严、过死。（2）社会保障政策方面。社区民间组织的队伍建设畸形发展，在人员编制、职称评定、医疗保险、养老保险等方面的社会福利政策没有匹配到位。二是资金支持的匮乏。（1）国家主导的不均衡性的民间组织发展格局，导致有活力的志愿者组织难以发挥功效。民间组织的背景、颜色、地位、权限等具有先天的等级性，相应的筹措资金的能力也有高下，这就决定了民间组织在积极参与社会公共事务中

---

① 李瑞、徐静琳：《试论美国的社区矫正制度》，全国外国法制史研究会第 18 届年会论文，第 316 页。
② 马飞翔：《论转型时期中国志愿服务发展的方向》，载《思考与运用》2002 年第 3 期，第 26 – 27 页。
③ 五老志愿团由老干部、老教师、老战士、老党员、老法官组成。

的能力①。(2) 我国没有明确规定对于企业捐款减免税的相关规定，无法激发企业的捐助热情。G市的政府扶持设立的安置帮教志愿者协会每年能从政府获得5万元的扶持资金；而G市义工联合会由于是典型的自发组织成立的民间组织，经费来源主要是自筹，没有政府的资金拨付，也没有国家购买服务方面的业务来源。

（三）社区矫正专业队伍建设不足，执法心有余悸

社区矫正作为国家有意识提供的公共产品，本身就表明国家从社会进步、刑罚人道与资源消耗、人财投入中作出适当平衡和选择。如果说社区矫正这项事业能够开展依靠的是执政者的开放思维、前瞻眼光的话，那么社区矫正开展范围和能力、开展成功与否就决定于投入和保障是否充足。

1. 社区矫正专业队伍建设不足。以G市为例，社区矫正专业队伍分为两类：一是专职者，由县级司法局新设的社区矫正科的工作人员和原来的司法所具有公务员编制的司法所所长和司法助理员组成；二是兼职者，由乡镇政府调配其他岗位的公务员、选调生、村官以及动员退休老干部、老党员到司法所协助进行社区矫正工作。兼职者是中西部广大地区基层社区矫正专业队伍不足的无奈产物，根据笔者以前的调研发现，社区矫正专业队伍是顶着巨大压力，背着沉重负担在为国家和人民守护最底层的安全和稳定。专职者存在的问题：一是机构人员、编制严重不足，不能满足形势要求②。S市L县专职者只有24人，1/3乡镇没有专职者，而社区矫正服刑人数正在不断上涨，从2012年4月到2013年2月，月均增长率达到26.8%。专职者因数量不能增加，只能不断自我施压以应对各种压力和挑战。二是专职不专，工作量大，导致精力分散。基层司法所需要负担九项任务③，远远超过其所能负担的极限。并且，随着社会治理压力的增大，基层司法所参与基层综合治理不断深入，已经嵌套在基层治理格局之中，难以专一从事社区矫正工作，难以回应社区矫正发展专业化的需求。三是存在人才流失隐患，影响队伍的战斗力。基层工作压力大，上升渠道狭窄，年轻人容易外流。这一现象已经影响到队伍稳定，并且直接造成队伍梯队结构失衡，损害社区矫正发展的持续性。

---

① 例如，中国红十字会、中国宋庆龄基金会等官方组织，就能够获得相当多的政治、经济和社会资源，在经费保障、场所提供、人员安排等方面享有某种"特权"，成为准公务性质的民间组织。与之相对应的就是所谓的草根民间组织，它们的权力、地位、能力等根本无法与之相比。

② 2009年司法部发布的《关于加强司法所规范化建设的意见》规定，司法所一般按行政区划单独设置，原则上每个乡镇（街道）设置一个司法所。司法所应当配备3名以上工作人员，有条件的地方，应当配备5名以上工作人员。

③ 笔者将基层司法所承担的任务分为四类：第一类是人民政府赋予的任务：（1）依法治理：为基层政府提供法律建议、制定规范性文件、制定村规民约。（2）参与综治工作：防止群体性上访、防止群体性械斗、参与"严打"整治及专项治理活动。第二类是司法行政机关自身非刑事性质的职责：（1）纠纷解决：排查纠纷和纠纷调处。参与疑难复杂民间纠纷调处、代表基层人民政府调处社会矛盾纠纷。矛盾纠纷包括政府和上级领导指定的、当事人主动来调解的和其他渠道移交的。（2）法制宣传：普法宣传和法制教育。第三类是司法行政机关自身刑事法方面的职责：安置帮教和社区矫正。第四类是其他。

四是个别专职者因社会工作经验不足，不能适应基层司法工作。兼职者存在的问题：一是整体素质难以满足社区矫正专业化发展趋势要求。G市L县兼职者的年龄集中在40－60岁，基本没有大学学历。他们多数是乡镇统筹考虑解决社区矫正工作人数不足临时安排的。二是一身多职，自我认知模糊，导致目标责任不明确，对于社区矫正工作投入精力不足。三是缺乏激励机制，导致心理落差较大，影响工作积极性。身兼数职，却只能拿到一份工资，没有加班费、补贴等，缺乏政治前途期待①。

2. 维稳背景下的一票否决制，导致社区矫正专业队伍执法心有余悸

维护稳定一直是我国社会治安综合治理的重中之重。为避免出现风险以及附随的严重后果，基层往往在考核指标中设定一些关键性指标。这些关键性指标是否达标，将决定是否具有参与考核的资格，也就是所谓的"一票否决制"。目前，G市建立突发事件全员应对机制，全面动员社区矫正参与力量，将问题"摆平"。目前，G市的监控网络确保了社区服刑人员的零脱管、零犯罪。一票否决制的产生和运行是现实压力不断增强的结果，也是具备合理性的根源。这主要与我国的压力传导性的政治体制紧密相关。压力传导性的政治体制，采用的是一种组织动员参与、自上而下施加压力，从而确保政策法律得以贯彻的方式。而最终完成这一任务的是构建有责性的考核计划，该计划着重将重点任务分解，直接下达到最基层的县乡政权，一直延伸到村居等村民自治性组织。事实上，一票否决制的性质是压力惩戒性，并不符合绩效考核的奖惩的一般规律。"当然，大量设立'一票否决'指标并不一定能够达到预期效果，反而可能进一步挫伤村干部的工作积极性"②。

四、突破：社区矫正的改革进程

（一）整合既有模式，推进国家立法进程

社区矫正的地方性模式为社区矫正的中国化提供许多经验素材，积累了丰富的实践和理论成果。笔者认为，国家治理者必须更新理念，以推动立法为导向，以整合模式为手段，全面加强顶层设计，切实提升治理能力。笔者主张构建立体型的立法模式，即一种国家治理视野下的立法模式，这一模式具有以下几个特色：一是高度，即站在国家治理者的高度，统筹规划，全面协调，进行全局性、战略性、宏观性的安排部署，切实保障制度生成发展的科学性、权威性和公信力。二是深度，即立法必须充分重视改革的本土化，重视从中国本土中发掘可资利用的制度性资源。三是广度，这包括两个部分：首先需要总结过去、现在的经验教训，

---

① 高峰、禹得水：《社区矫正专业队伍建设研究——以S省L县社区矫正专业队伍建设为样本》，载《山东警察学院学报》2013年第4期，第129－132页。

② 刘明兴、侯麟科、陶然：《中国县乡增幅较小考核的实证研究》，载《世界经济文汇》2013年第1期，第83页。

适度前瞻，对未来进行合理规划，避免法律的频繁变动；其次应当对中外法制的制度性环境和非制度性环境进行充分考量和详细对比，拿出借鉴国外、兼顾中国的方案。四是力度，即立法必须能够指导实践，推动实践的不断发展。

从可操作性角度来说，必须坚持三个原则：

1. 模式整合：整合社区矫正的地方性经验，为国家立法提供智力保障。要求全面梳理国家目前已有的成果，加强顶层设计，以解决问题为导向，积极消弭分歧，寻求共识。当前我国比较有代表性的社区矫正的实践模式，基本上是各自为战，彼此之间缺乏有效的对比、沟通和联系，没有对全国模式作出全面、整体性研究。实践催生的模式种类不同，直接导致我国立法的艰难。因此，整合模式是破解立法难题、回应各方面争议的关键。应当以召开全国性的社区矫正理论和实务大会为契机，以加强模式推动者之间的对话和碰撞为手段，全面吸引来自理论与实务、中央与地方、国内与国外的人才，以解决问题为导向，以求同存异为方法，形成一批有分量、经得起考验的智力成果，为治理者提供决策依据，为社区矫正立法提供终局性方案。

2. 注重本土。本土化是指国家的社区矫正立法必须坚持实践导向，以增强制度的可操作性为使命。当前的社区矫正发展在某种程度上是借鉴国外法治发达国家的理念和具体制度的。而社区矫正的立法草案也是主要汲取国外发达国家经验，忽视对本国本土资源的关注，尤其是广大的中西部地区。社区矫正的立法方向应当是更加关注基层，加强调查研究，强化实证方法运用，以立法的可操作性为落脚点。

3. 综合平衡：坚决摒弃"一刀切"的立法形式，允许在立法中存在多元化选择。根据现有的素材可知，东部发达地区的社区矫正，无论是从理论积累还是实践发展，都走在全国的前列。国家的立法蓝本主要基于已有的一些运行模式和理论汇总，难以体现中国不平衡的法治发展现状。未来的立法模式可以采取"原则和例外并行"的立法原则，确保法律的可操作性。让法律具有多元选择的余地，从而让法律的可接受性增强，在实践中能够运行顺畅。

（二）推动国家与社会互动，形成国家/社会共同参与社区矫正的治理格局

1. 正视民间力量发展的现实。国家在从全权政治模式到有限治理模式转变的背景下，民间力量发展壮大不可阻挡。目前的民间组织发展主要是在东部经济发达地区，这些地方的社区矫正工作开展也处于国内前列。从未来中国的发展来讲，发展重心向中西部转移是必然的；欠发达地区民间力量逐渐觉醒、自动联合、积极发挥功效是必然的。相应的，执政者就必须顺从社会发展规律，正视客观事实，以积极态度对待民间力量发展。

2. 吸纳民间力量参与。目前推行的集体动员参与社区矫正，实际上仍旧是国家力量主导性质的。作为执政者，必须积极采取措施，引入民间力量参与社区矫正，从而促进社区矫正的多元化。一是确定政府与民间合作的基本模式。有两套

方案可选择：（1）政府购买服务，志愿者组织主导发展的模式。（2）政府主导，志愿者组织积极参与的模式。从中西部地区的实践来看，中国不宜提倡单一模式，应当根据具体实际采取具体对策。但是，对于中国整体而言，依然应当坚持国家主导，民间力量为辅的基本合作格局。二是明确民间组织参与的范围和方式。民间组织主要负责安置帮教、服务保障和教育培训等。三是确保民间力量参与的制度化。

3. 加强对民间力量的扶持。一是放宽政策，鼓励民间力量参与。对于志愿者组织成立的条件可以适度放宽，对于志愿者组织参与不再设定条件，规定凡是愿意参与社区矫正服务、教育的志愿者组织都有资格向当地司法行政机关申请参与。二是强化激励保障力度，吸引民间力量参与。给予民间力量参与社区矫正相应的物质激励，如办公经费、活动经费、交通费、用餐费等；相应的精神激励，如荣誉称号等。三是对于民间力量参与责任的适度免除。民间力量参与社区矫正，应当被定位于协助执法，除非是明显失职，否则应当享有责任豁免权利。

（三）加强专业队伍建设，改革考核机制，为社区矫正深入发展提供保障

对于专职者强化专业性。其一，将机构编制单独列出，确保人力充足；其二，保障社区矫正工作的适度独立性。基层司法所重心向社区矫正等执法工作倾斜，摆脱乡镇工作对其的束缚；通过职能分离，将司法所工作独立出来，直接受上级指挥。其三，加大激励和培训力度，保障队伍的稳定性和战斗力。

对于兼职者向志愿者化发展。大致分为三步：第一步，逐步将不适合执法的兼职者转化为志愿者。这部分主要是指一身多职、工作繁忙、无暇顾及社区矫正工作的，或者是年老体弱、身体健康状况不佳的，或者是知识结构老化，不能胜任工作的，或者是内心不愿意参与，被硬性指派参与的。第二步，建立激励和保障机制，提升保留下来的兼职者的积极性，但是他们不能够参与监管工作。第三步，随着国家法治发展成熟，将所有兼职者全部转为志愿者。对于有意愿继续参与社区矫正工作的，由司法行政机关与其签订协议，约定从事的性质，确定工作范围和方式，明确责任承担范围和方式等①。

改革考核机制，注重实事求是。考核制度的实质是借由压力施加与利益引导，促使操作者遵循利益最大化的理性选择，从而确保制度运行和管理过程的良性、科学。如何破解考核制度的机械化、非人性化，切实提升考核机制的生命力和公信力，确保考核的实质化，是社区矫正工作长久、稳健发展的必然考量。一是取消一票否决制。将服刑人员置于社会，本身就存在不可避免的、严峻的社会治安防控风险及挑战，如果继续坚持一票否决制，将不利于提升基层工作者的积极性和创造性，也会带来基层治理采取收紧网络、提高门槛、越位监管等问题，不但

---

① 以上关于社区矫正专业队伍建设的改革对策，参见高峰、禹得水：《社区矫正专业队伍建设研究——以 S 省 L 县社区矫正专业队伍为样本》，载《山东警察学院学报》2013 年第 4 期。

损害服刑者的合法权益，也不利于这一制度的纵深发展。二是坚持定性与定量结合的实质考核观。社区矫正考核制度，应当从单纯的"数字管理"向个案中的定性与定量综合考察转向，借助多维视角，透视复杂个案，真实发掘事件本质，提升制度运行的可信性和公信力，从而强化对于基层执法者的正向激励。

社区矫正法的科学立法

上海政法学院　关占花

一、社区矫正立法在科学立法中的基本要求

党的十八届四中全会审议通过的《中共中央关于全面推进依法治国若干重大问题的决定》规定了在全面推进依法治国的新的历史起点上对立法工作的新要求：建设中国特色社会主义法治体系，必须坚持立法先行，发挥立法的引领和推动作用，抓住提高立法质量这个关键，深入推进科学立法，使每一项立法都符合宪法精神、反映人民意志、得到人民拥护。

社区矫正立法应当遵循法律体系内在规律和中国国情，科学立法。科学立法要求"认规律"和"接地气"，立法要注意法律的内在规律性，做到体系和内容科学；要尊重中国国情，契合人民的社会习惯，内容要言简意赅，具有可操作性，易为人理解和遵守。

（一）理论与实践相结合

实践是检验真理的唯一标准，理论是对实践真理的提炼与升华。我国决策者、专家、学者在理论层面，能够透过现象看本质，善于进行归纳总结，提炼出社区矫正立法的理论精华。在实践层面，社区矫正工作队伍更能深入实际体会到社区矫正现存的问题，能够对具体的问题提出具有可操作性的解决方法，提高社区矫正工作的精细化管理程度，为社区矫正立法提供合理的内容元素。笔者认为，二者结合，通过思想的交流，从不同角度探讨研究，可以碰撞出有利于社区矫正发展的火花。

社区矫正工作开展 10 年来，不少专家学者、实务部门均著书立作，对社区矫正的理论问题进行了探讨；也以课题组的形式，探讨出《社区矫正法（专家建议稿）》、《社区矫正法（立法建议稿）》等立法成果。此外，全国很多省市也分别出台相关的社区矫正规定，相对于《刑法修正案（八）》、《刑事诉讼法》以及《社区矫正实施办法》而言，既有其范围之外的创新性规定，也有其范围之内的补充性内容。同时，地方性法规的地方特色符合地方实际情况，是社区矫正立法的重要参考依据。因此，笔者认为应当鼓励立法方面的课题调研，实行对高校、研究机构公开的课题招标机制，对基层工作者及其实践现状、难题、解决策略进行深入的大规模的调研。最终提炼出相关的社区矫正立法的观点，选择践行相似观点

的地区进行跟进评估，共同探讨社区矫正立法内容。

与此同时，为践行科学立法的观点，我国社区矫正立法也应吸收国外的先进理念和经验、成熟和成功的实践等。笔者认为，在实施社区矫正立法时，可以组织相关专家、学者到国外调研，结合我国实际与域外发展变革现状总结经验、吸取教训，用发展的眼光看待我国社区矫正的发展趋势，从而在立法活动中提出"取其精华、去其糟粕"的实用性意见。

（二）原则性和灵活性相结合

科学立法首先要求立法具有原则性。立法活动作为国家政权活动中尤为重要的活动，不能没有准绳予以遵循，不能没有内在精神品格作为支撑；法律本身就是一门科学，有自身的内在规律，也有自己的基本原则。笔者认为，在社区矫正立法中，立法应当以《宪法》为依据，应按照《立法法》的要求，由全国人大在过去试点工作的归纳总结上，在全国性调研基础上，提炼出社区矫正基本原则和各项规定，再制定内容较为笼统的《社区矫正法》。然后，由全国人大或人大常委会授权地方人大或地方政府，结合当地实情制定相应地方性法规或实施细则。

科学立法还应当具有灵活性，尤其是中国作为一个统一的多民族大国，地域差距、城乡差距、文化差距巨大，且处在快速转型期间，社会变化日新月异，制定的法律如不能够适应国家社会变化必然是失败的法律。如果已制定的法律束缚社区矫正积极的探索，势必扼杀社区矫正的灵性和创新。试点十余年的社区矫正制度逐渐成熟，各地区在全国试点规范性文件的框架内外探索适合自己的社区矫正道路，结合地方特色，发挥地方的主观能动性，创新社区矫正模式。此外，对于少数民族聚居区，要注重和其民族文化习惯相适应，制定更为合理的社区矫正法律内容。

（三）稳定性、前瞻性、适应性、统一性相结合

首先，法律应当具有稳定性。稳定性是法律的内在属性，不能朝令夕改，否则将有损法律的权威性。亚里士多德说过："法律所以见效，全靠民众服从。而遵守法律的习性须经长期的培养，如果轻易地对这种或那种法律常作这样或那样的废改，民众守法的习性必然削减，而法律的威信也就跟着削弱了。"① 法律的稳定性需要建立在立法的合时宜基础之上，法律制定过早将扼杀相关领域的创新发展模式，使发展趋势限制在法律的牢笼之中，但发展是事物的本质属性，当法律不能适应事物发展时，法律则需要随之改变；而法律制定过晚则会导致其滞后性，有碍我国依法治国的发展战略。这就要求立法要根据实际情况把握立法时机，不仅要考虑客观实际提出的立法要求，还应当考虑立法条件是否成熟，不能盲目加快立法进度，盲目追求立法上的大而全。② 就社区矫正立法而言，虽然其已被列入

---

① 亚里士多德：《政治学》，商务印书馆1965年版，第81页。
② 周旺生：《立法学》，法律出版社2004年版，第85页。

十二五立法规划，但其立法条件是否成熟、是否应该加快立法步伐，需要经过调研、论证后才能确定。

其次，法律应当具有前瞻性。法律只有具有前瞻性，才能够适应社会与相关领域发展的进程。这就要求社区矫正立法应立足于当前状况及经验，加强立法预测，运用科学方法，揭示社区矫正的发展趋势及其规律，使现行立法合乎社区矫正未来的发展规律，符合社会的发展目标，符合司法体制改革的方向，制定出具有前瞻性的《社区矫正法》。这样，法律便没有或减少同改革的冲突，从而更加具有相对稳定性和较强的适应性。另外，我们虽然能探索未来的发展规律，但我们却不可能事无巨细地预测未来的状况。而法律又必须提供社区矫正的执行根据，促进社区矫正的发展。这就要求法律要保持一定的伸缩度，用法律原则与相对确定的法律规范去反映和调整社区刑罚执行。否则，法律过于具体、过于确定，就会限制法律的适应性，将反作用于法的稳定性。

最后，法律应当具有统一性。法制统一原则是实施依法治国方略的基本要求，也是现代社会法治国家所共同提倡和遵守的一个重要原则。法制统一原则要求在立法、执法、守法和法律监督各个环节都要使法律得到统一执行和遵守；作为目的，只有在立法统一、执法统一和法律得到普遍遵守的基础上，各环节的统一，才能真正实现法制统一。① 其中，立法统一是维护法制统一的基础。目前，《刑法修正案（八）》、《刑事诉讼法》、《社区矫正实施办法》等多部法律都有对社区矫正的相关规定，彼此之间并不协调一致，甚至互相冲突。例如，《刑事诉讼法》及其解释和实施办法关于收监执行的条款截然不同；社区矫正与监狱矫正相对都属于刑罚执行范畴，《社区矫正法》应当与《监狱法》"遥相呼应"。因此，为保证社区矫正相关立法在法律体系中的连续性与统一性，立法内容应该与上述内容相连接、统一，保证法的内部结构的协调一致。

另外，此处统一并不排斥新法优于旧法的法律适用原则，笔者主张立法应立足于客观实际的观点，反对要求社区矫正新立之法不能与前述规定相冲突的观点。前述几种法律或文件是在试点较短时间内且没有经过较为全面、科学的调研下作出的规定。《社区矫正法》应该顺应党的十八大倡导的司法体制改革的步伐，如果经过调研，之前的法律规定是不合时宜的，就不能仅仅为保持法律的稳定性而故步自封，应尊重客观情况，敢于立足现实、服务大局，进而制定出具有中国特色的《社区矫正法》。

（四）以服务大局为重，消除部门利益

科学立法要求，法律要服务大局，立法者要统揽大局。统揽大局原则要求全国人大及其常委会应站在中国整个立法的大局上规划和从事立法。这意味着从程序公正的视角来观察，立法者不能率尔拟订条文。近年来，民主立法、开门立法

---

① 李婕妤：《维护法制统一的必要性与制度建构》，载《哈尔滨市委党校学报》2007 年第 3 期。

理念深入人心，表面上更好地代表了人民的意志，提高了立法的质量。然而，议案的起草作为立法活动的重要程序，其一般是由与该草案有利害关系的部门提供，毋庸置疑，他们会首先考虑该部门的利益，将有利于部门管理及利益的相关规定先入为主，实现立法寻租。此种草案即使仍需经过审议、表决的博弈，但仍然难以确保消除其部门利益。公民的话语权仅能在相关法案起草且公布以后，这使得公众在至关重要的法案起草阶段失去话语权，使"国家立法部门化、部门立法利益化，部门立法合法化"，影响了立法的民主性、科学性，削减了立法以大局为重的要求，降低了立法的质量和公正程度。

二、社区矫正科学立法面临的困境

（一）社区矫正认知度低

社区矫正虽已推广十多年，但是社会公众对社区矫正的认知度仍然很低。首先，就社区一般公众而言，由于社区服刑人员在社区中的生活方式、习惯、作息规律均未出现较大改变，相同社区的公众大多不了解其处于服刑期，正在接受社区矫正，因此对于社区矫正也没有深入的了解。其次，就西部欠发达地区而言，由于各方面发展有限，在社区矫正机构设置、队伍建设方面较我国其他地区均有不足之处，导致社会公众对社区矫正的了解知之甚少。最后，就社区矫正立法的人大组成人员而言，其对社区矫正方面的知识了解不全面，不利于社区矫正科学有效的立法。

（二）社区矫正立法时机欠成熟

现在社区矫正的执行根据主要是《社区矫正实施办法》，其并不属于法律范畴。《刑法修正案（八）》、《刑事诉讼法》中均有关于社区矫正的相关规定，但是内容较为原则，不能对社区矫正实践起到有效的指导作用。现在亟须《社区矫正法》的出台，这是依法治国的需要，也是依法执行刑罚的需要。需求的满足需要以适当、成熟的时机为前提。《社区矫正法》应当不急不躁，社区矫正推进及其立法是个长期发展的事业，应当循序渐进，尊重科学，不能为立法而立法，将立法作为社区矫正发展的终极目标与成果。《社区矫正法》在全国试行，各地正处于探索时期，在没有充分调研、评估之前，不适宜着急立法。应该在经过充分调研、评估，探索出适合全国的社区矫正模式后再制定成文法律。

（三）社区矫正立法模式有争议

社区矫正的立法模式分为"自上而下"和"自下而上"两种。就"自上而下"的立法模式而言，"上"由全国人大制定统一的《社区矫正法》，可以使我国在较短的时间内即有法可依，实现社区矫正领域的依法治国宏愿；"下"有因地制宜的地方性法律，可以实现原则性与灵活性相结合的科学立法理念。以翟中东为代表的学者坚持"自下而上"的立法模式，能够有效地缓解我国在社区矫正方面地域发展不平衡的现状，但是我国《立法法》第8条规定了关于犯罪和刑罚的事项只能由法律规定，但是地方制定的只能是地方性法规，不可能上升到法律。

三、社区矫正立法践行科学立法的途径

（一）加大社区矫正宣传力度

针对社区矫正认知度低的现状，应该通过网络、传媒、司法行政机关各个渠道加大宣传力度。只有让社会公众了解社区矫正，才能使社区矫正在立法征集、听证会、征求立法意见等方面有可操作性意义。

（二）提高立法者的知识素质和理论水平

立法者的知识素质和理论水平是科学立法的前提条件。只有提高立法者的知识素质和理论水平，他们才能在进行立法活动时把握立法规律，从而使立法准确地反映客观规律。社区矫正是我国刑罚执行的新产物，且理论性、专业性比较强，但社会公众的认知度较低，作为社区矫正的立法者，应该事先了解社区矫正知识。由于我国的立法机关是全国人大及其常委会，立法议案的提出是由人民代表或人大常委会委员采用无记名方式表决。作为法律的表决人员——全国人大代表来自各行各业，专注于社区矫正的人员较少，对社区矫正的了解甚少，因此在社区矫正立法之前，为增强其对社区矫正知识的认识，需要大力宣传社区矫正知识。另外，在表决之前的审议立法议案阶段，立法议案在提交审议前，可以将草案公布，广泛征求意见，尤其是专家学者的意见。各专门委员会审议立法议案涉及专门性问题时，可以邀请有关代表和专家列席会议，听取他们的意见。这是立法吸收专家、学者参与的表现，是值得倡导的。

（三）立法者、专家、学者应实事求是，深入调研

立法者应当树立科学的立法观，培养科学的立法作风，深入实际与基层，贴近生活与现实，注重调查与研究。只有深入实际，调查研究，才能客观了解实情，防止滥用主观性；才能全面了解实际，防止决策的片面性；才能深入了解实情，防止浮于表面性。只有真实地、全面地、本质地了解客观的实际情况，才能准确地把握社会生活提出的立法要求，才能使立法体现人民的利益和符合社会发展规律。

（四）实行立法回避制度，公正立法程序

科学立法应该注重立法的公平公正，权衡利弊，以大局为重。公正立法程序，应该实行立法回避制度。党的十八届四中全会决定由人大组织起草小组。笔者认为，也可以在立法起草阶段通过公开招标的形式由专家学者、科研院所等中立方起草法案。就社区矫正立法而言，可试行上述立法回避制度。最终由司法部在审议阶段辩证地汲取草案意见，这样既做到使部门的话语权得到体现，又有效避免了部门立法，使其在立法中的作用得到合理、有效的发挥。①

---

① 丁爱萍：《"立法回避"彰显立法科学民主》，载《楚天主人》2007 年第 11 期。

（五）实行立法评估

社区矫正立法的科学性需要通过评估验证。笔者认为，《社区矫正法》颁布之前，可以从两方面评估。首先，可以在中国的东、西、南、北、中部选择具有代表性的地区按照法律进行二次试点，通过二次试点评估《社区矫正法》的科学性。评估的时间不宜过长，控制在两年以内。评估的首要标准是重新犯罪率，主要从社区矫正二次试点前到试点后。其次，对于未选中的其他地区，在这两年内，由全国人大授权地方人大制定与社区矫正相关的地方性法律，鼓励地方创新的积极性，探索因地制宜的社区矫正模式，从中选取合理的部分纳入《社区矫正法》。

社区矫正立法思路中若干原则性问题探析

上海政法学院　李宜兴

从党的十八届三中全会报告中提出"健全社区矫正制度"，到党的十八届四中全会明确提出"制定社区矫正法"，社区矫正立法问题逐渐被提上日程，这也是对我国社区矫正发展十余年进行阶段性总结的必然要求。然而，社区矫正立法并非一朝一夕的事情，仍有些许立法思路中的原则性问题亟须厘清。但学界关于社区矫正立法化的问题要么过多地把目光投向社区矫正的整体层面上。例如，吴宗宪教授将社区矫正立法化需要着力解决的主要问题归结为国家立法问题、经费保障问题、队伍建设问题以及制度完善问题；[①] 学者田兴洪和吴占英则将社区矫正立法化的主要问题归纳为国家立法问题、法律性质问题、队伍建设问题和制度完善问题；[②] 学者姜爱东将社区矫正立法中的几个问题概括为适用范围问题、审前社会调查问题、执行主体问题、工作程序问题。[③] 要么就是针对具体存在的问题展开讨论，如学者程远瑞将社区矫正立法细化为具体的问题：矫正对象管辖问题，工作体制、执行机构和队伍的问题，执法权限的问题，对象管理的问题，帮扶措施的问题，建立教育管理中心制度的问题等。[④] 很少有人对社区矫正立法思路上的原则性问题进行研究，而立法原则性问题则是事关社区矫正立法事业顺利开展的基石，犹如火车的铁轨一般，是社区矫正这列火车开动的基础所在。因此，笔者就社区矫正立法的若干原则性问题展开以下论述。

一、立法时机：日趋成熟化原则

一般而言，立法是指享有立法权的国家机关或者个人根据统治阶级的意志而进行的制定、认可、修改或废止具有法律效力的行为规范的活动。[⑤] 而就法律制度本身而言，立法是对一项长期发展的制度成熟之后形成的经验进行高度概括性的总结和归纳，最终以条款的形式规范化的过程。

---

① 吴宗宪：《论社区矫正立法与刑法修正案》，载《中国司法》2009 年第 3 期，第 21 页。

② 田兴洪、吴占英：《从〈刑法修正案（八）〉看我国社区矫正立法化及完善路径》，载《甘肃社会科学》2011 年第 3 期。

③ 姜爱东：《关于社区矫正立法中的几个问题》，载《中国政法大学学报》2010 年第 6 期。

④ 程远瑞：《关于社区矫正立法中几个问题之思考》，载《中国司法》2011 年第 9 期。

⑤ 张根大、方德明、祁九如著：《立法学总论》，法律出版社 1991 年版，第 48 页。

　　社区矫正立法时机是否成熟，这本身就是一个缺乏绝对判断标准的问题，因而学界争论不休也在所难免。其中学者杨峥嵘分别从社区矫正现有条件和重视创造新的条件两个角度展开论证我国的《社区矫正法》应当宜早不宜迟、宜快不宜慢、宜粗不宜细、宜高不宜低。① 那么，究竟以什么样的判断标准来评价立法时机的成熟性问题呢？有学者从立法需求和立法可能两方面进行立法时机的判断，② 也有学者主张，一部法律的制定是否具备成熟的条件，可以从两个方面予以考察：第一，现实的需要程度；第二，是否具备立法能力。③ 然而，实际的立法过程是一个相对的、综合的过程，其所提出的判断标准虽有可取之处，但现实推敲一下仍有重要疏漏。笔者认为，就社区矫正立法时机是否成熟而言，可以从以下几个方面进行论证：

　　（一）实践需求

　　笔者借鉴学者许俊伦对立法条件的论证角度④来看我国社区矫正立法条件的成熟度。首先，在宪法依据上，社区矫正源于刑罚轻缓化和恢复性司法的思潮，这些思想是在符合我国宪法基本原则的前提下展开的，是站在服刑人员的立场上实施的矫正。其次，在政策依据上，就目前社区矫正制度而言，最高人民法院、最高人民检察院、公安部、司法部联合发布诸多关于社区矫正实施的规范性文件，以此来推进和指导社区矫正在全国的试行；此外，党中央多次提出健全社区矫正制度、制定社区矫正法等。由此可见，社区矫正在我国最高层面上已具备立法所需的环境。再次，实践依据上，社区矫正经历十余年的试行，各省市已基本形成类型化的经验，目前法律上已正式确立社区矫正制度，细化了社区矫正的适用条件，加强了对社区矫正人员的监督管理，强化了检察机关对于社区矫正过程的监督。然而，就专门性法律而言，社区矫正却没有直接的试行依据，《刑法》上的规定过于宽泛，现行社区矫正所依据的《社区矫正实施办法》在法律层面又缺乏应有的执行效力，因此，就实践层面，社区矫正急需专门性法律的出台。⑤ 最后，在全局利益基础上，社区矫正制度作为我国刑罚制度的一种补充，为改造服刑人员提供了新的思路和出路。社区矫正实施多年以来，根据官方提供的统计数据显示，社区服刑人员矫正期间再犯罪率一直处于 0.2% 以下的较好水平，由此促进社会稳定，取得了良好的法律效果和社会效果。⑥

---

① 杨峥嵘：《关于我国社区矫正立法问题的几点思考》，载《中国司法》2013 年第 1 期。
② 饶龙飞、许秀姿：《立法时机三论》，载《井冈山学院学报（哲学社会科学版）》2009 年第 1 期。
③ 王万华：《论我国尽早制定行政程序法典的必要性与可行性》，载《中国法学》2005 年第 3 期。
④ 许俊伦：《立法条件成熟之我见》，载《西北政法学院学报》1986 年第 2 期。
⑤ 崔会如：《我国社区矫正立法述评》，载《河南司法警官职业学院学报》2013 年第 1 期。
⑥ 司法部副部长张苏军就司法改革等介绍相关情况，http://news. xinhuanet. com/legal/2014 – 11/05/c_127182294. htm，访问日期 2014 年 12 月 1 日。

（二）立法能力

1. 认识理念

从立法者的角度来看，认识理念既包括对社区矫正实践经验上升为法律的认识，也包括西方国家社区矫正的立法经验经过研究论证能够适合我国的认识。从我国实务界和学术界关于社区矫正的研究来看，每年对社区矫正的研究明显存在不足，在现实生活中的知晓度上同样表现出不足。实务中受到现有法律制度框架的约束，缺乏创新精神；学术队伍的人员缺乏以及理论研究步入"轻理论，重实践"的研究误区，造成研究成果质量不高。因此，就社区矫正立法而言，虽立法热情高涨，但现实困难重重，需综合国家之力，倡导社区矫正研究，提高社区矫正的知晓度和认识率。

2. 立法技术

我国立法技术尤其是刑事立法技术存在着一定的缺失，以社区矫正为例，就有学者建议我国社区矫正立法应与监狱法合二为一，并且把死刑立即执行的法条也纳入进来，统一取名为《刑罚执行法》，而不宜搞单独的《社区矫正法》。[①] 上述观点便是基于当前我国刑事司法立法技术上存在的刑事法律内部结构不完善，缺乏系统性的不足而提出的立法建议，然而就我国社区矫正立法需求的现状而言，其建议明显高于实际，因此，在实际立法中仅能当作未来立法的新动向，不宜在此次立法中予以确立。虽然目前刑事法律立法技术有待提高，但这并不足以否定我国立法能力的不足，社区矫正的立法完全可以在现有的智力、物力、财力等基础上进行，法律本身就是适用于国家现状的，若法律脱离国情而设计，那么这部法律必然起不到应有的效力。因此，笔者建议在立法中丰富立法技术，在立法技术中完善立法。

（三）社区矫正的成熟度

社区矫正在我国的发展究竟达到一种什么样的程度？其试行的经验能否解决社区矫正中国化的最基本的问题？这一系列问题的解决与否也是学界关于社区矫正是否立法的争议焦点所在。就目前我国社区矫正发展现状而言，必然属于起步阶段，这是毋庸置疑的，但是否起步阶段就无须法律层面来加以规制呢？笔者认为，社区矫正立法不仅仅是对当前社区矫正试行的约束和规制，更多的还包括对地方权限权利的一种肯定和保障。从立法上而言，一方面起到宏观指导的作用，规制应当由法律进行创制的内容，诸如涉及人身自由方面等，从而避免地方出现越权现象；另一方面起到放权保障的作用，可以将地方的试行权利以法律的方式确定下来，从而有效地保障了地方灵活试行的范围。更何况，我国社区矫正经历十余年的发展已经初具规模，因此把这些可以规范化的经验以立法的形式确定下来，更是对社区矫正再发展的一种顶层支持。

---

① 王志亮：《关于社区矫正立法的构想》，载《河南司法警官职业学院学报》2012 年第 2 期。

因此，笔者认为，虽然社区矫正目前仍存在诸多问题有待解决，但最根本的问题便是缺少立法层面对试行工作的顶层指导。虽然当前立法存有不完善的地方，但是正如周旺生所言：立法产生后便向前发展着，发展的过程中呈现出一系列带有普遍性、规律性的现象。比如，立法调整经历了由简单向复杂演变的发展历程，经历了由盲目走向自觉、由被动走向自动、由体系凌乱走向体系完整的发展历程。① 因而，每部法律的制定必然经历修改的过程，这是法律滞后性与社会发展不可调和的产物。因此，无论从理论探讨上，还是从实践需求上讲，社区矫正立法都已成为大势所趋。

二、立法路径：中央统领，地方细化的原则

关于社区矫正立法路径问题，学界早有争论。有学者建议采用"先制定下位法，后制定上位法"的立法模式②；也有学者主张"社区矫正必须由全国人大统一立法"的立法模式③；此外，还有学者认为宜采用"先上后下"的立法模式。无论是"先上后下"，还是"先下后上"，其所争论的焦点便是中央立法与地方立法的权限及相互之间的关系问题。究竟如何来厘清中央与地方关于社区矫正立法上的问题，笔者是这样理解的：

（一）以宪法、立法法为基本依据

一部法律规范的制定，在宏观上首先要确立、遵循正确的指导思想，贯彻一定的立法基本原则。《立法法》第 3 条对我国立法指导思想作出明确规定：立法应当遵循宪法的基本原则，以经济建设为中心，坚持社会主义道路、坚持人民民主专政、坚持中国共产党的领导、坚持马克思列宁主义毛泽东思想邓小平理论，坚持改革开放。宪法作为母法，对所有的法律均有原则上的约束，其他法律应当贯彻宪法中的"人民主权、基本人权、权力的制约、法治"基本原则。此外，《立法法》作为对我国立法活动统一规范化的法律，是任何立法活动所应当遵循的准则性的规定。因此，厘清社区矫正立法主体的问题，首先需要以宪法为依据，以立法法为准绳。

1. 社区矫正中央与地方立法权限之澄清

《立法法》第 8 条规定了全国人大及其常务委员会所享有的专属立法权：犯罪和刑罚，以及对公民政治权利的剥夺、限制人身自由的强制措施和处罚等。而《立法法》第 73 条规定："地方性法规可以就下列事项作出规定：（一）为执行法律、行政法规的规定，需要根据本行政区域的实际情况作具体规定的事项；（二）属于地方性事务需要制定地方性法规的事项。除本法第八条规定的事项外，

---

① 周旺生：《立法学》，北京大学出版社 2006 年版，第 141 – 142 页。
② 翟中东：《中国社区矫正立法模式的选择》，载《河北法学》2012 年第 4 期。
③ 阎玮、董亚娟、苏喜民：《社区矫正立法原则之我见》，载《河北法学》2013 年第 1 期。

其他事项国家尚未制定法律或者行政法规的，省、自治区、直辖市和设区的市、自治州根据本地方的具体情况和实际需要，可以先制定地方性法规。在国家制定的法律或者行政法规生效后，地方性法规同法律或者行政法规相抵触的规定无效，制定机关应当及时予以修改或者废止。"

通过上述立法规定可以看出，中央与地方的立法权限仅限于第 8 条的规定不能予以立法，就社区矫正立法而言，地方可以就社区矫正中的教育矫正和帮困辅助等具体事项先行立法，既是对社区矫正多年地方经验的总结，也是推进社区矫正制度法制化发展的重要路径。至于涉及惩罚监管的具体措施，还有待全国人大及其常委会予以立法，这也是为何党中央会如此高度重视社区矫正立法的缘由。

2. 现阶段社区矫正地方立法的违法性分析

曾有学者以《立法法》第 8 条 "下列事项只能制定法律：……（四）犯罪和刑罚；（五）对公民政治权利的剥夺、限制人身自由的强制措施和处罚……" 中的部分规定来论证社区矫正立法只能由全国人大及其常委会来行使。[①] 其实，关于该学者的论证理由笔者较为赞成，但其论证结果笔者不敢苟同。

首先，需要对《立法法》中所规定的犯罪与刑罚，以及对公民政治权利的剥夺、限制人身自由的强制措施和处罚进行准确的释义。从《立法法》第 8 条规定的立法原意来看，之所以将涉及犯罪与刑罚，以及对公民政治权利的剥夺、限制人身自由的强制措施和处罚的立法权限收归国家行使，主要是遵循宪法中保障人权基本原则的必然要求，充分体现对公民合法的政治权利和人身自由的尊重。《立法法释义》[②] 中明确解释到：刑罚是以国家强制力为后盾的最严厉的处罚措施，以何种刑罚去惩罚犯罪则是一项严肃的国家行为和国家权力，必须由国家法律予以规定；而关于公民的政治权利和人身自由，由于是宪法直接保护的公民的基本权利，依法享有政治权利和人身自由也是公民得以行使其他各项权利的前提和基础，因此，对公民政治权利的剥夺、人身自由的限制必须以法律的形式予以规定。同时，明确将司法制度中存在的限制公民人身自由的强制措施以外的其他强制措施即行政强制措施也纳入全国人大及其常委会的专属立法权限范围，这样便有效地防止实践中地方以执法需要为名，擅自规定有关限制人身自由的强制措施，侵犯公民的基本权利。综上所述，关乎犯罪与刑罚，以及对公民政治权利的剥夺、限制人身自由的强制措施和处罚的法律均应当由全国人大及其常委会予以立法。

其次，针对社区矫正究竟是否属于《立法法》中所规定的刑罚范畴而言，笔者认为社区矫正属于刑罚执行，那么《立法法》中所规定的 "刑罚" 应作大刑罚类的理解，因为《刑法》是关于犯罪与刑罚的法律，此处的刑罚便是从宏观角度

① 阎玮、董亚娟、苏喜民：《社区矫正立法原则之我见》，载《河北法学》2013 年第 1 期。
② 中华人民共和国立法法释义，http：//www.doc88.com/p-917964842811.html，访问日期 2014 年 12 月 1 日。

对刑罚所作的理解，此外，《立法法》中对涉及限制人身自由的行政强制措施都规定由全国人大及其常委会进行立法，更何况社区矫正属于刑罚执行。这也是笔者所反复强调的关于社区矫正立法中存在的上述特殊条款必须由全国人大及其常委会先行立法的缘由。

再次，从"法律保留"的角度来理解，一方面，在法律保留的范围内，行政机关未经议会授权不得立法，另一方面，也意味着在保留的事项之外，行政机关获得了无须议会授权自主立法的权力。行政机关在法律保留范围外的事项上立法，具有权限上的合法性。《立法法》中规定涉及犯罪与刑罚，以及对公民政治权利的剥夺、限制人身自由的强制措施和处罚应当由全国人大及其常委会制定法律，但并未否认除了上述条款之外的其他规定不可以由地方予以立法，也即社区矫正法中除了涉及犯罪与刑罚，以及对公民政治权利的剥夺、限制人身自由的强制措施和处罚的条款外，其他条款可以根据地方实践的需要进行立法。

最后，就目前的社区矫正地方立法而言，笔者认为是存在违法性的，但这并不是否认地方没有关于社区矫正立法的权限。《立法法》第73条已明确规定，地方拥有对新生事物制定地方性法规的立法权限，但就社区矫正立法权而言，仅限于除犯罪与刑罚，以及对公民政治权利的剥夺、限制人身自由的强制措施和处罚类条款规定之外的立法权。

（二）社区矫正立法不同于监狱立法

我国《监狱法》存在一些弊端，诸如原则性、规范性过强，许多实际问题无法一一列入①等。而社区矫正虽然目前官方通说认为同监狱执法一样，同属于刑罚执行，但不可否认的是，相较于监狱的设置而言，社区矫正更具有地方特色属性，因而社区矫正的立法无须遵循监狱立法路径，而是可以赋予地方一定的立法权限，从而体现社区矫正专有的本土属性。因此，笔者认为针对社区矫正立法应从立法主体、立法技术、立法路径等问题上进行创新，避免社区矫正重蹈覆辙。有学者认为社区矫正此次立法应当尽可能的完备和翔实。② 然而，笔者认为该主张实为不妥。首先，就我国社区矫正发展现状而言，各省市地区发展模式不一，不宜强硬规定统一的发展模式；其次，中央统一立法过于详细容易打击地方实践的积极性；最后，社区矫正法的出台势必辅之以地方化实施条例，如若国家层面过于翔实必然影响地方化实施条例的发挥空间，从而影响社区矫正发挥应有的效果。而笔者所坚持的中央与地方立法相结合的立法模式，恰恰是利用当前社区矫正中存在的各地发展不一的现状，既保证了社区矫正在国家层面高度统一，又激发了地方社区矫正实践的积极性。

（三）社区矫正立法路径的抉择

《立法法》赋予地方诸多立法权力，同时，党的十八届四中全会明确提出：立

---

① 黄勇：《制定〈监狱法实施细则〉之我见》，载《2002 中国未来与发展研究报告》。
② 赵秉志主编：《社区矫正法（专家建议稿）》，中国法制出版社 2013 年版，第 218 - 219 页。

法主体是多元化的，中央与地方、权力机关与政府机关应当有合理的立法权限划分体制和监督体制。因而，笔者更倾向于采纳中央与地方立法相结合的立法路径，至于其他学者所主张的"先上后下"或者"先下后上"的立法路径都仅仅是从纵向上考量的。笔者所坚持的社区矫正的立法路径，宏观层面上可交由全国人大进行顶层设计式的立法，主要规定涉及限制人身自由的惩罚措施；微观层面上可由地方依据社区矫正立法的原则性要求，将涉及教育矫正和帮困扶助的立法任务进行细化立法，出台适应各省市需求的社区矫正实施条例。从纵向上来看，要注意中央与地方立法权限的不同，遵循宪法的基本人权原则，从而有效地保障人权；从横向上来看，要兼顾中央与地方的协作，强调中央立法与地方立法的互动效应，从而更有效地与我国国情相吻合。

综上所述，通过坚持"中央统领，地方细化"的社区矫正立法路径原则，一方面可以维护国家法制的统一与尊严；另一方面可以考虑到社区矫正所具有的一种与地方实际结合紧密的特色属性，通过赋予地方更多的社区矫正立法权限，从而充分发挥地方的主动性和积极性，进一步促进社区矫正制度本土化进程。

三、立法时效：前瞻性原则

关于立法是否应当具有超前性，学界主要存在三种学说：滞后性说、超前性说、同步性说。其中，滞后性说认为，处于改革时期，由于缺乏经验，需要先行先试，当试验性的东西成为成熟的事物时，再把这种成熟的、肯定的经验用法律的形式固定下来，所以法律应是滞后的。超前性说则恰恰与之相反，认为立法不应仅仅以制定法律时的客观条件为依据，而应对社会作出预测。社会发展是有规律可循的，而这种规律是可知的，因此超前立法是可能的，同时法律不是施行于制定时的社会，而是施行于制定后的未来社会，所以法律应该以未来社会条件为依据，超前立法是应该的。同步性说对上述两种观点都提出质疑：滞后立法不能发挥法律应有的作用，不利于法制建设，超前立法不符合客观实际，法律难以贯彻执行。因此，立法既不能超前，也不能滞后，而应该与社会发展相同步。[①]

笔者认为，就社区矫正而言，滞后性说更符合其立法前这一阶段，正如党的十八届四中全会所提出的：实践证明行之有效的，要及时上升为法律；实践条件还不成熟、需要先行先试的，要按照法定程序作出授权。而同步性说有悖于法律的稳定性原则，社会总是在不断的进步，而法律的改弦更张不宜过于频繁；更何况法律要做到与时俱进，势必需要实践中的调查研究和总结，而后经过法定程序方能上升为法律，其中时间成本的花费已然跟不上当前的社会发展步伐，因而单纯地强调社区矫正立法的同步性是与客观现实相违背的。那么，是否超前性更为适宜呢？笔者认为，社区矫正立法主要存在以下两个目的：一是通过对试行多年

---

① 张根大、方德明、祁九如著：《立法学总论》，法律出版社1991年版，第91－92页。

以来经验和教训予以规范化，以法律的形式保留下来；二是通过立法指导未来社区矫正制度的适用与发展。其中主要以第二个目的为主，那么这就需要立法具有一定的前瞻性，即超前性。至于如何保持立法的前瞻性，笔者认为应当遵循以下几个前提条件：

第一，以尊重社区矫正现有事实依据为前提。根据趋势外推法原理，即根据事物历史和现实的资料，探索事物发展和变化的规律，从而推测出事物未来发展状况。对于社区矫正的前瞻性判断，首先要做到对现有制度发展状况的翔实了解并辅之科学研究方法加以分析，最终科学预测出社区矫正的发展走向。

第二，以参照域外社区矫正发展模式为辅助。社区矫正作为舶来品，在我国试行十余年已初具规模，但对域外的考察仍有必要，尤其是对科学预测我国社区矫正制度的发展走向有一定的借鉴意义。

第三，以娴熟的立法技术为必要。对社区矫正前瞻性立法的预测并非绝对的准确，因而需要考虑通过利用客观上的立法技术予以规避立法缺失或者放宽选择的范围。例如，北京师范大学刑事法律科学研究院撰写的《社区矫正法（专家建议稿）》中的起草说明提到的：考虑到未来，最基层的社区矫正管理工作究竟是由目前的司法所承担，还是由其他机构承担或者使用其他的名称，目前尚无统一做法，故使用"县级社区矫正管理机关派出机构"的名称予以适用社区矫正未来的发展。①

综上所述，前瞻性也应当是社区矫正立法所应当遵循的一项基本原则，唯有以现有立法指导未来的工作才能有效地保证法律的稳定性，发挥法律应有的规范作用和社会作用，为我国社区矫正事业的发展保驾护航。

四、立法渠道：科学、民主原则

党的十八届四中全会提出：深入推进科学立法、民主立法。全会分别从立法的起草、论证、征求、审议、表决等方面提出科学化要求，构建依法治国首先要保证法的正确性，因此需要从立法方面给予重视。

首先，立法渠道上，以往立法过多地依赖各职能部门，无法避免部门利益法律化的现象，从而在执行过程中干扰了相关行业的改革，执行效果上往往也会大打折扣。因此，社区矫正立法要避免重蹈覆辙，应当兼听多渠道的立法呼声，确保立法的质量，从而避免法律过于频繁地修订影响法律的权威性。

其次，社区矫正作为一项先试先行的制度，其立法应本着"探寻共性，保留个性"的方针将各地经验进行总结，因而需要加强人大立法机构对各地社区矫正试行经验的收集、整理以及总结，除此之外，还需要增设"专家立法评估"，提高法律质量，防止闭门造车。

---

① 赵秉志主编：《社区矫正法（专家建议稿）》，中国法制出版社2013年版，第224页。

最后，虽然人大作为我国民主集中的体现，但在信息横流的时代里，网络的便利快捷、交通的方便、交流的畅通，为民主集中创造了许多便利的方式。立法涉及全体国民的切身利益，因此除了宏观上由全国人大制度体现人民的意志外，还需要从微观上具体拓宽公民有序参与立法的途径，通过健全法律法规规章草案公开征求意见和公众意见采纳情况反馈机制，从而广泛凝聚社会共识。

五、结语

社区矫正立法是一个复杂的过程，涉及方法面面，限于篇幅，上面仅对当前中国社区矫正立法思路中的几个原则性问题作了阐述。就中国社区矫正立法的整体而言，尤其需要注意以下三点：

第一，还有其他若干原则性问题也值得研究，也需要纳入社区矫正立法的整体规划。例如，社区矫正模式的选择问题、机构的设置问题、立法程序性问题等。

第二，我国社区矫正立法有必要本着"统一优先，分歧滞后"的原则，区分制度相关条款的统一程度，讲究策略，分阶段、分步骤，根据我国国情与实践循序渐进地推进社区矫正立法的运行。

第三，我国社区矫正构建过程中，应充分重视理念革新、试行改革、立法完善三者之间的关系，即应以革新社区矫正理念为先导，以社区矫正试行改革为基础，以社区矫正立法完善为保障，大胆地尝试，积极地探索，深入地研讨，以实现社区矫正制度的全面构建。

新疆牧区社区矫正工作的实践与思考

新疆维吾尔自治区司法厅社区矫正处副处长 　孟　克
新疆司法警官学校监所管理教研室讲师 　贾　萍　刘朝霞

新疆维吾尔自治区面积 166 万平方公里，占中国国土总面积的 1/6，是中国面积最大的省级行政区，也是全国六大牧区之一。牧区草原面积占全疆绿地面积的 86%，是耕地面积的 14 倍。新疆有 13 个世居少数民族，游牧民族以哈萨克、蒙古族为主体民族，大多居住在天山、阿尔泰山、昆仑山等山地构成的牧区。绝大多数县地处边远山区，自然条件恶劣，交通不便，生产方式单一，经济落后，其中部分县为国家级、自治区贫困县，这些县的贫困人口也主要分布在牧区，这些都为新疆牧区社区矫正工作的开展带来一定的困难。

为了进一步做好新疆社区矫正工作，根据《司法厅 2014 年工作要点》，司法厅社区矫正管理处会同新疆司法警官学校监所管理教研室，组成新疆牧区社区矫正工作调研组，于 7 月前往塔城地区、博州、伊犁州三地开展牧区社区矫正工作调研。

一、新疆牧区社区矫正工作的主要做法和特点

（一）组织机构进一步健全，队伍建设走向规范化

随着《社区矫正实施办法》的推行，社区矫正工作目前基本得到了政府及相关部门的认可，州、地、县、乡各级部门均成立了由党政、法院、检察院、公安局等成员单位组成的社区矫正工作领导小组，领导小组下设办公室，办公室均设在各州、地、县（市）司法局。县级基本形成了以县党委副书记、政法委书记为组长，县委常委、常务副县长为副组长，综治、司法、公安、检察、法院、民政、劳动人事、编委、财政工、青、妇分管领导为成员的社区矫正工作领导小组，各乡（镇）、村（社区）、场也相应成立了基层社区矫正领导机构，形成了覆盖全面、纵横交织的社区矫正工作网络，为社区矫正工作的开展提供了有力的组织保障。例如，博州全州两县一市 22 个基层司法所均成立了社区矫正领导小组，并下设了专门办公室，配备了专、兼职工作人员，新成立的阿拉山口市司法局也在积极申请成立社区矫正机构，全州纵向到底、横向到边、辐射到点的社区矫正网络体系已基本形成。

（二）工作机制逐步完善，规范化建设水平不断提高

随着社区矫正工作的推进，各地在开展社区矫正工作中出现了许多新的亮点。一是建立联席会议制度，充分发挥成员单位职能作用。州、地、县（市）司法局、乡镇场（街道）司法所三级都分别建立健全了成员单位联动机制，通过定期不定期地召开联席会议，研究讨论解决工作中存在的突出问题和不足，并建立每月信息交换制度，实现了动态数据共享，如裕民县司法局已将全县社区矫正信息管理系统电子平台与裕民县检察院和裕民县公安局出入境管理大队实现信息共享，对服刑人员外出管理起到了很好的监管效果。博州还建立了考核考评办法，将各县（市）、各成员单位职责履行情况纳入社会管理综合治理和绩效考核之中兑现奖惩。二是完善衔接机制，明确执法环节职责。各地司法局在当前的社区矫正工作中，更加注重同法院、检察院、公安局的协调合作，如博州司法局与博州人民法院、人民检察院、公安局联合研究制定出台了《博尔塔拉蒙古自治州社区矫正衔接工作办法（试行）》，进一步明确了社区矫正各个环节的工作主体，规范了社区矫正在拟适用前社会调查评估、现场交接、居住地认证、监督管理、考核奖惩以及解除矫正各个执法环节中的工作内容和流程及工作时限，加强了法院、检察院、公安机关及司法行政机关的衔接配合，弥补了现行社区矫正相关法律、司法解释和部颁规章的不足，有力地促进了本地区社区矫正工作依法规范有序开展。伊犁州特克斯县也由司法局牵头，公安局、检察院、法院共同协商制定了《特克斯县社区矫正工作实施办法》，使该县社区矫正工作制度化、规范化。

（三）加强监管，手段多样，不断提高社区矫正监管质量

各地在开展社区矫正工作中，坚持以人为本、因人而异的原则，根据服刑人员不同犯罪类型、心理特点、年龄特征和生活状况，制定有针对性的监管方案进行矫正。社区矫正工作监管是首位，各地在对服刑人员的监管尤其是牧区服刑人员的监管中，依据有关法规和规范性文件，结合工作实际，在搞好常态化监管的前提下，因地制宜，一是建立了服刑人员月面谈、季走访制度，即针对偏远牧区交通不便等特殊情况，调整"两个8小时"的普遍要求，灵活处置，保证监管效果，如托里县、温泉县等地为服刑人员规定每月特定日期学习、劳动。如有特殊情况无法按时参加的，需要履行请假手续。二是建立服刑人员外出请销假制度，严格执行7天以内司法所批准，1个月以内司法局批准的请销假制度，有力地强化了对边远牧区服刑人员的监管。三是利用科技手段，与基层司法所建立GPS手机定位监管信息平台，为社区服刑人员发放GPS定位手机，保证基本的信息畅通。

（四）宽严相济，多头并举，强化社区服刑人员的教育矫治

各地司法所为社区服刑人员建立了规范档案，信息资料完备。根据服刑人员的罪名、刑种、年龄、工作情况的不同，结合其心理特点、认罪态度，因人而异，还制定了矫正个案，坚持对每名服刑人员实施一人一档，详细记载矫正方案、志愿者协议书、监护人协议书、公益劳动记录、每月学习记录、谈话记录、电话汇

报、每月小结等方面的资料，形成了一套完整、规范的基础性台账。尼勒克县司法局注重特殊人群的法制教育，采取家访、谈心、公益劳动的方法，了解服刑人员思想动态，向社区服刑人员讲解党和国家的民族宗教政策，讲明新疆反分裂斗争的长期性、复杂性、尖锐性，组织服刑人员集中学习法律，确保社区服刑人员遵守国家法律法规，不参与违法活动，不参与非法宗教活动。托里县司法局为了使社区服刑人员深刻体会到监外服刑与监内服刑的区别，促成思想改造再教育，同托里县人民检察院、托里县公安局看守所联合开展了"走进看守所，感受两重天"法制警示教育活动；特克斯县司法局也组织部分服刑人员到新源监狱进行参观，使服刑人员深刻感受"高墙内外两重天"，收到了很好的警示效果。同时，针对服刑人员心理矫治的需要，特克斯县司法局聘请新源监狱专业心理辅导人员为社区服刑人员进行了心理辅导，收到了很好的矫治效果。

（五）积极探索，多渠道开展社区服刑人员帮扶工作

近年来，各地司法局依托行业、工业区、汽车修理厂、学校、敬老院、企业、园林地、蔬菜大棚等公益性劳动基地积极构建帮扶平台。各县（市）司法局、乡镇场（街道）司法所积极与人力资源和社会保障部门联合开展劳动就业技能培训，与民政部门协调，为符合享受农村低保或民政救济的社区服刑人员办理有关手续。例如，博州今年以来共为社区服刑人员办理低保3人，提供就业指导50人，提供技能培训24人，引导帮助社区服刑人员创业共4人。塔城地区裕民县司法局与裕民县宏展科技发展有限公司、裕民县谢利盖畜牧责任有限公司设立了社区服刑人员过渡性安置就业基地，供其选择就业，在对社区服刑人员帮扶工作中积极探索，取得了很好的帮扶效果。

二、当前新疆牧区社区矫正工作存在的主要困难和问题

（一）牧区社区矫正的监管难度大

1. 点多线长、交通不便导致监管困难。此次调研选择的三个地区是新疆牧区的典型代表，其普遍的地理特点是山脉纵横、草场辽阔、地广人稀，居住较为分散，交通十分不便。牧民多为少数民族，以哈萨克族为主体民族，身居偏远山区，道路崎岖，有些山区甚至无法通车，只能骑马而行，这就导致了在对社区服刑人员的跟踪管理、落实"周听声、月见人"、"两个8小时"、上门走访等工作上费时费力，效率低下，管理难度大。

2. 山区通信不畅，手机定位信号存在盲区，使监管效果大打折扣。为了加强管理，了解社区服刑人员的实际动向，各地司法局基本上都为牧区服刑人员配备了GPS定位手机，以便掌握服刑人员的行踪。但是，由于牧区服刑人员大都居于山区，一方面手机信号难以全面覆盖，GPS定位无法实现；另一方面手机电量有限，没有充电条件，这就使司法所与服刑人员电话联系上出现了困难。虽然当前司法所都采取了要求服刑人员每周定时电话汇报行踪的办法，多数服刑人员也能

做到在规定的时间主动到有信号的地方跟司法所电话联系，但是这期间服刑人员究竟在哪里，是否有过外出，做些什么，和哪些人交往，是司法所完全无法掌握的，因此虽然没有"脱管"，实际却处于"失控"状态，监管效果大打折扣。

3. 季节性转场期间难以控制，每月"两个8小时"无法保障。以放牧为生的牧民保留着季节性转场的生产方式，春秋牧场大都距离乡镇不远，但夏牧场和冬牧场离乡镇较远，地处偏僻山区，手机信号不通，交通不便；且转场放牧大多保持原始形态，存在周期长、流动性强、空间闭塞等问题，一旦转场很难联系。特别是冬季转场，牧民大都居于"冬窝子"，冬季气候寒冷，山中雪大，一旦大雪封山，牧民下山十分困难，伴有一定的危险性。"周听声"无法做到，有些地方以较高的风险为代价勉强维持"月见面"，"两个8小时"根本无法保障。

（二）对牧区服刑人员的教育矫正收效不高

1. 语言文字障碍导致教育矫正工作难度加大。如前所述，牧区的民族成分主要是哈萨克族、蒙古族、柯尔克孜族等少数民族，其中以哈萨克族为主体民族，所受教育水平不高，只有少量的服刑人员接受过双语教育。一方面牧区教育矫正工作主要依靠司法所少数民族干部，另一方面民族语言文字的教育宣传材料少，这给教育矫正工作带来极大困难。

2. 教育矫正形式单一，缺乏针对性。通过问卷调查和座谈，我们了解到当前牧区的教育矫正手段主要是每月的"两个8小时"，即8小时集中学习和8小时公益劳动。集中学习的内容主要是《社区矫正实施办法》和其他一些法律法规；公益劳动也主要是打扫乡镇街道、刷树、植树等。社区服刑人员的学习和劳动内容大同小异，没有因为罪名和矫正类别的差异而有所不同，也没有因为年龄和性别的差异而区别对待，缺乏针对性，不能做到因人施教，这就使得学习和劳动流于形式，从而效果大打折扣。

3. 心理矫治工作没有开展，个别教育难收实效。此次调研结果显示，牧区对社区服刑人员的心理矫治工作基本没有开展。只有个别司法所与监狱合作，聘请监狱里具有资质的心理咨询师为社区服刑人员开展心理辅导，但由于牧区地处偏远，加之心理辅导的报酬没有保障，使得这种合作很难开展下去。有些司法所工作人员表示，由于缺乏心理学和教育学的相关知识背景，在开展谈话教育时基本流于形式，在首次的入矫教育谈话和第二次谈话教育后基本就不知道该与服刑人员谈些什么，这样的个别谈话教育难收实效。

（三）牧区社区矫正工作社会帮扶形式单一

1. 缺乏具有针对性的社会保障制度。对部分困难人员，涉及低保、住房和社会救济政策以及就业、养老、医疗保险时，主要靠基层司法所与相关部门反复协调，实际落实较难。

2. 牧区服刑人员缺乏劳动技能，就业难度大。问卷调查中超过一半的服刑人员认为自己在经济和生活保障方面需要得到帮助。但是，牧区社区服刑人员大多文化程度低，缺乏劳动技能，很难找到合适的工作。司法所主要的帮扶措施是送米送油等经济扶助，很难解决根本性问题。

（四）各部门配合不到位，与公、检、法衔接机制不健全

1. 审前社会调查的权限不明确。《社区矫正实施办法》第4条规定："人民法院、人民检察院、公安机关、监狱对拟适用社区矫正的被告人、罪犯，需要调查其对所居住社区影响的，可以委托县级司法行政机关进行调查评估。"但此条为任意性条款，而非强制性条款，这就使得有些法院在不委托司法行政机关进行审前社会调查的情况下也作出了适用社区矫正的判决，导致一些不适宜社区矫正的服刑人员也在社区服刑，造成了基层司法所监管上的困难。

2. 基层司法所在监管过程中缺少其他部门的有效配合。对拒不服从管理或者违纪的社区服刑人员，司法所有权提出处理意见。但是，由于缺乏衔接配合机制，公安机关、人民法院等配合不够到位。

（五）牧区社区矫正基层力量薄弱

1. 人员配备严重不足，基层基础建设滞后。以博州为例，全州22个乡镇场（街道）司法所中，1人所10个，2人所10个，3人及以上所2个。人员配备严重不足是牧区基层司法所普遍存在的问题。

2. 专职人员紧缺，专业队伍力量不足。一方面，由于牧区司法所工作人员少，基层工作任务量大，基本上没有专职的社区矫正工作人员，工作人员往往身兼数职，很难将工作做透做细致；另一方面，各地基层司法所工作人员业务知识和能力水平参差不齐，大部分工作人员学科背景单一，一定程度上影响了社区矫正工作的效果和质量。

3. 司法协理员衔接不及时，基层社矫队伍不稳定。由于专职工作人员编制有限，基层司法所通过招聘司法协理员来缓解人员不足的压力。但是，这些协理员都是应届大学生公益性岗位，3年到期解聘。一方面由于公益性岗位工资待遇低致使人员流失严重；另一方面有的协理员工作刚刚得心应手就到了解聘期，无法续聘，造成资源浪费。

4. 志愿者的能力素质有待提高。当前，牧区参与社区矫正的社会力量主要由村干部组成，志愿者数量虽大，但可用资源较少，素质良莠不齐，在实际工作中很难真正发挥作用。

（六）经费保障不足

目前，社区矫正工作内容庞杂，需要一定的经费予以保障。牧区地处偏远，经济落后，经费保障不足。基层司法所开展社区矫正工作，没有专门的社区矫正宣告室、教育室、心理咨询室，还要为交通费、通信费埋单，这些都直接影响了他们工作的主动性和积极性，制约了社区矫正工作的有效开展。

（七）对社区矫正工作认识不到位

由于宣传力度不够，很多人对社区矫正没有正确认识。有的服刑人员及其家

属认为自己没有进监狱就是没事了，认为司法所多管闲事，对社区矫正工作有抵触情绪；有的群众对社区矫正不理解，认为不把犯罪分子关进监狱就是不公平；甚至一些社矫工作人员面对社区服刑人员，认为都是乡里乡亲难以拉下脸面严加管理；更有一些领导干部认为社区矫正针对的是轻刑犯，不会出什么大问题，在这样一种思想指导下，出现了有些乡镇占用司法所车辆导致司法所难以正常开展社区矫正工作的问题较为突出。

三、加强和改进新疆牧区社区矫正工作的对策和建议

（一）创新监管方法，完善牧区社区矫正监管机制

1. 针对牧区特殊的情况应当制定专门的社区矫正实施意见。由于牧区点多线长、交通不便、通信不畅，加之转场的生产生活方式给监管工作带来极大困难，GPS手机定位在牧区难以发挥作用，"周听声、月见面"以及每月的"两个8小时"在牧民转场期间无法保障。这就需要针对牧区的特殊情况制定变通性的社区矫正实施意见，不能把适用于城市和农区的监管模式生搬硬套在牧区。

2. 与通信行业合作，加强信号覆盖网络，开通便于监管的具有针对性的通信业务。例如，塔城地区托里县司法所在对服刑人员配发定位手机上安装"来电管家"，让其定期到有信号的地方看看手机上是否有司法所工作人员的电话，如有就及时回电；还有些地区配发定位手机时绑定司法所工作人员电话，除此之外电话一概不予接通，以确保服刑人员的定位手机不会因欠费而停机。

3. 调动各方面力量，签订托管协议，对冬季和偏远地区的牧区服刑人员实施托管。平时经常与当地有威望的人士以及服刑人员的亲属朋友联系，了解服刑人员动向。发动他们的力量，与之签订托管协议，在冬季转场期间或者偏远地区将社区服刑人员委托他们监管，以此作为辅助的监管手段，弥补对冬季或偏远地区不能做到"周听声、月见面"服刑人员的监管。

（二）丰富教育形式，提高牧区教育矫正质量

1. 开展双语教育。针对语言障碍的问题，一方面对服刑人员和司法所社区矫正工作人员开展双语教育培训；另一方面开发少数民族文字的教育材料，从而减少语言障碍，保证教育矫正工作的有序开展。

2. 探讨多种教育矫正方式，有针对性地开展教育矫正。除了每月"两个8小时"之外，还应该针对不同年龄、不同性别的服刑人员，针对不同的犯罪类型，探索与之相适应的教育矫正方法和内容，做到因人施教、因事施教，从而提高教育矫正效果。

3. 加强业务合作与培训。一方面与监狱或当地的学校合作，聘请有资质的人员做心理辅导志愿者，开展心理矫治工作；另一方面对司法所工作人员开展心理学和教育学的相关培训，从而提升其业务水平，提高教育矫正质量。

（三）正确认识帮扶，创新社会帮扶救助方式

1. 正确认识社会帮扶。社区矫正是一项刑罚执行活动，社会帮扶是社区矫正的一项职能，不同于安置帮教。不是所有的服刑人员都需要帮扶，帮扶一定是针对生活确有困难的服刑人员，没有困难或者困难不大的不予帮扶。

2. 对生活确有困难的服刑人员创新帮扶救助手段。一方面可以开展结对帮扶救助，协调辖区内爱心企业、爱心社会人士与需要帮扶的社区服刑人员一对一结对；另一方面要对需要帮扶的服刑人员开展就业指导和就业培训，引导社区服刑人员依靠自己的力量解决好生活的困难。

（四）加强协调合作，健全社区矫正衔接配合机制

自从司法厅与监狱局的协调机制出台后，社区矫正工作与监狱方面的衔接配合问题已经得到全面解决，但是与公安机关、检察院及人民法院的配合衔接仍然由各县司法局自行推动。建议借鉴以往经验，由厅机关出面与公安机关、检察机关以及人民法院各方协商，相互协调，健全衔接配合机制，从而推动社区矫正工作的有序开展。

（五）强化队伍建设，夯实牧区社区矫正的基础力量

1. 进一步加强牧区社区矫正组织机构建设，解决牧区乡镇司法所人员编制问题，及时补充缺编人员，确保每个司法所至少有一名社区矫正业务专干。

2. 加大培训力度，打造专业的社区矫正队伍。由于牧区地处偏远，交通不便，加之经费难以保障，从外面聘请专业人员比较困难，这就需要对牧区乡镇司法所工作人员进行心理学、教育学方面的专业培训，从而打造专业的社区矫正队伍。

3. 与人事部门协调，放宽司法协理员公益性岗位的条件，延长聘用时间，争取提高司法协理员的工资待遇。

4. 立足牧区工作的现实状况，结合牧区民俗民风，可由上级司法行政机关下派，也可选定一些熟悉当地风俗习惯，在群众中有一定威信和具有较高道德素养的人，以聘用等灵活方式充实社区矫正工作队伍。

（六）加大经费支持，保障牧区社区矫正的物质基础

由于牧区地处偏远，交通和通信不畅通，矫正经费的投入不能与城市和农区等同，应适当给予倾斜。此外，在各乡镇没有条件的情况下可在各县司法局成立社区矫正服务中心，从而奠定牧区社区矫正的物质基础，保障社区矫正工作的顺利进行。

（七）加大宣传力度，营造牧区社区矫正的良好氛围

充分利用广播、电视、报纸等新闻媒体和网络进行宣传，扩大社区矫正工作的社会影响，消除居民的恐惧感，争取社会各界的理解、支持和参与，为全面推进社区矫正工作营造良好的社会氛围。针对牧区多民族的特点，在宣传过程中要多编印多种民族语言文字的宣传材料，确保各族群众都能看懂，使社区矫正工作深入人心。

对社区矫正工作队伍配置的思考
——以四川省泸州市泸县和重庆市南岸区为比较

重庆市南岸区司法局弹子石司法所　敖　翔

社区矫正作为一项专业性、法律性很强的工作，对工作队伍的要求极为严格。要将社区矫正不断推进，必须高度重视队伍建设，建设一支以社区矫正为唯一工作的专业化队伍。与此同时，要科学合理配置工作队伍，做到有的放矢，提高工作效率。而我国东西地区之间、城乡之间经济社会发展极不平衡，工作队伍构成和配置情况也不尽相同，不可能按照统一模式组建和配置队伍，应当从各自实际情况出发，灵活构建和配置社区矫正工作队伍。本文以四川省泸州市泸县和重庆市南岸区两地的社区矫正现状为研究对象，对农村和城市地区的队伍配置进行比较研究。

一、泸县与南岸区社区矫正工作队伍配置比较

泸县下辖 19 个镇，以农业生产为主，是四川的外出务工大县，境内交通条件除穿越泸县县城的隆纳高速公路外，多以二级路、水泥路为主且路面条件一般，社区建设较落后。南岸区是重庆市的主城核心区之一，下辖 7 街 7 镇，城市化率达 90% 以上，以工商业为主，经济发达，境内绕城高速、兰海高速、沿江高速公路通过，轨道 3 号线、6 号线横穿城区南北东西，城市主次干道均为柏油路，交通条件优越，社区建设相对较好，辖区有工商大学、邮电大学等高校机构。

泸县司法局于 2012 年 12 月成立了社区矫正执法大队，人员 3 人，大队长（副科级）1 人，队员（参公人员）2 人，同时成立 6 个执法中队，在喻寺、云锦等 6 个中心司法所加挂执法中队牌子（中心司法所设置依据是地理位置、人口、经济、社会、交通等因素），负责片区的社区矫正执法活动。在司法助理员的配置上，实现了 19 个镇每镇最少有 1 名司法助理员，6 个中心司法所有 2 名工作人员。与此同时，为加强执法力量，先后两批次招录了 26 名社区矫正协管员（但后来因为待遇较低和其他因素有 7 人离职），保证了 1 所 1 名，中心所 2 名协管员，并按照管理矫正人员数量 1∶15 的比例进行适当调整。泸州市司法局为加强区县社区矫正工作力量，从泸州市劳教（强戒）所抽调 3 名劳教警察到县司法局指导社区矫正工作，直接负责接受训诫谈话、组织学习、劳动、惩戒、培训等工作。从人员构成和配置来看，基本上形成了"警察＋司法助理员＋协管员＋村社工作人员"的工

作队伍，实现了"固定＋机动"的配置模式①。

南岸区司法局于2012年5月成立了社区矫正管理帮扶中心，有主任1名（南岸区司法局分管副局长兼任），副主任1名，同时也是国家二级心理咨询师（负责提供心理辅导治疗项目），工作人员2名，其中一名为重庆市渝州监狱调动到区司法局的警察，临聘人员2名。司法所由综治办工作人员兼职，一般1－3人负责，未招聘协管员。各司法所基本上成为街镇综治办二级内设机构。从人员构成来看，仍然处于社区矫正试点工作开展初期的"司法所＋村社工作人员"状态，从配置情况来看，属于传统的按照行政区划固定配置，互不统属，彼此之间不能按情况调动②。

二、对泸县与南岸区社区矫正工作队伍配置的评析

（一）对两地社区矫正工作队伍构成上的评析

从两地社区矫正工作队伍构成来看，相同之处在于司法所工作人员仍然在社区矫正工作中发挥着重要作用，同时重视现阶段警察在管理罪犯中的重要作用。但由于两地都属于西部地区，其与北京、上海、香港等发达地区相比，缺少专业的社工团体（如上海新航社会服务总站）、民间组织（如香港善导会）及大量的志愿者参与社区矫正。

除此之外，两地在队伍的构成上存在很大的不同：一是作为社区矫正工作主力军的司法所助理员，泸县实现了全部专职化，而南岸区还属于兼职状态；二是泸县为了弥补司法所力量的不足，招录了若干协管员，而南岸区为空白；三是从事社区矫正工作的警察，泸县是临时性的抽调，南岸区则是正式的调动。

（二）对两地社区矫正工作队伍专业化程度的评析

从人员构成来看，泸县的社区矫正工作力量明显强于南岸区，主要体现在人员的专职化上。首先，泸县建立了执法大队和执法中队这种专业的执法队伍，而且其人员都是司法局的公务员（参公人员），能够基本按照《社区矫正实施办法》的执法人员身份要求进行执法。其次，泸县招募的社区矫正协管员也是由司法局统一调配，专门协助司法所进行社区矫正工作，专业化程度较高。但泸县仍然存在一个问题，司法所和执法中队属于一套人马，两块牌子，并未从真正意义上实现社区矫正机构和工作队伍的独立性，导致专职化大打折扣。

从南岸区整体来看，其专业化程度远远不够。其工作目前尚处在"借兵打仗"的阶段，队伍极不稳定，且存在临聘人员负责司法所社区矫正工作的情况，所以不能按照《社区矫正实施办法》要求很好地执法。但其增加了专业的心理工作人员，使社区矫正机构能够直接对社区矫正人员进行心理干预，这一点是其在社区

---

① 笔者曾经是泸县司法局司法助理员，对当地工作情况清楚，也通过之前的同事了解了最新情况。

② 以上情况由南岸区社区矫正管理帮扶中心提供。

矫正专业化上的突出特点。

（三）对两地社区矫正工作队伍配置模式的评析

从工作队伍配置模式来看，两地都有共同之处：一是警察配置在县级社区矫正机构，负责接收、训诫、惩戒等工作；二是司法所仍配备有社区矫正工作人员。

两地的不同之处在于，泸县已经开始尝试打破传统的管理配置模式，不再以行政区划为依据，而是以县域地理区划、人口、经济社会发展水平、交通条件、社区矫正人员数量及分布进行动态调整。其将执法人员和辅助人员相对集中、动态配置，同时执法大队和中队实行片区管理，有利于统筹协调辖区资源，避免学习和劳动基地的重复建设，在开展集中学习和社区服务的时候也能够集中力量进行。对于小范围流动的社区矫正人员，执法大队或者中队也可以在指定范围内跨行政区，与当地司法所共同进行社区矫正工作，避免司法所因为管辖范围过小，造成对社区矫正人员信息掌握不全的问题。而南岸区人员配置则比较落后，其对本来就有限的社区矫正力量进行分散配置，导致各个司法所的力量明显不足，难以完成最基本的社区矫正工作。

三、对社区矫正工作队伍配置的思考与建议

（一）社区矫正队伍的构成和配置所受的影响因素

从泸县和南岸区社区矫正工作队伍的构成和配置比较来看，笔者认为，地方经济社会发展差距、司法行政机关对社区矫正工作的认识、社区矫正机构调动社会资源的能力是社区矫正队伍构成与配置的重要影响因素。

其一，社区矫正工作是一项专业性强的复合性工作，既需要精通刑事法律、政策，有管理罪犯经验的专业执法者，又需要有心理学、教育学等背景能够对不同社区矫正人员进行有针对性矫正的专业团体和人员，同时也离不开社区志愿者的广泛参与，营造有利于社区矫正人员转变思想的社会环境。对于农村地区而言，由于经济社会发展落后，社区民间组织、社会团体等非政府组织建设相当薄弱；大量青壮年外出务工，留村皆为老人和儿童，且居民文化素质、法治意识较低，村社干部年纪偏大，文化层次和学历背景较差，找不到合适人员来担任社区矫正小组成员。作为农业大县、外出务工人员大县的泸县尤为如此。对于城市而言，经济社会发展较好，社区民间组织、社会团体较为发达，如南岸区的"周幺婶"队伍等，辖区高校机构众多，居民文化素质、法治意识较高，可利用社会资源较多。因此，笔者认为地方经济社会发展的差距会直接导致不同地区的社区矫正工作队伍构成和配置，且该因素也是决定性因素。

其二，司法行政机关能否正确认识到社区矫正工作性质是重要影响因素之一。就目前社区矫正而言，其被定位成非监禁刑罚执行，而非法律服务、社会治安综合治理工作，因此需要专门、专职、专业的机构和人员。就执行效果和效率而言，需要一线执法人员的数量必须多，管理人员应当尽可能少，如泸县开始着手实现

社区矫正队伍工作人员的专业化，通过建立执法大队和中队来将人民调解、法制宣传等服务性工作和社区矫正这种刑罚执行工作相区分，同时尽量将人员集中在执法中队而非平均分配到各司法所。虽然"一套人马，两块牌子"的模式并不是最理想的状态，但其方向无疑是正确的。

其三，司法行政机关能否充分调动社会资源也是影响因素之一。对于城市而言，可利用的社会资源比农村地区多，但司法行政机关如果调动社会资源能力不强，同样也会造成社区矫正工作队伍构成单一。正如南岸区，即使在主城区有着丰富的社会资源，也未能形成一支专业的社区矫正工作队伍，尤其是专职社工和志愿者的匮乏，造成社区矫正中心和司法所不能够对社区矫正人员采取多种形式的有针对性的矫正措施。

（二）地区之间、城乡之间社区矫正队伍构成与配置应差别对待

正如本文开篇所言，我国东西部地区之间、农村与城市之间发展极不平衡，如果都要求按照统一模式构建和配置社区矫正工作队伍是不可能的。因此，应当根据实际情况差别对待，各自侧重。对于广大农村地区而言，开展社区矫正工作面临着比城市更多的困难。在社区矫正工作队伍构成与配置上，应当侧重于专业执法者和行政辅助人员构建，通过建立社区矫正执法大队和中队这种专业机构，将专业执法人员和行政辅助人员按照各自工作要求合理配置在各级矫正机构，同时减少非刑罚执行工作的干扰，尽可能做到监管有力。对于城市地区而言，应在有效利用社会资源的前提下，注重社会化运作，加强专业执法队伍建设，发展专业社工和民间社会团体参与社区矫正工作，尽可能动员辖区热心居民成为志愿者，从而扩大社区矫正的影响。

笔者在上述两地从事社区矫正工作3年以来，对农村地区开展社区矫正工作和城市地区开展社区矫正工作感受颇深。对于西部内陆地区而言，无论农村或者城市都很难和东部沿海发达地区的社区矫正工作水平相比较。因此，西部地区的社区矫正工作应当从当地实际出发，灵活构建和科学配置队伍，同时也应当从社区矫正工作内在要求出发，做好准备，在条件具备时，建设和配置理想的社区矫正工作队伍。

（三）对理想的社区矫正工作队伍配置的设想

从国外社区矫正经验来看，社区矫正的工作队伍都是以专职、专业为显著特征的。那么，我国如果想建设一支理想化的社区矫正工作队伍应当由哪些人构成和以什么方式配置？笔者通过对泸县和南岸区的比较，认为各地社区矫正机构应当根据自身实际情况由以下人员构成。

1. 专业执法人员与"二级配置"

社区矫正专业执法人员包括两类：一是从事社区矫正工作的人民警察；二是必须有专业素养的文官即社区矫正官。社区矫正工作是否配置警察，本身是一个值得争论的问题。从国际惯例来看，社区矫正本身就要与监狱矫正相区别，其中

最重要的就是管理人员身份上的区别，对社区矫正的罪犯和监狱矫正的罪犯而言，管理者是否身穿制服是最直观的差别。但从中国国情来看，还远未达到刑罚目的根本转变的阶段，即从惩戒刑到教育刑的转变。而且从社区矫正实践来看，配置一定数量的警察参与管理确实对社区矫正的顺利进行起到了很好的效果，尤其是警察在宣告、训诫、调查取证、违法行为制止等体现刑事惩戒性质工作中发挥着比司法助理员更好的作用。因此，笔者认为将人民警察作为社区矫正执法人员，是符合我国基本国情的做法。但值得注意的是，目前争论较大的是警察的来源，即到底是从监狱、劳教（戒毒）机关抽调警察来专门从事社区矫正工作，还是将司法所负责社区矫正的司法助理员直接转为警察。笔者认为，如果仅从人员来源来说，将司法所社区矫正工作人员直接转为警察的做法并不可取，而通过抽调监狱、劳教（戒毒）机关的警察是当前最合适的做法。

当然更进一步来看，这个争论不仅隐含着社区矫正工作人员的构成问题，同时也隐含着社区矫正工作人员的配置问题，即警察应该配置在县级社区矫正机构还是直接分配到各个司法所或执法中队。笔者曾经和一些由渝洲监狱调入南岸区司法局社区矫正管理帮扶中心工作的警官探讨过这个问题。他们认为，从监管的角度出发，为了加强预防重新犯罪，警察应当配置在各个基层司法所。但笔者认为从社区矫正工作性质和目的来看，这并不妥当，若在司法所配置警察，存在以下几个问题：（1）社区矫正管理模式不能和监狱管理模式区分开来；（2）社区矫正管理模式不能和公安机关管理模式区分开来；（3）司法助理员和警察关系的协调将遇到巨大的难题。前两个问题的核心在于直接管理人员皆为警察，无法体现出各种管理模式的差异，有可能造成重监管、轻教育帮扶的局面，同时在社区出现警察也容易造成标签化的影响。最后一个问题的关键点在于如果社区矫正不进行分工，司法助理员和警察之间的工作极易同质化，如果分工，则必然存在上下指挥问题。笔者认为，应当明确配置警察的根本目的不在于进行常规的监督管理，而在于社区矫正工作中需要对一些特殊的社区矫正人员采取强制措施或者协助特殊的矫正项目开展（如社会调查和违法行为的调查取证、违反禁止令需要带离的以及对有吸毒、酗酒、赌博等恶习的突击检查和检测，对有心理问题的要求到特定场所进行长期干预和治疗，对未成年人开展加强纪律性教育的军训等），是在常规手段不起作用的情况下，不得已才使用的强制力量。同时，社区矫正中的警察还具备特定的设施和装备来保证这些特殊任务的执行。因此，应当在警察和其他执法人员的配置上坚持"二级配置"模式，即将警察配置在县级社区矫正机构，并全力加强县级社区矫正机构建设，使其具备轻刑监狱和戒毒康复中心的某些功能，参照"武警驻地，有事出动"的工作模式，专门负责调查取证、惩戒等工作，其他执法人员应当尽量固定配置在一线，负责日常监管教育工作。这样的配置模式好处也是显而易见的：一是不仅和监狱的管理相区别，也和之前公安机关的管理相区别，体现了"宽严相济"的刑事政策。二是充分发挥了警察强制力的作用，既避免和司法助理员工作同质化，也加大了社区矫正机构针对特殊社区矫正人员的管理力度。三是节约了刑罚执行成本，避免司法所全民皆警导致的经费增长。四是其他执法人员固定配置一线，有利于充分联系社区，发动社区干部和居民，更好地掌握社区矫正人员的基本情况。

2. 行政辅助人员与"机动配置"

笔者认为，行政辅助人员指的就是协助专业执法人员从事文书工作的人员。社区矫正工作有大量的文书报表统计工作，最典型的就是档案管理工作，按照一人一档的要求，每一个社区矫正人员都要建立执行档和工作档。工作档的内容包含每月执法者的执法记录，就目前而言，涉及的文书资料多达 40 种，如果管理的社区矫正人员多达 30 人以上，工作量有多大可想而知。因此，笔者认为各地司法所应当招募一定数量的行政辅助人员协助专业执法人员进行文书工作。因为行政辅助人员的工作内容是固定的文书工作，不因工作地点变化而变化，同时工作量取决于社区矫正机构管理的社区矫正人员数量，因此应当按照比例进行招录，进行"机动配置"，管理社区矫正人员数量多的地方多配置，数量少的地方少配置，数量变动的时候进行增减，比例可根据各地实际情况适当调整。

3. 专业社工与"固定＋机动配置"

从上海新航社会服务总站和香港善导会等专业的民间矫正机构和社工工作情况来看，为不同的社区矫正人员提供不同矫正服务项目是其工作的主要内容。而且社工的能力不同，提供的服务项目也不尽相同，社区矫正人员本身情况不同，需要的服务项目和服务时间也不尽相同，如就业指导服务、心理干预、情感疏导等项目所需时间较短，而行为养成、思想认知、心理治疗等项目所需时间则较长。因此，笔者认为应当采取"固定＋机动"的配置模式，即将资历经验较浅的社工固定配置在司法所或者执法中队，负责为需求简单的社区矫正人员提供矫正服务项目，而将资历较深能力较强的社工配置在县级社区矫正机构，以县域为基础，专门为需求较高的特殊类型社区矫正人员提供矫正服务项目。这样配置的目的在于充分利用社工资源和培养社工队伍，让资历经验较浅的社工逐步锻炼，让资历经验较深能力较强的社工能够集中精力做高端社区矫正服务项目。

4. 社会志愿者与"固定配置"

社会志愿者是利用业余时间提供一些无偿服务的人，其来源主要是热心的社区居民。因此，志愿者的配置应当尽量就近安排在当地的司法所和执法中队。这样做的优势在于，首先志愿者与所居住的社区紧密相连，才能产生积极的社会示范效果，让其他居民看到社区矫正对社区治安、民主法制的良好影响，带动他们参与到社区矫正工作当中，也让志愿者本人产生荣誉感和自豪感，增加工作热情。其次志愿者只是在自己力所能及的范围内提供服务，如果让他们远离社区，则会增加他们不必要的负担，影响他们的积极性。

暴力型假释罪犯社区矫正问题研究

苏州市司法局副局长　阎鸿泰

苏州市司法局社区矫正工作处　孙华磊

近年来，随着社会暴力型犯罪不断增加，由监狱假释出来的暴力型罪犯也日益增多。所谓暴力型犯罪，是指行为人以暴力或者以暴力为胁迫手段，非法侵犯他人人身或非法占有他人财产的犯罪行为。实施暴力型犯罪的罪犯在经过一定期限的监狱改造后，确有悔改表现，人民法院认为其不致再危害社会的，裁定假释，在社区中继续矫正其犯罪心理和行为恶习。暴力型假释罪犯，相对于非暴力假释罪犯和管制、缓刑、暂予监外执行罪犯，一般认为具有更大的主观恶性和社会危害性，融入社会的难度也更大。目前，国内对暴力型罪犯的研究更多注重于生理医学因素的影响，而专门针对暴力型假释罪犯的社会、家庭、心理等综合性的研究还比较少。党的十八届三中全会明确提出要"健全社区矫正制度"，国家社区矫正立法步伐加快，而包括暴力型假释罪犯矫正研究在内的诸多研究项目对完善我国社区矫正制度建设可以提供有益借鉴。因此，深入研究暴力型假释罪犯的社区矫正问题，具有十分重要的理论和现实意义。

一、困境：苏州市暴力型假释罪犯矫正面临的现实难题

苏州市经济比较发达，全市常住人口 1300 余万，其中外地籍人口占比近半。苏州市是国内首批社区矫正工作试点城市，自 2003 年开展试点以来，累计接收社区服刑人员 17000 余人，其中假释罪犯占比近 12%。目前，在册社区服刑人员 3166 人，其中缓刑 2650 人，暂予监外执行 67 人，假释 449 人，假释罪犯占比 14.2%。在 449 名假释罪犯中，暴力型罪犯 75 人，占比 16.7%。笔者对这类暴力型假释罪犯的实际情况进行研究，发现该类罪犯呈现以下特征：

其一，年龄结构偏大。75 名暴力型假释罪犯中，超过 90% 年龄集中在 35 岁至 50 岁之间，18 岁至 35 岁之间的人员占比接近 1 成，50 岁以上人员极少，18 岁以下的没有。

其二，假释前监禁期限较长。75 名暴力型假释罪犯中，在监狱服刑期限在 10 年以上的占 35%，5 年至 10 年的占 56%，5 年以内的仅占 9%。

其三，文化教育程度普遍不高。75 名暴力型假释罪犯中，文盲、小学、初中、高中及高中以上文化程度的比例依次为：13%、28%、45% 及 14%。86% 的暴力

型假释罪犯均为初中及初中以下学历，这远低于全国人口文化程度的平均水平，甚至少数暴力型假释罪犯存在交流困难。

其四，家庭关系往往不是很和睦。75 名暴力型假释罪犯中，70% 认为家庭关系不和睦，与长辈、夫妻、子女关系紧张。40% 以上的罪犯认为自己犯罪与家庭不和睦有关系。有的罪犯幼时遭遇过家庭暴力，有的假释后与家庭处于"冷战"状态，有的罪犯仍对父母、妻子、儿女有语言威胁或行为暴力。

从以上统计数据可以看出，暴力型假释罪犯普遍在监狱服刑时间较长，文化程度较低，年龄又较大，导致社会适应性差，同时，对这些有着暴力犯罪史的罪犯社会公众难免存在"疏离"意识，即使他们假释后重新回到社区，要融入社会也存在一些困难。目前，苏州市各级司法行政系统都在积极探索创新矫正方式方法，如采取佩戴电子腕带监管、推进财政补贴企业促进其就业等，但在实际工作中，对暴力型罪犯矫正过程中仍存在诸多现实问题。

第一，消除社会危害性比较困难。一般而言，假释罪犯是在经过长期监管改造，不致再危害社会的情况下才被裁定假释出狱，附条件不执行刑罚，进入社区矫正。但实际工作中，我们发现仍有相当一部分假释罪犯仍有较高的社会危害性，其风险评估分值较高，甚至有些假释罪犯重新走上犯罪道路。特别是其中具有吸毒史、赌博史或团伙性犯罪的，社会危险程度更大，更易重新犯罪。

第二，心理认知存在偏离。很多研究已经表明，罪犯相对于一般群体而言，人格偏离较为严重，偏执型、分裂型、反社会型、边缘型、表演型、自恋型、回避型、被动攻击型和抑郁型人格等表现显著。[1] 暴力型假释罪犯在这些人格偏离或障碍方面，比财产型罪犯更为严重。[2] 我们通过量表测试，也发现 90% 以上的暴力型假释罪犯都存在程度不同的心理认知问题，严重影响了他们对社会和犯罪的认知，成为重要犯罪诱因。

第三，教育矫正难以奏效。相对侵财型犯罪、职务型犯罪等，暴力型假释罪犯的教育矫正更加难以收到成效。一是表现为对抗情绪，不服管理教育；二是表现为假意服从管理，教育劳动、汇报报告等都能按规定进行，表面上的服从掩盖了其内心的真实想法，有的甚至有重新实施暴力犯罪的极大可能性；三是个性教育难以做到针对性，如职务型犯罪，罪犯普遍具有较高文化知识，法律认知可能稍有欠缺，大多存在侥幸心理，通过定期警示教育很容易收到成效，但暴力型假释罪犯却很难有这样明确的教育矫正措施。

第四，实现稳定就业比较困难。一是有暴力犯罪案底，企业、公众存在天然"抵御"意识；二是长期监狱服刑，假释后年龄偏大；三是文化程度不高，又无就

① 柴萌、唐宏宇：《北京新入监罪犯人格特点及心理卫生状况》，载《中国心理卫生杂志》2004 年第 5 期；吕成荣、赵山、储井山：《288 名罪犯中人格问题的初步调查》，载《上海精神医学》2004 年第 3 期。
② 张锋、朱海燕、宋志一：《毒品与暴力型、财产型罪犯人格特征及其类型的比较研究》，载《健康心理学杂志》2003 年第 6 期。

业技能等，这些都导致其难以就业或难以稳定就业。根据调查，即使在经济比较发达的苏州，仍有超过 20% 的暴力型假释罪犯只能打零工，没有稳定的工作和稳定的生活来源。

二、原因：暴力型假释罪犯社区矫正问题存在的必然性

实践中，暴力型假释罪犯重新违法犯罪的可能性远远高于其他类型的假释罪犯，而且他们重新实施的仍然多是暴力犯罪，绝大多数仍然是同一种犯罪。这正印证了目前对暴力型假释罪犯的社区矫正确实存在诸多问题。而这些问题的产生，深层次的原因是什么呢？笔者认为主要有以下几个方面的原因：

第一，罪犯假释司法适用的不合理性。主要表现在不应假释的情形却予以假释，可以假释的却排除在假释之外。我国《刑法》第 81 条第 2 款规定了绝对限制假释的条件：对累犯以及因杀人、爆炸、抢劫、强奸、绑架等暴力性犯罪被判处十年以上有期徒刑、无期徒刑的犯罪分子，不得假释。除此之外，由人民法院根据以下三个条件自由裁量罪犯是否可以假释：（1）监管超过一定期限；（2）确有悔改表现；（3）不致再危害社会。其中条件（1）容易量化，（2）、（3）均属主观判断，难以准确界定。目前，罪犯假释前，监狱一般会出具罪犯出监评估表，但也往往流于形式，未必能真正反映罪犯的真实状况。而司法行政机关做的假释前环境评估，更多的是考虑其将来如果假释可能遇到的外部"环境"，并不将其自身危险性作为主要考量因素。这些有着潜在社会危害的罪犯在假释后，一旦遇到"合适土壤"，难保不重操旧业，违法犯罪。

第二，有效监管方式尚付阙如。目前，社区矫正的监管方式主要包括定期报告、固定区域活动、外出请假审批、考核奖惩等，近几年探索创新了手机定位监管和佩戴电子腕带等，对暴力型假释罪犯的矫正具有一定的积极意义。但这些监管方式是否科学有效、效力大小尚待进一步考证。譬如，要求假释罪犯在固定区域活动，一旦擅自出界即违反规定，定位手机或电子腕带都可以报警。但问题是即使假释罪犯在划定区域内活动，不脱管、漏管，又怎么能保证他不重新违法犯罪呢？这些值得思考。

第三，针对性教育内容缺乏。分类教育是社区矫正工作的重要理念。对于暴力型假释罪犯，既不能完全进行"大课式"的常规集中教育，也没有必要像对未成年人、女性或者职务型犯罪的社区服刑人员那样进行警示教育。唯有认真研究假释罪犯的自身特点，开发出富有特色的专业教育内容，有的放矢、对症下药才有实际效果。当然，专业教育也离不开专业人士的有效参与。

第四，心理矫治缺乏实战化。目前，心理矫治已走进社区矫正领域，但仍缺乏实战性，主要表现在：一是工作人员缺乏心理矫治意识；二是专业设备没有充分使用；三是工作人员缺乏实际心理矫治经验；四是专业社会力量没有充分发挥等。暴力型假释罪犯大多存在较为严重的心理问题，不解决心理问题，就无法从

根源上纠正其行为，达到矫正的根本目的。

三、对策：解决暴力型假释罪犯矫正问题的建议

暴力型假释罪犯本身具有较高的社会危险性，一旦重新实施犯罪，性质往往比较恶劣，给公民人身安全、财产安全及社会秩序造成重大威胁。因此，如何最大限度地预防和减少暴力型假释罪犯重新违法犯罪，使其顺利融入社会，是社区矫正领域的重大课题。那么，如何突破目前暴力型假释罪犯矫正的瓶颈呢？笔者认为，可以从以下几个方面着手：

第一，探索创新更加科学的评估制度。一是完善假释前环境评估制度。目前，假释前环境评估是人民法院确定是否对罪犯适用假释的重要依据。假释前环境评估一般是由法院委托司法行政机关开展，评估内容主要是罪犯的居所情况、家庭和社会关系、一贯表现、犯罪行为的后果和影响、居住地村（居）委会和被害人意见等，评估方式主要是工作人员实地走访调查社区、亲属等，最终形成调查报告。假释前环境评估对法院假释裁定有一定影响，对审矫衔接也具有重要意义。但这种假释前评估的最大问题是主观性强，客观性弱，因为种种原因调查报告不一定是被走访人的真实意思表示，据此也很难真正判断罪犯假释后是否"不致再危害社会"，是否会对社区产生不良影响。因此，笔者认为，有必要制定一套相对科学的暴力型罪犯假释前评估量表，对其暴力型程度及"再危害社会"的可能性进行测试，然后综合各种主客观因素再决定是否假释。评估机关可以是人民法院、司法行政机关，也可以选择第三方机构。相对科学的评估结论可以作为法院裁判的重要依据。通过完善假释前评估制度，尽量减少不应假释的罪犯被假释出狱。二是完善矫正期间评估制度。矫正期间评估主要是确定罪犯管理等级，方便开展分类管理。该类评估同样需要制定科学化的、具有针对性的测试量表，据此确定暴力型假释罪犯的暴力程度，确定是否应列入严管。同时，笔者认为，对于测试结果显示该罪犯仍具有较高的暴力倾向，有可能引发较重犯罪的，司法行政机关应有权据此向有关机关提请撤销假释的建议。当然，再科学的量表也可能存在瑕疵，工作人员的走访调查、综合分析仍是量表评估的重要补充。

第二，建立完善更加有效的监管体系。目前，我国对暴力型假释罪犯仍主要是定期报告、外出请销假审批、考核奖惩等常规监管措施，监管力度相对较弱。笔者认为，应当积极借鉴欧美国家的监管经验，形成一套既有中国特色又更加有效的监管体系。一是引进"家中监禁"制度。"家中监禁"是指被裁处在社区服刑的罪犯，其活动范围受到限制，在一定时间内只能待在住所中。"家中监禁"制度始于20世纪初的美国，最初主要适用于未成年罪犯，后来扩至成年罪犯，既适用于缓刑罪犯，也适用于假释罪犯。"家中监禁"的目的在于惩罚和控制再犯罪，同时，在一定时间之外罪犯仍可以工作、学习、社会交往。"家中监禁"按限制程度从轻到重依次分为"宵禁"、"家中限制"、"家中监禁"三种。罪犯被限制在家

中；工作人员可不经事先通知进行检查，对违反"家中监禁"规定的罪犯要科处惩罚。[①] 笔者认为，暴力型假释罪犯相对而言具有较高的社会危险性，可以根据情况对其采取"家中监禁"。当然，这需要一套制度设计，包括适用对象、适用时间、违规处置等相关配套规定。二是强化电子监控制度。电子监控有利于防范罪犯脱管、漏管，也可以提高对罪犯的管控能力。目前，我国已普遍对社区服刑人员进行定位监管，大部分地方使用手机定位。笔者认为，电子腕带具有小型轻便、不易拆卸等优点，比手机定位更能达到监控效果。当然，电子监控只能针对风险程度较高的社区服刑人员，即使对于暴力型假释罪犯，也不需要全部都佩戴，应该通过风险评估，对再犯风险较高、确有佩戴必要的，予以佩戴适用。同时，电子监控也可以和"家中监禁"相结合，通过监控，确保罪犯遵守规定。笔者认为，对于原判故意杀人、故意伤害、抢劫、寻衅滋事等罪行，及有吸毒史、赌博史和多次违法犯罪记录的暴力型假释罪犯，尤其应当优先考虑进行电子监控和"家中监禁"，最大限度地防范再犯风险，维护公众安全。

第三，推动建立更加科学的教育矫治制度。一是建立常态化循证矫正机制。循证矫正主要是指"遵循证据进行矫正"，通过实证研究探寻教育矫治的科学方式方法。苏州市被省司法厅确定为全省首批社区矫正循证矫正试点城市，目前正在开展试点工作。如何有效矫正暴力型假释罪犯是苏州市循证矫正研究的重点项目之一，我们希望通过不断的循证矫正研究和实践，寻找、筛选和证明可资适用的矫正项目，确保选择的教育矫治方法科学有效。二是建立能动性心理矫治模式。暴力型假释罪犯往往难以消除"监狱人格"，大多存在不同程度的人格偏离和障碍，轻度的会出现社会适应困难，严重的甚至出现敌视社会倾向。笔者认为，工作人员最好在入矫时即对其开展心理状况测试，对有严重人格偏离或心理障碍的，要建立重点人员心理档案，跟踪治疗。方式上，可以选择分组治疗，即对具有同样心理问题的罪犯进行团体辅导、互助式治疗，也可以选择"一对一"个别治疗。工作人员要充分发挥主观能动性，在矫正的各个阶段，都要注意观察他们谈话的语气、语调、微小的情绪波动等，并定期进行心理量表测试，精确判断其心理改善情况。对心理确有一定改善的，要及时予以正面激励，鼓励他们主动接受心理治疗。三是建立不良习性祛除制度。调查发现，超过五成的暴力型假释罪犯有着各种不良习性，如吸毒、赌博、网瘾、交结不良朋友等。这种不良习性成为重要犯罪诱因，使其经常保持犯罪的冲动。这些犯罪习性有些是心理因素，可以通过心理干预、疏导和治疗进行改善。有些则是经常性的习惯，对此只能逐步切断产生这种习惯的外部环境。比如，通过禁止令可以使其远离能够吸毒、赌博、上网、接触不良朋友的场所，但目前禁止令仅适用于管制、缓刑犯，笔者认为可以适当

---

① 张亚平：《美国假释制度之趋势及其启示》，载《甘肃政法学院学报》2008 年第 9 期；曾桂梅：《论美国社区矫正制度》，西南政法大学硕士论文 2012 年。

放宽至假释罪犯。在某种情况下，也可以考虑通过"家中监禁"等方式使其远离不良环境。四是建立家庭支持系统。调查发现，70%以上的暴力型假释罪犯入狱前家庭环境不佳，或父母管教方式粗暴，或家庭存在冷暴力，或家庭关系极度紧张。而在其假释后，大多数家庭环境更加糟糕，甚至出现亲属不接纳的现象。家庭是港湾，但在这样的家庭里相当于时刻处于风暴中，即使罪犯想走正路，也会心灰意冷，难免重蹈覆辙。因此，笔者认为，必须重建家庭关系，将罪犯的亲属纳入工作范围，充分发挥亲情的作用，引导其走入正轨。

第四，激发形成更加多元的帮扶网络。能借助政府、社会、公众多方力量，形成多元帮扶的社会网络，是社区矫正与监狱矫正的最大区别。针对暴力型假释罪犯的教育矫治，可以在以下几个方面进行探索：一是依托社区矫正中心或帮扶基地打造中国特色的"中途之家"。[①]"中途之家"源于欧洲，早期主要由私人或宗教组织创建，后来很多国家政府也开始创建。"中途之家"的目的主要是帮助初出狱的罪犯适应环境和回归社会。很多暴力型假释罪犯入狱10年以上，家庭、社会关系淡漠，适应外界环境需要一个过程，实现就业也比较困难，在此情形下，"中途之家"恰能给罪犯一种心理慰藉和临时归宿。笔者认为，这种"中途之家"可以由政府机构创建，也可以由社会企业创建，政府给予适当税收减免。同时，是否进入"中途之家"作为回归社会的过渡，由罪犯自愿选择，不做强制。当然，即使进入"中途之家"的罪犯，也应当遵守社区矫正的相关规定和要求。二是大力推进财政补贴企业促进就业机制。暴力型假释罪犯由于原判罪行较为严重，社会歧视也更为严重，一般企业都不愿接纳其就业。实践中，暴力型假释罪犯稳定就业的比例并不高。因此，我们认为，除了政府和企业创建的"中途之家"之外，一般企业在吸纳社区服刑人员就业，特别是吸纳暴力型假释罪犯就业时，政府也可以给予适当的税收优惠。比如，对吸纳暴力型假释罪犯就业的，对其为该罪犯缴纳的社会保险费予以减免，或者直接给予一定金额的补贴。通过财政补贴，提高企业吸纳暴力型假释罪犯就业的积极性，从而提高该类罪犯的就业率，使其有稳定的生活来源，不致因生活困难诱发再犯罪。三是积极推进政府购买服务。暴力型假释罪犯的矫正工作涉及许多专业领域，需要更多相关领域的专家、工作人员参与。譬如，对暴力型假释罪犯的风险需求评估、专业心理治疗、循证矫正研究等，单靠社区矫正机构的力量远远不够。笔者认为，社区矫正机构可以提出服务范围、目标、内容、标准及费用等，然后通过将项目总包给某个社会组织或分包给相关科研机构、社会组织等，由其进行项目化操作，并定期对项目化进展情况进行评价。当然，建立多元化的矫正小组，将基层自治组织代表、社区民警、志愿者、社区服刑人员家属等纳入矫正小组，进行贴身监督、教育、帮扶，在当前社区矫正工作中仍具有重要作用。

---

① 姜爱东：《试论"中途之家"在推进社区矫正中的作用》，载《中国司法》2010年第9期。

社区矫正对治安管理处罚的结果运用

浙江省温岭市司法局　朱启信

《社区矫正实施办法》（以下简称《实施办法》）第25条规定了缓刑、假释的社区矫正人员"因违反监督管理规定受到治安管理处罚，仍不改正的"，由居住地同级司法行政机关向原裁判人民法院提出撤销缓刑、假释建议书。实践中，各地对如何运用治安管理处罚结果存在较大的分歧。本文拟通过对温岭市司法局近年来办理的提请撤销缓刑、撤销假释案件的调查分析，阐述对治安管理处罚结果运用的理解。据2014年6月底统计，温岭市在册社区服刑人员1237人。自2012年3月1日至2014年6月底，该市司法局向人民法院提请撤销缓刑25人，向上级司法局申报提请撤销假释11人，两项合计36人。具体情况见表1：

表1　提请撤销缓刑、撤销假释统计

提请理由	人数	已撤销缓刑	已撤销假释	未裁定	仍在审理	再审
违反禁止令	0	0	0	0	0	0
超期报到及脱离监管	4	1	2		1	0
治安管理处罚	29	17	11	1	0	0
警告处罚	0	0	0	0	0	0
情节严重的其他情形	2	0	2	0	0	0
宣告缓刑不当	1	0	0	0	0	1
合计	36	17	15	1	1	1

其中，因受到治安管理处罚被提请撤销缓刑、撤销假释的情况统计见表2：

表2　因受到治安管理处罚被提请撤销缓刑、撤销假释统计

治安管理处罚		罚款	拘留5日以下	拘留5日以上10日以下	拘留10日以上15日以下	合计
原因	不服从监督		0	3人	0	3人
	违反其他治安管理规定	7人	4人	8人	17人	36人
结果	不提请撤销	7人	0	3人	0	10人
	提请撤销	0	4人	0	8人	29人
	仍不改正	0	0	0	0	0
适用条款		《社区矫正实施办法》第25条第5项				

从表1与表2中可以发现，缓刑、假释社区服刑人员受到罚款处罚和因"不服从监督"受到治安管理处罚的，司法行政机关给予"改正的"机会；除此之外，只要受到行政拘留处罚的，司法行政机关不给予"改正的"机会，适用兜底条款立即启动提请撤销程序，并占提请撤销缓刑、撤销假释人数的比例高达80.56%，该现象值得探讨和研究。

一、对治安管理处罚结果运用的意见分歧

在社区矫正执法活动中，对如何运用治安管理处罚的结果，归纳起来，实践中存在三种不同的意见。

第一种意见认为，"因违反监督管理规定受到治安管理处罚，仍不改正的"规定，只适用司法行政机关提请公安机关决定的治安管理处罚；除此之外，只要受到行政拘留处罚的，就认定为《实施办法》第25条所指的"情节严重"的"其他情形"，应当撤销缓刑、撤销假释。持这种观点的人在检察机关和司法行政机关中居多。

第二种意见认为，"因违反监督管理规定受到治安管理处罚，仍不改正的"规定，只适用10日以下行政拘留的治安管理处罚，只要受到行政拘留10日以上处罚的，就认定为《实施办法》第25条第5项所指的"情节严重"的"其他情形"，应当撤销缓刑、撤销假释。部分检察机关和司法行政机关的人员持这种意见。

第三种意见认为，缓刑、假释社区服刑人员受到治安管理处罚后，应当给予改正的机会，是否启动撤销程序，要依据其是否"仍不改正"。极少数人持这种意见，并成为持前两种意见的督办、纠错以及"纠正违法"的理由。

二、提请撤销缓刑、撤销假释的法定情形

司法行政机关启动提请程序，必须依照法律规定，这是社区矫正执法活动的

基本原则。

（一）《刑法》的规定

根据《刑法》第77条、第86条的规定，应当撤销缓刑、撤销假释的情况有三种：一是在缓刑、假释考验期限内犯新罪；二是在缓刑、假释考验期限内发现漏罪；三是违反法律、行政法规或者监督管理规定（缓刑的还包括违反禁止令）情节严重或尚未构成新的犯罪（以下简称《刑法》的情节严重）。司法行政机关提请撤销缓刑、撤销假释的法律依据，就是第三种情况——《刑法》的情节严重。

（二）《刑法》的情节严重的具体规定

《实施办法》第25条根据"《刑法》的情节严重"，列举了四种具体的撤销情形：一是违反人民法院禁止令，情节严重的；二是未按规定时间报到或者接受社区矫正期间脱离监管，超过一个月的；三是因违反监督管理规定受到治安管理处罚，仍不改正的；四是受到司法行政机关三次警告仍不改正的。同时，为了堵截漏洞，也规定了一项兜底条款：其他违反有关法律、行政法规和监督管理规定，情节严重的（以下简称《实施办法》的情节严重）。对于违反人民法院禁止令的，《关于对判处管制、宣告缓刑的犯罪分子适用禁止令有关问题的规定（试行）》第12条认定下列情形之一的为"情节严重"：一是三次以上违反禁止令；二是因违反禁止令被治安管理处罚后，再次违反禁止令的；三是违反禁止令，发生较为严重危害后果的；四是其他情节严重的情形。

（三）《刑法》的情节严重的司法解释

《最高人民法院关于适用〈中华人民共和国刑事诉讼法〉的解释》（以下简称《司法解释》）第458条将《实施办法》第25条的规定上升到法律条文，《刑法》的情节严重因此有了明确、具体的司法解释。虽然《司法解释》对《实施办法》的情节严重仍然采用"违反有关法律、行政法规和监督管理规定，情节严重的其他情形"（以下简称《司法解释》的情节严重）的模糊表述，但这是目前的立法技术为防止法律漏洞的通常做法。

《司法解释》从法律的层面对《实施办法》第25条作出的肯定，就是《刑法》的情节严重的法定标准。这既是人民法院判断撤销缓刑、撤销假释的标准，也是人民检察院实施监督的判断标准，当然更是司法行政机关在启动提请撤销程序时所遵照的标准。

三、社区矫正监督管理规定与治安管理规定的关系

之所以对"因违反监督管理规定受到治安管理处罚，仍不改正的"规定存在不同的意见，问题的焦点在于如何理解社区矫正监督管理规定的内容。

（一）社区矫正监督管理规定

《刑法》第39条、第70条、第84条所列的内容，就是管制、缓刑、假释社区服刑人员分别应遵守的规定。这些规定中的第1项，就是社区服刑人员应当"遵

守法律、行政法规，服从监督"。这是对社区服刑人员行为规范的总要求，对社区矫正监督管理规定的总概括。

"遵守法律、行政法规"，是对包括社区服刑人员在内的每个公民的普遍要求，也是社区矫正监督管理规定的基本内容，同时还是社区矫正机构教育、改造罪犯的首要任务和工作目标。社区服刑人员"遵守法律、行政法规"，既要遵守刑事法律，也要遵守民商法律，同时还要遵守行政法律、法规，当然包括遵守治安管理法律规定。

"服从监督"，是对社区服刑人员的特殊要求。作为罪犯，社区服刑人员不仅要"遵守法律、行政法规"，还应当遵守《刑法》对报告、会客、活动范围、限制权利的规定以及国务院有关部门关于社区矫正的其他监督管理规定，如《实施办法》对社区服刑人员参加教育学习、社区服务等规定。

（二）"遵守法律、行政法规"与"服从监督"的关系

"遵守法律、行政法规"与"服从监督"都是监督管理规定的重要组成部分，共同构成了社区矫正监督管理规定的整体。教育社区服刑人员"遵守法律、行政法规"，是为了使他们更好地"服从监督"，顺利地完成刑罚的执行；教育社区服刑人员"服从监督"，是为了培养他们"遵守法律、行政法规"的行为习惯，帮助他们顺利地完成"再社会化"的过程，成为守法的公民。因此，社区矫正机构不仅要监督他们"服从监督"，更要监督他们"遵守法律、行政法规"，二者缺一不可。

（三）社区矫正监督管理规定与治安管理规定的关系

综上所述，社区服刑人员违反社区矫正监督管理规定，包括"违反法律、行政法规"以及"不服从监督"等监督管理规定，因此而受到治安管理处罚的行为，都是违反治安管理规定的行为；反之，违反治安管理规定受到治安管理处罚的行为，也都是违反社区矫正监督管理规定的行为。

因此，"因违反监督管理规定受到治安管理处罚，仍不改正的"适用范围，不只局限于司法行政机关提请公安机关予以治安管理处罚的行为，也不只局限于受到10日以下行政拘留处罚的行为，而应当包括所有违反《刑法》第70条、第84条的监督管理规定，违反治安管理规定的行为。

（四）兜底条款的意义

《实施办法》、《司法解释》所列举的撤销缓刑、撤销假释的具体情形，是解决撤销缓刑、撤销假释的普遍问题；《实施办法》、《司法解释》的情节严重，是列举之外的、列举难以包括的，或者目前预测不到的撤销缓刑、撤销假释的其他情形，解决的是特殊的问题。

对于缓刑、假释社区服刑人员来说，一般违反治安管理规定的行为，都是一种常见、普遍的违反监督管理规定的行为。《实施办法》、《司法解释》完全有能力作出"因违反监督管理规定受到治安管理处罚，仍不改正的"这样明确具体的规

定，其中的"治安管理处罚"当然包括行政拘留处罚。"情节严重"的"其他情形"等兜底条款的意义就在于堵截因立法技术问题所产生的法律漏洞，并且只能适用于特殊的、个别的情形，不能适用普遍情形。因此，一般受到行政拘留处罚的因违反监督管理规定的行为，只是应受到治安管理处罚行为的其中一部分，其本身就是普遍性的违法、违规情形，因此不属于《实施办法》、《司法解释》"情节严重"规定的"其他情形"。如表1、表2，用特殊情形的规定来解决普遍性的问题，将"因违反监督管理规定受到行政拘留处罚"从"因违反监督管理规定受到治安管理处罚"中分离出来，解释为《实施办法》、《司法解释》的"情节严重"，其适用率高达80.56%，是对"情节严重"的扩大解释和随意解释，是法律适用的逻辑悖论。

四、不同意见的原因分析及引发的问题

第一种意见，将违反其他治安管理规定受到行政拘留处罚的行为从"因违反监督管理规定受到治安管理处罚"的行为中分离出来，是自相矛盾的观点。如果按照这种观点的理解，那么受到警告、罚款、吊销许可证等治安管理处罚后该如何处理？并且从某种意义上说，也就将"遵守法律、行政法规"排除在社区矫正监督管理规定之外，这显然是对条文的错误理解；将这类违反监督管理规定的行为解释为《实施办法》、《司法解释》的"情节严重"，是对"情节严重"的"其他情形"的扩大解释和随意解释，导致了法律的错误执行。

第二种意见，也是片面地理解了条文的含义，对兜底条款的解释犯了与第一种意见类似的错误。究其原因，首先是司法行政机关，尤其是地市、县（市、区）级司法行政机关，缺乏刑罚执法工作的人力资源，对社区矫正相关条文缺乏研究；其次是基层司法行政机关缺乏执法工经历和经验，对执法中出现的问题缺乏解决的方法和措施；最后是检察机关对条文的错误理解，导致对司法行政机关及其社区矫正工作人员的不当监督，并由此引发了诸多负面后果。具体表现在：

一是侵犯了社区服刑人员的合法权利。缓刑、假释社区服刑人员受到治安管理处罚后，同样应当享有60日内的行政复议权或者3个月内的诉讼权。一旦在其受到行政拘留处罚后立即撤销缓刑、撤销假释而被收押，实际上已经剥夺了他们的复议权和诉讼权，因此出现了人民法院以没过复议期、诉讼期为由拒收司法行政机关提请撤销缓刑建议的案例。

二是不利于对违法、违规社区服刑人员的教育矫正。社区矫正具有教育矫正和刑罚执行功能，治安管理处罚也具有其自身的教育和惩罚功能。社区服刑人员由于其违法犯罪的特性，在社区矫正期间难免会出现违法、违规的行为。对于本就需要加强教育的重点人群，应当在一定限度内允许其犯错，也应当允许其改正错误。只有通过多种手段，包括治安管理处罚的教育手段，不断地对其实施各种教育帮助，才能达到社区矫正的目的。如果罪犯不需要教育改造、教育矫正就能

"遵守法律、行政法规"，也就没必要对他们进行刑罚处罚，没必要设立监狱，没必要对符合社区矫正条件的罪犯实施社区矫正，更加没必要在"因违反监督管理规定受到治安管理处罚"后面，规定"仍不改正的"。如果不给予缓刑、假释社区服刑人员这种犯错、改错的机会，他们一旦受到行政拘留处罚，因害怕被撤销缓刑、撤销假释而脱离司法所的监管，不仅因执法不当而提高了脱管率，也不利于教育矫正措施的正常落实，影响了社区矫正质量，同时也造成了执行撤销裁定收押难的局面。对于按上述两种意见撤销的已经送监狱、看守所收押的罪犯，也为日后的上访等影响社区矫正执法的不利局面埋下了隐患。

三是造成执法不公。因为人为的"拆分"了治安管理处罚，造成该撤销的不撤销、不该撤销的予以撤销这样的混乱局面。例如，拘留 5 日的予以撤销缓刑，反而拘留 10 日的不予撤销（见表 2）；受到行政拘留立即予以撤销，反而受到罚款等治安管理处罚后再次发生可以处警告以上处罚的违法、违规行为却被绝大多数社区矫正机构忽视，没有及时启动撤销程序，等等。不同地区执行不同的撤销缓刑、撤销假释的标准，造成了地区间社区矫正执法标准的不统一，同一地区也会出现社区矫正执法不公的现象。

五、治安管理处罚结果的正确运用及建议

经过以上的分析，笔者支持治安管理处罚结果运用的第三种意见，即缓刑、假释的社区服刑人员因违法、违规受到治安管理处罚后，应当区分具体情况作出相应的处理。

（一）一般情况的结果运用

一般情况下，缓刑、假释社区服刑人员受到治安管理处罚后，应将其列为重点人员进行严格管理，采取增加报告和走访次数、增加学习教育和社区服务时间等措施，给予其改正错误的机会。当其再次出现违法、违规情形时，按照《实施办法》、《司法解释》"仍不改正的"规定，启动撤销缓刑、撤销假释程序，变更刑罚执法方式。

（二）特殊情况的结果运用

特殊情况下，缓刑、假释社区服刑人员受到治安管理处罚后，可以启动撤销程序。

1. 受到治安管理处罚的行为被决定强制戒毒的。2012 年 5 月 18 日，社区服刑人员郭某某在社区矫正期间因吸毒被公安机关决定行政拘留 15 日。由于其在社区矫正之前曾被公安机关决定强制隔离戒毒 6 个月，因吸毒成瘾，再次被决定强制隔离戒毒 2 年。其行为符合《实施办法》、《司法解释》"情节严重"的"其他情形"，被决定提请撤销假释。

2. 状态犯受到治安管理处罚的结果运用。例如，假释社区服刑人员杨某某因违反监督管理规定受到行政拘留 10 日的处罚，同时发现其在社区矫正期间对原犯

罪所得赃物实施销赃，非法所得达 200 多万元人民币。虽然其一直非法占有他人财产，但由于其原犯罪行为已经结束并已受到刑罚的处罚，不应再次受到新的刑罚处罚。但其销赃行为反映出罪犯接受教育改造的目的不纯，对自己的犯罪没有悔改，社会危害性仍然存在，丧失了假释的资格，应当属于《实施办法》、《司法解释》"情节严重"的"其他情形"，因此被决定提请撤销假释。

3. 治安管理处罚分别处罚、合并执行的结果运用。缓刑、假释社区服刑人员有两种以上违反治安管理规定的行为，被公安机关分别决定处罚、合并执行的情形的结果运用，如社区服刑人员吴某某在社区矫正期间因吸毒和为他人提供毒品的行为分别被温岭市公安局处 15 日行政拘留和 10 日行政拘留，合并执行行政拘留20 日，视不同情况可以判断其行为属于《实施办法》、《司法解释》"情节严重"的情形。但须保障其行使申诉权后，根据复议或诉讼结果决定是否启动提请撤销程序。

（三）治安管理处罚结果的正确运用的几点建议

《实施办法》、《司法解释》规定的"因违反监督管理规定受到治安管理处罚，仍不改正的"撤销缓刑、撤销假释的标准，还存在有待完善的地方。首先，笔者认为从加强立法的层面上来看，适宜将上述规定表述为"因受到治安管理处罚，仍不改正的"。其次，上级司法行政机关可以按照治安管理处罚的种类，对"仍不改正"分别作出规定，或者制定一个内部的执行标准。

1. 因违反监督管理规定受到警告处罚的，参照《实施办法》、《司法解释》规定的"受到司法行政机关（执行机关）三次警告仍不改正的"这一标准执行；当再次出现受到罚款以上治安管理处罚的，执行"因违反监督管理规定受到治安管理处罚，仍不改正的"规定。

2. 因违反监督管理规定受到罚款处罚的，如果再次受到罚款以上治安管理处罚的应判断其"仍不改正"；如果再次受到公安机关或司法行政机关两次警告处罚的，应判断其"仍不改正"。

3. 就目前全省各地对"因违反监督管理规定受到治安管理处罚，仍不改正的"不同理解，上级司法行政机关一方面应加强培训，另一方面应就这一规定的执行情况进行专项治理。

浅谈社会治理视野下的社会力量参与社区矫正

浙江省杭州市司法局　丁　洁　应君灿　李积朋

随着社会化发展程度的不断提升，国家治理模式的不断改进，引入更多社会力量参与社区矫正工作成为一种必然的趋势。虽然"两院两部"颁布的《社区矫正实施办法》第 3 条提出了社会力量参与社区矫正工作的要求，即"社会工作者和志愿者在社区矫正机构的组织指导下参与社区矫正工作。有关部门、村（居）民委员会、社区矫正人员所在单位、就读学校、家庭成员或者监护人、保证人等协助社区矫正机构进行社区矫正"。但是，《社区矫正实施办法》对于社会力量如何参与社区矫正并没有明确的规定，实践中也存在社会力量参与社区矫正的价值以及如何让社会力量在社区矫正中发挥更大作用等诸多问题。下面笔者以杭州市为例，结合这些问题对社会治理背景下社会力量参与社区矫正工作试做简要的探讨和分析。

一、社会力量参与社区矫正的必要性和重要性

社会力量参与社区矫正工作存在内部和外部的多重需要和意义，主要表现在以下四个方面：

（一）社会力量参与社区矫正是创新社会治理的时代诉求

社会力量参与社会治理是"社会协同"、"公众参与"的基本要求，也是推进社会治理创新的强大动力。党的十八大在加强和创新社会管理中强调要"强化企事业单位、人民团体在社会管理和服务中的职责，引导社会组织健康有序发展，充分发挥群众参与社会管理的基础作用"。党的十八届三中全会正式提出了"在创新社会治理中增强社会发展活力，激发社会组织活力"的重要论断，进一步要求动员更多社会力量、公众百姓参与到政府主导的社会治理之中，发挥其服务社会、表达诉求、规范行为、社会监督的作用。社区矫正是社会治理体系中极其重要的一环，引入社会力量参与社区矫正是工作所需，更是创新社会治理所求。

（二）社会力量参与社区矫正是社区矫正本质的应有之义

社区矫正工作是一项综合性的社会系统工程，其本质是将部分犯罪情节较轻、适合教育转化的罪犯放在社会环境中进行改造、教育，这种社会化的行刑方式决定了社会力量参与的必然性。《社区矫正实施办法》规定司法行政机关具体履行监督管理、教育矫治和帮困扶助三项工作任务，这三项任务单纯依靠司法行政机关

的力量很难完成。特别是在教育矫治工作中需要运用到社会学、心理学、法学、教育学等领域多种专业知识，在帮困扶助工作中需要依靠各种政策保障和社会资源。因此，在社区矫正工作力量上，除了建立专职执法队伍外，还需要社会工作者、志愿者等社会力量共同参与。除了建立与法院、检察院、公安、监狱等国家司法机关的衔接协作机制外，还需要发挥民政、人力和社会保障、教育、市场监管、工会、妇联等诸多部门的职能作用，以及获得相关社会团体、民间组织的协助。这样就能使矫正人员既能在社区中得到矫正，又能够在与社区的交往联系中体会到人性的光辉与温暖，逐步纠正其犯罪人格与心理，最终实现回归社会。

（三）社会力量参与社区矫正弥补了工作力量的不足

做好社区矫正工作，县、乡两级是关键。以杭州市为例，由于直属司法所建设起步较晚，基层司法所普遍存在工作力量不足和基础保障薄弱等问题。目前全市共有 191 家司法所，政法编制人员平均每所 1.5 人。按照司法部规定，司法所的工作职能除社区矫正外，还有人民调解、安置帮教、普法宣传等八项，任务繁忙之下，目前社区矫正的日常工作基本上依靠社区矫正社会工作者开展。截至 2014 年 8 月，全市社区矫正社会工作者共有 149 人，与在册社区矫正人数之比为 1：32。在现行体制下，社区矫正社会工作者作为政府购买服务的一支社会力量，对于弥补基层工作力量不足、缓解司法所工作压力发挥着不可替代的作用。

（四）社会力量参与社区矫正丰富了矫正方法和内容

工作实践中，社区矫正往往会涉及社会生活的各个领域，因而需要多方面的指导和帮助。而社会力量在职业背景、专业技能等方面的优势恰好能够满足这一多样化的需求。社区矫正机构可以充分利用社会力量的这种优势帮助社区矫正人员进行思想上的矫正、人格上的完善和技能上的培训。同时，合理利用好社会力量参与社区矫正，在一定程度上可以节省矫正成本，提高矫正效率。

二、国内外社会力量参与社区矫正的现状

社会力量作为社区矫正的生力军，发挥着不可替代的作用。行刑社会化程度较高的美国、加拿大等国家成功的实践已经充分证明了这一点。我国开展社区矫正较晚，社会力量参与程度不高，各地利用社会力量协助社区矫正也不尽平衡、成效不一。

（一）国外社会力量参与社区矫正工作情况

社会力量参与罪犯的社区矫正是现代行刑方式发展的潮流。不断高涨的被害人权利运动、日益增加的社区矫正措施和监禁替代措施的使用等，都促进了公众对矫正领域的关注和了解[①]。

在美国，志愿者作为社会力量参与矫正，已成为矫正工作队伍中一支重要的

① 周国强：《社区矫正中社会力量参与》，载《江苏大学学报（社会科学版）》2009 年第 4 期。

组成部分，他们无偿地为社区矫正提供协助、补充或服务。① 在英国，民众参与罪犯矫治具有悠久的历史。近年来，英国政府大力推行司法职业的多元化，鼓励民众参与犯罪防治与罪犯矫治，大量的社区辅助官、治安法官由兼职的志愿者担当，缓刑执行工作和社区矫正工作很多也是在志愿者组织的协助下完成。在日本，罪犯社区矫正制度是以志愿者的广泛参与为显著特色的，"官民协作，以民为主"的社区矫正组织体系令各国矫正界瞩目。从事社区矫正工作的人员有保护观察官、保护司、改造保护法人和民间志愿者，除保护观察官具有国家官员身份外，其余都属于民间团体或民间志愿者。② 在加拿大，社区矫正与非政府组织参与的社会救助紧密结合，非政府组织参与的类型主要有两种：一是由非政府机构的私人企业通过与政府签订协议向社区矫正对象直接提供多种社会服务和人道服务，如经营犯人的"中途住所"，协助开展犯人的矫正计划；二是由自愿的直接服务机构向社区矫正对象提供探视和咨询服务、释放后的计划、居住服务、寻找工作以及监督社区矫正对象等项目。③

（二）国内社会力量参与社区矫正工作情况

1. 政府主导设立专业社会工作者组织的形式

国内以北京、上海等地的做法最具代表性，一直受到各地效仿。北京在 18 个区县成立了专业的社区矫正社会工作者组织——阳光社区矫正服务中心。该组织隶属各区、县司法局，负责招聘、培训社会工作者，并按照与社区矫正人数 1：20 的比例为每个司法所配备社会工作者。除此之外，北京还在街道、乡镇设立社区矫正服务中心工作站，开展心理咨询、帮困解难等辅助性的矫正工作。上海成立了民办非企业性质、独立运作的新航社区服务总站，并在 19 个区、县设立服务分站，招聘了 450 名社会工作者，下派到司法所从事社区矫正工作。上海市司法局和各区、县司法局分别对总站和分站进行指导、考核和监督。④

2. 政府购买服务引入专业社会工作者组织的形式

部分地区在利用社会工作者组织参与社区矫正工作方面采取的是政府购买服务的方式，通过政府出资购买，引入社会力量或机构协助开展工作，如江苏省司法厅直接面向社会招聘了 1000 多名社会工作者，充实到社区矫正工作一线岗位。四川省内江市市中区通过购买服务引入"543 社工中心"参与社区矫正工作，职能包括职业培训和就业指导服务、心理矫正咨询服务、困难帮扶服务等内容。该区建立起了以司法行政工作者为核心、社会工作者为辅助、社会志愿者为补充的

① 种若静：《美国社区矫正制度》，载《中国司法》2008 年第 10 期。

② 梅义征：《从日本、新西兰社区矫正制度看我国社区矫正工作的发展方向》，载《中国司法》2007 年第 9 期。

③ 刘武俊：《加拿大社区矫正制度巡礼》，载《中国司法》2008 年第 9 期。

④ 梁德杰：《民间组织与政府职能社会化——以社区矫正之上海新航社区服务总站为例》，复旦大学硕士论文 2007 年。

"三位一体"社会管理新模式，并逐步实现将矫正人员从单一管理控制方式向服务帮扶方式的转变。此外，广州、深圳、成都、厦门等地也纷纷通过政府购买服务的形式，按照一定比例从社会工作者组织或社会上聘请人员协助开展工作。

3. 社会志愿者形式

上海、江苏、浙江等地在探索志愿者队伍建设方面作出了一些有益尝试。例如，上海组建了社会帮教志愿者协会，建立了一支5000余人的社区矫正志愿者队伍；江苏省司法厅与团省委、省志愿者协会联合在全省开展社区矫正志愿者招募活动，现已招募志愿者近4万名，与社区矫正人员基本达到1:1的比例。此外，济南、江门、宜兴、德清、海宁等地也通过组建各种形式的志愿者队伍来加强社区矫正工作。

综上所述，国外在开展社区矫正工作时大量依靠来自各层面的社会志愿者力量，且配合国外现代社会学、心理学等领域较先进的研究成果，经过多年的实践，已经对参与社区矫正工作的社会力量形成了比较完善的运行机制和保障体系，使之可以在工作中发挥重要作用。而国内，一方面由于相关学科的研究起步较晚，且很多现代理论借鉴国外，另一方面社区矫正工作开展时间较短。尽管部分地区也在大胆尝试在这一工作领域积极引入社会力量参与，但覆盖范围还比较小，工作层次也比较浅。从社区矫正工作的实质、需要和社会发展等各方面考虑，进一步推进我国社区矫正工作，社会力量将大有可为。

三、杭州市社会力量参与社区矫正的实践探索

杭州市经过十年的探索与实践，目前参与到社区矫正工作领域的社会力量主要分为下列四大类（详见表1）：

（一）民办非营利性社会机构

它属于独立于政府之外的第三方组织，具有丰富的社会知识，能为社区矫正人员提供专业服务，同时它又是独立运作的民办社会组织，自接服务项目、自负盈亏，与政府之间存在合作共建关系。

自2014年4月起，杭州市对本地社区矫正民办非营利性社会组织进行调研摸底，并最终确定一家专业社会组织（浙江省白水教育科学研究院）参与社区矫正工作，目前已在西湖区文新司法所开始试点。双方就非执法类项目进行合作，由社会组织承担矫正人员的走访教育、社区服务、个案心理矫治等工作。杭州市希望通过这项试点工作，探索建立司法行政机关主导、社会组织专业服务参与的社区矫正工作协作机制，缓解社区矫正专业力量不足的压力、弥补教育效果不佳的缺陷。

（二）社区矫正社会工作者

它由司法行政部门统一招聘、考核和管理，采取政府购买服务方式，专职协助社区矫正机构工作。

早在 2006 年，杭州市司法局、杭州市编办、杭州市财政局联合行文为六城区和西湖风景名胜区管委会、下沙经济技术开发区管委会配备 120 名司法协理员协助社区矫正工作，人员经费按不低于上年市区企业职工最低工资标准发放，经费由市、区各承担 50%。2010 年，针对社区工作者待遇提高的情况，杭州市委纪要〔2010〕19 号文件又补充了"按年人均标准 10% 增长"的规定。2014 年，杭州市委常委会会议纪要〔2014〕3 号文件明确"将 120 名城区司法局协理员全部转为社区矫正专管员，纳入社区工作者管理"。萧山、余杭、富阳等地也在当地党委、政府的关心支持下，建立了社区矫正社会工作者队伍。

（三）准社会团体

它是社区矫正机构发起的由一定数量的社会成员组成但未在民政部门登记注册的专门性组织，主要为社区矫正工作开展提供智力支持。目前，杭州市本级层面主要是指"社区矫正人才库"，人才库下设三个团，即心理矫治专家团、教育矫治师资团和社区矫正行知团。

针对社区矫正机构矫正教育人员有限，专业知识薄弱，而教育任务重、专业性强的现状，杭州市司法局积极利用社会资源，整合专业力量，聘请专业人才，如高校学者、心理学专家、律师、法官、检察官、监狱警察等一同参与教育矫治工作，分门别类地建立了三个人才团队，为全市社区矫正工作中的心理矫治、教育培训、理论研究和实践创新提供智力支持。各区、县（市）也整合社会力量因地制宜地建立了相应的人才队伍。

（四）社会志愿者

它分三个类型：一是松散的区域性志愿者队伍，主要是响应政府号召，回应社会的需求，开展的活动属于政府要求和鼓励的。如社区矫正机构针对未成年社区矫正人员与团市委、关工委联合组建的阳光志愿者队伍；根据社区矫正工作要求按 1:1 的比例建立的由有关部门、村（居）民委员会、社区矫正人员所在单位、就读学校、家庭成员等组成的志愿者队伍，目前这支队伍有 5400 余人。二是在民政部门登记，民间自发组织成立的社会组织，这种社会组织在成立初期一般由政府职能部门给予扶持，待其稳定后逐步实现自主发展。如杭州市余杭区志愿者服务中心就是一例。三是自发性的志愿者组织，如桐庐县万强农庄有限公司、余杭区通过"百企献千岗"活动发动的近五百家爱心企业，自愿利用各自资源为社区矫正工作提供帮助。

（表1）

性质	组织名称	规模	区域范围	服务项目
民办非营利社会机构	浙江省白水教育科学研究院	25人	西湖区文新司法所先行试点后推开	协助司法所进行入户走访教育、个案追踪、小组活动、拓展训练
社区矫正社会工作者	社区矫正专管员	149人	杭州市所辖区域	直接对矫正人员进行监督和教育
准社会团体	心理矫治专家团	20人	杭州市所辖区域	心理矫治指导
	教育矫治师资团	20人	杭州市所辖区域	教育矫治指导
	社区矫正行知团	40人	杭州市所辖区域	矫正实务指导
社会志愿者	浙大紫领志愿者团队	16人	西湖区三墩司法所先试点后推开	对矫正人员实施"一对一"帮扶
	松散的区域性志愿者队伍	5400余人	杭州市所辖区域	协助专职矫正工作人员开展矫正
	余杭区志愿者服务中心	7人	余杭区所辖区域	志愿者培训，教育矫治指导，就业帮扶
	桐庐县万强农庄有限公司等一批企业	暂无数据	公司所处区县	社区公益劳动，劳动技能培训，人员安置

四、当前社会力量参与社区矫正存在的主要问题

虽然各地在社会力量参与社区矫正工作方面有了一些探索和实践，但在参与的广度、深度和规范等方面仍然存在许多问题，需要进一步去研究和解决。

（一）社会公众对于社区矫正的认识不足

社区矫正在我国虽然已实施了十年，但社会公众普遍对社区矫正缺乏必要的了解，对于"什么是社区矫正、为什么进行社区矫正、如何进行社区矫正"没有一个基本的认识。同时，在人们的观念中，传统的犯罪观还占主导地位，大部分人认为犯罪就应该受到严厉的惩罚，而惩罚一般应是执法人员的责任，与普通大众无关。甚至许多人对社区矫正还存在一种误解，对社区矫正抱有怀疑心态，认为社区矫正就是把服刑人员"放羊了"，在潜意识里对服刑人员有一种戒备和对

立。社会公众对社区矫正工作的不了解和不理解影响了社会力量参与社区矫正工作。

（二）法律依据和政策保障不健全

我国的社区矫正工作是典型的"先实践后立法"模式，目前尚无专门的社区矫正法。《刑法修正案（八）》和2012年新修订的《刑事诉讼法》只是对社区矫正作了原则性规定。2012年3月1日起施行的《社区矫正实施办法》只是具有司法解释性质的规范性文件，法律效力有限。关于社会力量参与社区矫正，只是在《社区矫正实施办法》第3条提到："社会工作者和志愿者在社区矫正机构的组织指导下参与社区矫正工作。"至于社会力量如何参与，参与后的权利和相应责任都没有明确。2012年，民政部、财政部下发了《关于政府购买社会工作服务的指导意见》。根据文件精神，要对城市流动人口、农村留守人员、困难群体、特殊人群和受灾群众的个性化、多样化社会服务需求，组织开展政府购买社会工作服务。其中，特殊人群就是指包括社区矫正人员在内的需要社会给予特殊关心帮助的人群，但文件对特殊人群的服务内容缺乏具体的指导，以至于各地在贯彻文件精神时仍需要与相关部门协调、沟通，如《杭州市政府向社会力量购买服务目录》在征求意见稿中就没有放入社区矫正的服务内容。另外，在政策层面，政府对社会力量参与社区矫正工作也没有制定相应政策，如税收减免、奖励表彰等。

（三）社会力量的专门化程度不高

从目前我市参与社区矫正工作的社会力量来看，有社会工作者、志愿者、社会团体、企业等不同的组织形式与群体，具有分散性、不确定性等特点。而社区矫正面对的是特殊人群，需要有专业的资质与职业素养，对专业性有一定的要求。目前，参与社区矫正的社会力量专业性普遍较弱，司法行政机关作为社会矫正的指导管理部门，在引入社会力量参与方面往往只是完成任务，如按照1:1的要求组建社区矫正志愿者队伍，却缺乏人员培训和科学管理。另外，当前专门开展社区矫正的社会组织基本没有。目前，杭州市登记设立的社会组织有5000余家，其中绝大多数从事文化类、养老服务类以及特色潜力行业类，仅有5家与社区矫正工作相关的社会组织也是在2014年上半年根据有关政策和要求才登记设立的，其服务内容也并非专一于社区矫正，且因新成立，本身功能还不完善，服务社区矫正工作尚未开展。

（四）社区矫正社会工作者力量薄弱

以杭州为例，目前全市社区矫正社会工作者与社区矫正人员的比例远远低于省司法厅要求的1:20。除杭州市主城区和萧山、余杭两区的社会工作者工资待遇由财政单独保障外，其余人员的工资都是司法行政部门从有限的社区矫正工作经费中开支，因此，工资待遇普遍较低。这就使得这支队伍在人员发展、素质提升等方面都受到限制，加上现阶段社区矫正工作任务繁重、工作要求严格以及职业发展不明确、专职化程度不高等问题，队伍一直不够稳定。

（五）志愿者队伍管理不规范

各地在志愿者队伍的组建、管理和发展等方面还不规范。其一，目前杭州市的社区矫正志愿者有 5400 余人，虽然数量上较大，但是其构成人员复杂，招募形式地区差异较大，在人员管理、培训、考核和激励机制上更是各不相同，标准不一。其二，在管理上存在制度不健全、权责较模糊等问题，导致在工作开展过程中，无法有效发挥其作用。其三，因缺乏相应的约束机制，这支队伍的稳定性相对较差，工作积极性和责任感很难保证。

五、完善社会力量参与社区矫正的思考和建议

（一）加强宣传引导，营造社会力量参与的氛围

要充分利用报刊、电视、网络等传媒手段，加大社区矫正的宣传力度，并大力表彰社区矫正工作中涌现出来的先进典型，从而使社会各界了解社区矫正的内容、目的和意义。这样一来就使民众更加了解社会力量在社区矫正工作中发挥的积极作用和社会大众参与社区矫正的途径与方法，从而增强社会力量参与社区矫正工作的责任感与使命感，为社会力量参与社区矫正工作在全社会营造一个良好的环境。

（二）通过立法形式，明确社会力量的法律地位

目前《社区矫正法》已列入国家立法计划，而正在向社会公开征求意见的《浙江省社区矫正工作条例（草案送审稿）》中已明确"县级以上人民政府应当鼓励和支持社会力量参与社区矫正工作"的政府责任以及"村民委员会、居民委员会、社区服刑人员所在单位或者就读学校应当依法参与社区矫正工作……鼓励、支持志愿者、志愿者服务组织和其他社会组织参与社区服刑人员的教育帮扶工作"的内容。社会力量参与社区矫正工作只有在法律法规中明确，才能在具体实践中有法可依、有章可循。

（三）强化引导、保障，积极培育专业社会力量参与社区矫正

将社区矫正工作纳入到《杭州市政府向社会力量购买服务目录》中，积极培育专业的社区矫正社会组织和社会工作者队伍，提高社区矫正专业化工作水平。一是建立专业的社区矫正社会组织，可在目前社区矫正社会工作者队伍的基础上参考上海新航服务总站工作模式，分别成立各区、县（市）社区矫正服务站。同时由司法行政部门统筹管理政府购买服务的资金，制订服务计划和服务需求，对服务站进行绩效考核。服务站统一招聘管理社区矫正社会工作者，按要求开展社区矫正教育矫治工作，理顺现有社区矫正社会工作者由司法行政机关直接管理的体制。二是及时跟踪、指导、总结目前在西湖区开展的试点工作，以求形式可复制、可推广的全市工作模式。同时，积极会同财政、民政等部门制订培育和发展计划，根据"初期引导培育、中期规范优选、后期自主协作"的思路，在现有的社会组织中培育社区矫正专业社会组织。三是推动政府出台政策，按照省司法厅

社区矫正社会工作者与社区矫正人员 1：20 的比例要求建立社区矫正社会工作者队伍。

（四）建章立制，规范、促进社会力量的发展

一是在政府出台购买服务政策的基础上（目前浙江省政府已出台相关政策）出台配套操作办法，如对提供服务方的绩效考核、监督检查及酬劳支付等实施方案，确保政府购买服务工作得以良性开展、达到预期目的。二是建立健全社会力量参与社区矫正工作的准入、指导管理、考核激励、淘汰竞争等制度，明确社会工作者、社会组织和志愿者的进入资质、福利待遇和发展路径等，确保社会力量参与社区矫正的日常工作有序开展。特别是针对目前社区矫正志愿者队伍基数大、人员不稳定、作用发挥不平衡的现状，制定《杭州市社区矫正志愿者发展与管理办法》，组建"杭州市社区矫正志愿者支队"，纳入全市志愿者队伍统筹管理。三是对志愿企业，应积极争取在政策允许范围内给予相应减免税费的优惠政策，保障其应有利益，提高其参与积极性。

浅谈社区矫正中社会工作的运用和发展

江苏省苏州市司法局　符　斐　朱荣政

目前，全国许多地区的社区矫正工作侧重于行政管理，社会资源、社会方法的运用还远远不够。近几年，苏州等地高度重视社会工作在社区矫正中的运用，积极探索社会工作介入社区矫正的模式和方法，极大地促进了社区矫正工作的发展。

一、社区矫正社会工作的发展模式

苏州、上海等地通过近几年的探索实践，已经初步形成了各自的社区矫正社会工作的发展模式。

（一）上海、深圳等地的模式

"上海模式"主要是通过组建专业社团提供社会工作服务。2004年，上海市在预防和减少犯罪体系中引入社会工作的机制和理念，在社区矫正、青少年、禁毒领域分别组建了三个民办非企业性质社团组织，即新航社区服务总站、阳光青少年事务中心、自强社会服务总社；同时在区级层面，对应三个社团相应设立三个社工站，各个街道设立社工点，实现就近服务。这三个社团获得政府购买服务的费用，承担政府指定的社会服务项目。深圳市于2007年探索引入社会工作机制为社区服刑人员提供更加专业的矫正服务，其基本模式为"政府向社工机构购买社工服务岗位—机构聘请社工—社工为社区服刑人员提供服务"，同时聘用香港地区专业督导监督社工服务的专业化程度，引入第三方评估机构定期进行专业评估，重点保障服务专业化。而"广东模式"则在各市区成立"友善社工服务中心"，专门为社区矫正提供社会工作服务，并以社会工作个案管理的服务模式为主体，针对每一位社区服刑人员建立专门的个案服务档案。

（二）苏州模式

从2007年起，苏州市开始积极探索实践社区矫正社会工作，坚持社会化、专业化的发展方向，吸引大量社会资源参与，逐步建立起"专职社工、矫正社团、政府购买、社会参与"的四维模式，对社区矫正的发展起到了积极的促进作用。

一是构建专职社工队伍。2007年，苏州市积极引入社工人才，在全省率先按与社区服刑人员1:15的比例建立了一支社区矫正专职社会工作者队伍。目前，全市共有社区服刑人员3000余人，共配备专职社工235名，均为法律、社会学、社会工作、心理学等大专以上学历，其中取得国家心理咨询师、社会工作师资格的人员比例均超过40%，专职辅助行政执法人员从事审前调查、入矫教育、个案制定、走访谈话、集中教育、社区服务等日常工作，成为社区矫正工作不可或缺的重要力量，实现了社区矫正行政执法与社会服务的有机结合。

二是培育专业矫正社团。在发展专职社工队伍的同时，苏州市还积极培育了四家专业矫正社团，即人本社工中心、光辉矫正社工事务所、邦和司法社工事务所、春晓社会服务社，专门承接社区矫正机构的社会服务项目，均办得有声有色。人本社工中心与姑苏区司法局达成购买社工岗位协议，保障其人才和资源的供应。光辉矫正社工事务所设立了议事规则、社工考核、投诉查处等9项管理规定，每年与太仓市司法局签订服务协议书，服务效果受到了一致好评。邦和司法社工事务所为未成年社区服刑人员规划了"成长环境净化工程"，获得昆山市首批公益创投资金7万余元。张家港市春晓社会服务社共有37名专职社工，目前已提供心理辅导、技术培训、就业指导等服务6560人次。

三是购买专业社会服务。苏州市充分发挥政府的主导作用，积极推进政府购买社会服务。一方面，加大对专业社会组织服务的购买。将社区矫正纳入全市"政社互动"试点范围，将假释犯、未成年、累犯的行为矫正、心理矫治、社会调查项目列为第一批重点购买名录，加强财政、民政、司法的协调对接，制定社会组织承接服务项目的规范性标准，包括服务内容、承接要求、筛选标准、招投标程序、监督评估方案等。另一方面，加强与专业院校的项目化合作。苏州社区矫正机构正积极推广循证矫正项目，投入20万元与专业院校订立项目指导协议，重点开展未成年人、外地人、盗窃犯、女犯、暴力犯等10个循证矫正项目，研发"专家库"、"实例库"、"标准案例库"三大数据库，构建"基于证据实施矫正"的科学化社区矫正工作模式。

四是吸引社会广泛参与。社会力量的广泛参与也是苏州市社区矫正社会工作发展的一大特色。作为专职社工队伍的天然同盟军，苏州市拥有一支4000余人的社会志愿者队伍，广泛吸引了律师、心理咨询师、社会工作者、教师、医生、村（社区）干部等社会各界优秀人才的加入，在专职社工的带领下开展"一对一"、"多对一"的志愿结对帮教工作，并在自己的专业和能力范围内提供各种专业服务。同时，许多社会志愿组织也热衷于参与社区矫正志愿活动，包括工、青、妇、团、文联、残联、民盟等社会团体，以及律师协会、社会工作者协会、心理协会等社会组织，都充分发挥自己的资源优势，为社区矫正工作提供力所能及的社会服务。

二、社区矫正社会工作中遇到的问题及原因分析

从苏州、上海等地的发展实践来看，虽然都取得了明显成效，但是还普遍存在一些问题，主要是社会工作介入社区矫正还远远不够，两者的结合不够广泛、深入，不能充分发挥社会工作的资源和专业优势。具体表现在：

一是社会工作介入社区矫正不够广泛。目前社会工作的运用还受制于走访调查、教育谈话、社区服务、技能培训等业务内容。实际上社区矫正工作中除了风险评估、入矫解矫宣告、考核奖惩，以及对请假、居住地变更等特定监管事项的审批等必须由执法工作人员办理之外，其他所有社会性事务均可以成为社会工作大显身手的领域，特别是专业性较强的行为矫正、心理疏导、关系调适、社会功能修复等，应成为社会工作运用的重点领域。

二是社会工作介入社区矫正不够具体。一些地区仅将社区矫正机构内的部分工作转移到社会工作者手中，并没有根据社区矫正的工作实际和社区服刑人员的矫正需要详细规划社会工作服务的内容和形式，没有细化服务项目，也没有明确服务要求和标准，甚至没有相应的社会工作服务考评机制。这样简单的"工作移交"容易导致社会工作的介入流于形式，引起消极怠工和责任推诿，不能充分发挥社会工作的专业优势。

三是社会工作介入社区矫正不够专业。目前，涉及社区矫正的社会工作者还不够专业，特别是与社区矫正相关的社会工作业务不够熟练，有的甚至对社区矫正一知半解。而且从目前的实践过程来看，社会工作者往往会成为一名"行动者"而非"能动者"，仅仅满足于完成与社区矫正机构协议的矫正任务，而不能积极主动地将社会工作方法运用到社区矫正中，真正从社区服刑人员自身实际需要出发，去探索如何帮助他们更好地融入社会的方法。

四是社会工作介入社区矫正不够多元。总体来看，目前社会工作介入社区矫正的形式还比较单一，主要是社区矫正机构专门培养社工队伍、矫正组织，或者向社会组织购买社会工作服务，还没有形成相应的规范约束机制，这常常导致前者过于行政化，后者过于社会化。实际上，社会工作的介入可以寻求两种模式的合理结合，并且朝着多元化的方向发展，挖掘更多的社会资源，如公益组织、基金会、热心企业、院校资源、社会志愿者等。

对于社区矫正社会工作发展的不足，究其原因，主要有三个方面：一是认识匮同。部分社区矫正机构在日常工作中重监管、轻教育的倾向严重，一味地以重犯率、在管在控率等作为追求目标，围绕如何创新管理、加强监督下功夫，而忽视教育帮扶、行为矫治、心理矫治等教育引导工作，对社会工作认知和接纳程度不高，引入动力不足，直接影响了社区矫正社会工作的发展。二是人才匮乏。社区矫正社会工作是一个新的实务性领域，涉及的知识面多元而复杂，不仅需要一定的法学、心理学、教育学、社会学等专业知识，还需要相应的社会工作方法和实践经验。目前，该领域的综合性人才非常匮乏，加上待遇偏低导致人员流动性较大，无法提供有力的专业支持和人才保障。三是资金匮缺。目前，社区矫正工作经费约按每名服刑人员 3000 元/年的标准拨付，除了用于社工活动、日常管理、应急救助等之外，用于教育帮扶的只占一小部分，无法给社会工作的发展预留充足的经费空间。另外，社区矫正专职社工待遇普遍较低，如苏州社工待遇约为3000元/月，流失率达15%，不利于队伍专业化发展。为了解决资金难题，许多地方尝试民政公益创投资金，但该项资金局限于"扶老、助残、救孤、济困"，不仅申请困难而且只能惠及少数社区服刑人员，对缓解经费压力仅起到杯水车薪的作用。

三、推动社区矫正社会工作发展的几点思考

发展社区矫正社会工作，不仅是社区矫正社会化的重要途径，也是整合社会优质资源的有利平台。目前，社区矫正社会工作的发展应进一步明确以人为本的核心理念，走法制化、多元化、项目化、职业化发展的道路。

加快矫正立法，推进社区矫正社会工作的法制化。其他国家、地区已经形成比较完善的社区矫正社会工作法律法规，如德国的《不剥夺自由刑罚执行方案》、澳大利亚的《矫正服务令》、香港地区的《社会服务令》、台湾地区的"更生保护法"等。我国社区矫正和社会工作均起步较晚，而且采取先试点后立法的做法。随着试点实践的不断积累，迫切需要对试点成果和经验进行法律上的确认和推动。就社区矫正而言，应加快立法，完善相关法律法规体系建设。通过立法明确社区矫正刑罚执行性质，可以设立"社区服务刑"，由执法工作者进行监督、评估，社会工作者参与规划、实施。同时，通过立法鼓励社会力量参与社区矫正工作，使"社区"这一大环境真正发挥作用。首先，明确社会工作在社区矫正中的法律地位，鼓励引入社会工作机制，提供更为专业的矫正服务。其次，建立社区矫正公共服务基金，以政府划拨为主、社会捐助为辅，解决社区矫正社会工作的经费来源问题。再次，规范社会志愿者队伍，明确志愿服务制度，广泛吸纳社会力量参与社区矫正工作。此外，社会工作的发展也应尽快走法制化的道路，进一步明确社工队伍的专业要求、工作职能和服务准则等，为社区矫正社会工作的发展培养、储备专业人才。最后，通过社区矫正社会工作的不断发展，最终实现二者在互动实践基础上的协同立法。

加强组织领导，推进社区矫正社会工作的多元化。作为社会平安稳定的基础性工作，应将社区矫正列入各地党委政府的发展规划，加强组织领导，不断拓展社会力量参与社区矫正的空间。一是主动更新观念。充分认识社区矫正社会工作的重要性，结合政府职能改革，将非执法类事物清理出去，通过委托、购买等方式交由更加专业的社会组织承担；同时完善委托购买流程，明确社区矫正机构与社会组织的责任和要求，做好相应的监督管理工作。二是培育专业社会组织。整合、优化现有社会组织，加强专业培训，提升原有社会组织承接社区矫正社会服务的能力；同时加大政府投入与政策支持，通过减免租金、税费优惠、技术支持、奖励补贴等优惠政策，有侧重性地培育一批专业性强、熟悉社区矫正业务的高资质社会组织，为社区矫正社会工作的发展提供专业组织资源。三是鼓励社会多元

参与。加强宣传动员，广泛吸引老干部团体、妇联、工会、心理协会、公益组织等社会团体的参与，充分挖掘其社会资源优势；完善财政补贴企业相关政策，鼓励企业吸纳社区服刑人员就业，尝试在有意向的企业内部设立社工服务站，为企业中工作的社区服刑人员提供站点式矫正服务；广泛吸纳社会志愿者，为社区服刑人员提供"多帮一"矫正服务，推动社区矫正社会工作的多元性发展。四是完善社矫人才库建设。通过与相关院校、社会团体等合作培养的方式，鼓励律师、心理咨询师、社会工作师、医师、教师、院校师生等优秀人才加入社区矫正专业人才库，设立相应的人才激励政策，定期组织业务培训和活动，为社区矫正的发展培养、储备更加专业优质的人才资源。

加快介入研究，推进社区矫正社会工作的项目化。通过项目化运作的方式，积极拓展、完善社会工作介入社区矫正的内容和方式，使社会工作在服务社区服刑人员、维护社会稳定等方面广泛、深入、持久地发挥作用。一是广泛开展需求调研。掌握社区服刑人员的矫正需要，明确社会工作的需求方向；同时对社区矫正机构的工作内容、要求和目标进行分析，划清行政执法事务和社会化事务的界限，明确社会工作能够施展的空间。二是制定项目实施目录。在需求分析和工作研究的基础上，分门别类地制定详细的社区矫正社会工作服务项目目录，如认知类矫正项目、情绪类矫正项目、自控力矫正项目、行为类矫正项目（侵财、暴力、毒瘾等）、就业能力提升矫正项目、家庭关系修复矫正项目等，并在此基础上明确服务内容、要求、工作程序、规范标准、承接矫正项目的个人和组织资质、承接程序等一系列制度设计。如苏州市司法局围绕社区矫正工作制定了三大项目目录，包括社区矫正工作项目化推进实施方案（31 个工作项目）、社区矫正循证矫正项目（10 个矫正项目）、政府购买社区矫正服务目录（3 大类 8 个子目录），并在此基础上明确划分了可以委托社会组织承接的项目范围。三是探索项目化运作方式。积极拓展社会工作介入社区矫正的具体途径，如培养专职社工、购买社工服务、购买社工岗位、院校合作实践、设立社矫基金、公益合作、企业站点式社工服务、"多帮一"志愿服务等；同时强化项目监督和效果评估，引入第三方评估、社会监督等，确保项目实施有序、有效。四是加强社会工作方法研究。根据不同类型的服务对象建立有针对性的个案工作、小组工作、社区工作模式，构建社区矫正社会工作个案库和数据库，便于相互借鉴和重复验证。

加强队伍管理，推进社区矫正社会工作的职业化。建立健全相关政策措施和制度保障，规定职业规范和从业标准，加强教育培训，切实提高社区矫正社会工作者的专业化水平。一是建立资格准入制度。矫正社工除了要求通过国家社会工作者职业资格考试，还应该重点强调行为矫正和心理矫正知识、社区矫正实务分析技巧等要求。例如，江苏省严格开展社区矫正社会工作者岗前培训和职业技能考试，并对考试通过者发放"社区矫正工作证"，持证上岗。二是健全职业培训制度。积极与院校、科研机构合作，建立培训和人才合作交流机制，定期开展职业技能培训、岗位大练兵等，确保每名矫正社工每年培训时间不少于72小时。三是加强考核评价制度。以提升专业水准、注重社会效应为导向，采取行政考核和社会评价相结合的方式，制定相应的考评机制，并根据考核结果、职业能力、工作年限等综合制定相应的职业等级制度。四是完善薪酬奖励政策。建立合理的薪酬制度和奖励补贴政策，切实改善矫正社工的工资收入、福利待遇和工作条件，充分调动矫正社工的工作积极性。例如，苏州市财政局、司法局联合发文明确社区矫正专职社工工资待遇不低于一般社会工作者，并对获得助理社会工作师、社会工作师、高级社会工作师的，分别给予每月100元、300元、500元的补贴，另外，还安排6000元/人的年终绩效考核经费。

天津市社区矫正工作对策研究

天津市司法局　杨劲松　任庆起　李树彬　任晓坤

2014 年 4 月 21 日，习近平总书记在听取司法部工作汇报时，要求把社区矫正作为司法行政的一项重点工作，科学谋划，深入推进，明确指出："社区矫正在试点的基础上全面推开，新情况新问题会不断出现。要持续跟踪完善社区矫正制度，加快推进立法，理顺工作体制机制，加强矫正机构和队伍建设，切实提高社区矫正工作水平。"5 月 27 日，全国社区矫正工作会议召开，中央政治局委员、中央政法委书记孟建柱同志要求把社区矫正摆到党和国家工作大局中来谋划，把握社区矫正规律，发挥社会主义制度优势，提高教育矫正工作水平，促进社区服刑人员更好地融入社会，为社会和谐稳定做出新贡献。我市司法局组成调研组，深入开展了关于我市社区矫正工作的调研。采取召开座谈会、发放调查问卷、实地走访区县等多种形式，对我市社区矫正工作做了全面深入的调研，从中总结成绩，查找问题，提出对策措施。

一、我市全面开展社区矫正工作的基本情况

天津市作为全国首批社区矫正试点城市之一，自 2003 年年底开始试点工作，2008 年年底在全市全面推开。截至 2014 年 12 月底，全市累计接收社区服刑人员 34694 人次，累计解除社区矫正 27556 人次。现有在册社区服刑人员 7138 人。社区服刑人员矫正期间重新犯罪率始终控制在 0.07% 以内，远远低于全国 0.2% 的目标，取得了良好的法律效果和社会效果。

（一）社区矫正监管教育帮扶工作取得新成绩

全市各级司法行政机关紧紧围绕监督管理、教育矫正和社会适应性帮扶三项任务，扎实开展工作。一是切实加强监督管理，落实社区服刑人员报告、居住地变更、外出请销假等制度，成立矫正小组，落实监管任务。研发启用"天津市社区服刑人员动态管理系统"，对在册社区服刑人员进行信息实时查询和移动轨迹实时监控；对全市 1714 名重点管控社区服刑人员实行手机定位；在全国率先实现了解矫社区服刑人员档案的集中存放管理。二是切实加强教育矫正，开展思想道德、法制和社会公德教育，注重个案矫正、心理疏导和社区服务。目前，全市已建立教育基地 149 个，社区服务基地 167 个。三是切实加强社会适应性帮扶，帮助解决社区服刑人员就业、就学、临时救助、最低生活保障等问题，提供技能培训和就

业指导。全市共建立就业基地 106 个，先后安置社区服刑人员就业 845 人次；举办各类技能培训 173 次，培训社区服刑人员 1649 人次；协助解决青少年社区服刑人员就学 124 人次；协助解决最低生活保障 267 人；发放临时救助金 10 万余元。

（二）社区矫正制度建设取得新突破

"两院两部"《社区矫正实施办法》出台后，天津市在全国率先制定《天津市社区矫正实施细则（试行）》，作为社区矫正工作规范开展的依据。在实际工作中，注重制度建设，逐步完善调查评估、病情复查、收监执行、动态研判、档案管理、异地求学等执法环节。结合工作实际，研究制定了《天津市社区矫正适用前调查评估工作实施细则》、《天津市未成年人刑事案件社会调查暂行办法》、《天津市社区服刑人员突发事件应急处置预案（试行）》、《天津市社区服刑人员档案管理暂行办法》等 10 多项制度，下发《关于做好暂予监外执行社区服刑人员病情复查工作的通知》、《关于做好暂予监外执行、假释罪犯接收及解除社区矫正工作的通知》、《关于印发天津市社区服刑人员赴异地高校求学监督管理规程（试行）的通知》等，促进了我市社区矫正工作依法规范开展。

（三）社区矫正机构和队伍建设取得新进展

天津市于 2008 年组建全国首个市级社区矫正机构——天津市社区矫正中心，派工作人员驻区县司法局组织指导、协助推动、督办落实社区矫正工作。2011 年市司法局设立社区矫正和安置帮教工作管理处，各区县司法局先后建成社区矫正工作管理科，在 4 个区县建成社区矫正管理中心。各区县采取选派机关干部到司法所挂职任职，以及招录公务员、社会辅助人员和社会公益性岗位等方式充实司法所社区矫正工作力量。目前，全市已有社区矫正工作人员 675 人，社会工作者 285 人，志愿者 6700 余人。在全国率先实现了社区矫正工作人员全员着警服。市司法局连续 3 年组织开展全市社区矫正工作人员规范化、专业化封闭培训达 3300 余人次，考核合格者发放《社区矫正执行公务证》。2013 年组织开展社区矫正岗位练兵活动。2014 年组织开展以"无执法违规违纪、监管工作无脱管、无再犯罪"为目标的"三无"社区矫正机构评比活动，进一步提升队伍执法专业化水平。

（四）社区矫正保障能力有了新提高

近年来，市司法局多方筹措资金，为各区县司法行政机关配备警车、单警装备和现代化办公设备，统一规范区县社区矫正管理中心及司法所标识。各区县加强司法所社区矫正业务用房建设。积极探索建立村居司法工作室，确保社区矫正工作植根社区。截至目前，全市共建立村居司法工作室 1005 个。

（五）社区矫正工作领导体制和工作机制建设有了新进步

市司法局积极主动向市委、市政府汇报工作开展情况，及时提出解决问题的建议，得到了市委、市政府的高度重视和支持。市社区矫正工作领导小组定期召开专题会议，及时研究解决社区矫正工作中遇到的困难和问题，就机构设置、队伍建设和专项经费等问题，制定出台了一系列政策和措施。各级党委、政府切实把社区矫正工作摆在重要位置来抓，形成了党委政府统一领导、司法行政部门牵头组织、相关部门协调配合、社会力量广泛参与的社区矫正领导体制和工作机制，推动社区矫正工作有序开展。

二、天津市社区矫正工作存在的主要问题

10 余年来，天津市社区矫正工作在各级党委、政府关心指导下，取得了长足的发展，但由于基础弱、底子薄，与一些兄弟省市相比，还存在一些不容忽视的困难和问题，需要认真解决。

（一）社区矫正机构和场所设施建设不够健全

在机构建设上，市司法局于 2011 年成立社区矫正和安置帮教工作管理处，编制 6 人，负责指导管理全市 7300 余名社区服刑人员和 23000 余名安置帮教人员两项工作，力量严重不足。而上海、北京等 10 个省市已成立了社区矫正管理局，且职能作用发挥充分。在场所设施建设上，目前在天津市 16 个区县中，仅和平、河北、东丽、武清四区成立了社区矫正管理中心，相比北京、上海、江苏、江西、安徽等地在辖区所有区县都建立了社区矫正管理中心等场所设施而言，差距较大。此外，虽在全国率先建立了市级社区矫正中心，但职能定位不够明确，作用发挥不足。相比江苏在全省所有县（市、区）建立社区矫正管理教育服务中心，负责对社区服刑人员进行接收宣告、首次谈话教育、集中训诫教育和心理辅导，并作为公、检、法、司部门联动的场所而言，我市社区矫正场所设施建设严重滞后。

（二）社区矫正制度不够完善

《社区矫正实施办法》出台后，天津市先后制定出台了《天津市社区矫正工作实施细则（试行）》等 10 多个规章制度，各区县结合自身实际，制定出台社区矫正工作制度 50 余个。但从对社区服刑人员的规范化、法制化管理角度看，现有制度还不足以满足全面深入推进社区矫正工作的需要。例如，对社区矫正机制建设、经费保障以及对社区服刑人员的考核、奖惩等方面都有所欠缺。据了解，2014 年 1 月，江苏省人大常委会出台的《江苏省社区矫正工作条例》，成为全国首部由省级出台的社区矫正地方性法规。

（三）社区矫正工作力量不足

在人员数量上，16 个区县司法局矫正科工作人员仅 3 人左右，人员少，工作量大，难以完成繁重的社区矫正执法任务。247 个司法所平均每所 2.5 人，承担了社区矫正、人民调解、安置帮教、法律援助、法律宣传等 9 项职能，工作量大。有时司法所工作人员还被抽调去从事所在街镇的工作，使社区矫正工作力量受到影响。在业务素质上，表现为执法经验不足。特别是年龄偏大的工作人员，普遍存在文化程度低、法律功底弱、执法意识差等问题。目前，北京、上海、江苏、湖北、云南等地抽调监狱、戒毒人民警察从事社区矫正工作，负责实施对社区服刑人员的制止、带离、惩戒、收监等强制性措施和手段，另外，许多省市扩大司法

所工作人员编制，弥补工作力量的不足。

（四）区县级社区矫正经费保障欠缺

2012 年 11 月，财政部、司法部联合下发了《关于进一步加强社区矫正经费保障工作的意见》。天津市市级财政已将社区矫正经费列入预算。16 个区县中，有 8 个区县将社区矫正经费列入同级财政预算，但数额差距较大，3 个区县以专项经费的方式补贴社区矫正工作，5 个区县无经费保障。据了解，北京、山东等省市各级财政部门都将社区矫正经费纳入财政预算，湖南、江苏等省还建立了按照社区服刑人员数量核定社区矫正经费的制度。相比之下，我市社区矫正经费差异将导致各区县工作开展不均衡，不利于我市社区矫正工作全面深入开展。

（五）社区矫正科技化信息化手段不强

目前，天津市社区矫正科技化信息化手段处于起步阶段，相比北京、江苏、安徽、江西等省市实现社区矫正网上交接、网上定位、网上督查及网上办公，还有待进一步提高。

三、下一步做好天津市社区矫正工作的对策措施

我们要以推动我市社区矫正工作走在全国前列为目标，切实增强全面推进社区矫正工作的责任感，坚持用创新的思维和改革的办法解决社区矫正工作中的困难和问题。切实落实监督管理、教育矫正、适应性帮扶三项任务，大力加强法律制度、机构队伍、保障能力"三大建设"，全面提高社区矫正工作水平。

（一）进一步完善体制机制，加强对社区矫正工作的领导

孟建柱同志指出，教育改造好社区服刑人员，促进社会和谐稳定，是各级党委和政府的政治责任。要进一步完善党委、政府统一领导，司法行政部门组织实施、指导管理，法院、检察院、公安等相关部门协调配合，社会力量广泛参与的社区矫正领导体制和工作机制，使之制度化、规范化。要把社区矫正工作纳入我市经济社会发展总体规划，及时研究解决工作中的重大问题。各级司法行政机关要认真履行职责，积极主动向党委、政府汇报社区矫正工作，加强与法院、检察院、公安等有关部门的衔接配合，共同推动社区矫正工作发展。可以借鉴推广东丽区司法局与公、检、法四家联动，集体办公，开展对社区服刑人员的接收、训诫并协调解决收监执行难的做法。

（二）进一步健全社区矫正制度，推进社区矫正制度化规范化、法制化建设

结合天津市社区矫正开展的实际情况，进一步加强执法规范化建设，健全规章制度是当前社区矫正工作的重点。建议市人大适时出台符合我市经济社会发展特点的《天津市社区矫正工作条例》，作为指导天津市社区矫正工作开展的地方性法规。司法行政机关要细化社区服刑人员接收、管理、考核、奖惩、解除矫正等各个环节的工作制度，确保国家刑罚依法规范执行。要善于运用法治思维和法治方式推进社区矫正工作，完善执法流程，建立公开公正高效廉洁的执法机制，增

强执法透明度和公信力，加强执法检查的制度化建设，提高社区矫正法治化水平。

（三）进一步加快天津市社区矫正工作机构建立，推进矫正工作队伍专业化建设

健全的机构和队伍是开展社区矫正工作的组织保证。要健全市、区（县）、街（镇）、村（居）四级社区矫正机构，探索建立市级社区矫正管理局；进一步完善市社区矫正中心的职能作用；制定出台《天津市区县级社区矫正管理中心建设标准》，在全市16个区县建立统一规范的社区矫正管理中心；统一设立社区矫正专职干警，可以考虑抽调部分干警从事社区矫正工作，加强社区矫正工作力量，体现刑罚执行的严肃性和权威性，提高社区群众的安全感。继续推进社区司法工作室（社区矫正站）建设，确保各级社区矫正机构切实承担起社区矫正工作职责。要大力加强矫正工作队伍的思想政治建设、执法能力建设和工作作风建设。充分发挥市社区矫正中心的作用，做好全市社区矫正队伍的培训工作，开展经常性岗位练兵活动，打造专业化社区矫正队伍。继承和发扬"枫桥经验"，广泛发动人民群众积极参与社区矫正工作，发展壮大社会工作者、志愿者队伍，提高社区矫正工作的社会化水平。

（四）进一步抓好社区矫正经费落实，加强完善社区矫正保障能力建设

积极协调各区县，按社区服刑人员人均3000元/年的标准将社区矫正经费纳入各级财政预算。市司法局继续加大对基层社区矫正软硬件设施的投入力度，加强执法信息化建设和软硬件建设。同时，按基层工作人员每人每年5000元至8000元标准拨付工作经费。要多形式、多渠道建立社区矫正场所设施，作为对社区服刑人员进行集中教育和心理矫治，对决定收监执行的社区服刑人员进行留置和羁押的场所。建立覆盖全市247个司法所的"指纹＋面部识别"报到管理系统，研发启动《天津市社区服刑人员再犯罪风险评估系统》，不断提升社区矫正信息化科技化水平。

（五）进一步加大社区矫正调研力度，加强社区矫正宣传报道工作

要持续跟踪社区矫正工作发展，及时研究解决工作中出现的新情况、新问题。重点围绕健全组织机构、完善工作制度、落实经费场所设施保障、加强队伍建设等，深入调查研究，切实解决问题，推动社区矫正工作不断深入。要加大社区矫正工作宣传力度，及时总结推广基层的好经验、好做法，充分发挥典型的示范作用，集聚推动社区矫正工作发展的正能量。大力表彰社区矫正工作中涌现出来的先进事迹，激励广大社区矫正工作人员和社会各方力量在教育矫正社区服刑人员、维护社会和谐稳定中建功立业，为平安天津、法治天津、美丽天津建设做出新贡献。

浅论社区服刑人员的分级处遇

四川省成都市青白江区司法局　赵天诚　钟卫东

一、绪论

自《刑法修正案（八）》、《刑事诉讼法》和《社区矫正实施办法》正式实施以来，被人民法院判决管制、宣告缓刑、裁定假释、决定暂予监外执行的罪犯正式纳入了司法行政系统管理，各乡镇（街道）司法所则承担了社区矫正的日常监管和帮扶教育的工作①。

以成都市青白江区城厢镇为例，自2009年开展社区矫正工作试点以来，累计接收社区服刑人员95人，目前共有社区服刑人员39人，而城厢司法所包括所长在内的工作人员仅有3人，人均监管13人。且其中管制1人、假释1人、暂予监外执行1人、缓刑36人，男性31人、女性8人，未成年人2人、60周岁以上1人，暴力型犯罪7人，故意犯罪27人，重大疾病患者1人、精神病（疑似精神病）患者2人，矫正期限2年以上25人。

由此可见，当前社区矫正工作不仅体现了基数庞大、增长速度快的特点，而且执行种类多样化、各人情况复杂化、社会危害程度不均衡等特点也非常突出。这就导致了因人而异地制定贴合度极高的帮扶监管方案几乎不可能。

二、当前社区服刑人员分级处遇的现状

在司法实务中，各省市地区都有针对性的对社区服刑人员进行了分类分级，并按人员类别和监管等级制定相应的监管和帮扶措施，即服刑人员的处遇。

诚然，这种思路使得矫正工作压力得到了一定程度的缓解，但仅仅依靠"宽—普—严"分级法②在一定程度上也增加了执行的难度，其主要体现在对服刑人员的监管频率单一化以及调整管理类别的依据上。

（一）对社区服刑人员稳定性的预警能力不足

简单依靠三级分级法，仅能对社区服刑人员进行粗略分类，但并不能从真正意义上了解、体现、控制社区服刑人员对社会的危害及再犯罪的风险，从而不能从根本上加强对社区服刑人员的监管。

---

① 最高人民法院、最高人民检察院、公安部、司法部《社区矫正实施办法》第3条第1款。
② 《四川省社区矫正实施办法》第56条。

如城厢镇社区服刑人员赵某，在报到入矫后表现较为稳定，但由于没有经受住外界诱惑，留书出走导致脱管，区司法局和城厢司法所组织了多次查找，终于在四个月后找到其下落，最终被法院裁定撤销缓刑。

试想，如果在入矫时，矫正小组及司法所就可以了解到他对外界诱惑抵抗力低，从根本上摸清他接受社区矫正的稳定性，并有根据地进行及时预警，适当增加报告频率，改进谈话方式方法，加强走访调查力度，那么，这名 23 岁的青年是否会有更大的矫正机会呢？

（二）对管理类别的调整没有理论化依据

目前，对管理类别的调整依靠的仅仅是矫正小组或司法所工作人员的主观判断，尤其是在《四川省社区矫正实施办法》颁布实施后，取消了调整管理类别需要经县区级社区矫正机构审批的流程，一般性调整仅需矫正小组讨论，越级调整经司法所负责人审批即可①。

尽管在简化了审批程序后，矫正小组及司法所的工作压力大大减轻，但也对其工作方法提出了更高的要求，那就是对管理类别的调整以什么理论依据作为参考。

如城厢镇社区服刑人员李某，在入矫后 3 个月的严管期内基本可以配合社区矫正工作，表现相对稳定，经区司法局批准，将其管理类别调整为普管，报告频率也从每周报告降低为每月报告。但是自从调整管理类别后，李某表现出了不配合、不服管的特点，不得已只能将其管理类别重新调整为严管，但经历了普管后，他那根紧绷的弦已经放松了下来，在司法所经过多方努力后，尽管又使他"走入正轨"，但其自身也付出了极高的代价，日常考核分基本已被扣满②，报告频率也在严管的基础上再次增加③。

由此可见，不恰当地调整管理类别的后果是相当严重甚至可怕的。试想，为什么李某在调整管理类别后会突然放松对自己的约束呢？答案是显而易见的，因为其对自己的控制力本身就较为薄弱，在管理类别调整后，原本紧张的情绪得到了突然性的缓解，势必会出现反弹，也就是说，他根本不适合使用普管等级。

那么，我们应该如何制定更加严谨，同时又在现有的框架内找准每一个社区服刑人员的定位，将现有的三级管理模式的作用发挥到极限，并且又极富可操作性的调整方案呢？

三、人格调查，入矫后的首次风险评估

人格调查是指对犯罪人的犯罪背景、一贯表现等进行专门调查，并对其人身

---

① 《四川省社区矫正实施办法》第 57、58 条。
② 《成都市社区矫正人员日常监管考核工作暂行办法》第二章。
③ 《四川省社区矫正实施办法》第 63 条。

危险性和再犯罪可能性进行系统的评估①。

（一）人格调查概况及时间设定

现代意义的刑罚个别化是刑事实证学派在批判刑事古典学派的基础上的反映。他们认为，犯罪并非是行为人自由意志选择的结果，是由行为人所处的社会环境、自然环境与人类学因素（生理、心理）交互作用的产物②。因而在社区矫正工作中，人格调查则体现为矫正执行个别化的前提条件。

由此可见，服刑人员的人格调查内容，应主要由犯罪时的年龄、性别、文化程度、宗教信仰、政治面貌、就业就学情况等个人主体情况以及犯罪形态、犯罪动机、认罪表现、罪前表现等个人犯罪情况两部分构成。

我们不难发现，这些调查内容都是相对稳定的客观性指标，完全可以通过个人基本信息、起诉书、判决书等在入矫时已经掌握的资料加以简易分析提炼得到。因此，将人格调查的时间设定在入矫宣告时是可行且有意义的。在入矫宣告时进行人格调查的意义，一方面体现在对其稳定性的预警，另一方面也可以为矫正小组及司法所确定其入矫严管阶段③（当然严管阶段）时长提供理论性依据，具有重要的分析指导作用。

（二）人格调查的指标设置

通过翻阅大量资料，并结合实际工作经验，社区服刑人员人格调查测评表④主要由社区服刑人员主体情况和社区服刑人员犯罪情况两部分组成。其中，社区服刑人员主体情况由犯罪时的年龄、性别、文化程度、父母子女、婚姻状况、政治面貌、宗教信仰、就业就学情况构成；社区服刑人员犯罪情况由犯罪形态、社区矫正类别、犯罪动机、犯罪的参与、认罪表现及罪前表现构成。

在社区服刑人员主体情况这一类别中需要对犯罪时的年龄层次划分、父母子女及文化程度划分的依据加以说明。通过对 4099 名罪犯的调查取样，在年龄上我们可以得到以下数据⑤。

青年组		中年组		老年组		无效	合计	
1472	36.2%	2497	61.5%	94	2.3%	36	4099	100%

① 沈玉忠：《人格调查制度的应然思考及制度构建》，载《广西政法管理干部学院学报》2008 年第 6 期。

② 美约翰·列维斯·齐林：《犯罪学与刑罚学》，查良鉴译，中国政法大学出版社 2003 年版，第 338 页。

③ 《四川省社区矫正实施办法》第 92 条。

④ 详见附件一。

⑤ 丛梅：《对社会转型时期犯罪人的年龄构成分析》，载《犯罪研究》2005 年第 5 期。

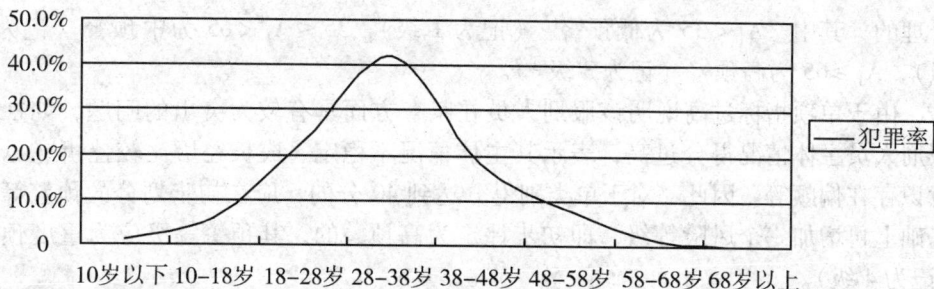

由采样数据不难发现，18 岁以下的少年期因为心智发育不成熟，且长期处于被抚养人的角色，在社会生活中，他们处于侵害他人和抵抗他人侵害双重能力最弱的时期，因此犯罪率最低；28 岁到 50 岁的青壮年期是人类生命最为活跃和旺盛的阶段，他们往往追求自我价值的实现和独立。这个时期容易在社会上与他人发生这样那样的冲突。而在超越了人生巅峰的 50 岁后，犯罪率也呈现出了迅速下降的趋势。

所以，在犯罪时年龄的层次划分上，划分为 18 岁以下或 50 周岁以上、18 – 27 岁、28 – 50 周岁三个层次是合理的；同理，父母子女以 28 岁作为一个"分水岭"，也是具有理论依据的。

在文化程度的划分上，通过对相关数据的查阅，受到高中及高中以上文化教育的犯罪率为 13.1%，远低于初中文化程度的 46.7% 和小学文化程度的 31.2%。因此，将文化程度划分为大中专学历及以上和大中专学历以下是合理的。

在社区服刑人员犯罪情况这一类别中，需要特别说明的是社区矫正类别的划分。

目前，社区矫正人员的矫正类别分为管制、假释、缓刑、暂予监外执行四类。从其稳定性和危险性方面分析，管制作为我国 5 个刑种中最轻的一个，有其判罚依据，风险较低；假释，是对被判处有期徒刑、无期徒刑的犯罪分子，在执行一定刑期之后，因其遵守监规，接受教育和改造，确有悔改表现，不致再危害社会，而附条件地将其予以提前释放的制度，其风险也相对较低；但缓刑和暂予监外执行则在一定程度上存在不稳定性。因此，将管制与假释、缓刑与暂予监外执行划分为两个层级并设置适当的评分差是合理的。

（三）人格调查的测评应用

由于人格调查的测评完全由客观指标组成，因此不适合作为判定其管理等级的最终依据，但是对于确定其入矫预警等级和入矫严管阶段时长极富参考价值。

为了简便操作，在设置各项得分时应当将得分总和 A_1 设置为 100 分，并根据相应分数确定其预警等级。预警等级分为低预警、中预警、高预警和重度预警是合理的。其中，$A_1 < 35$ 为低预警[1]（记为 1 级），$35 \leqslant A_1 < 65$ 为中预警（记为 2 级），$A_1 \geqslant 65$ 为高预警（记为 3 级[2]）。

由于单项指标过高说明该服刑人员在某一方面具有较为突出的问题，如社区服刑人员主体情况得分过高，表示其主体情况不稳定、成长经历比较挫折或思想意识存在偏颇等。因此，对于单类别得分达到 40 分的，应在初步划分的预警等级基础上再增加一个风险等级，即初步评定为高预警的，其预警等级应为重度预警（记为 4 级）。

根据《四川省社区矫正实施办法》相关规定[3]，从社区矫正宣告开始 2 个月以内进行入矫教育，矫正期限 6 个月以下的，入矫教育为 1 个月。因此，我们将中预警的入矫严管时长确定为 2 个月是合理的。但是由于高预警和重度预警的不稳定性较高，也应当进行相应的调整——对于高预警的社区服刑人员入矫严管期可延长至 3 个月，重度预警的社区服刑人员则应直接纳入特别监管，即入矫严管期不低于 3 个月，同时增加报告频率。

（四）人格调查的数据分析

我们在成都市青白江区城厢镇在矫的社区服刑人员中取样 37 人进行试用。在使用人格调查测评表（附件一）进行测评后，得到以下数据。

低预警	中预警	高预警	重度预警	合计
3	28	4	2	37

通过由纯客观因素组成的人格调查表的统计数据可见，中预警人群占据了绝大部分，这与目前的相关规定是吻合的，说明了其分级梯度的合理性。同时被评定为低预警的 3 人在实际矫正过程中均表现为高度稳定，其本人与家属均能很好地配合社区矫正工作；高预警的 4 人也在一定程度上表现出了不稳定性，在实际中也被司法所列为了重点监控对象；而重度预警的 2 人，一人已被司法所列为重点管理对象，实行日报到制度，另一人也表现极度不稳定，经常性失去联系，并一度发生脱管现象。

由此可以看出，人格调查可以在社区服刑人员入矫时就将相对稳定的人群与高度不稳定的人群筛选出来。对于稳定人群，从一开始就实施较为宽松的管理方式，不会增加其矫正危险性，对社会危害性的影响也较小，从而减轻司法所不必要的工作压力，将主要精力投入到增强矫正的意义与效果上来。而对于不稳定人群，从一开始就要实施相对严格的管理方式，将其更加清晰地纳入司法所工作视线，更好地实施有针对性的管控帮扶措施，从根本上加大矫治力度。

---

① 预警等级与分数的对应关系可以依照单项分值设定视情况调整，下同。

② 此处的等级标记对于下一步的风险等级确定具有参考依据。

③ 《四川省社区矫正实施办法》第 92 条。

四、综合评价，服刑人员阶段性风险评估

现代意义上的风险一词已经大大超越了"遇到危险"的狭义含义，其基本的核心含义是"未来结果的不确定性或损失的可能性以及对这种可能性的判断与认知"①。由此可见，仅靠上述的人格调查客观指标是无法真正对社区服刑人员的风险进行准确评估，因此，在客观评估的基础上适当增加主观评价是非常必要的。

（一）综合评价概况及时间设定

社区矫正风险评估机制就是指对社区服刑人员人身危险程度和再犯可能性的测评，分析判断有关预测对象的生活状况、犯罪情况、悔罪表现、心理健康状况、家庭及社会关系等方面的信息评估②。但是，生活状况、悔罪表现等因素会随着时间的推移而发生改变，因而综合评价也不能一蹴而就地进行，不能将评估结果作为社区服刑人员风险等级的最终"烙印"。

因此，综合评价的时间设定，首先应确定为阶段性测试，而第一次测试的时间设定在其入矫严管期结束后较为合理，可以通过客观、主观两方面基本确定社区服刑人员的风险等级，并加以利用。纵观综合评价的各个方面，心理、家庭、社会都是在一定区间内不易发生改变的，而生活状况、悔罪表现等也是需要一定时间才会发生改变，所以阶段性评估的频率不宜过短。对于矫正期限在1年以内的服刑人员来说，过于频繁的调整管理类别不仅不利于矫正的稳定性，也会给矫正小组带来不必要的工作负担。因此，将阶段性评估的周期设定为从入矫开始1年为一个周期是较为合理的。

（二）综合评价的指标设置

社区服刑人员综合评价测评表③主要由6大指标类别21个小项组成。6大指标分别为：监管指标、心理指标、家庭指标、社区指标、经济指标和综合指标。

监管指标主要是综合服刑人员在不低于1个月的入矫严管期内的表现，通过日常报告情况、教育学习与社区服务情况、思想汇报情况和电话联络情况等"规定动作"，并结合监管规定测试这一可以了解服刑人员矫正态度的"自选动作"进行综合评价。

家庭指标和社区指标主要是通过走访，对社区服刑人员在家庭和社会中的参与度、责任感、稳定度进行综合考量。

综合指标则是集家庭、社区、民警和服刑人员悔罪表现于一体的综合性主观评价。

这里需要特别说明的是心理指标。不能否认的是，大部分违法犯罪都与心理

---

① 张存友：《关于社区矫正对象重新犯罪的风险评估及预防问题的思考和分析》，载《中国监狱学刊》2007年第6期。

② 许振奇：《社区矫正风险评估机制构想》，载《中国司法》2007年第3期。

③ 详见附件二。

因素密不可分——一个孤独、不关心他人、难以适应外部环境、不近人情、与别人不友好的人，在犯罪心理上则经常表现为喜欢寻衅搅扰、喜欢干奇特刺激的事情并且不顾危险；一个外向性强烈的人，在犯罪心理上则会经常表现出渴望刺激和追求冒险、感情易于冲动；一个焦虑、忧心忡忡、常闷闷不乐的人，则会经常地表现出强烈的情绪反应，甚至出现不够理智的行为。

但是，由于目前社区矫正队伍的不完备和从事社区矫正工作人员的专业背景原因，专业权威的心理测评是不现实的，但我们完全可以通过量表测验，这种基于统计学的、简易的、无须专业背景的方式，从大体上了解服刑人员的心理状况。

在对多种常见量表的适用分析后，我们认为"艾森克人格问卷简式量表中国版（EPQ-RSC）"和"中国罪犯心理评估个性分测验（COPA-PI）"这两种量表与我们的需求基本吻合，特别是其中"效度指标①"项可以显示被测试者是否具有掩饰倾向，这一点更是难能可贵。

（三）综合评价的测评应用

由于综合评价完全基于主观因素，因此我们在确定其最终的风险等级时应以人格调查的结果作为基础。通过之前的论述我们可以了解到，在人格调查和综合评价之间有着至少1个月的间隔，这个间隔刚好与入矫教育阶段相重叠。入矫教育阶段除了使服刑人员了解监管规定之外，更重要的是初步纠正其错误的认识，帮助其重新认识、融入社会。因此，在进行综合评价时，社区服刑人员的整体情况理应改进。

所以，应在人格调查测评表所示的预警等级的基础上先降一级记为 X，再结合综合测评结果进行评定。

综合评价测评表的各项得分之和记为 A_2，然后再确定其稳定等级 B，B = X + $A_2 \div 30$。此处的除数"30"应根据各项目总分与监管等级数确定，这样做的好处是，即使其人格调查部分表现极好，也可以通过综合评价获得较高的监管等级，从而更加真实地反映其稳定程度。

在社区矫正实践中，我们经常可以遇到这样的情况，一个社区服刑人员整体表现基本稳定，对社区矫正不抵触，有悔罪表现，但是时常出现不自觉遵守管理规定的行为，却又在提醒或警告后有一定程度的好转，持续一段时间后再次下滑。那么，对于这类矫正人员将其分级到普管中略显吃力，分级到严管中又有浪费资源之嫌，应如何进行分级呢？其实我们可以在普管和严管之间再增设一个监管等级为"普管Ⅱ"，作为普管级的增加报告频率进行处理。

因此，根据综合评价的稳定等级 B，我们可以进行如下分类：B = 0 为宽管，B = 1 为普管Ⅰ，B = 2 为普管Ⅱ，B = 3 为严管，B ≥ 4 为特管（参照严管增加报告频率）。

---

① 效度指标在 EPQ-RSC 量表中体现为 L，在 COPA-PI 中体现为 L 和 S，其中 L 为谎言，S 为真实。

（四）综合评价的数据分析

以成都市青白江区城厢镇已进行过人格调查测评的 37 名社区服刑人员为样本，使用综合评价测评表评估后的结果如下表所示：

宽管		普管Ⅰ		普管Ⅱ		严管		特管		合计	
13	35%	14	38%	4	11%	4	11%	2	5%	37	100%

由此表可见，37 名社区服刑人员中有 73% 的人被划分为宽管和普管Ⅰ，有 11% 的人被划分为需要关注的普管Ⅱ，仅有 16% 的人需要进行特别"照料"①。这与我们对社区矫正工作的理解是一致的——能被判决进行社区矫正的罪犯，其社会危害性与矫正风险度均较低，这说明在经过人格调查与综合评估后所得到的结论是有其合理性的。

而目前城厢司法所对这 37 名社区服刑人员的分级②如下表所示：

宽管		普管Ⅰ		普管Ⅱ③		严管④		特管		合计	
7	19%	16	43%	0	0%	12	32%	2	5%	37	100%

通过此表我们不难发现，低危人群的差额为 11%，中危人群的差额为 11%，高危人群的差额为 21%。可见，通过合理的分级，不仅可以使更多的服刑人员更好地修复社会关系，实现个人价值，增强矫正实效，也可以更好地减少司法所工作压力，提升工作效能，将主要精力放在攻坚工作当中，认真做好对高危人员的管控和对中危人群的教育，对社区矫正工作具有重要意义。

五、社区服刑人员的处遇

关于社区服刑人员处遇的问题，在各级司法行政单位出台的《社区矫正实施办法》中均有规定，并且有的地方还专门出台了"社区服刑人员日常监督考核管理办法"等规范性文件，因此在这里不再赘述，因为以上的论述重点围绕"如何更加合理地对社区服刑人员进行分级"，而根本上并未打破现有体制下的"宽—普—严"三级分级法。

但是需要说明的是，在事实上，监督的要求与司法所的工作量、工作人员的能力和工作人员与服刑人员的比例有着密切的关系。比如，A 街道工作人员 1 人，社区服刑人员 30 人；B 街道工作人员 1 人，社区服刑人员 60 人。很明显，由于工

---

① 可将宽管与普管Ⅰ列为低危人群，将普管Ⅱ列为中危人群，将严管与特管列为高危人群。

② 此分级时《四川省社区矫正实施办法》仍未颁布，故调整管理类别需经区司法局审批。

③ 因实际工作中没有设置普管Ⅱ等级，故此项为 0。

④ 此项数据包含仍处于入矫严管阶段的 4 人。

作量的差异，工作人员对服刑人员的监督强度就会受到限制。例如，A 街道工作人员对高危人群每月可以接受其两次当面报告，但 B 街道工作人员对高危人群每月接受两次报告就明显力不从心①。而且司法所作为基层司法行政机构，承担了 9 项工作职能，虽然社区矫正为其中的重点工作，但其他工作势必会分散其工作精力，强度过大的"规定动作"势必会影响矫正实效。

结合日常工作实际，笔者初步对社区服刑人员的处遇提出如下参考：

处遇 \ 等级		宽管	普管 I	普管 II	严管	特管
报告	电话报告	每月 1 次	每月 2 次	每周 1 次	—	—
	当面报告	每季 1 次	每月 1 次	每月 2 次	每周 1 次	每周 2－5 次
走访	家人邻居	每季 1 次	每季 2 次	每月 1 次	每月 2 次	每月 2 次
	所在社区	半年 1 次	每季 1 次	每季 2 次	每月 1 次	每月 1 次
思想汇报		每季 1 份	每季 2 份	每月 1 份	每月 2 份	每周 1 份
教育学习	所内学习	每月 0 小时	每月 2 小时	每月 4 小时	每月 6 小时	每月 8 小时
	社区学习	每月 8 小时	每月 6 小时	每月 4 小时	每月 2 小时	每月 0 小时
社区服务		可在村或社区的安排下自行完成	可在村或社区的安排下自行完成	可在村或社区的现场监督下完成	可在村或社区的现场监督下完成	可在司法所的监督下完成
活动范围		经批准可离开省级区划 15 天	经批准可离开地级区划 30 天	经批准可离开县级区划 30 天	经批准可离开县级区划 7 天	只能在县级区划内活动

当然，上述表格应依具体情况的不同而做出调整，但合理制定处遇制度的前提必须以保证实现社区矫正的目的，保证社区矫正的有效为前提。

另外，社区服刑人员的处遇还表现在其行为修正激励上，如取消特管级社区服刑人员部分行政奖励，放宽宽管级社区服刑人员部分行政奖励条件等。

六、社区服刑人员的分类

最后，不得不提的是社区服刑人员的分类。在事件中，分类分级管理往往并列提之，但服刑人员的分类管理与分级处遇实乃两个不同的概念。服刑人员的分类是横向的，是根据服刑人员的特点依执行个别化要求而进行的服刑人员归类；而服刑人员的分级处遇则是纵向的，是对在不同服刑时期的不同对待②，所以两者

① 刘红霞：《关于社区服刑人员分类管理的调研报告》，上海大学法学院刑法学硕士研究生学位论文。
② 孙琳：《服刑人员分级处遇制度研究》，载《政法学刊》2009 年第 4 期。

具有明显的分别。但是，社区服刑人员的分级与分类却又是密不可分的，社区服刑人员的分类直接影响到分级处遇的效用价值。那么，怎样才能称之为有效的分类呢？

笔者认为，对社区服刑人员的分类，可以依靠法定因素与特殊因素两种情况进行划分。首先依照规定将未成年社区服刑人员与成年社区服刑人员分开；其次将年老力衰、身患重大疾病等有特殊情况的服刑人员与其他正常服刑人员分开。如此一来就产生了三类人群，最后针对这三类人群进行单独处遇，如免去第二类人群的社区服务等。

七、结语

纵观自社区矫正工作试点以来至今的各个时期，横观各地区对社区服刑人员的管理模式，我们不难发现，对社区服刑人员进行分级处遇益处多多，然而，如前所述，这是建立在对社区服刑人员准确分级基础上的。如果对社区服刑人员的分级不准确，使社区服刑人员不能接受恰如其分的监督、教育和帮扶，那么矫正的针对性就会降低，对社区服刑人员乃至整个社会都会产生不利的后果。

因此，要采取各种措施，尽量制定合理标准，以确保分级的准确性，只有这样，才能实现分级处遇、分类管理的真正目的和意义。

附件一

社区服刑人员风险评估（人格调查）测评表 I

被测评人：

类别	项目	说明	评分
（一）社区服刑人员主体情况	1.1 犯罪时的年龄	（3分）18 周岁以下或 50 周岁以上 （5分）18 周岁 – 27 周岁 （7分）28 周岁 – 50 周岁	
	1.2 性别	（3分）女 （5分）男	
	1.3 文化程度	（3分）大中专学历及以上 （5分）大中专学历以下	
	1.4 父母、子女	（0分）父母健在或有未成年子女 （3分）28 岁后父母缺失或无未成年子女 （5分）28 岁前父母缺失或再婚 （10分）28 岁前父母患有不利于其成长的重大疾病	
	1.5 婚姻状况	（3分）已婚 （5分）未婚、丧偶 （10分）离异	
	1.6 原政治面貌	（0分）有党派人士 （3分）无党派人士	
	1.7 宗教信仰	（0分）有宗教信仰 （3分）无宗教信仰	
	1.8 就业就学情况	（0分）已就学、稳定就业或无就业就学条件 （3分）非稳定就业就学且就业就学态度积极 （8分）非稳定就业就学且就业就学态度消极 （10分）有就业就学条件但未就业就学	
		类别得分	

类别	项目	说明	评分
（二）社区服刑人员犯罪情况	2.1 犯罪形态	（3分）职务类犯罪 （5分）过失犯罪或非暴力故意犯罪 （10分）暴力型故意犯罪	
	2.2 社区矫正类别	（3分）管制、假释 （5分）缓刑、暂予监外执行	
	2.3 犯罪动机	（1分）临时起意或偶然性、过失性犯罪 （5分）激情犯罪 （12分）事前有详细犯罪计划或追求刺激	
	2.4 犯罪的参与	（1分）独立犯罪 （5分）共同犯罪不分主从或共同犯罪的从犯 （12分）共同犯罪的主犯	
	2.5 认罪表现	（0分）有立功表现，或有积极退赃、积极抢救、赔偿损失等情节 （1分）有自首情节，但无其他表现 （2分）其他	
	2.6 罪前表现	（0分）罪前清白 （3分）罪前有1次行政处罚记录 （5分）罪前有1次刑事处罚记录 （10分）罪前有多次行政或刑事处罚记录	
类别得分			
测评得分			
入矫预警等级			
备注			
测评步骤	1. 类别得分为类别内所有项目的得分总和，测评得分为所有项目的得分总和； 2. 总分值为所有单项最高分值的总和，本测评表总分值 A = 100； 3. 初步划分入矫风险等级，A < 35 的为低预警（1级），35 ≤ A < 65 的为中预警（2级），A ≥ 65 的为高预警（3级）； 4. 根据类别得分确定风险等级，两个类别中，若有一个类别得分达到40分，在初步划分的风险等级基础上增加一个风险等级，最高为重度预警（4级）； 5. 根据预警等级确定入矫严管时长，低预警为1个月，中预警为2个月，高预警为3个月，重度预警直接纳入特别管理对象，入矫教育不低于3个月且增加报告次数； 6. 如果测评对象具有本表未涉及但易引发重新犯罪的因素，可以在备注栏注明。		

附件二

社区服刑人员风险评估（综合评价）测评表Ⅱ

被测评人：

类别	项目	说明	评分
（一） 监管指标	1.1 日常报告	（0－10分）社区服刑人员在入矫教育阶段日常报告情况，按要求每超期报告一次本项计2分，计满10分为上限	
	1.2 教育学习与 社区服务	（0－5分）社区矫正人员在入矫教育阶段参加教育学习与社区服务情况，有未完成数量或不按要求参加等情况计5分	
	1.3 监管规定测试	（5分）入矫教育时进行监管规定测试，测试得分按5－测试得分的5%舍余的方式计入本项	
	1.4 思想汇报	（0－5分）入矫教育阶段按时递交思想汇报，按汇报质量逆向计分，未按时递交思想汇报的，每缺少一次计2分	
	1.5 电话联络	（0－5分）入矫教育阶段电话沟通时每发生一次电话无法接通的情况，本项计1分，计满5分为上限	
（二） 心理指标	2.1 效度指标	（0分）EPQ－RSC量表测评L指标合格 （8分）EPQ－RSC量表测评L指标不合格	
	2.2 临床指标	（0－12分）在EPQ－RSC量表测评中有阳性指标计3分，每增加一个阳性指标计分翻倍	
	2.3 专业指标	（0－15分）经过鉴定机构鉴定为精神类疾病的，2.1与2.2项不计分，有暴力倾向精神类疾病的本项计15分，其他情况本项酌情计分	

续表

类别	项目	说明	评分
（三） 家庭指标	3.1 家庭基本情况	（0－5分）通过对其家庭成员的走访，了解其家庭完整、关系和睦等情况，逆向计分	
	3.2 家庭配合程度	（0－5分）在走访其家庭成员过程中了解其家庭成员对社区矫正工作的配合程度，并逆向计分	
	3.3 服刑人员家中表现	（0分）服刑人员按时回家，无不良嗜好 （3分）服刑人员按时回家，其嗜好影响不大 （5分）服刑人员的嗜好造成了（过）较为严重的影响，如酗酒后打架、赌博金额较大等 （7分）服刑人员经常性不回家，且无法联络 （10分）服刑人员很少回家，或在非工作的情况下很晚回家	
（四） 社区指标	4.1 社区基本情况	（0－3分）通过对其所在村或社区的走访，了解其所在村或社区治安等基本状况，并逆向计分	
	4.2 社区监管力度	（0－2分）在走访其村或社区过程中了解其村或社区的监管力度，并逆向计分	
	4.3 服刑人员社区表现	（0分）村或社区、邻里对服刑人员评价较好 （3分）服刑人员整体表现较好，但偶尔与邻里产生摩擦 （5分）服刑人员表现一般，经常与邻里产生矛盾，并有激化矛盾的趋势 （7分）服刑人员表现较差，与邻里关系极不和睦 （10分）服刑人员出现过越级上访、非访、群体性事件	
（五） 经济指标	5.1 家庭人均收入	（0－5分）根据家庭人均收入，逆向评分	
	5.2 家庭人均负债	（0－5分）根据家庭人均负债评分	
	5.3 民事赔偿	（0分）民事部分已赔偿完毕 （1分）民事部分尚未赔偿完毕	

续表

类别	项目	说明	评分
（六）综合指标	6.1 家庭评价	（0-5分）社区服刑人员家庭主要成员主观评价，逆向评分	
	6.2 社区评价	（0-5分）社区服刑人员所在村或社区工作人员主观评价，逆向评分	
	6.3 民警评价	（0-5分）社区服刑人员所在村或社区社区民警主观评价，逆向评分	
	6.4 悔罪表现	（0-10分）对社区服刑人员悔罪表现进行评价，逆向评分	
测评得分			
稳定等级			
测评步骤	1. 先将《社区服刑人员风险评估（人格调查）测评表Ⅰ》所示预警等级降一级，已为最低等级的降至0级，计为X； 2. 计算本表测评得分A等于所有项目得分之和； 3. 稳定等级B＝X＋A÷30舍余； 4. B＝0为宽管，B＝1为普管Ⅰ，B＝2为普管Ⅱ，B＝3为严管，B≥4为特管（参照严管增加报告频率）。		

浅论社区矫正管辖原则
及接收环节存在的问题和建议

四川省成都市郫县司法局　刘昌伟　凌丽雪　李　红

社区矫正制度包含了裁决决定、接收实施、法律监督三个环节。本文讨论的管辖原则问题，包括裁决决定机关核实居住地、实施机关确定居住地（含变更居住地）、社会影响调查评估地确认三方面工作的管辖原则。社区矫正的管辖原则，决定了社区矫正的主管机关，也决定了社区矫正的接收与实施机关。从某种意义上讲，接收环节是把好实施社区矫正工作入口关的关键，确保管辖正确是保证社区矫正工作顺利开展的首要环节。《刑法》、《刑事诉讼法》、《社区矫正实施办法》确立的社区矫正管辖原则为居住地管辖，只有在居住地不能确定的情况下，才适用户籍地管辖。但此原则在实践中给接收环节带来了一系列的问题。笔者结合我县社区矫正工作实践，浅析社区矫正管辖原则和接收环节中存在的若干问题，提出相应的建议和对策，为《社区矫正法》的立法提供实践经验参考。

一、社区矫正管辖原则

现行的法律规则规定社区矫正以居住地管辖为基本原则，以户籍所在地管辖为补充。这些虽明确规定由裁决决定机关确认居住地，但没有规定如何认定居住地，导致裁决决定机关与接收机关意见不一致的情况屡屡发生，这直接影响了接收环节的顺利进行。目前居住地管辖原则在实践中主要存在以下问题：

一是裁决决定机关不认真履行居住地核实责任。有的直接发往户籍所在地，有的直接发往犯罪地，有的仅以罪犯口述确定居住地等，造成居住地核实不准就盲目交付，使得罪犯有罪无罚，长期游离于社会，而且有的司法局在接收过程中或接收后才发现不该自己管辖，导致接收的司法局不得不再次核实。目前，郫县司法局的做法是实行接收前实质审核制度，对不该自己管辖的，收集罪犯居住地证明材料，不予接收，退回裁决决定机关；接收后发现的，只能按照居住地变更方式处理。这种做法在逻辑上不成立，因为其居住地本来就不在本地，何来变更之说。

二是户籍不在本地的罪犯，大多数在现居住村（社区）居住时间不长，村（社区）基层组织对其缺乏了解，无从协助监管，不愿意接收外来罪犯。作为社区矫正的重要环节，如果罪犯所居住社区不能配合的话，对社区服刑人员的管理监督以及帮助其融入社区的效果都会有所欠缺，很难达到矫正的预期效果。

三是外出务工人员的增多给居住地社区矫正机构的矫正工作带来极大的冲击。居住地管辖原则导致了经济发达地区的外来社区服刑人员数量急剧增加，在目前社区矫正工作人员数量少、任务重的情况下，给经济相对发达地区的社区矫正工作带来了极大的冲击。以郫县为例，目前在册社区服刑人员为 280 人，其中 70 余人都是外地户籍，占总数的四分之一多。郫县郫筒街道，目前共有在册社区服刑人员 73 人，其中外地户籍人员 20 人。郫县司法所在编正式工作人员仅 1 人，除了承担社区矫正工作以外，还要承担人民调解、法律援助、法制宣传等其他司法日常工作。司法所作为社区服刑人员的日常监管机构，对外地户籍社区服刑人员的监管难度相当大，对外来罪犯的行为表现和思想动态状况很难准确掌握，并且不能有针对性地进行教育和矫正。另外，缺少了社区协助监管，外地户籍社区服刑人员常常容易脱离司法所的监管视线，容易使其处于放任脱管状态，给社会带来不稳定的因素。虽然这种超负荷工作现象普遍存在，但居住地管辖原则更加剧了经济相对发达地区这种现象的发生。

四是外地户籍社区服刑人员流动较大。在经济发达地区，外来服刑人员难以适用社区矫正成为一个普遍性的问题。这是因为许多外来社区服刑人员由于工作不稳定，造成居住地不稳定，人员流动性较大，监管难度也随之加大。个别社区服刑人员经常搬家，频繁更换手机号，以至于无法联络，使社区矫正人员不能及时掌握动态。特别是春节等节假日回乡探亲的较多，以及未成年人放寒暑假长期离开居住地等情况，导致居住地司法所难以监管。

五是特殊情况下的帮困救助难。对于户籍不在本地的罪犯，如果其自身患有严重疾病，或出现意外伤害，其相应的社会保障、民政救助都在其户籍地，居住地矫正机构在对其进行疾病防治、帮扶救助上都面临着困难。

六是外地户籍的社区服刑人员社区服务难以落实。《社区矫正实施办法》第 16 条规定，社区服刑人员每月参加社区服务时间不少于 8 小时。这是一项强制性规定，而户籍不在本地的外来服刑人员在居住地村（社区）不愿意接收的情况下，每个月要开展社区服务并且要有社区开具的证明是很困难的事情。但是，如果外来社区服刑人员不能参加社区服务或者无法出具社区证明会承担相应的后果，这对于外来社区服刑人员也是不公平的。因此，司法所工作人员也常常处于两难的境地。

七是外来罪犯违法违规后，启动收监程序困难重重。在户籍地、裁决地、执行地都不同一的情况下，启动收监程序问题很多，包括了取证难（社区对其情况不太了解）、收监执行难（因其居住地、工作地都不具有稳定性等原因，裁决决定后对其抓捕、送监等都存在障碍）。

二、接收环节存在的问题

（一）异地裁决的法律文书送达与服刑主体接收不同步

《社区矫正实施办法》规定裁决机关在判决、裁定生效起 3 个工作日内将相关法律文书送达居住地司法行政机关。在现实中，裁决机关所在地与罪犯居住地不在同一个市县，甚至不在同一个省的情况比较普遍。例如，郫县基层法院裁决的案件有专人直接送达法律文书，但非郫县法院裁决的案件通过邮寄送达。特别是成都市辖区外法院裁决的案件，因区域跨度大等客观因素，接收材料滞后问题严重。实践工作中常出现罪犯到社区矫正机构报到时，相关法律文书却并未收到的情况。因法律文书送达滞后，一是导致没有相应的执法依据，社区矫正机构无法对罪犯办理登记接收手续，让社区矫正工作的严谨性受到质疑，影响社区矫正刑罚执行的严肃性。二是若罪犯主观恶意超期报到或者不报到，社区矫正机构无法及时组织查找，造成脱管、漏管。

（二）报到空档期的出现，势必影响社区矫正刑罚执行期限的准确性

《刑法》对管制的刑期，从判决执行之日起计算；缓刑考验期限从判决确定之日起计算；对假释的犯罪分子，假释考验期限，从假释之日起计算。按照以上规定，结合暂予监外执行交付执行的相关规定，从理论上可以推出：社区矫正执行期就是社区服刑人员的缓刑考验期、假释考验期、暂予监外执行期和管制期。但从实践操作来看，这些期限并没有成为社区服刑人员的社区矫正执行期，在罪犯报到和执行文书送达前，社区矫正执行工作实际上并没有开展，而是出现了空档期，这不仅变相地缩短了社区矫正的执行期，让刑罚执行期限的准确性受到质疑，而且加大了社区服刑人员脱管、漏管甚至重新犯罪的风险，到那时应该追究哪个部门的责任？这又会使得检察监督机关面临监督盲区和困惑，更会影响到社区矫正的严肃性和威慑力。

（三）法律文书送达方式等程序不规范，导致社区矫正执行效果大打折扣

在实践工作中，包括我们与其他区县司法局交流的过程中也发现严重存在这样的情况：有的裁决机关为了节约法律文书在途时间，直接将法律文书交由罪犯本人或其家属转交给居住地司法行政机关，严重违反执法文书的送达程序，削弱了社区矫正刑罚执行的权威性和公正性。这种程序上的不规范导致了以下几个问题：一是由罪犯本人或家属转交的法律文书，司法行政机关无法辨别真伪，不能作为接收该罪犯的法律依据，无法及时对罪犯办理登记接收手续；二是罪犯及其家属拿到《判决书》、《执行通知书》后，如果不到县级司法行政机关报到，就会造成漏管；三是如果裁决机关重新按照正规程序寄送法律文书，必然导致司法行政机关接收罪犯期限延迟，导致罪犯实际执行社区矫正期限缩短，加大了社区矫正人员脱管、漏管甚至重新犯罪的风险，影响了社区矫正的执行效果。

（四）报到接收程序不明确，导致刑罚执行过程中对违法违规的社区服刑人员采取处罚和提请（裁决）收监证据缺少说服力

现行法律法规仅规定罪犯应当自人民法院判决、裁定生效之日或者离开监所之日起10日内到居住地县级司法行政机关报到，但罪犯需要完成什么样的报到程序才算是完成报到，并未规定具体程序，对"报到"的认定标准法律上尚无相当权威的界定，这会导致许多问题的出现。一方面，从司法工作主体方面来说，实体接收环节中对"报到"的认定标准不明确，会导致其对罪犯作出超期报到警告、提请收监的处罚以及裁决机关作出裁决存在困惑或不确定性等一系列后续问题。另一方面，从罪犯本身来说，法律规定的不明确不具体，会导致罪犯对处罚、收监裁决的不服、不满情绪。罪犯若要寻求救济，会出现无法可依的尴尬局面。

（五）对调查评估时出具不适宜社区矫正的人员，矫正机构接收时面临尴尬

在调查评估时，司法行政机关多方调查后出具不适宜社区矫正的意见，但裁决决定机关并未采纳，依然作出社区矫正的裁决决定。而后司法行政机关在接收此类人员时，特别是容留卖淫、盗窃、开设赌场罪等容易再次犯罪的罪犯，会认为其并没有消除再犯罪的危险，如果盲目接收会导致极大的执行风险。而现行法律法规并没有规定司法行政机关对此有提出异议的权力，导致司法行政机关在接收此类罪犯时面临尴尬的境地，罪犯也会认为司法行政机关没有威信。

三、工作建议

（一）建议立法确立社区矫正实行"以户籍地为主，以居住地为补充"的管辖原则

户籍地是社区服刑人员的"根"，以户籍地管辖为基本原则有利于对服刑人员的监管、教育、帮扶。参照国与国之间的移民政策、国内一线城市的户籍管理制度以及我国教育、社保、民政救济等政策与户籍的密切关联，一个有犯罪记录的人，几乎不可能在居住地落户，所以在矫正期内，还是以户籍地管辖较为合理。当然，在现代社会，人员流动过大，一味地发回社区服刑人员的户籍地也不现实，过于机械。建议立法以居住地作为补充情形，实行"居住地一票否决制"，在罪犯不能够提供固定的住所且连续居住1年以上、稳定的工作证明、家人担保、居住地社区（或工作单位）担保、居住地司法所愿意承担监管责任等相关资料能证明罪犯消除再犯罪可能性的情况下，实行"居住地一票否决制"。

（二）建议设立全国社区矫正工作网络

建议全国人民法院、人民检察院、公安机关、司法行政机关、监狱等涉及社区矫正的单位，设立社区矫正信息化管理系统，或将现有的司法部社区矫正信息化管理系统平台升级，将其他职能部门加入，实现一体化管理和资源共享。建立全国统一的社区服刑人员登记查询系统，实现社区服刑人员信息即时录入和查询，切实解决法律文书送达和罪犯报到不同步以及报到空档期的问题，促进社区矫正

接收环节规范化。

（三）进一步明确报到接收的程序，使报到接收更加规范化

建议立法对报到接收的程序进行规范化和明确化，以便于把好接收环节的入口关，为后续的警告、收监等环节做到取证有法可依。

（四）进一步规范法律文书的送达方式

法律文书送达方式的混乱影响了社区矫正工作的接收环节，从而影响了社区矫正整个执行工作的顺利进行，建议统一规范法律文书的送达途径和方式。

（五）建议赋予社区矫正机构一定期限的提出异议权

在法院裁决送达时，若社区矫正机构有确切法律依据和法律事实认为该罪犯实施社区矫正有执行风险的时候，如在审前调查评估中已经调查到该罪犯不适合社区矫正而法院裁决进行社区矫正的情形下，建议赋予社区矫正机构一定期限的提出异议权，并提请检察机关进行监督的权力。

浅析社区矫正收监执行难之现状

湖北省荆门市沙洋县司法局　李　俊　余克清　蔡　恒

一、社区服刑人员"收监执行"的定义

我国现有法律法规尚未就社区矫正"收监执行"作出明确定义，根据散落于《刑法》、《刑事诉讼法》、《社区矫正实施办法》等法律法规的诸多条款，如《刑法》第 77 条、《刑事诉讼法》第 257 条、《社区矫正实施办法》第 25 条及第 26 条等，笔者在此定义为："被判处管制、缓刑，裁定假释、决定暂予监外执行而进行社区矫正的罪犯因违反法律、行政法规或者有关社区矫正的监督管理规定，尚未构成犯罪但达到撤销原裁决刑罚的，应当依照法定撤销程序，决定收监执行。"

而社区矫正对象在矫正期间重新犯罪的，应依《刑法》第 77 条、第 86 条等规定撤销缓刑，新旧罪数罪并罚，故不纳入本文讨论的内容。①

二、社区矫正收监执行在实际工作中遇到的问题

随着社区矫正工作的逐步推行，现行的社区矫正法律法规欠缺全面性的问题日益凸显，在收监执行程序方面的种种现象更令人困惑不已。以沙洋县为例，2013 年至 2014 年 10 月，共提请撤销非监禁刑 5 件 5 人，已裁定撤销 3 件 3 人，1 件尚无回复，1 件未予采纳；裁定撤销的 3 人中，还未收监执行的有 1 人，在提请处罚概率已经偏低的情形下，收监执行效率低，这极大地损伤了社区矫正刑罚执行的权威性。收监执行的力度如此薄弱，主要是因为以下几点因素：

1. 司法行政机关职能弱、资源少、管理欠规范，收监程序提起难

一是基层司法所专职人员所均人数不到 1 人，工作纷繁复杂，很难把更多的时间和精力投入社区矫正工作中。人员的不足加之队伍素质参差不齐，导致刑罚执行意识淡薄，且证据意识和程序意识严重缺乏，存在固定证据不及时、取证方式单一，不能形成完整的证据链，撤销非监禁刑的证据证明力薄弱，收监提起程序欠缺有力证据支撑等尴尬境地。二是存在部分基层社区矫正机构在日常社区矫正工作中不如实填录甚至伪造监管材料等，使得监管材料随意性大，不能相互印证，使部分违规社区服刑人员无法及时受到惩处。三是基层乡镇工作中，人际关系网

---

① 吴宗宪主编：《社区矫正导论》，中国人民大学出版社 2011 年版，第 217 页。

盘根错节，主管社区矫正工作的司法行政机关职能偏弱，各项工作严重依赖地方党委政府，直接导致社区矫正工作极易受到私人关系以及行政干预，特别是收监程序的提起过程，受到的相关阻力尤其严重。

2. 法律界定不清，撤销建议书采信难

目前，我国法律对收监规定主要是依据《刑法》、《刑事诉讼法》中相应条款以及《社区矫正实施办法》。例如，《刑法》第 77 条规定的缓刑罪犯在缓刑考验期限内，违反法律、行政法规或者国务院有关部门关于缓刑的监督管理规定，或者违反人民法院判决中的禁止令，情节严重的，应当撤销缓刑；《刑事诉讼法》第 257 条规定的严重违反有关暂予监外执行监督管理规定应当及时收监；《社区矫正实施办法》第 25 条规定的因违反监督管理规定而受到治安管理处罚，仍不改正的应当撤销缓刑。上述几条法律规则对撤销非监禁刑的情形仅为原则规定，无统一的认定标准。"情节严重"、"严重违反"、"仍不改正"等措辞范围过大，难以界定，法律法规的模糊性导致裁定机关自由裁量权过大，各地尺度不一，阻滞了收监执行程序的进展。

3. 收监程序中，社区矫正机构"一对多"，工作交流存在较大障碍

我国法律规定撤销非监禁刑的提请应当向原裁判法院提出，确立了"谁裁决，谁撤销"的原则，造成社区矫正执行机关与决定机关"一对多"的局面。由于居住地与裁决地分离，区域跨度大，给收监执行工作带来极大困难；同时，居住地检察机关也无法及时掌握有关情况，对跨区域人民法院的裁决不能及时有效监督，向外省市人民法院提出的撤销建议往往石沉大海得不到回复，或者费尽周折，效率低下。另外，一些学术观点提出"就近提请、就近裁决、就近执行"，也因违背法院、检察院"一对一、从一而终"的规则，容易打乱现行司法制度被束之高阁，难以推行。

4. 收监程序期与矫正期冲突，收监程序完成难

《社区矫正实施办法》第 25 条规定法院应在 1 个月内对撤销社区矫正案件进行裁定，实践中往往一拖再拖，最终到矫正执行期满而不了了之。

5. 主体能力缺乏，抓捕工作难

《社区矫正实施办法》第 27 条规定："人民法院裁定撤销缓刑、假释或者对暂予监外执行罪犯决定收监执行的，居住地县级司法行政机关应当及时将罪犯送交监狱或者看守所，公安机关予以协助。监狱管理机关对暂予监外执行罪犯决定收监执行的，监狱应当立即赴羁押地将罪犯收监执行。公安机关对暂予监外执行罪犯决定收监执行的，由罪犯居住地看守所将罪犯收监执行。"此规定明确了收监执行的执行主体，但是对于须进行追捕的社区矫正对象，司法行政机关由于职权所限，缺乏有效的手段进行追捕，虽然最高人民法院、最高人民检察院、公安部、国家安全部、司法部、全国人大常委会法制工作委员会联合制定的《关于实施刑事诉讼法若干问题的规定》第 35 条规定："被决定收监执行的社区矫正人员在逃

的, 社区矫正机构应当立即通知公安机关, 由公安机关负责追捕"。但实践中公安机关常以没有明确法律依据为由, 消极执行, 未采取有效的措施进行追捕。至于对下落不明的社区服刑人员使用网上追逃手段, 公安机关组织网上追逃认可的法律文书只有刑事拘留证和逮捕证, 其他法律文书不具有网上追逃系统认定的效力, 因此, 许多地方的公安机关对在逃的社区服刑人员不愿组织网上追逃, 致其游离社会之上。

此外,《社区矫正实施办法》对异地, 特别是外省市判决、决定的非监禁刑, 回居住地进行社区矫正的人员, 撤销非监禁刑后如何执行并没有具体规定, 只是笼统地规定司法行政机关为执行的主机关。然而, 目前法律并未赋予司法行政机关独立的押送权, 需要由公安机关协助, 加上异地押送需要大量的人力、物力、财力, 难以保障到位, 司法行政机关目前也无力承担该项执法成本, 如此职、责、权相分离, 对该类罪犯收监执行互相推诿, 迟迟不能将罪犯收监。

三、解决的对策与建议

作为社区矫正工作中最具威慑力的惩罚措施, 执行难问题已经严重影响社区矫正工作的刑罚权威性, 亟须从立法、制度建立、机制创新以及发挥职能部门主观能动性来协调解决这类问题。除加快《社区矫正法》立法进程, 加大人力、物力及资金投入等方式外, 笔者认为主要可从以下几个方面进行努力:

1. 在立法的基础上出台社区矫正工作相关的司法解释, 对社区矫正法律的具体适用作出具有普遍司法效力的解释, 增加法律适用的可操作性

如进一步明确"情节严重"、"严重违反"、"仍不改正"的认定标准, 可参照最高人民法院、最高人民检察院、公安部、司法部联合制定的《关于对判处管制、宣告缓刑的犯罪分子适用禁止令有关问题的规定(试行)》第12条对违反禁止令"情节严重"情形的认定, 将"情节严重"情形规定为: (一) 违反人民法院禁止令, 情节严重的; (二) 未按规定时间报到或者接受社区矫正期间脱离监管, 超过1个月的; (三) 因违反监督管理规定受到治安处罚, 再次违反监督管理规定; (四) 受到司法行政机关三次以上警告的; (五) 其他违反有关法律、行政法规和监督管理规定, 情节严重的。

2. 将社区矫正对象纳入脱逃罪主体范畴

脱逃罪泛指依法被关押的罪犯、被告人、犯罪嫌疑人, 从羁押和改造场所逃走的行为。从理论上看, 社区矫正对象脱管完全符合上述行为要件, 却因非适格主体而不得认定为犯罪, 仅能对其脱管行为进行书面警告等处分, 震慑效果不足。若将长期请假不归甚至脱管等严重违纪行为纳入脱管罪, 一方面可有力地打击脱管等违规行为, 另一方面也在一定程度上避免收监执行时矫正对象下落不明的问题。

3. 参照两院，建立"一对一，从一而终"的执行关系

"人民检察院和人民法院之间一对一的关系"的含义是：在刑事诉讼中特定的检察院永远对应着特定的法院，反过来也是正确的，即特定的法院永远对应着特定的检察院。这包括两层含义：一是地区上的"一对一"，即特定地区的检察院永远对应着特定地区的法院；二是级别上的"一对一"，即一定级别的检察院永远对应着相应级别的法院。

社区矫正收监执行应主要借鉴在其管辖方面的"一对一"，即基层人民法院发现不应由自己受理的案件，通过移送管辖或管辖权转移更换审理法院的，应当通知同级人民检察院和当事人，并将起诉材料退回同级人民检察院，由与审理法院相对应的同地区同级别检察院提起公诉。

参照上述制度，本级司法行政机关仅同本地区同级人民法院、人民检察院以及其他司法行政机关进行工作交接，就有效解决了不同地区、级别之间沟通障碍的问题。与"就近提请、就近裁决、就近执行"的学术观点相比较，"一对一"的制度更有利于与法院、检察院等执行相关部门工作接轨，不至于引起司法执行秩序紊乱。

4. 建立社区矫正中止执行制度

当收监程序尚未完成时矫正期已满，如何执行？在现行的与社区矫正相关的法律和规定中我们没有找到答案。笔者建议：借鉴我国《刑事诉讼法》关于死刑案件停止执行、临场暂停执行的规定，引入社区矫正中止执行概念，并以此为基础建立社区矫正中止执行制度。社区矫正中止执行制度应当涵盖以下两个方面：一是执行中又受处罚的。"矫枉归正"是社区矫正的根本目的，社区矫正中止执行的法定情形应包括社区服刑人员因违反法律法规被采取刑事强制措施或给予行政处罚，但尚达不到收监执行条件的有关情形；二是提起收监程序后执行期间。收监程序提起后，若继续执行考验期相应规定直至期满会产生期间冲突，极易给予违规矫正对象逃脱处罚的可乘之机，因而须对其中止执行矫正，剩余刑期暂为搁置处理。

5. 完善社区服刑人员脱逃追捕制度

一是进一步明确收监执行和追捕的主体。笔者认为，对人民法院裁定撤销缓刑、假释或者对暂予监外执行决定收监执行以及对下落不明已被决定收监执行的社区服刑人员进行追捕的主体应该明确为公安机关。公安机关是具有武装性质的国家机关，享有法律赋予的行政、刑事强制权、刑罚执行权等，同时公安机关在追捕执行方面也具备强有力的人力、物力、财力以及技术保障，具有较强的追捕执行能力，因此明确公安机关为追捕主体更为合适。建议可规定为："对人民法院裁定撤销缓刑、假释或者对暂予监外执行决定收监执行的，居住地县级司法行政机关应当及时通报同级公安机关，由公安机关及时将罪犯送交居住地监狱或者看守所执行，司法行政机关予以协助；被决定收监执行的社区服刑人员在逃的，司

法行政机关应当立即通知公安机关，由公安机关负责追捕。"二是完善追捕手段。根据社区矫正的特殊情况，公安机关应进一步完善网上追逃的相关规定，将收监执行法律文书作为网上追逃的法律凭证，按照有关程序及时将在逃的社区服刑人员进行网上追逃。①

四、结语

社区矫正刑罚与监禁刑罚分属一个硬币的两面，彰显着我国刑罚制度的宽严相济。收监执行程序的本质即构建起我国刑罚由宽到严的桥梁，是最具刑罚代表性的社区矫正措施，在惩戒警醒矫正对象方面的重要性不言而喻。因此，我们应该正确认识收监执行程序在社区矫正执行体系中的重要地位，严格把关，不断改革和完善程序，凿开"收监执行难"这块坚冰，促进社区矫正工作的深入开展，使刑罚制度日益文明化、科学化。

---

① 林赛龙、陈其雄：《社区矫正人员收监执行的困境实析》，http://www. fj. jcy. gov. cn/Article. aspx? NewsID = 1b9a3871 - a3a7 - 42a5 - a94c - 8c738b95fffb。

规范社区矫正执法　强化刑罚执行职能

——黄石市社区矫正规范执法工作情况调研

湖北省黄石市司法局　杨　柳

社区矫正是一项严肃的刑罚执行活动，规范执法是社区矫正工作的生命线。自《社区矫正实施办法》颁布实施以来，如何规范执法是我们每位从事社区矫正工作的同志必须面临且不容回避的课题。黄石市是湖北省首批开展社区矫正工作的城市之一，笔者对全市社区矫正规范执法工作开展了为期一个半月的调研，梳理了我市社区矫正规范执法工作取得的成绩、存在的问题，并提出了相关对策建议。

一、我市社区矫正规范执法工作的概况

我市社区矫正工作先后经历了开始试点、逐步铺开、全面试行、正式实施四个发展阶段。截至 2014 年 9 月底，全市累计接收社区服刑人员 3916 人，累计解除社区矫正 2623 人，目前在册社区服刑人员 1293 人，其中，管制 78 人，缓刑 1059 人，假释 103 人，暂予监外执行 53 人，全市社区矫正执法工作的各个环节逐步规范并呈现良好的发展态势，主要有以下特点：

（一）社区矫正审前社会调查评估环节常态化

自 2007 年以来，我市积极探索对拟适用社区矫正犯罪人开展审前社会调查评估工作，形成了由县级司法行政机关接受相关部门的委托、指派基层司法所 2 名工作人员参与调查后提出是否同意社区矫正的初步意见，再报县级司法行政机关审查，由其向相关委托机关出具审前社会调查评估意见的工作流程。以 2013 年为例，全市共开展审前社会调查评估 607 件，占新入矫社区服刑人员总数（731 人）的83%，通过对拟适用社区矫正犯罪人开展审前调查评估，社区矫正人员能有效地了解社区服刑人员的有关情况，可要求其亲属承诺帮助社区服刑人员更好地接受社区矫正，有利于提高改造效果。

（二）入矫宣告和解矫宣告环节规范化

对社区服刑人员开展入矫宣告和解矫宣告，是对社区矫正人员按期开展社区矫正和解除社区矫正的非常重要的工作环节，也是社区矫正工作的起始点和终结点。规范开展入矫宣告和解矫宣告，不仅能彰显社区矫正工作的严肃性，也能进一步增强社区服刑人员的"在刑"意识。

（三）监督管理环节科技化

2012 年 3 月，我市积极探索运用科技化技术手段对社区服刑人员进行监管，并于当年 6 月实现了社区矫正司法 e 通在我市全区域覆盖，标志着对社区服刑人员的管理步入制度化、信息化和规范化的轨道。我市还制定了《黄石市社区矫正司法 e 通管理规定》，明确了全市社区矫正司法 e 通三级管理平台的工作要求、程序和工作职责，要求全市所有在册的社区服刑人员原则上应全部纳入社区矫正司法 e 通管理，司法所（社区）社区矫正司法 e 通平台每个工作日应不定时（至少一次）对本级纳入司法 e 通管理的社区服刑人员手机是否开机进行查看，对其所在位置进行定位、跟踪、管理，发现人机分离、未接电话、越界（或告警）等情况要及时跟进管理；并要求建立司法所（社区）日报告制度，应对本级社区矫正司法 e 通平台管理巡查工作做好日记载，并于每个工作日下午下班前向县（市）区（开发区）社区矫正机构报告有关情况，发生重大情况随时报告。县（市）区（开发区）社区矫正司法 e 通管理平台，每周不定时（至少两次）对本级纳入司法 e 通管理的社区服刑人员使用司法 e 通情况开展巡查工作；节假日（或特殊时期）严格按照部、省、市社区矫正工作管理局的要求做好社区服刑人员的管控、抽查工作。同时，要求县（市）区（开发区）社区矫正组织对违反规定的相关人员作出相应的处罚，对本级社区矫正司法 e 通平台管理巡查工作做好日记载，并于每周最后一个工作日下午下班前向市社区矫正工作管理局报告有关情况，发生重大情况随时报告。市级社区矫正司法 e 通管理平台，由市社区矫正工作管理局对全市纳入司法 e 通管理的社区服刑人员使用司法 e 通情况随时抽查并通报。通过司法 e 通的规范运行，对社区服刑人员管理实现了从"人防"到"技防"的转变，彰显社区矫正工作的科技化；实现了从"粗放"到"精准"的转变，彰显社区矫正工作的严肃性；实现了从"随意"到"统一"的转变，彰显社区矫正工作的规范化；实现了从"便民"到"高效"的转变，彰显社区矫正工作的人性化。同时，我市还建立并运行了社区矫正检察室，为依法规范开展社区矫正工作，我们积极与市检察院监所处协调，分别在市、各县（市）区（开发区）社区矫正机构建立并运行了社区矫正检察室，加强对社区矫正这项刑罚执行活动的法律监督，彰显了刑罚执行和社区矫正工作的权威性。

（四）教育矫正环节经常化

无论是集体教育、思想动态分析、谈话教育、社区服务，还是心理矫治、个案教育，我市都切实做到社区矫正组织不缺位、社区服刑人员不缺岗、教育改造内容符合社区矫正工作规律和黄石社区矫正工作实际，并取得了良好的效果。

1. 建立了社区服刑人员的衔接、跟踪管理机制。市社区矫正工作管理局与市检察院共同建立了全市法院判处的五种罪犯的数据库，每个月由市检察院监所处向市社矫局提供全市法院判处的四种罪犯名册（管制、缓刑、假释和暂予监外执行），由市社矫局将该名册分发到各县（市）区司法局及各基层司法所，核查社区服刑人员的报到情况、开展审前社会调查情况、法律文书的交接情况以及认罪服法情况后，报市社矫局进行收集、整理，并向市检察院监所处反馈，市检察院监所处针对不同情况分别向法院、公安、监狱等部门发出检察意见书，减少了甚至避免了脱管、漏管现象。

2. 实施了社区服刑人员奖惩机制。对社区服刑人员实施奖惩是提高社区矫正质量的有效措施。一是对有重大立功表现的社区服刑人员给予减刑奖励。我市自开展社区矫正工作以来，先后对3名有重大立功表现的社区服刑人员报经市中级人民法院裁定给予半年到一年不等的减刑奖励。二是积极配合监狱部门，依法对2名不服管和有重新违法犯罪倾向的社区服刑人员进行收监。三是先后对4名违反社区矫正工作有关规定的社区服刑人员提请法院裁定撤销缓刑收监执行。对社区服刑人员有奖有惩，并要求各县（市）区司法局和基层司法所将对社区服刑人员奖惩的相关案例纳入对社区服刑人员的教育内容中，提高了社区矫正质量，并起到了警示教育和激励作用。

3. 落实了对社区服刑人员的"三分"工作机制。我市下发《关于进一步加强和规范社区服刑人员分类管理、分阶段教育相关工作的通知》，要求各县（市）区司法局社区矫正组织和各基层司法所要继续抓好社区服刑人员的风险评估，同时，要求严格规范分类管理的审批程序，分类管理要与日常的矫正措施和行为考核紧密结合，相互印证；在分阶段教育工作中要做到"教育内容、学习时间、参学对象和学习效果"四落实。对社区服刑人员实施"三分"教育，突出了工作的针对性和有效性，如大冶市规定每月13、14、15日为集中教育时间，16、17、18日为公益劳动时间，彰显了社区矫正工作的严肃性。

4. 坚持了敏感期社会安全稳定"日报告"制度。我市要求各级社区矫正组织在节假日期间集中对社区服刑人员和刑满释放人员开展摸底排查、集中教育和上门走访等，加大了对社区服刑人员和刑满释放人员的监管力度，落实了社区矫正安全稳定日报告制度，保障了社区服刑人员和刑满释放人员无重新违法犯罪、无上访上诉现象，维护了社会安全稳定。

5. 运行了社区服刑人员职业技能培训暨法制教育基地。为教育、引导社区服刑人员顺利回归社会，大冶市司法局与大冶市职业技术学校联合组建了大冶市社区服刑人员职业技能培训暨法制教育基地。2014年10月14日，该基地正式运行，并组织了40名社区服刑人员开展为期10天的职业技能培训和法制教育。通过职业技能培训，让社区服刑人员能掌握一技之长，增加就业竞争力，有利于他们顺利回归社会，同时，通过法制教育，增强社区服刑人员的"在刑"意识，强化社区矫正的刑罚执行职能。

6. 规范了社区矫正工作的保障渠道。一是规范了组织保障。市司法局和大冶市分别成立了社区矫正工作管理局，各城区和阳新县成立了社区矫正工作办公室。二是规范了经费保障。市司法局与财政部门联合行文，按照每名社区服刑人员每年 1500 元的标准纳入同级财政预算，为开展好社区矫正工作提供有力保障。

二、存在的困难和问题

通过调研，社区矫正规范执法工作遇到一些问题和困难，需要进一步规范和完善。主要表现在：

（一）人少事多是当前基层司法行政面临的现状

1. 基础较薄弱且阵地不稳固。目前，大冶市、阳新县司法所工作人员平均达到 2 人，工作经费虽纳入了同级财政预算，但各城区司法所的办公用房相对较少。"大部制"改革后，对各城区司法所的工作有较大影响，司法所虽然保留下来，但人员、经费和办公场所等没有落实。

2. 职能宽泛且人员配置不优。司法所承担着人民调解、普法依法治理、法律服务、社区矫正和安置帮教等工作职能。《社区矫正实施办法》明确规定，司法所应承担社区矫正的日常工作，但司法所工作人员没有落实，影响了社区矫正工作的有序开展。

3. 体制不优化且政令不畅通。目前，全市各城区司法所的中央司法行政专项编制被占用或挪用的现象较严重，如西塞山区司法所应有中央司法行政专项编制为 24 个，目前落实到区司法局和司法所的编制数仅为 8 个，其他编制被占用或挪用，同样其他城区司法所也存在着类似的情况，导致各区司法所的人员明显不足，司法行政工作受到较大的影响。

（二）成员单位履责不到位或缺位，造成了由司法行政工作"唱独角戏"的窘境

社区矫正工作涉及国家司法、刑罚执行、治安管理、社区管理、群众工作等诸多层面，是一个复杂的系统工程，在现行法律框架内，不可能由司法行政机关独立完成。但相关职能部门对这项全新的工作不熟悉、不了解，存在着配合不到位或者配合比较勉强的现实。在对社区服刑人员实施矫正的过程中，经常出现由司法行政机关"唱独角戏"的窘境。

（三）规范性和严格性不够，影响了社区矫正执法工作质量的提升

社区矫正是一项十分严肃的刑罚执行活动，规范性和严格性是社区矫正工作的生命线。由于社区矫正工作开展时间不长，工作人员对社区矫正工作的规范性认识不足导致没有严格按照规范来操作，影响了社区矫正工作质量。自开展社区矫正工作以来，在工作人员没有增加的情况下，管理对象由 2005 年 5 月的 8 名社区服刑人员增加到 2014 年 9 月的 1293 名社区服刑人员，我市社区服刑人员数量一直处于高位并呈递增趋势，教育改造任务十分繁重，监管安全压力日益增大。而且从事社区矫正的工作人员待遇不高，影响了工作人员的积极性，对社区服刑人员也没有形成应有的威慑力。

三、对策及建议

（一）积极争取各级党委政府重视和支持，加强与有关部门协调配合

开展社区矫正工作，需要全社会的多方协作、共同参与，为此建议：一是清理并核实编制。建议由省编委、省委组织部牵头，由省人力资源和社会保障厅、省司法局等单位组成检察组，对全省中央司法行政专项编制进行清编、核编，做到专项编制从事专项工作，以切实解决专项编制被占用或挪用的现象。二是解决缺编和空编。若有缺编的，按照相关程序进行招考、招录，也可根据各县（市）区的实际，招聘适当数量的社会工作者，以切实解决我市司法行政工作人少事多的问题。三是整合资源、重心下移，配齐配强基层一线的工作人员，即配齐配强市司法局、各县（市）区司法局机关的相关职能科室人员，强化各基层司法所的人员力量，真正做到重心下移，尽责履职。具体建议为：（1）市司法局将业务骨干配齐配强到相关业务职能科室达 3 人以上，负责对各县（市）区司法局的各项职能进行指导管理，并对一些工作任务较重的职能科室给予相应的倾斜政策。（2）大冶市、阳新县司法局机关相关职能科室各配备 2 名工作人员，各基层司法所专职工作人员必须达到 3 人，对各基层司法所所长和工作人员给予相应的补贴（如车费补贴、伙食补贴等），以切实解决基层司法所工作人员的后顾之忧。（3）各城区司法局机关相关职能科室各配备 1 名工作人员，城区司法局的其他人员以城区"大部制"改革后的社区"网格化"为基数，落实每名司法行政专项编制的人员负责 1 至 4 个社区，履行司法行政工作的各项职责。

（二）建立健全考核评价机制，将社区矫正工作纳入社会治安综合治理和政府工作目标考核

一是按照《湖北省社区矫正工作考核办法》，对社区矫正工作进行严格的考核，以促进社区矫正工作规范健康地向纵深推进。二是建立社区矫正工作领导小组成员单位考核评价机制，以促进包括司法行政系统在内的各成员单位认真履行职责，加强协调、沟通和配合，如每年度让各成员单位述职或对各成员单位履行职责情况进行考核等，以便更好地整合各方资源，做好社区矫正工作。三是将社区矫正工作纳入社会治安综合治理和政府工作目标考核的内容，实行"一票否决"制，让全社会都来关注、支持社区矫正工作。

（三）规范社区矫正工作保障，全面提高我市社区矫正工作水平

一是县区司法局应成立社区矫正工作管理局。建议以市编委下文，要求阳新县和各城区按照司法部和省委、省政府的要求年内成立社区矫正工作管理局。二是建议落实从事社区矫正工作的公务人员享受人民警察待遇。目前，从事社区矫正工作的公务人员共有 70 人，管理对象有 1293 名社区服刑人员和 3907 名刑满释放人员，责任十分重大。建议借鉴外地的工作经验，从事社区矫正工作的公务人员享受人民警察待遇，以提高其工作积极性，维护法律权威。三是督促各县（市）

区（开发区）严格落实市财政局和市司法局联合下发《关于进一步加强社区矫正经费保障工作的意见》的要求，足额落实每名社区服刑人员每年1500元的标准纳入同级财政预算，为全面推进社区矫正工作提供有力保障。

（四）高位推进，谋求社区矫正执法工作规范统一，整体推进社区矫正工作向纵深发展

我省从2005年开展社区矫正工作至2014年12月31日，各地市州经过这些年的实践和探索，积累了符合本地实际的好经验和好做法，需要认真梳理、总结后在全省推广。社区矫正作为一项严肃的刑罚执行活动，规范统一是其保持持久生命力的核心。对影响社区矫正工作发展的工作体制建设还需要高位推进，以谋求社区矫正工作的规范统一：一是社区矫正工作的机构设置需要进一步规范。各地市州和各县市区可以考虑建立统一、规范的机构名称，或提高社区矫正机构的组建规格等。二是建立工作经费保障机制。从省、市、县（市）区三个层次，争取与财政部门联合行文建立保证工作正常运转的经费保障机制（按照"人随事转、费随事转"的原则，将社区矫正工作专项经费按照每名社区服刑人员每人每年3500元的标准列入同级财政预算）。三是社区矫正工作队伍建设的长效机制。通过政府购买服务的形式，由政府出资购买公益性岗位，为全省基层司法所配备一名从事社区矫正工作的专职志愿者，或按社区服刑人员的总数设置一定比例的公益性岗位，充实基层司法所从事社区矫正工作的力量。四是落实社区矫正工作人员的待遇。建议由司法部统一部署落实从事社区矫正工作人员享受人民警察待遇，纳入司法行政系统的监狱警察、劳教警察一并管理等。五是社区矫正执法工作质量评估机制以及社区矫正工作责任追究机制。建议司法部和省司法厅研发并出台全国或全省从上到下统一、规范的社区矫正执法工作质量评估及责任追究工作机制，以利于地市州和各县市区贯彻、落实和执行，促进社区矫正工作的健康、有序发展。同时，坚持"矫正为本"的原则，社区矫正工作关键在"矫正"，核心是提高矫正质量，这是检验社区矫正工作的首要标准，也是其生命力所在。各级司法行政部门要加强社区矫正工作专业队伍建设，建立一支适应社区矫正工作需要的社会志愿者队伍，并采取有力措施对社区矫正工作专业队伍进行社区矫正专业知识的培训，使他们了解并掌握社区矫正的专业知识，把监督管理、教育改造、帮助服务等融为一体，采取多种措施，以提高社区矫正执法工作质量，不断推进社区矫正工作向纵深发展。

浅谈武汉市洪山区未成年社区
服刑人员犯罪原因及帮教对策

湖北省武汉市洪山区司法局社矫科 熊 果

　　加强未成年社区服刑人员的教育监管，促使其认罪服法、顺利回归社会，关系到未成年社区服刑人员的成长与未来，关系到未成年社区服刑人员家庭的切身利益，更关系到全社会的和谐稳定。笔者通过走访座谈、问卷调查、查阅资料等多种形式，对武汉市洪山区未成年社区服刑人员的基本情况和社区矫正工作现状进行调研，分析梳理未成年社区服刑人员犯罪的原因和社区矫正工作中的不足，并在借鉴国外犯罪少年社区矫正模式的基础上，试图提出改进未成年社区服刑人员社区矫正工作的对策。

一、洪山区未成年社区服刑人员现状

　　截至 2014 年 6 月底，武汉市洪山区有 15 名未成年社区服刑人员，其中男性居多，共有 14 名男性未成年社区服刑人员。14 岁至 16 岁的有 5 人，16 岁至 18 岁的有 10 人，最小犯罪年龄为 15 岁。所犯罪行以抢劫罪居多，有 8 人因抢劫罪被判处非监禁刑接受社区矫正，其次是故意伤害罪、聚众斗殴罪。未成年社区服刑人员文化程度普遍不高，多是初中、中专文化水平，8 人在校求学，7 人已离开学校（见图一、图二、图三）。

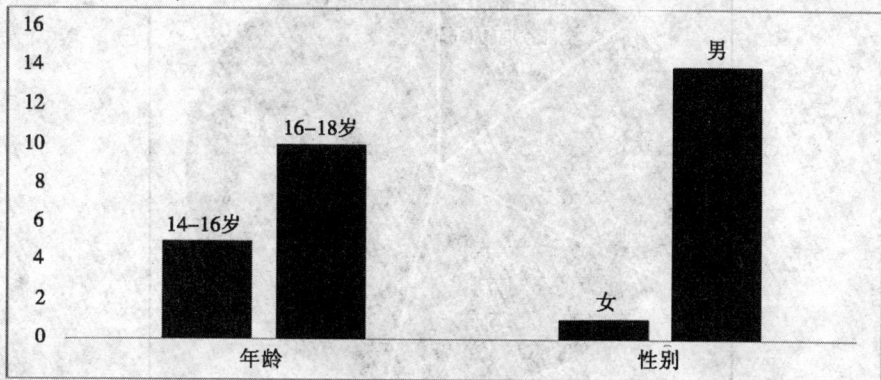

图一

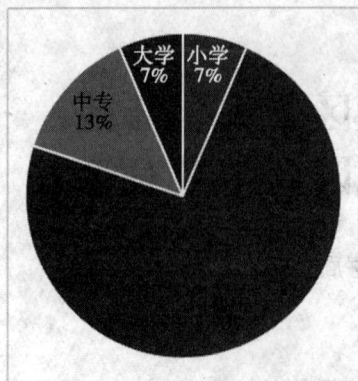
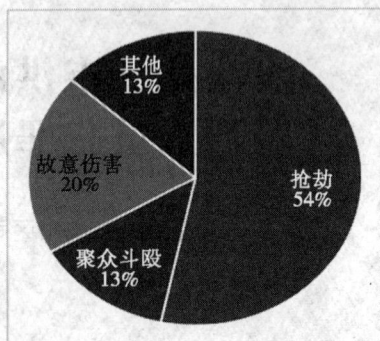

图二   图三

洪山区社区矫正机构除按规定做日常的监管教育工作外，还结合青少年的身心发展特点，策划开展以"读书矫正 净化心灵"为主题的一系列读书学习活动，依托各类节点组织其前往农讲所、中山舰博物馆等红色基地接受理想信念教育，到武汉火车站、法治文化浮雕园开展公益劳动等。依托辖区人才资源丰富的区位优势，与武汉大学、华中师范大学、中南财经政法大学等高校合作，招聘法学、社会学、心理学专业的教师、大学生为社区矫正志愿者，为未成年社区服刑人员开展教育帮扶。

二、未成年社区服刑人员犯罪的原因分析

通过走访座谈和问卷调查，可将未成年社区服刑人员的犯罪原因归为以下几点（见图四）：

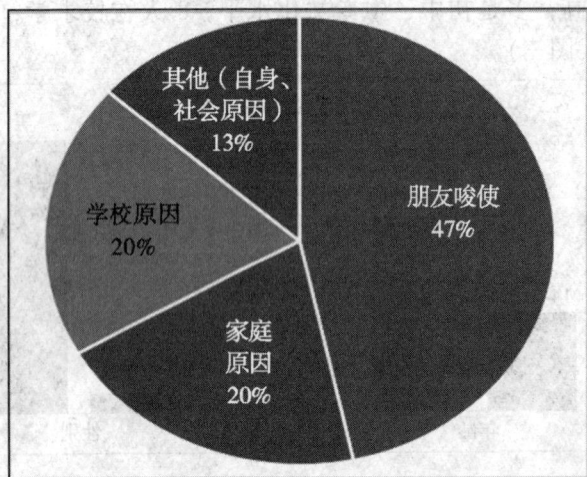

图四

（一）家庭原因

家庭蕴含着道德内化、心理纽带、经济扶助等多种角色价值①，倘若家庭支离破碎、缺乏家庭的关爱或者家长缺乏正确的引导方法，对孩子的成长都会产生不可估量的负面影响。在笔者的走访调查中，这样的例子比比皆是：梨园街的未成年社区服刑人员黄某正是因为父母离异，得不到家庭的关爱，便心生怨恨，自暴自弃，从而与不良青少年交往，走上违法犯罪的道路；和平街的未成年社区服刑人员严某是家中的独子，长期受到父母的溺爱，缺乏教育和管束，最终误入歧途。可见，家长重视孩子的教育，给予孩子关爱与引导，对孩子的健康成长至关重要。

（二）学校原因

学校是向学生传授技能、知识和主流价值标准的场所，它的社会教化功能在现代社会尤为重要。② 但现实状态是学校往往重智育轻德育，重优等生的教育轻差等生的管理。忽视对学生理想信念、法治文化、实践能力等的教育，对于品行较差的学生，往往放弃引导教育，对其听之任之，而这样的学生本应是重点管理的对象，若能在关键时期给予他们正确的引导，便能使其走上正确的发展轨道。

（三）同伴原因

同伴是影响青少年思想、行为的重要群体，青少年往往将同伴视为参照对象，通过同伴的态度来了解自己的行为，并根据同伴的反应来调整自己的行为。③ 笔者在调查统计中发现，近一半的未成年社区服刑人员认为自身犯罪的主要原因在于不良朋友的唆使和怂恿。

（四）自身原因

青少年处在人生发展的关键期，生理上的发育容易引起情绪波动，情感过激而理智不足，既有年少轻狂、事事都想尝试、不考虑行为后果的特质，又有成年人乐于探索、渴望独立和摆脱他人的性格因子。④ 倘若这一阶段家庭教育、学校教育缺失，青少年是非观念不强，法制意识淡薄，就容易做出一些出格的事情，触犯法律的底线。

（五）社会原因

当前，社会上亚文化现象屡见不鲜，诚信的缺失、道德的滑坡对于正在构建人生观、价值观的青少年造成了巨大的冲击。电视电影、手机通信、网络平台等

① 徐徐：《青少年社区服刑人员再社会化研究——以社会控制理论为视角》，载《中国青年研究》2014年第 3 期。

② 徐徐：《青少年社区服刑人员再社会化研究——以社会控制理论为视角》，载《中国青年研究》2014年第 3 期。

③ 徐徐：《青少年社区服刑人员再社会化研究——以社会控制理论为视角》，载《中国青年研究》2014年第 3 期。

④ 田国秀：《社会工作理念在社区矫正青少年罪犯中的运用》，载《社区矫正青少年犯罪的理论研究》2004 年第 11 期。

大众传媒尚未担负起自身的责任，暴力、黄色等各种不良信息充斥其中，这些会潜移默化地腐蚀青少年稚嫩的心灵。

三、洪山区未成年社区服刑人员教育监管工作中存在的不足

为促使未成年社区服刑人员自觉改造、走向新生，洪山区社区矫正机构加强创新，多措并举，取得了显著的工作成效。未成年社区服刑人员在监管期间表现普遍较好，尚未发现重新违法犯罪的苗头。但从深层次上分析，洪山区社区矫正工作中依然存在着一些不足，制约了工作质量和效果的提升。一是社区矫正工作者、专职社工的专业性不强，难以有效地开展适合青少年特点的教育帮扶活动，特别是难以胜任专业性较强的心理矫治、就业指导等工作，伴随社会调查评估和社矫人员的激增，社区矫正工作者、专职社工的日常工作量显著增加，也难以抽出时间、精力开展系统深入的青少年帮教活动；二是社会力量参与不够，未能充分整合、发动各类社会资源，洪山区参与志愿帮扶工作的高校教师时间有限，一般仅能对社区矫正工作进行宏观指导或参加大型的教育帮扶活动，而参与社区矫正的大学生志愿者们流动性较大，难以持续地开展帮扶活动，一定程度上也影响了工作效果；三是个案矫正针对性不强，制定的矫正方案往往千篇一律，不能凸显个性化和针对性，不能很好地结合未成年社区服刑人员的家庭背景、文化水平、兴趣爱好、心理状况、犯罪事实等因素做到因人施教；四是未能将未成年与成年社区服刑人员区别对待，由于各方面因素的限制，对未成年社区服刑人员与成年社区服刑人员往往采取相同的教育监管措施，如在同一个地点进行公益劳动，进行同一个主题的学习教育等，难以结合未成年社区服刑人员的身心特点，真正做到分类管理、区别对待；五是帮扶工作落实不够，未成年社区服刑人员往往有对未来发展规划和就业的需求，但社区矫正机构组织的职业技能培训、就业招聘活动过少，范围过窄，不能很好地满足这一需求。笔者对问卷调查进行统计，有9名未成年社区服刑人员对未来感觉迷茫，对未来没有目标和计划。

四、国外犯罪青少年社区矫正模式

（一）美国的青少年社区矫正模式

目前，美国有五种青少年管理组织模式：地方法院管理、州司法部门管理、州的执行部门管理、当地执行部门管理和联合管理。美国的社区矫正工作人员可分为正式工作人员和自愿工作人员两种，有着较为严格的录用标准。美国社区对青少年犯罪行为进行预防和矫正的实践遵循这样的步骤：首先，社区要对影响犯罪的相关因素进行分析，目的是使矫正工作能够有的放矢；其次，社区会针对引起犯罪的危险因素采取特定措施；最后，社区工作人员会通过学校记录的检查、电话访谈和家庭访问等方式给予关怀和干涉，一旦发现哪些家庭的父母使用了不适当的教育方法，有关组织便向这些父母提供相关的训练课程，通过训练可以在

很大程度上减少他们子女的继续犯罪行为。美国通过总结实践经验，采用比较广泛的社区矫正项目来满足青少年的不同需要，如正式和非正式的缓刑、强化监督或者通过私人机构对其进行跟踪和家庭监督、开展辅导项目、校外的和全天的报告项目、社区服务等。[1]

（二）新西兰的家族议会制度

家族议会制度是新西兰社区对青少年犯罪行为进行矫正的典型模式。在家族议会制度中，一般在青少年出事后的 20 天内，如果犯罪人及其父母都同意用这种方式解决，社区矫正工作者和族长就要给事故中的受害人和犯罪人安排一个面对面交流的机会，参加者可以是警察、犯罪青少年的父母、律师、老师及其他亲属等，同时，受害者一方也可以邀请家族内的亲属参加。在这个过程中，人们会对犯罪青少年开展触动心灵的教育，让他们充分认识到自己行为的过错，教育其承担由于自己的过错而带来的责任，还要让犯罪青少年清楚解决问题的方法，如在社区参加有偿服务、利用休息日打工赚钱给予对方赔偿，还可以参加到社区已有的矫正项目中。[2]

（三）南非社区青少年犯罪预防和矫正的特色项目

南非社区首先注重青少年犯罪的预防，同时也会通过设置一些项目对已经犯罪的青少年进行矫正。例如，南非青少年犯罪的高峰期是下午 2：00 到 5：00，这是由于学生放学后无人监管，因此社区便在此时间段设计一些项目，让学生参与进来，从而避免犯罪的发生。在设计项目的时候，社区注重调动各方面资源来组织各种活动：培养孩子的生活技能，开展自我安全保护；与孩子做朋友，指导孩子的成长；野外探险训练，满足孩子寻求刺激和冒险的需求；培养孩子企业家精神项目，教会孩子实用技能；心理治疗服务，疏导孩子的不良情绪。[3]

五、洪山区加强未成年社区服刑人员教育监管工作的对策

在分析了青少年的犯罪原因，检视了工作中存在的不足，参考了国外较为先进成熟的青少年社区矫正模式后，笔者尝试着提出以下对策，以进一步加强未成年社区服刑人员的教育监管工作，促使其认罪服法、顺利回归社会。

（一）坚持"去标签化"原则

社区矫正工作实践中，既要让未成年社区服刑人员认识到犯错就得接受惩罚，同时也应注重工作的方式方法，努力去除未成年社区服刑人员身上的污点标签，减少社会对未成年社区服刑人员的身份歧视。应严格将未成年人与成年人的社区矫正分开进行，强化对未成年社区服刑人员的身份保护，其矫正宣告不公开进行，

---

[1] 张芝芳、张晶：《国外青少年社区矫正制度之启示》，载《北京政法职业学院学报》2010 年第 4 期。
[2] 张芝芳、张晶：《国外青少年社区矫正制度之启示》，载《北京政法职业学院学报》2010 年第 4 期。
[3] 张芝芳、张晶：《国外青少年社区矫正制度之启示》，载《北京政法职业学院学报》2010 年第 4 期。

矫正档案予以保密。条件成熟时，应建立专门的场所对未成年社区服刑人员开展社区矫正，尽可能减小公开矫正带给他们的负面影响，同时，避免其与成年社区服刑人员频繁接触产生交叉感染。

（二）实施心理矫治"三部曲"

针对未成年社区服刑人员具有心理脆弱、易波动、不成熟等特点，要渐进式开展心理测试、心理辅导、心理咨询等心理矫治工作。在未成年社区服刑人员入矫阶段进行心理测试、评估，掌握其心理特点和心理状况，为其建立心理档案；经常性地开展个别谈话和心理健康教育活动，跟踪了解、疏导未成年社区服刑人员的心理，传授自我调整情绪的应对技巧，有效预防和调适他们的不良情绪；针对出现严重心理问题的对象，及时进行心理干预和心理咨询，防止其出现再次犯罪、自残自杀等严重后果。利用青少年青睐手机、网络等电子产品的特点，投其所好利用微信、微博、QQ 等平台，搭建未成年社区服刑人员心理矫治工作平台，为其提供私密、实时、便捷的心理矫治服务。另外，司法所要与专业心理咨询机构、心理从业人员、高校心理辅导人员等签订长期工作协议，在未成年社区服刑人员出现严重心理问题时，确保其能及时得到专业化的心理咨询服务。

（三）组织开展适合青少年特点的帮扶项目

洪山区社区矫正机构开展的读书明志、红色基地开展心灵教育等活动对促进未成年社区服刑人员的转化改造具有积极的作用，但全区尚未开展专门针对这一群体的帮扶项目，且帮扶内容狭窄、形式单一。笔者参与洪山区未成年社区服刑人员工作座谈会，了解到团区委设立了诸多适合青少年活动项目，现阶段社区矫正机构可联合团区委开展对未成年社区服刑人员的帮扶项目，如到社区青少年学校学习生活技能、职业技能，到青少年社工服务基地开展公益劳动，到青少年就业创业基地工作、担任志愿者参与文明城市创建等。通过项目和活动的开展，保留可操作、有效果的帮扶项目，并进一步拓展项目内容、改进项目形式，提升项目功能。待条件成熟时，推出未成年社区服刑人员"点单式"帮扶项目，除要求未成年社区服刑人员参加必须完成的活动项目外，可提供多种项目种类，由未成年社区服刑人员根据自身需求自主选择，如开展"远离网瘾　回归自然"的户外生存训练活动、"与父母做朋友"每日与父母交谈半小时活动、免费参加政府机构组织的技能培训、定期到名师讲坛倾听讲座等，最大限度地发挥活动项目的教育改造功能。

（四）发挥区级司法行政机构的主导作用

区级司法行政机构作为社区矫正的执行机关，应充分发挥自身的职能作用，强化对未成年社区服刑人员的教育监管。一是坚持个案矫正。根据未成年社区服刑人员的家庭背景、文化水平、兴趣爱好、心理状况、犯罪事实等，制定有针对性、可操作性的个性化矫正方案，并通过跟踪了解观察，与其家庭、学校、朋友沟通联系，收集评估矫正效果，适时调整矫正方案。个案矫正中，要重点制定有效措施解决未成年社区服刑人员改造过程中存在的"短板"，如监督帮助未成年社区服刑人员，切断其与不良同伴之间的联系；开展教育学习活动，增强其法制观念；与家长深入沟通，促使家长承担教育责任；走访学校，联合学校加强对未成年社区服刑人员的教育管理，帮助其戒掉网瘾，走回正常的生活轨道等。二是开展未成年社区服刑人员喜闻乐见的教育帮扶活动。根据青少年身心发展特点，坚持寓教于乐，通过QQ、微信等平台向他们传播易懂、有趣的法制信息，同时向未成年社区服刑人员寄发以法制道德、时事政策、人文历史为主要内容的期刊、书籍，通过未成年社区服刑人员的亲身参与、体会，促使他们真正认罪悔过、修身养性，形成正确的行为规范。三是提升社区矫正工作人员的工作能力。采取专家授课、实地观摩、以会代训、岗位竞赛等多种活动形式，加大社区矫正工作人员的教育培训力度，特别是在个案矫正、心理矫治等专业性较强的工作项目上，注重发挥专家领导的指导和典型案例的示范作用，不断提升工作人员的专业化水平。扩充社区矫正专职社工队伍，制定、执行严格的录用标准，待条件成熟的时候，建立专门针对犯罪青少年的社区矫正机构，保障全面、系统、深入地开展社区矫正工作。

（五）整合社会资源齐抓共管

一是充分发挥职能部门作用。改变实际工作中司法行政机构"单枪匹马"的窘状，充分发挥各级社区矫正安置帮教领导小组的重要作用，细化工作制度，给予配套的人员和经费支持，明确各职能部门的工作职责，将未成年社区服刑人员的教育、就业、医疗、社会保障等专项事务确立专门的职能部门负责，形成一套常规的工作机制，开创对未成年社区服刑人员"齐抓共管"的工作局面。例如，依托人力资源社会保障部门、就业指导培训中心，为其提供有效的就业指导和发展规划，建立适合青少年特点的安置基地，开展"接地气"的技能培训和就业招聘活动；依托教育部门，为失学、辍学的未成年社区服刑人员提供再受教育的机会；依托民政部门，为家庭困难的未成年社区服刑人员提供生活补助等。二是建立合作机制。与高校、专业机构、公益组织等专业化、公益性较强的组织签订合作协议，将对未成年社区服刑人员的帮扶固化为上述机构的研究项目和工作内容，以取得他们的持续性系统化帮扶，并注重发挥专业人员、专家学者的智囊、指导作用，采纳其合理化建议。借助高校大学生数量多、专业知识丰富的优势，选择法学、心理学、社会学等相关学科的大学生，组建成工作小组，采取小组工作法开展结对帮扶，侧重借力于同龄人的思想交流、联谊活动，以及大学生积极进取、蓬勃向上的精神风貌，影响未成年社区服刑人员的思想和行为，可依据实际，在大学二年级的学生中组建工作小组，为特定对象定向开展为期一至两年的跟踪帮扶，并采取与学校协作的方式，将小组的工作实绩纳入大学生个人的考评范畴，以确保帮扶的实效性。三是依托社区、中小学校建立"家长学校"。笔者在前文已经提到家庭教育功能的缺失是导致未成年人犯罪的重要原因，因此，恢复家庭的教育功能、帮助家长正确履行教育职责是极其必要的。笔者与洪山区未成年社区服刑人员家长的座谈调研中了解到他们通常都是关心、重视孩子成长的，只是苦于不知道如何和孩子进行有效的沟通交流，不知道如何适当地对孩子进行引导教育。笔者认为，应当借助社区、中小学校的力量建立"家长学校"，通过举办培训课程、家长相互分享教育心得等，向家长讲授与孩子沟通的技巧，教会其正确引导孩子从善择友、培养孩子健康的业余爱好等。四是购买社区矫正专业服务。开放民间机构参与社区矫正的渠道，采取招投标的形式，购买社区矫正专业服务，为未成年社区服刑人员相关工作提供专业化的解决方式，如为其提供专业化的心理咨询服务，确立专业机构开展未成年社区服刑人员户外拓展训练等，从而将社区矫正机构从繁杂的工作中解放出来，把更多的精力放在对未成年社区服刑人员的监督、管理上。

以上几点对策仅是笔者不成熟的思考建议，加强未成年社区服刑人员这一群体的教育帮扶是一项综合复杂的社会系统工程，需要家庭、学校、政府部门乃至全社会的关心重视，并采取切实有效的措施参与支持，只有这样，才能让这些曾经失足的孩子重返正确的人生航向。

强化社区矫正风险评估模式的建构

——基于荆州市社区矫正风险评估体系建设的试点

湖北省荆州市社区矫正局 揭少波 杨 军

"风险"一词在辞海中的释义有二：一是指危险，艰危险恶，不安全，有可能导致灾难或失败。二是指险恶、险要之地。现代意义上的"风险"一词，已经超越了"遇到危险"的狭义含义，"风险"一词越来越被赋予更广泛、更深层次的含义，并且与人类的决策和行为后果联系越来越紧密，也成为人们生活中出现频率很高的词汇。但无论怎样定义"风险"一词，其基本的核心含义都是"未来结果的不确定性或损失的可能性，以及对这种可能性的判断与认知"。因此，如何判断风险、选择风险、规避风险继而运用风险，在风险中寻求机会创造收益，这就需要对风险进行有效的评估。

一、社区矫正风险评估内涵的审视

1. 风险评估的主体及对象。根据"两院两部"发布的《社区矫正实施办法》第4条规定，县级司法行政机关社区矫正机构接受人民法院、人民检察院、公安机关、监狱的委托对社区矫正对象进行调查评估，是为评估主体。司法所承担社区矫正调查评估的日常工作。根据《刑法》、《刑事诉讼法》及相关司法解释和法律法规规定，评估对象具体为对被判处管制、宣告缓刑、假释或者暂予监外执行的符合社区矫正条件并经法院判决裁定执行社区矫正的罪犯。因此，评估对象与社区矫正适用对象一致，即法院裁判拟适用社区矫正的犯罪主体以及正在实施社区矫正的服刑人员。

2. 风险评估对象潜在的风险性。指社区服刑人员在其非监禁人身自由的情形下，存在的可能重新犯罪，继续危害社会的盖然性程度和不确定因素。从实践中看，主要有以下三类风险：第一类风险是社区服刑人员在矫正期限内，不接受、不服从社区矫正的管理，违反社区矫正的相关规定，导致要收监执行的风险。第二类风险是社区服刑人员在矫正期间内，实施新的犯罪，危害社会的风险。第三类风险是社区服刑人员在矫正期满后，没有收到矫正教育的效果，重新犯罪的风险。

3. 风险评估的内容及目的。社区矫正风险评估的内容主要是有关评估对象的风险因素，包括被告人或者罪犯的居所情况、家庭和社会关系、一贯表现、犯罪行为的后果和影响、居住地村（居）民委员会和被害人意见、拟禁止的事项等。评估结果的得出是基于评估各方面因素、综合拟适用社区矫正对象表现的整合考量。将评估结果主要应用为是否对被评估对象适用社区矫正和社区矫正适用过程中是否停止对社区矫正对象适用社区矫正等。

二、荆州市社区矫正风险评估的构建模式与预防稳控体系建设

1. 社区矫正风险评估的构建模式。模式内容建立包括四个方面评估内涵，贯穿于社区服刑人员自适用非监禁刑前至矫正期满的全过程。根据时间顺序，可分为：适用前的风险评估；入矫初的风险评估；矫正中的风险评估；解矫后的风险评估。其目的就是把风险分解到各个环节，把责任分解到各个岗位。

一是适用前的风险评估。由县社区矫正局指派专人（2 人以上）对拟判非监禁刑人员在审判前进行调查走访，了解居所情况、家庭社会关系、平时一贯表现、犯罪行为的后果和影响、村（居）民委员会和被害人意见、拟禁止的事项等内容，调查结束后，向社区矫正局提交调查评估意见，然后通过集体讨论研究，向人民法院提出拟判非监禁刑或监禁刑的建议，把开展社区矫正工作的社会风险控制到最小。

二是入矫初的风险评估。对于新接收的社区矫正对象，于 5 日内进行危险等级评定，划分为高危险、一般危险、低危险 3 个等级，分别以红、黄、绿进行标注。根据危险等级和犯罪性质、危害程度等情况，确定为一级、二级和三级严管。

三是矫正中的风险评估。在社区矫正过程中，从个体风险、表现、奖惩、矫正成效和外界综合评价 5 个方面，对社区服刑人员每半年进行一次阶段性矫正效果评估。阶段性矫正效果分为好、一般、差三个等次，依据阶段性矫正效果等次及时调整社区服刑人员的管理级别。

四是解矫后的风险评估。社区服刑人员矫正期届满前，司法所应根据其矫正期间的实际表现等因素，在矫正期届满前 15 日内，进行风险性评估，评估内容主要应包括矫正期实际表现、帮教小组的客观评价、日常管理考核结果分析、心理测评量表的评估。结合社区服刑人员的自我评价、一贯表现、社区意见等，由司法所对社区服刑人员作出书面鉴定，提出安置帮教建议，并将风险评估结果提交公安机关。

2. 风险评估的预防与稳控体系。社区刑罚相比较监狱刑罚具有一定的优越性，社区矫正目的达到的前提是社区服刑人员在社区服刑期间不违反法律规定。社区矫正风险预防与稳控将起到这种作用——预防社区服刑人员行为的潜在违法性。

一是综合信息平台预防。根据《荆州市社区矫正衔接办法》的规定，社区矫正局、市人民法院、人民检察院和公安机关，做到信息互通。人民法院在社区服刑人员入矫前应郑重告知其按时入矫，遵守法院禁止令；人民检察院监督社区矫正机构的刑罚执行活动；公安机关应对由社矫机构提出的违反监督管理规定或人民法院禁止令的社区服刑人员依法给予治安处罚，并协助司法行政机关查找不按时报到入矫或入矫后不知行踪企图脱离监管的社区服刑人员。

二是综治维稳平台风险预防。社区矫正工作与综治维稳平台对接，将社区服刑人员基本信息参数提供给公安机关情报平台和零稳控体系、社区（村）网格平台、社区警务平台，形成信息共享、责任分担、协作配合、综合监控的基层预防体系。

三是E通平台风险预防。社区矫正机构与信息通信部门联动，加强E通平台建设，司法所利用E通平台对社区服刑人员进行日常跟踪管理，将社区服刑人员相关信息作为考核内容进行评分。县（市、区）社区矫正机构每天1次、司法所工作人员每天2次对矫正人员进行网上巡查，严防矫正人员脱管。

四是应急预案与零报告制度。市级、县（市区）及乡镇司法行政机构，建立两级社区服刑突发应急处置预案。逢重大节日、重要时段对社区服刑人员进行摸排，对重点人员加强监管，将其纳入到党委政府应急处置预案体系，具体实施包括：排查、报告（零报告、常规报告、突发事件报告）、稳控、处置等步骤。

三、当前我市社区矫正风险评估中面临的问题

一是风险评估主体力量严重不足。社区矫正风险评估是专业性很强且繁杂的工作。目前，荆州市人口为640万，有126个司法所。全市仅有62名专职工作人员，三分之一的司法所是一人所。司法所要参与乡镇党委、政府的中心工作，涉及维稳、征地、调解多项任务，工作面广、量大、事务繁杂，同时，还担负着司法所业务工作如社区矫正、安置帮教、法律服务、法制宣传、法律援助等工作任务，"一人多用"的情形较为普遍，使基层司法所人员不堪重负。例如，有的县市区，每周都会收到多份《评估委托函》。此外，异地《评估委托函》由于途中邮寄时间较长，收到时已经超过要求回复的时限，还在抓紧调查评估工作时，被告人就收到了法院判决书，使调查评估失去意义。

二是评估真实性不够客观。在调查评估工作实践中，由于身份原因，经常遇到周围群众对社区调查不理解、不支持，社区调查难以了解实情的情况。例如，对一些故意犯罪的被告人或罪犯进行社会调查时，周围邻居考虑到邻里关系等外部因素，往往不愿提供真实情况或只挑好的方面讲，而一些被走访调查的单位往往不实地开展调查走访，只是履行一个盖章手续，这样一来形成的评估报告，看似书面资料完备，调查工作的真实性却大打折扣，很难准确地评判潜在的社会风险。

三是评估程序难以保障。我国相关法律法规虽明确了在拟适用社区矫正之前应进行社会调查评估制度，但却未具体规定哪些拟适用社区矫正的被告人或罪犯必须进行社会调查评估，未明确人民法院量刑时如何采纳评估意见，在实际工作中普遍存在各政法机关自行决定对被告人、罪犯适用社区矫正后，再委托司法行

政机关评估的情况，使司法行政部门的评估工作流于形式，起不到应有的教育社区服刑人员、防范社会风险、维护社会稳定的作用。

四、社区矫正风险评估的思考与建议

一是把矫正前评估作为适用社区矫正的必经程序。一方面提升群众对裁判的认可度，将极大地避免审判机关既担任案件裁判员又从事具体调查评估运动员身份的尴尬局面，确保了司法审判的公正性。司法行政机关进行调查时，广泛听取各方面的意见和建议，作出的结论更加符合广大人民群众的期望值，提升法院裁判的公信力和认可度，有利于群众对犯罪分子在社区服刑期间的监督、管理、教育和改造。另一方面有利于社区矫正执行机关对社区矫正对象的分类管理，在调查评估的过程中根据犯罪情况、悔罪表现、个性特征、生活环境，制定有针对性的监管、教育和帮助措施，建立和完善帮教组织，为罪犯在社区服刑做好前期准备工作。江苏、湖南、青海等省市的实践表明，调查评估作为必经程序效果显著，提高了量刑的准确性和科学性，能够避免把那些主观恶性大、缺乏监管条件的罪犯放到社会上来，增加社会风险，从而更好地把好社区矫正的"入口关"。

二是保证社区矫正风险评估的严肃性。社区矫正调查评估工作面广、量大，需要多方面的积极参与。通过加大社区矫正工作的正面宣传，引导社会各界全面了解社区矫正以及矫正调查评估工作，逐步打消群众顾虑，最大限度争取各方对评估工作的支持。同时，要依法保障被调查对象的合法权益，为调查对象保守隐私和秘密，使调查人员能够全面了解被调查评估对象的真实情况，确保调查评估结果客观真实，为人民法院对被告人或罪犯的准确量刑提供准确、可信的依据，为社区矫正机构对社区服刑人员完善矫正方案提供参考。

三是健全风险评估的运行体系。明确社区矫正风险评估对预防重点对象在矫正期内重新犯罪的重要意义，本着客观、连续、可靠的原则，建立社区服刑人员风险评估工作机制。要求各司法所加强学习培训，准确把握风险评估工作的任务要求，结合日常走访、社区服刑人员日常监管表现、心理测评及综合评定和再犯罪风险评估表各项内容，分析、评估社区服刑人员的重新犯罪风险系数。

四是规范评估运作程序。在横向上，对文化素质较高的社区服刑人员，在司法所引导下，由其自行完成各项测评内容，司法所再加以询问、核实，对文化程度较低的社区服刑人员，社区矫正工作者通过一对一问答形式进行测评；在纵向上，要求对社区服刑人员的入矫教育、常规教育和解矫教育三个阶段的评估工作连续进行，不得中断统一社区矫正评估。

五是探寻社区矫正调查评估的有效方法。在现有司法所自身力量比较薄弱、社区矫正工作机构还不完善的情况下，对被告人或罪犯实施社会调查评估应从辖区派出所、村委会（社区）、原工作单位、所在村村民、受害人家属等几个方面进行调查，户籍地和居住地不一致的，应以经常居住地相关单位调查为准，从而减

少评估工作的片面性，提高评估报告的可靠性，确保及时准确获取信息。对调查收集的意见，要统一整理并经评估领导小组综合评估形成结论性意见，杜绝调查人员一人下结论的事件发生。要最大限度地保护被告人或罪犯的隐私，调查中要尽量减小社会影响面，全力控制负面因素对被告人或罪犯今后生活、工作造成不良影响，对未成年人评估不适用公开评估办法。

　　总之，社区矫正风险评估是对社区服刑人员在社区服刑期间重新实施违法犯罪的可能性所作的评价，对制定矫正方案、降低社区服刑人员再犯风险、提高社区矫正的质量和效果、推动社区矫正工作均具有十分重要的意义。做好评估工作，要加快立法步伐、完善法律法规，明确评估资格、建设评估队伍、出台评估标准、密切程序衔接、实施风险控制、加强督导考核、强化监管责任，这都有待于我们在今后的工作中进一步探索。

天津市未成年犯
社区矫正工作的实践与思考

天津市社区矫正中心　李树彬　曹　颖

近年来，未成年犯案件数量不断上升，并呈现出暴力化、严重化、低龄化等一系列特征，各地都在探索如何有效地对未成年犯实施社区矫正。天津市在未成年犯社区矫正工作模式、工作思路、工作方法、制度建设、矫正项目、心理矫正等方面积极探索，并取得了一定的成效。

一、天津市未成年犯社区矫正工作的主要做法和成效

（一）工作模式：突出一个中心、完善四级平台

天津市社区矫正实行"4＋1"工作模式："4"即市矫正局矫正处—区县矫正局矫正科（矫正管理中心）—街（镇）司法所—社区司法工作室四位一体的机构设置。"1"即矫正中心，由原天津市司法警官学校整建制转岗组成，矫正中心干警具有法学、教育学、社会学和心理学专业背景。由这样一个集工作指导、队伍培训、档案管理、制度设计等多项职能于一身的市级社区矫正机构将上述四级机构贯穿起来，发挥矫正中心干警文化素质较高、法律功底扎实、工作经验丰富的优势，灵活开展工作。另外，干警的专业背景和多年学生教育管理经验为我市未成年犯社区矫正工作的规范化、专业化发展奠定了坚实基础。四级机构与一个矫正中心紧密联系，使我市社区矫正工作能够迅速、高效、准确地一贯到底，不留死角、不打折扣。

（二）工作思路：完善四项机制、把握五个环节

《社区矫正实施办法》颁布实施后，天津市在总结多年来所取得的社区矫正工作经验成果的基础上，针对未成年社区服刑人员的教育监管特点，提出了"完善四项机制、把握五个环节"的工作思路。

四项机制：一是针对不同矫正类别的未成年社区服刑人员分别制定报到接收工作方案。确保管制、缓刑类社区服刑人员落实"两接收"，假释类服刑人员出监"必接必控"，暂予监外执行的服刑人员交付执行"三见面"，进一步增强交接的严密性。二是结合矫正对象的不同类型特点确定管控等级，可分为一般管控、重点管控和特殊管控，各级管控措施依法执行，进一步增强管理的针对性。三是对列入重点管控的未成年社区服刑人员做到：入矫一周内必访、重要时段必访、生病

住院时必访、家庭有重大变故时必访、不按时报到时必访的"五必访"原则，进一步增强管理的预防性。四是针对他们的日常行为表现，开展定期考核，奖惩评议，依法提请减刑或收监建议，进一步增强管理的科学性。

教育矫正是未成年犯社区矫正工作的重要任务。在工作实践中，我市注重强化正面教育、心理矫正、社区服务、阶段教育、个别教育五个工作环节。五个环节各有不同的教育重点，如正面教育环节突出法律意识教育，社区服务环节突出人格社会教育，阶段教育环节突出职业技能教育，个别教育环节突出思想道德教育。

（三）工作方法：注重"六心"、运用"五法"

几年来，矫正中心干警通过对 320 余名未成年社区服刑人员的教育矫正，探索总结出"六心五法"未成年社区服刑人员教育矫正方法，在工作实践中收到良好的效果。

"六心"，即高度社会责任心、认真帮教的真诚之心、视同子女的慈爱之心、发现问题的细心、帮困扶助的热心、矫正转化的恒心。针对未成年社区服刑人员年龄、生理、心理等特点，要采取区别于一般社区服刑人员的管理教育方法。首先，以亲切的称谓和谈话方式来拉近彼此间的距离，使其从心理上更容易接受矫正。其次，针对未成年社区服刑人员学习、生活及其他方面遇到的实际困难和问题，矫正干警积极努力协调其就学问题，并对生活有困难的主动予以帮助。

"五法"，即立体教育、平面教育、疏导教育、直切要害、警示教育相结合的方法。立体教育法是针对家庭教育不到位、家庭教育方式不当的未成年社区服刑人员，不仅矫正其思想和行为，还定期约见他们的父母，加强思想沟通与交流，深入地"矫正"他们的错误理念和不当教育方式，督促他们配合矫正干警的工作，共同帮助教育孩子；平面教育法是针对因不懂法而犯罪的未成年社区服刑人员，对其进行法律、政策等法制方面的辅导；疏导教育法是针对心理压力大，犯罪后感觉自卑、抬不起头的社区服刑青少年，进行心理疏导，鼓励他们调整心态；直切要害法是针对被判处社区矫正后对自己犯罪危害性仍不明确的未成年社区服刑人员，一针见血地指出他们的罪行给自己、家人及社会造成的危害，刺激其正视所犯罪行、以忏悔之心接受社区改造；警示教育法是针对抵触社区矫正的未成年社区服刑人员，带领他们到大墙内参观，使他们切身感受自由的可贵，并告知不接受矫正就会有被收监执行的可能，促进他们主动接受矫正。

（四）专项制度建设：出台了《天津市未成年犯刑事案件社会调查工作暂行办法》（以下简称《办法》）和《天津市社区服刑人员赴异地高校求学监督管理规程（试行）》

1. 多方联动，全力推进我市未成年犯刑事案件社会调查工作

《办法》规定，社会调查由未成年犯罪嫌疑人、被告人居住地或者户籍所在地的司法行政机关社区矫正工作部门负责，对未成年犯罪嫌疑人第一次讯问或者采

取强制措施后 2 日内，由公安机关委托司法行政机关社区矫正工作部门进行社会调查。社会调查自未成年犯罪嫌疑人到案后 2 日内启动，社会调查报告在提请批准逮捕、审查起诉、提起公诉和送交执行机关时，应当随案移送。《办法》出台之初，宝坻区司法局率先在我市开展了第一例未成年犯刑事案件社会调查工作。针对区人民检察院未检科正在办理的李某某等五名未成年犯聚众斗殴一案进行社会调查，组成工作组了解其家庭情况、生活环境、社会交往、成长经历、性格特点、犯罪原因、平时表现、是否具备监护条件或者社会帮教条件等情况，综合汇总后形成社会调查报告，移送区人民检察院。

2. 创新监管模式，真正实现人性化帮扶

津南区司法局为避免赴异地高校求学未成年社区服刑人员自暴自弃、脱管漏管，采取继续由户籍地司法所实施异地监督管理的矫正手段。根据其犯罪情节、年龄、性格特点制定相应矫正方案，鼓励其参与社区服务活动，全力提升其社会责任意识。同时，确立严格监管手段，要求其应当每月履行外出请假手续，每周使用当地固定电话向所在镇司法所汇报一次生活学习情况，每个月通过现居住地邮局向辖区司法所邮寄一份思想活动情况汇报。逢放假或者节假日回家时，要求其第一时间到司法所报到见面等形式实行异地监管，取得良好效果。我市针对这一成功做法，经过多方论证，市人民检察院和市司法局联合印发了《天津市社区服刑人员赴异地高校求学监督管理规程（试行）》，进一步加强和规范了社区服刑人员赴异地高校求学的监督管理工作，确保了社区矫正工作依法、有序开展。

（五）专题矫正项目：针对未成年社区服刑人员思想、心理、生理、行为等特点，制订"春雨矫正计划"，开展一系列教育活动

"春雨矫正计划"是矫正中心与南开区司法局优势互补长期合作项目之一，主要内容包括为未成年社区服刑人员确定一位专职警官、树立一个榜样、做一件好事、读一本好书，使其受一次感动、受一次醒悟、献一份爱心、做一次奉献的"八个一"活动。

通过开展普法宣传、学习讨论、集中教育、回报社会等活动，使未成年社区服刑人员对遵守法律法规、担当责任、感恩生命的重要性有了更深刻的理解和认识。在教师节期间，矫正中心和区司法局还组织未成年社区服刑人员参观了天津市南开区育智学校。

（六）专业技术支持：加强心理矫正，有效引入心理评估机制

为不断提高矫正质量，增强未成年社区服刑人员心理健康水平，市司法局积极推进心理矫正工作。

一是加强队伍建设。我市北辰区司法局招录心理学专业和具有国家心理咨询师资格的司法助理员投入社区矫正工作，打造一支专业性强、素质高的心理矫正队伍。二是开展心理知识讲座。三是进行心理健康测试。为深入了解未成年社区服刑人员的心理状态和心理健康水平，部分区县司法局对新报到接收的未成年社

区服刑人员进行首次谈话，并对有需要的未成年社区服刑人员利用《症状自评量表》（SCL - 90）进行心理测试，根据测试结果有针对性地制定矫正方案。

二、未成年犯社区矫正工作存在的主要问题

目前，从我国实践来看，未成年犯社区矫正工作虽取得了一定的成效，但尚未形成专门的社区矫正体系，仍然存在诸多问题。

（一）法律法规不完善，缺少系统性与可实施性

目前，《社区矫正法》尚未出台，我国关于社区矫正的法律法规主要是《刑法修正案（八）》和《社区矫正实施办法》。《社区矫正实施办法》第33条虽对未成年犯社区矫正提出了八项规定，但仍停留在原则上的规定，缺乏可操作性的法律依据。

（二）未成年犯社区矫正的适用对象过窄

目前的法律并未专门规定对未成年犯社区矫正的适用对象，具体只规定比照成年犯实施，即未成年犯社区矫正的对象为五类未成年人，分别为被判以管制、宣告缓刑、裁定假释、暂予监外执行以及被剥夺政治权利并在社会上服刑的未成年犯。然而，在司法实践中，被判处缓刑、假释的未成年犯所占比例较小。未成年犯被减刑、假释之后，再对其实施社区矫正，在以监禁刑为前提的条件下，仍然有交叉感染和"贴标签"危险的可能性。同时，对未成年人处以剥夺政治权利刑罚，实践中适用情况极少。但值得关注的是，经检察机关裁定不予起诉的及经法院判决虽构成犯罪但免予刑事处罚的未成年人却未列入社区矫正的范畴，但其再次实施违法犯罪行为的风险极高，如不及时对这类未成年人进行矫正，不仅滋长了其侥幸心理，而且不利于其正确人生观、价值观的形成，与法律初衷相违背。综观各国对未成年犯社区矫正对象之规定，普遍将实施轻微违法犯罪的未成年人纳入社区矫正范畴，对此类未成年人开展社区矫正，帮助其形成健康的心理，矫治行为偏差，使其真正回归社会。

（三）缺乏符合未成年犯特点的社区矫正项目

虽然每个未成年犯犯罪的原因各不相同，但其可塑性强，所以对其实施有针对性的矫正项目很有必要。我国某些地区在社区矫正实践中也尝试建立了一些未成年犯的矫正项目，但绝大多数地区都忽视矫正对象的个体特征，建立的矫正项目内容差异性不大，大多数仅限于思想教育、社区服务、技能培训、心理矫正等传统项目，有的项目措施流于形式，无法得到实际效果。

三、完善未成年犯社区矫正工作的建议

（一）建立健全的法律体系

参考国外有关未成年犯社区矫正立法经验，未成年犯社区矫正法律体系一般涵盖两个方面：一是基本法，二是专门法。基本法一般为综合性的法律，它是以

规定犯罪和刑罚为内容的法律。目前的法律未单独规定未成年犯社区矫正的刑罚措施，只规定比照成年犯实行。未成年犯实施犯罪的成因、刑罚手段有其特殊性，不可与成年犯"一刀切"。对此，我们可以借鉴国外有关立法经验。比如，英国的《刑事法院权力（判决）法》规定了适用于社区矫正的各个年龄阶段的未成年犯的刑罚措施，包括"宵禁令"、"缓刑令"、"社区服务令"、"毒品治疗与检测令"、"补偿令"等。德国颁布了专门的《少年法院法》，规定有关未成年犯适用的刑罚措施——教育处分制度。[①] 鉴于国外立法情况，笔者认为，我国可以借鉴英国、德国的立法经验，除现行法律规定的五类适用社区矫正的刑罚措施外，制定类似"宵禁令"、"社区服务令"等未成年犯可承受的、符合未成年犯身心改造特点的刑罚措施。一方面可以增加未成年犯适用社区矫正的范围；另一方面可以使刑罚措施更加具有针对性，更能够有效地改造未成年犯。

未成年犯社区矫正的专门法是指单独规定某一事项的法律，分为全面规定所有矫正事务的法律即综合性矫正法律和专门规定矫正事务的法律即单独的矫正法律。目前，制定专门性的社区矫正法已是国际趋势。例如，澳大利亚规定了专门的社区矫正法规，同时专门结合未成年犯特点制定出《青年与社区服务条例》、《儿童〈社区服务令〉条例》、《社区服务（投诉、审查、监视）条例》。[②]

笔者认为，鉴于社区矫正制度在改造未成年犯上表现出来的极大优势，可以在《社区矫正法》设立单独章节规定未成年犯社区矫正制度。

（二）扩宽未成年犯社区矫正的适用范围

未成年犯社区矫正作为行刑社会化的一种方式，一方面使矫正对象得到有效矫正，使人们改变对服刑人员的"标签"式看法，有利于未成年人身心成长；另一方面，社区矫正通过弱化监狱的封闭性、放宽未成年犯自由度，提供了未成年犯与社会接触的机会，有利于未成年犯学习社会知识和生活技能，帮助未成年犯重塑正常的人格和树立生活信念，更快地融入社会，最终达到预防犯罪的目的。以美国为例，2000 年美国适用社区矫正的比例达到 79.76%，[③] 少年法庭判处缓刑处罚的超过 50%。而我国被判处缓刑、假释的未成年犯所占比例较小。

笔者认为，未成年犯社区矫正的适用对象，除了上文所述的五类未成年人外，还应该包括：一是检察机关裁定相对不起诉的未成年人；二是经法院审理认为情节轻微，不构成犯罪的违法未成年人；三是经法院审理认为行为构成犯罪，但决定免予刑事处罚的未成年人；四是刑罚执行完毕并予以释放的未成年人。

---

① 杨凤宁、李东军：《国外社区服务刑的运用及其借鉴》，载《山西省政法管理干部学院学报》2003年第9期。

② 吴宗宪：《社区矫正比较研究》（上），中国人民大学出版社2011年版，第59页。

③ 刘强主编：《各国［地区］社区矫正法规选编及评价》，中国人民公安大学出版社2004年版，第730页。

（三）完善未成年犯社区矫正项目

借鉴国外已经实施成熟的矫正项目经验，笔者认为，可以根据未成年犯的年龄、主观恶性、犯罪情节轻重以及社会危害性大小等特点，完善未成年犯社区矫正项目。

（1）对于年龄较小、违法犯罪行为较轻、犯罪情节较轻的未成年犯可采取教育性为主、非监管性的社区矫正项目。具体包括赔偿、社区服务、训诫、赔礼道歉、家庭管教等。

（2）非限制人身自由的监管性的社区矫正项目。具体包括职业技能培训、养育家庭、定期报告、组织集体活动项目、保障义务教育项目等。

（3）对于具有一定的主观恶性、行为偏差较严重的未成年犯主要采取规定时间内限制人身自由的社区矫正项目。具体包括家中监禁、电子监控、强制参加学校学习、强制接受职业技能等。①

---

① 黄蕾：《未成年犯社区矫正实证研究》，华中师范大学硕士学位论文2013年，第30页。

农村社区服刑人员心理健康状况的调查研究

上海市新航金山工作站　沈海英

自人类建立法律制度以来，犯罪就成了普遍的社会现象。至今有较多理论表明犯罪同心理问题相关联。诸如，受到不良的家庭教育环境影响、不良同伴群体影响、社会人际交往障碍等各种原因，导致出现心理问题，部分个体外显犯罪行为。对于社区服刑人员这样的弱势群体，家庭、学校、社会对于个体的人格发展和社会化过程起着极为重要的作用。因而，社区服刑人员的人格发展及其心理健康引起了广泛关注。

一、国内外相关研究

国外就有研究者提出犯罪与心理疾病之间有重叠关系，犯罪行为是一种异常行为，犯罪行为是精神—情绪障碍的一种表现等观点，最终得出心理治疗方法既能够有效矫正犯罪的人，又符合人道主义精神的论断[①]。

罪犯心理问题的出现是漫长又复杂的过程，有早期的家庭教育、社会认知、环境等因素在其成长的不同阶段对其心理产生了不同程度的重要影响，尤其是对人格的影响。日本现代犯罪学家安信淳吉于1990年对犯罪心理作了具有层次结构性的表述，认为犯罪者的"基本自我"与"中心自我"在犯罪行为发生中起着重要作用，"边缘自我"则处于手段性的位置[②]。所以，犯罪与人格倾向有着密切关系。

在我国，随着社区矫正试点工作的深入开展，社区服刑人员的心理矫治已成为提高社区矫正质量的一种重要手段[③]。在社区矫正工作中，只有对社区服刑人员的心理状况进行评估，在了解其心理特征和其他有关情况的基础上，才能进一步开展包括心理矫治工作在内的其他工作。所以社区服刑人员的心理和人格是值得我们关注的问题。

---

① 吴宗宪：《国外犯罪心理矫治》，中国轻工业出版社2004年版，第24－27页。
② 罗大华：《犯罪心理学》（修订本），中国政法大学出版社2001年版，第36页。
③ 金碧华、潘菲：《社区服刑人员心理矫治工作的实践与思考——以上海市社区矫正试点工作为例》，载《郑州航空工业管理学院学报（社会科学版）》2009年第2期。

二、研究设计

(一) 对象

本次测试时间为 2010 年 1 月，心理健康测验对象是属于农村地区的金山区吕巷镇 24 名社区服刑人员（见表 1），其中女性 2 名，男性 22 名，年龄在 18 – 72 岁之间。案由分别为寻衅滋事、盗窃、赌博、故意伤害、抢劫、交通肇事等。矫正级别：初级、二级、三级。矫正类别：缓刑、剥权、假释。小学文化程度 16.68%，初中文化程度 50.00%，高中、中专文化程度 25%，大专文化程度 8.33%。未婚 58.33%，已婚 41.67%。青少年 33.33%，成年 66.67%。缓刑 70.83%，剥夺政治权利 12.5%，假释 16.67%。

表1　吕巷镇 24 名社区服刑人员基本情况表

性别 （人数）		矫正级别 （人数）		矫正类别 （人数）		文化程度 （人数）		婚姻状况 （人数）		年龄 （人数）	
女	2	初级	8	缓刑	17	小学	4	未婚	14	青少年	8
						初中	12				
		二级	13	剥夺政治权利	3	高中	6	已婚	10	成年	16
男	22	三级	3	假释	4	大专	2				

(二) 方法

采用问卷调查方法和无结构式访谈方法。调查问卷量表是症状自评量表 SCL—90[①]，由 90 个问题组成，统计指标为总分及各症状因子分，症状的严重程度从 1（无）到 5（严重）共分为 5 级，根据各因子分的高低来评估社区服刑人员的心理健康水平，分数越高表明其心理症状越严重。本次问卷调查方法对社区服刑人员以团体方式进行调查，问卷当场收回，对于有阅读困难的社区服刑人员实施个别测量，将所抽样数据录入电脑，利用 SPSS11.0 统计软件进行统计分析。无结构式访谈[②]即通过一系列可以自由回答问题来进行，不是根据事先准备好的问题序列进

[①] 陈昌惠：《心理卫生评定量表手册》（增订版），中国心理卫生杂志社 1999 年版，第 31 页。

[②] 张昱、费梅苹：《社区矫正实务过程分析》，华东理工大学出版社 2005 年版，第 78 页。

行提问, 而是根据受访者前面回答问题时所作出的言语反应、非言语行为等信息来确定接下来要访谈的问题。主要目的在于充分了解所测对象的生活经历、家庭背景、健康状况和行为背后的深层次原因。访谈采用的是随机访谈方式。

三、调查统计与分析

(一) 农村社区服刑人员心理健康整体状况

通过研究得出, 阳性项目数超过 43 的人数有 2 人, 检出率为 8.33%。据表 2 可知, 各因子的均值 (M) 由高到低为: 抑郁 > 人际关系敏感 > 强迫 > 敌对 > 躯体化 > 偏执 > 焦虑 > 精神病性 > 恐怖。调查结果提醒我们, 社区服刑人员的心理健康问题应该引起重视。

(二) 农村社区服刑人员与常模 SCL—90 各因子比较

从表 2 可知, 本研究样本数据与常模统计相比较的结果是, 社区服刑人员的躯体化因子略高于常模, 强迫因子低于常模 (P < 0.01), 从各因子得分排序来看, 位于前三位的在本研究样本组的依次为抑郁、人际关系敏感、强迫。

从本研究样本与常模的比较看, 农村社区服刑人员的抑郁和强迫问题较多, 应该引起重视, 应采取积极的教育措施。从总体来看, 不良人际关系引起的心理问题如抑郁情绪障碍更加导致人际关系敏感, 进而导致某些强迫观念和强迫行为的出现, 即 "躯体化", 表现为犯罪行为。

表 2　农村社区服刑人员样本与常模 SCL—90 因子比较

因子	本研究样本		常模样本	
	M	SD	M	SD
躯体化	1.35	0.25	1.34	0.45
强迫	1.42	0.21	1.69	0.61
人际敏感	1.50	0.27	1.76	0.67
抑郁	1.56	0.31	1.57	0.61
焦虑	1.25	0.13	1.42	0.43
敌对	1.36	0.29	1.50	0.57
恐怖	1.16	0.12	1.33	0.47
偏执	1.33	0.23	1.52	0.60
精神病性	1.25	0.29	1.36	0.47
附加项	1.55	0.37	1.33	0.45

(三) 青少年与成年组的农村社区服刑人员 SCL—90 各因子的比较

据表 3 可知, 青少年组各因子均值由高到低为: 敌对、人际关系敏感、抑郁、强迫、躯体化、偏执、焦虑、精神病性，而成年组各因子均值由高到低为：抑郁、人际关系敏感、强迫、躯体化、偏执、敌对、精神病性、焦虑、恐怖。青少年组与成年组在抑郁因子上有明显差异，成年组明显高于青少年组。因此，对农村社区服刑人员进行心理矫治、个别教育、集中教育时要注意年龄上的差异，有针对性地开展心理健康教育。

表 3　农村社区服刑人员 SCL—90 的各因子年龄组比较

年龄组	统计量	躯体化	强迫	人际敏感	抑郁	焦虑	敌对	恐怖	偏执	精神病性
青少年组	M	1.18	1.21	1.24	1.23	1.13	1.27	1.09	1.13	1.06
	SD	0.24	0.18	0.19	0.20	0.12	0.17	0.09	0.16	0.16
成年组	M	1.49	1.52	1.63	1.73	1.32	1.41	1.20	1.43	1.34
	SD	0.29	0.25	0.33	0.39	0.17	0.37	0.21	0.28	0.38

（四）讨论与分析

社区服刑人员这一特殊群体心理亚健康的比率虽然低于监狱服刑人员[1]，但是本研究结果显示仍高于同一测验测得的一般群体，1 个或 1 个以上因子为阳性症状的检出率为 12.5%，说明社区服刑人员的心理和精神处于消极状况，这更表明了社区服刑人员心理健康状况存在问题的情况是普遍的。

从本研究看，社区服刑人员表现出的具体心理问题以抑郁、人际关系敏感、强迫等症状为主，但核心症状以情绪障碍方面的神经症。究其原因，心理健康状况异常既可能是导致违法犯罪的原因，也可能是违法犯罪的行为对其心态的影响所造成的结果[2]。另外，由于社区服刑人员普遍认罪态度较好，但对自己在社区服刑感到苦闷、适应不良及抑郁等，所以产生各种阳性症状。这些症状的显现与一个人的人格有着密切的联系，一个人的人格伴随着个体的成长逐渐形成，且一旦形成不易改变。而社区服刑人员中有心理问题的人员大多伴有人格障碍，个体成长过程中的早期家庭教育和社会环境起着重要作用。从调查及访谈结果看，社区服刑人员法律意识淡薄，意志力较弱，童年某些关键因素的缺失在其成年后以犯罪的方式外显。关注这些社区服刑人员的早期家庭教育方式和家庭环境，都有相似之处，如社区服刑人员中青少年的家庭，常出现父母离异、母亲或父亲在其小时候出国打工、家庭关系不和睦等情况，使他们处于孤独、无助之中。久而久之，社会上的不良同伴、影视媒体的影响，导致他们产生情绪障碍。所以，要注重社区服刑人员的家庭因素，帮助其恢复和完善家庭功能，促使其达到"自助"目的，

---

① 钱福永：《当代社区服刑人员心理健康状况的调查研究》，载《健康心理学杂志》2001 第 9 期。

② 沙东想、吕成荣、狄小华等：《罪犯心理卫生状况研究》，载《健康心理学》1996 年第 4 期。

最终顺利回归家庭和社会生活。

另外，精神压力和心理疾病是社区服刑人员回归社会后较为常见的问题①，需要政府、社会、家庭的特别关注，尤其在情绪控制问题上需要对社区服刑人员进行认知治疗和家庭治疗。

四、讨论与建议

（一）明确心理健康教育的重要性

1. 监管部门应高度重视

为了能使心理健康教育真正有效、有序地开展，社区矫正的监管部门在转变思想观念的同时，更应该立足于现实，制定相应的社区矫正政策，同时还应成立监管小组，随时检查心理健康教育的开展情况。更重要的是及时查找工作中的不足之处，加以不断完善，只有这样，心理健康教育工作才能有效、有序、顺利、持续地进行。

2. 明确心理健康教育的独特地位

心理健康教育不仅可以为社区服刑人员提供更多了解自身的知识，也可以调节负面情绪，更重要的是能够使社区服刑人员成为"社会人"。作为政府监管部门应明确心理健康教育的独特地位以及心理健康教育的专业性，因此，应由心理学专业的人员来讲授心理健康教育的重要性，同时设立专门的心理咨询室，聘请有心理学相关资质的教师开展讲座。

3. 采用多种形式开展心理健康教育

（1）注重基础理论知识的讲解。从日常的矫正工作中了解到，大部分社区服刑人员的文化水平参差不齐，虽然认为心理健康知识有帮助但难以理解，所以心理健康理论知识应该连续讲授，并注重其基础性、连贯性、易接受性。（2）从发展的角度解决心理问题。在开展心理健康教育的过程中，要依据社区服刑人员的心理发展特点及其关注的心理问题，从发展的角度全面客观地看待社区服刑人员，避免仅从单一方面开展工作。例如，社区矫正人员在矫正初期需要了解如何遵守各项管理规章制度；如何适应今后的工作与生活；在进入分级矫正阶段期间，要帮助其增强"在刑"意识，逐步恢复自信心、融入社会；在期满前的 1 个月内，一起回顾整个社区矫正期间个人的成长历程和对未来的规划，缓解矫正期满后回归社会的压力；遇到挫折时，应该学会如何应对逆境、克服困难、重塑信心等。（3）采用不同方式开展心理健康教育。心理健康教育的形式应是灵活多样的。例如，开设心理咨询室、QQ 咨询、心理咨询专线等，让社区服刑人员在遇到心理困惑时能够得以倾诉缓解负性情绪。同时，还可以给社区服刑人员发放相关的书籍，让其通过阅读书籍，开阔心胸，主动调节自身问题。

---

① 姬莉平：《社区服刑人员的精神支持网络探析》，载《山西师大学报（社会科学版）》2008 年第 2 期。

（二）司法所开展社区服刑人员心理健康教育的具体途径和方法

1．开设心理健康教育课

心理健康教育的课程可以以集中教育和团体咨询的方式开展，要以社区服刑人员的心理问题与需求为出发点，司法所确立课程目标，通过与他们的互动，帮助其学习处理社区服刑中遇到的心理问题，以达到"自助"为目的，并关注社区服刑人员参与的过程。课程活动形式多种多样，如行为训练、情景体验、角色扮演等。

2．建立心理咨询室，进行个别心理辅导

司法所可以开设心理咨询室，缓解社区服刑人员的心理困扰，并对有关的心理问题进行诊断、矫治。司法所的心理咨询需要由受过专门训练的心理教师或国家二级心理咨询师，运用咨询理论和方法，针对存在的心理问题，引导社区服刑人员同时进行教育，使其改变认知偏差、负面情感，解决其在生活、学习和工作等方面出现的问题，促进其人格发展和社会适应能力的改善，从而更好地接受社区矫正并顺利回归社会。心理咨询的形式多种多样，如直接咨询、电话咨询、QQ咨询等。

3．各种教育方式互相渗透

在社区矫正工作中有个别教育、集中教育等形式，要认识到常规教育与心理教育相辅相成、相互促进的道理。通过个别教育了解社区服刑人员近期的状况包括家庭情况、工作生活情况、人际交往情况及思想动态，总结个别教育中发现不同服刑人员的共性问题，制定集中教育的内容，使集中教育更有针对性。针对其他问题，在个别教育中采用因地制宜的方法体现差异性。通过几种方式的结合，起到潜移默化的教育作用，培养社区服刑人员正确的认知、健康的情绪和坚强的意志，以利于其心理的健康发展。

4．建立社区服刑人员的心理档案

社区服刑人员的心理档案收集要全面，既要有个体和群体的资料，又要有反映社区服刑人员各方面特征的资料；既要有数量化的资料也要有非数量化的资料。最为重要的是能从积累的档案资料、数据中分析总结出有价值的信息，为社区矫正主管部门提供及时有价值的反馈，为有效开展社区服刑人员的心理健康教育服务。

（三）对社区服刑人员开展心理辅导的建议

1．敞开心扉沟通交流

为了使社区服刑人员的心理得到健康发展，作为弱势群体的他们应与家人多沟通交流，同时也可以向专业社工敞开心扉，获取经验，增强自信，有助于心理的自主性、独立性、创造性发展，使自己心胸开阔。

2．克服孤独心理

矫正孤独的措施，一是要善于进取；二是要培养广泛的兴趣；三是要多学一些交际方法，便于与他人交流。

3．告别抑郁情绪

当产生抑郁情绪时，及时与家人或者朋友沟通交流，同时要正确面对现实，改变不合理的想法。如果程度严重的话，建议尽早寻求专业心理医生进行药物治疗或接受心理治疗。

4. 正确的人际交往

社区服刑人员在接受社区矫正中，对于交往人群的选择很重要。应多与社会上的健康群体交往，在交往中要尊重自己，才能更好地尊重对方，才会达到较好的交往效果。

（四）从家庭层面对社区服刑人员心理健康教育的建议

1. 帮助恢复家庭功能，为社区服刑人员提供有力的"保护因素"

根据心理弹性理论，若把社区服刑人员所处的环境看作一种逆境，那么要让其心理功能不受损伤，能够完好的发展，则必须要为其提供关键的"保护因素"。在心理弹性理论中，"保护因素"就是减少不利环境对社区服刑人员的消极外向因素，其中家庭就是直接的最重要的因素。家庭的支持对社区服刑人员顺利结束矫正、回归社会起到积极的作用，因此，注重家庭成员与社区服刑人员之间的关系极为重要，特别是家庭中的"核心人物"对其在家庭中的认可程度等起着至关重要的作用。

2. 加强沟通，引导社区服刑人员形成正确的认知和归因

社区服刑人员往往认为自己犯罪对家庭造成很坏的影响，有严重的罪责感。家庭中其他成员若能主动关心其内心想法，多沟通，解除其顾虑，引导其对所处的困境形成正确的认知和归因，从积极和正确的角度来看待压力和挫折，帮助其往积极上进的方向发展，则能更好地实现家庭的和睦。

（五）从政府、社会层面对社区服刑人员心理健康教育的建议

1. 政府应积极帮助社区服刑人员解决就业问题，使其顺利回归社会

社区服刑人员在回归社会后，面临的主要问题是就业。政府在提供就业岗位时，应有针对性地帮助社区服刑人员解决工作，在某种程度上能解决其后顾之忧，稳定情绪，促进心理健康，同时也稳定了家庭，促进了社会和谐。

2. 吸纳社会上的志愿者，采用"一帮一"的帮教模式，达到"自助"目的

吸纳社区里的志愿者对社区服刑人员进行帮教，利用志愿者的资源帮助社区服刑人员积极面对困难，发泄不良情绪，增强生活的勇气，正视现实，努力工作，顺利结束矫正，并真正地融入社会。

五、结论

我们的心理健康教育工作就是要使社区服刑人员在碰到挫折时，学会提高自己的心理发展水平和社会适应能力，促进其心理健康发展，帮助其恢复社会功能、更好地融入社区、提升生活信心、积极乐观地面对人生，顺利完成从"罪人"到"社会人"的过渡。这既是实现社区服刑人员顺利结束矫正的必需，也是其将来面对生活、融入社会的要求。

英国 2014 罪犯更生法

英国驻上海总领事馆

该法案规定了对罪犯的释放与释放后的监管，规定了延长刑期及监狱服刑人员的延伸期限，规定了社区令和缓刑令以及相关事宜。

根据女王最高权威许可，该法案得到上议院神职议员和世俗议员以及下议院的建议和同意，在本届国会得到通过并根据上述权力，颁布如下：

少于 2 年刑期罪犯的释放与监管

第一条　监狱服刑人员无条件释放案件的减少

《2003 刑事司法法》第 243A（如果服刑少于 12 个月的监狱服刑人员已服满刑期的二分之一，有责任无条件释放）节中，代替第（1）分节——

"（1）本节适用于固定刑期的监狱服刑人员，如果——

（a）该监狱服刑人员正在服刑的期限为 1 天，或者

（b）该监狱服刑人员——

（i）正在服刑的期限少于 12 个月，并且

（ii）年龄小于 18 岁，处于必要监禁期的最后一天。

（1A）本节亦适用于固定刑期的监狱服刑人员，如果——

（a）该监狱服刑人员正在服刑的期限少于 12 个月，并且

（b）该犯罪行为的判决自《2014 罪犯更生法》第 1 节生效之日起前一天执行。"

第二条　服刑结束后的监管

（1）《2003 刑事司法法》第 12 编第 6 章（判决：释放、许可和召回）经修正如下：

在（2）第 256A 节后增加——

"罪犯监管——256AA 监狱服刑人员少于 2 年的服刑结束后的监管

（1）本节适用于已服刑固定期限的人员，该期限多于 1 天少于 2 年，除了——

（a）该罪犯年龄小于 18 岁，处于必要监禁期的最后一天（见 243A（3）节之定义），

（b）该判决为根据第 226A 或 226B 节所作延长判决，或者

（c）该犯罪行为的判决自《2014 罪犯更生法》第 2（2）节生效之日起前一天执行。

（2）该罪犯必须在监管期间遵循监管要求，除了当罪犯处于如下情况——

（a）合法羁押，

（b）根据《1997 法案》第 2 编第 2 章或本章获得的许可，或者

（c）根据远程监管。

（3）监管要求是由国务大臣颁布给罪犯的通知中目前规定的要求（但是要注意第 256AB 节所述限制条件）。

（4）'监管期'是指以下时期——

（a）开始于服刑结束之时，并且

（b）结束于罪犯已服必要监禁期后即刻开始的 12 个月期满之后（见第 244（3）节之定义）。

（5）监管期的目的是改造罪犯。

（6）国务大臣根据本节规定要求时必须考虑这一目的。

（7）监管者执行与要求相关的职能时必须考虑这一目的。

（8）本章中，'监管者'与根据本章内容需遵循监管要求的人员相关，指目前根据国务大臣所做安排，负责向监管者分配本章所规定的职能。

（9）根据本章的内容需遵循监管要求的人员根据《量刑法案》第 91 节作出拘留判决，该监管者必须是——

（a）感化服务提供方的官员，或者

（b）罪犯目前居住地当局设立的青少年犯罪特别工作组的成员。

（10）与任何其他人员相关，该监管者必须是感化服务提供方的官员。

（11）本节中'远程监管'指以下监管——

（a）拘留和教改所令（包括《2006 武装力量法案》第 211 节之令），或者

（b）《2002 刑事法院量刑权限法案》第 104（3）（aa）节（违反拘留和教改所令的监管要求）之法令。

（12）本节对第 264（3C）（b）和（3D）节具有效力。"

（2）第 237（1）节（"固定刑期监狱服刑人员"的意义）末尾增加——

"以及'固定期限判决'指第（a）或（b）段之间的判决。"

（3）本法案附表 1 中——

（a）第 1 部分增加《2003 刑事司法法》的第 256AB 节，对监管要求作出了一般规定，并且

（b）第 2 部分增加该法案的第 256D 和 256E 节，对毒品检测要求和毒品门诊矫治要求作出规定。

第三条　违反监管要求

（1）《2003 刑事司法法》第 12 编第 6 章（判决：释放、许可和召回）中，第 256AB 节后增加——

"256AC 根据第 256AA 节所作违反监管要求的情况

（1）根据治安法官的信息，罪犯未能遵循第 256AA 节所作监管要求，则审判员可以——

（a）发布传票要求罪犯在传票指定时间和地点出席，或者

（b）如果该信息是以书面形式作出并经过宣誓，发布授权令逮捕罪犯。

（2）根据本节发布的任何传票或授权令必须指导罪犯出现或被带到——

（a）在治安法院代表罪犯所居住的当地审判区进行判决之前，或者

（b）如果罪犯的住址未知，在治安法院代表地方审判区进行判决之前，该地方审判区即发布传票或授权令的审判员所在的地方审判区。

（3）当罪犯未遵照根据第（1）（a）分节发布的传票出现时，法院可以发布授权令逮捕该人员。

（4）如果罪犯向法院合理证明自己有合理解释而未能遵循第 256AA 节所作监管要求，则法院可以——

（a）令罪犯服刑不超过 14 天（根据第（7）分节），

（b）令罪犯支付不超过标准尺度第 3 等级的罚款，或者

（c）对罪犯执行以下法令（'监管默认令'）

（i）无偿劳动要求（见第 199 节之定义），或者

（ii）宵禁要求（见第 204 节之定义）。

（5）第 177（3）节（服从电子监控要求的义务）适用于与监管默认令相关的宵禁要求，亦适用于附带该要求的社区令。

（6）如果法院根据第（4）节处置罪犯，其必须撤回与罪犯相关的当前有效的任何监管默认令。

（7）当罪犯年龄小于 21 岁时——

（a）与罪犯相关的第（4）（a）分节之法令必须由青少年犯管教所执行而非监狱，但是

（b）相反地，国务大臣可能不时指示青少年犯管教所中的罪犯，指示其拘留在监狱中或青少年拘留所。

（8）根据监狱服刑人员或受第（4）（a）分节之法令在监狱或青少年犯管教所服刑的罪犯将被视为正处于合法羁押。

（9）根据第（4）（b）分节所作罚款，出于任何实施的目的，应裁定由定罪罪犯支付罚款数额。

（10）附表 19A（监管默认令）中——

（a）第 1 部分规定监管默认令的要求，以及

（b）第2部分规定监管默认令的违反、撤回和修正。

（11）根据本节处置的罪犯可能不服治安法院的判决，向刑事法院提出上诉。"

（2）本法案附表2在《2003刑事司法法》增加新附表19A。

第四条　对特定青少年犯自拘留释放之后的监管

（1）《2003刑事司法法》第256B节经修正如下：

（2）代替第（1）分节——

"（1）这一节适用于某个人（'罪犯'）根据本章获得释放，如果——

（a）罪犯在释放之时，正根据《量刑法案》第91节服拘留，刑期少于12个月，并且

（b）罪犯年龄小于18岁，处于必要监禁期的最后一天（见第243A（3）节之定义）。

（1A）本节亦适用于某个人（'罪犯'）根据本章获得释放，如果——

（a）罪犯在释放之时，正根据《量刑法案》第91或96节被拘留，刑期少于12个月，并且

（b）该犯罪行为的判决自《2014罪犯更生法》第1节生效之日起前一天执行。"

（3）第（2）（c）分节中，删除"如果罪犯在释放时年龄小于18岁，"

（4）第（7）分节中——

（a）代替第（c）段——

"（c）当罪犯年龄为18岁或以上——

（i）毒品检测要求（见第256D节）；

（ii）毒品门诊矫治要求（见第256E节）。"

（5）该分节后增加——

"第（7A）段分节（7）的（c）（i）和（ii）根据第256D（2）和256E（2）节的限制条件生效。"

（6）删除第（8）分节。

（7）代替第（9）分节——

"（9）国务大臣可能规定根据第（7）（a）或（b）分节执行的要求。"

（8）删除第（10）分节。

第五条　连续条款

（1）《2003刑事司法法》第12编第6章（判决：释放、许可和召回）经修正如下：

（2）第264节（连续条款）中，以下条款代替第（3）和（3A）分节——

"（3B）罪犯的释放根据本章应为无条件的，如果——

（a）累积刑期少于12个月，并且

（b）第243A节对每个判决作出了该等要求，但是在任何其他情况下则是许可

判决。

（3C）如果根据本章罪犯经许可释放——

（a）罪犯将处于许可期、释放或释放后，直到罪犯的释放已达到与刑期相等的累积期限（但见第264B节）；

（b）罪犯必须遵循第256AA节的监管要求，如果（且只有当）——

（i）第256AA节对一个或多个判决作出了该等要求，并且

（ii）刑期累积期限少于2年。

（3D）如果罪犯遵循第256AA节的监管要求，出于本节的目的，监管期限开始于罪犯根据第（3C）（a）分节获得许可的期限结束之时。

（3E）当罪犯根据本章获得释放（无论无条件或许可），罪犯需遵循第256B节的监管要求，如果本节对一个或多个判决作出了规定。"

（3）第265节（及其之前的斜体标题行）前增加——

"264BC 连续条款：补充

（1）本节适用于第264节适用的情况——

（a）罪犯根据本章经许可释放，

（b）第264（1）（a）节所述刑期累积期限少于12个月，以及

（c）这些条款包括一个或多个服刑条款（'短期过渡性条款'），这些针对某犯罪行为的条款自《2014罪犯更生法》第1节生效之日起前一天执行，在该日或之后的犯罪行为的条款执行亦是如此。

（2）罪犯将处于许可期，直到罪犯的释放已达到与以下期限相等的累积期限——

（a）与每个短期过渡性条款相关的监禁期，以及

（b）每个其他条款的标准期限。

（3）本节中'监禁期'的意义与第264节中的意义相同。"

（4）第249（3）节（许可期限）中——

（a）"节"代替"各节"，并且

（b）"以及第264（3C）（a）和264B节"代替"以及第264（3）节"。

（5）第250节（许可条件）中，删除第（7）分节。

（6）附表20B（对第12编第6章过渡性案件的修订）经修正如下：

（7）第22段（连续条款包括1991年法案判决）中，第（3）分段后增加——

"（3A）如果P遵循第256AA节的监管要求（根据第264（3C）（b）节），第256AA（4）（b）节（监管期结束）适用于与P相关的情况，本段第（3）分段所述时期可参照必要监禁期。"

（8）第33段（连续条款包括1967年法案判决）第（3）分段后增加——

"（4）如果P遵循第256AA节的监管要求（根据第264（3C）（b）节），第256AA（4）（b）节（监管期结束）适用于与P相关的情况，本段第（3）分段所

述时期可参照必要监禁期。"

第六条　对特定青少年罪犯自拘留和教改所令之后的监管

（1）《2000 刑事法院量刑权限法案》第 5 编第 2 章（监禁判决：青少年犯的拘留与监禁）经修正如下：

（2）第 101（13）节（拘留和教改所令条款中执行连续或并行令）中，"105"之后增加"以及 106B"。

（3）第 103 节（罪犯的监管期根据拘留和教改所令）中——

（a）第（2）分节开头增加"根据第（2A）分节，"，以及

（b）第（2）分节后增加——

"（2A）第（2）分节之法令可能不包括以下条款和案件——

（a）罪犯年龄为 18 岁或以上，处于拘留和教改所令期限的中期，并且

（b）犯罪行为的该法令执行自《2014 罪犯更生法》第 6（4）节生效之日起或之后执行。"

（4）第 106A 节后增加——

"106B 拘留和教改所令期限结束后的后续监管

（1）本节适用于针对以下情况对罪犯所作拘留和教改所令，如果——

（a）罪犯年龄为 18 岁或以上，处于法令期限的中期，

（b）法令的期限少于 24 个月，并且

（c）犯罪行为的法令执行自《2014 罪犯更生法》第 6（4）节生效之日起或之后执行。

（2）《2003 刑事司法法》（与服刑结束后的监管相关）的下述条款适用，因为其适用于该法案第 256AA（1）节所述案件——

（a）第 256AA（2）至（11）节，第 256AB 和 256AC 节，

（b）第 256D 和 256E 节，以及

（c）附表 19A，但存在下述修订。

（3）'监管期'，与罪犯相关，是以下期限——

（a）开始于拘留和教改所令期限结束之时，并且

（b）结束于罪犯处于该法令期限的中期后即刻开始的 12 个月期满之时。

（4）'监管者'，与罪犯相关，必须是——

（a）感化服务提供方的官员，或者

（b）罪犯目前居住地当局设立的青少年犯罪特别工作组的成员。

（5）第 256AB（4）节的权限包括规定本节适用的第 256AA 节执行的监管要求和修正本法案的权限。

（6）第（7）分节适用于第 101（13）节（连续和并行令）决定的拘留和教改所令期限。

（7）罪犯遵循第 256AA 节（本节适用）的监管，如果该节对一个或多个连续

或并行令作出了要求。"

第七条　次要及结果性条款

（1）附表 2 包含次要及结果性条款。

（2）国务大臣可能根据法定文书所作法令修正《2000 刑事法院量刑权限法案》以及《2003 刑事司法法》，以期——

（a）用本法案条款生效的实际日期替换证明书日期，以及

（b）增加条款解释该日期。

关于罪犯释放和监管的其他条款

第八条　延长刑期：延伸期限的长度

（1）《2003 刑事司法法》第 12 编第 5 章（判决：危险犯）经修正如下：

（2）第 226A 节（针对特定暴力或性罪犯的延长刑期：18 岁或以上的人员）中——

（a）第（7）分节中，"第（7A）至（9）分节"代替"第（8）和（9）分节"，并且

（b）该分节后增加——

"（7A）延伸期限必须为 1 年以上。"

（3）第 226B 节（针对特定暴力或性罪犯的延长刑期：18 岁或以上的人员）中——

（a）第（5）分节中，"第（5A）至（7）分节"代替"第（6）和（7）分节"，并且

（b）该分节后增加——

"（5A）延伸期限必须为 1 年以上。"

第九条　罪犯的召回与后续释放

（1）《2003 刑事司法法》第 12 编第 6 章（判决：释放、许可和召回）经修正如下：

（2）第 244（1A）节（该节后调整为召回）中，"246"之后增加"或248"。

（3）第 255（1）（a）节（根据第 246 节召回提早释放的监狱服刑人员）中，"许可包含的宵禁条件"代替"其许可包含的任何条件"。

（4）第 255A 节（召回后的后续释放）中——

（a）删除第（3）分节，

（b）第（4）分节中，"自动释放期"代替"该期"，

（c）第（5）分节第（b）段后增加——

"但这在可适用情况下根据第 243A（2）节（无条件释放）。"，并且

（d）在末尾增加——

"（8）'自动释放'指在自动释放期末期释放。

（9）如果根据本章某条款而非第 254 节正处于许可期的罪犯根据第 254 节被召回，'自动释放期'指——

（a）当罪犯正在服刑的期限少于 12 个月，自罪犯回到监禁状态之日开始的 14 天的时期，

（b）当罪犯正在服刑的期限为 12 个月或以上，自上述日期开始的 28 天的时期。

（10）如果根据第 246 节正处于许可期的罪犯根据第 254 节被召回，'自动释放期'指以下任何时期随后结束——

（a）第（9）（a）或（b）分节（视情况而定）所述时期；

（b）罪犯本应根据第 243A 或 244 节处于的必要监禁期，但提早释放。"

（5）第 255B（1）（b）节中，"自动释放期（见第 255A（9）和（10）节之定义）"代替"第 255A（3）节所述 28 天"。

（6）在第 240ZA（6）节（监禁还押时间不计入为自动释放之目的服刑的时间）中，"罪犯服刑的自动释放期"代替"罪犯在自动释放期之前服刑的 28 天"。

（7）第 240A（3B）节（保释还押时间不计入为自动释放之目的服刑的时间）中，"罪犯服刑的自动释放期"代替"罪犯在自动释放期之前服刑的 28 天"。

第十条　监管与更生安排：女性罪犯

《2007 罪犯管理法》第 3 节（安排感化服务条款的权限）中，第（6）分节后增加——

"（6A）国务大臣必须确保第（2）或（5）分节关于罪犯的监管或更生的安排——

（a）声明国务大臣已遵循《2010 平等法》（公共部门平等职责）第 149 节的职责作出与女性罪犯相关的安排，并且

（b）确定这些安排中旨在满足女性罪犯特定需求的任何事项。"

拘留判决中释放的毒品和罪犯

第十一条　毒品检测

（1）《2000 刑事审判和法院服务法》经修正如下：

（2）第 64 节（许可释放：毒品检测要求）中——

（a）第（1）（a）分节中，删除"对触发性犯罪行为，以及"，

（b）该分节末尾增加"，以及（c）国务大臣确知第（1A）分节所述事项。"

（c）该分节后增加——

"（1A）这些事项是——

（a）罪犯滥用指定 A 级毒品或指定 B 级毒品，导致或触发了罪犯已被判决的犯罪行为或者很可能导致或触发罪犯作出后续犯罪行为，并且

（b）罪犯依赖于或倾向于滥用指定 A 级毒品或指定 B 级毒品。"

（d）第（2）分节中，"条件"之后增加"第（1）（b）分节所述"，以及

（e）第（3）分节中，"指定 A 级毒品"之后增加"或指定 B 级毒品"。

（3）第 70（1）节（释义）中——

（a）"'A 级毒品'和'B 级毒品'有（复数）"代替"'A 级毒品'有（单数）"，以及

（b）在"指定"一词的定义中，"A 级毒品"后增加"B 级毒品"。

第十二条　毒品门诊矫治

（1）《2000 刑事审判和法院服务法》第 3 编第 2 章（处置罪犯）中，第 64 节后增加——

"64A 许可释放等：毒品门诊矫治

（1）本节适用于——

（a）国务大臣释放年龄为 18 岁或以上监狱服刑人员（'罪犯'），

（b）该释放遵循各条件（无论是以何种方式表述的许可条件或任何其他条件），

（c）感化服务提供方的官员已向国务大臣推荐对罪犯执行本节授权的条件，并且

（d）国务大臣确知第（2）分节所述事项。

（2）这些事项是——

（a）罪犯滥用指定控制药物，导致或触发了罪犯已被判决的犯罪行为或者很可能导致或触发罪犯作出后续犯罪行为，

（b）罪犯依赖于或倾向于滥用某控制药物，

（c）依赖性或倾向性需要治疗并可能受其影响，并且

（d）已作出安排或可以作出安排使罪犯获得治疗。

（3）第（1）（b）分节所述条件可能包括根据感化服务提供方的官员所作指示，要求罪犯参加针对解决其对控制药物的依赖性或滥用倾向性的门诊矫治。

（4）该条件必须指明——

（a）该罪犯将与谁见面或者在谁的指示下进行门诊矫治，以及

（b）门诊矫治进行的地点。

（5）第（4）（a）分节指定人员必须是拥有必要资格或经验的人员。

（6）感化服务提供方的官员出于必要条件的目的能够提供的唯一指示是下列指示——

（a）每次门诊矫治的持续时间，以及

（b）每次门诊矫治进行的时间。

（7）出于本节之目的，要求参加门诊矫治的证明书不包括要求服从治疗。

（8）本节中——

'控制药物'的意义与《1971 滥用毒品法》中的意义相同；

'判决服刑'不包括拘留和教改所令或者《2006 武装力量法案》第 211 节之法令，但确实包括——

（a）青少年犯管教所拘留判决，

（b）《2000 刑事法院量刑权限法案》第 90 节的拘留（不确定期限的拘留），

（c）根据该法案第 91 节的拘留判决（对年龄在 18 岁以下构成特定重大犯罪的罪犯的拘留），

（d）根据该法案第 93 或 94 节的终身监禁判决，

（e）根据《2003 刑事司法法》第 226、226B 或 228 节（包括根据《2006 武装力量法案》第 221、221A 或 222 已经通过的判决）的拘留判决，

（f）根据《2006 武装力量法案》第 209 节（对年龄在 18 岁以下构成特定重大犯罪的罪犯的拘留）的拘留判决，以及

（g）根据该法案第 218 节（不确定期限的拘留）的拘留判决。"

（2）《2003 刑事司法法》第 250 节第（4）（b）（i）分节中，"，64 或 64A"代替"或 64"。

第十三条　毒品检测和门诊矫治：大不列颠岛屿之间转移

（1）《1997 犯罪（判决）法》附表 1（大不列颠岛屿之间转移监狱服刑人员）经修正如下：

（2）第 8 段（从英格兰和威尔士到苏格兰的限制性转移）中——

（a）第（2）（aa）和（4）（aa）分段中，"，64 和 64A"代替"和 64"，以及

（b）在末尾增加——

"（7）《2000 刑事审判和法院服务法》（许可释放等：毒品门诊矫治）第 64 和 64A 节生效，适用上述第（2）或（4）分段，如根据《1993 监狱服刑人员和刑事诉讼（苏格兰）法》第 27（1）节之定义，感化服务提供方的官员的证明书与相关官员的证明书相同。"

（3）第 9 段（从英格兰和威尔士到苏格兰的限制性转移）中——

（a）第（2）（aa）和（4）（aa）分段中，"，64 和 64A"代替"和 64"，以及

（b）第（5）分段后增加——

"（5A）《2000 刑事审判和法院服务法》（许可释放等：毒品门诊矫治）第 64 和 64A 节生效，适用上述第（2）或（4）分段，如感化服务提供方的官员的证明书与缓刑犯监督官的证明书相同。"

社区令和缓刑令

第十四条　负责执行法令的官员

（1）代替《2003 刑事司法法》第 197 节——

"197 '负责官员' 的意义

（1）为本编之目的，'负责官员'，与相关法令有关的官员，指当前根据国务大臣所作安排根据本编负责向相关官员发布职能的人员。

（2）该负责官员必须是——

（a）感化服务提供方的官员，或者

（b）根据执行相关法令的电子监控要求负责监控罪犯的人员。"

（2）本法案附表4中——

（a）第1编包含限制负责官员对公共部门的特定职能的修订，并且

（b）第2编包含结果条款。

第十五条　更生活动要求

（1）《2003刑事司法法》经修正如下：

（2）第177（1）和190（1）节（作为社区令或缓刑令的一部分执行的要求）第（a）段后增加——

"（aa）更生活动要求（见第200A之定义）"。

（3）第200节后增加——

"200更生活动要求

（1）本编'更生活动要求'中，与相关法令有关，指在相关时期要求该罪犯必须遵循负责官员所作任何指示，参加门诊矫治或参加活动或参加两者。

（2）执行更生活动要求的相关法令必须指明罪犯可能受到指示参加活动的最大天数。

（3）负责官员所作任何指示必须出于改善罪犯更生之目的；但这不限制负责官员作出除了更生之外其他目的的指示。

（4）负责官员可能指示罪犯参加与该负责官员或其他人的门诊矫治。

（5）负责官员在指示罪犯参加活动时，可能要求罪犯作出以下行为——

（a）参加指定活动，并且在此期间遵循活动负责人作出的任何指示，或者

（b）去指定地点，在此遵循地点负责人作出的任何指示。

（6）罪犯根据第（5）（a）和（b）分节所作指示包括行使罪犯权威的任何人所作指示。

（7）负责官员可能指示罪犯参加的活动包括——

（a）构成公认项目的活动（见第202（2）节），

（b）目的为弥补的活动，例如恢复性审判活动。

（8）根据第（7）（b）分节之目的，恢复性审判活动指——

（a）参与者包括或由罪犯和一名或多名其受害者组成，

（b）该活动目的是最大化罪犯对其受害者所犯下罪行之影响的认识，以及

（c）活动给予一名或多名受害者陈述的机会，或通过其他方式表述该罪行的经历及其影响。

（9）第（8）分节中'受害者'指由所述罪行的受害者或受影响的其他人。

（10）遵循一项指示将需要与罪犯之外的人员合作，负责官员可能只有在罪犯同意的情况下才能作出指示。

（11）本节中'相关时期'指——

（a）与社区令相关，社区令有效的时期，以及

（b）与缓刑令相关，监管期见 189（1A）节之定义。"

（4）废除第 201 和 213 节（活动要求和监管要求）。

（5）本法案附表 5 包含结果条款。

第十六条　项目要求

（1）《2003 刑事司法法》经修正如下：

（2）第 202 节（项目要求）中删除第（7）分节（人员可能被要求只在批准地点参加公认项目）。

（3）附表 9（向苏格兰或北爱尔兰转移社区令）中——

（a）第 2（3）段中删除第（b）段，

（b）第 4（3）段中删除第（b）段。

（4）附表 13（向苏格兰或北爱尔兰转移缓刑令）中——

（a）第 4（3）段中删除第（b）段，

（b）第 9（3）段中删除第（b）段。

第十七条　管护中心要求

（1）《2003 刑事司法法》经修正如下：

（2）第 214 节（管护中心要求）经修正如下：

（3）第（1）分节中——

（a）删除"相关法令指定"，以及

（b）"相关法令指定"代替"如此指定"。

（4）第（3）分节中，"对符合罪犯描述的人员可用的管护中心"代替"其指定管护中心"。

（5）第（3）分节后增加——

"（3A）罪犯被要求参与的管护中心须待负责官员不时通知。

（3B）在选择管护中心时，负责官员必须考虑——

（a）管护中心对罪犯的可及性，考虑到罪犯抵达的可用方式与其他情况，以及

（b）对可用罪犯的描述。"

（6）第 218 节（当地安排可用性）经修正如下：

（7）第（4）（a）分节中，"相关地区（见第（5）至（7）分节）"代替"第（5）至（7）分节所述相关地区"。

（8）第（6）分节中，"管护中心对符合罪犯描述的人员可用并且法院认为其

对罪犯可用的地区"代替"该法令建议指定的管护中心所处的地区"。

（9）附表 14（特殊情况下提供副本要求的人员）表格中，删除与管护中心要求相关的词条。

第十八条　变更住址前获得许可的职责

（1）《2003 刑事司法法》经修正如下：

（2）第 220 节后增加——

"220A 变更住址前获得许可的职责

（1）相关法令生效的罪犯不得在未获得由下列主体根据本节所作许可之前变更住址——

（a）负责官员，或者

（b）法院。

（2）适格法院可能经由罪犯申请，为负责官员已拒绝的某个案作出许可。

（3）法院亦可能根据附表 8 或 12（法令的违反或修正等）在案件任何诉讼前作出许可。

（4）负责官员或法院可能拒绝许可申请的理由是，其认为，变更地址——

（a）很可能妨碍罪犯遵循相关法令执行要求，或者

（b）将阻碍罪犯更生。

（5）第（1）分节所述职责是强制性的，如相关法令的执行要求。

（6）本节不适用于根据第 206 节相关法令所述住址要求的情况。

（7）关于相关法令由于根据本节所作许可需要修正的情况，见附表 8 第 16 段和附表 12 第 14 段（反映当地审判区变更的修正）。

（8）本节中'适格法院'的意义与附表 8 第 16 段或附表 12 第 14 段中的意义相同。"

（3）第 220（1）节中，删除第（b）段以及其之前的"和"（通知负责官员地址变更的职责）。

（4）附表 8（社区令的违反、撤回或修正）第 9 段中删除第（5A）分段。

（5）代替附表 8 第 16 段——

"16（1）本段适用于任何时候社区令对罪犯生效的情况——

（a）罪犯根据第 220A 节被给予许可变更地址，并且

（b）新住址所处的当地审判区（'新当地审判区'）不同于法令指定当地审判区。

（2）如果许可由法院作出，法院必须修正法令，指定新当地审判区。

（3）如果许可由负责官员作出——

（a）官员必须向适格法院申请修正法令，指定新当地审判区，并且

（b）法院必须作出修正。

（4）本段中'适格法院'指——

（a）与社区令相关执行毒品更生要求以供审阅，对法令负责的法院，

（b）与由刑事法院作出的社区令相关，并且不包括任何未能遵循法令要求的情况由刑事法院或治安法院处理的指示，此种情况中的刑事法院，以及

（c）与任何其他社区令相关，在法令指定当地审判区行使权力的治安法院。

16A（1）本段适用于任何时候社区令对罪犯生效的情况——

（a）法院修正该法令，

（b）修正后的法令包括要求罪犯在指定地点居住的住址要求，并且

（c）地点所处的当地审判区（'新当地审判区'）不同于法令指定的当地审判区。

（2）法院必须修正法令，指定新当地审判区。"

（6）附表8第24段中，删除"根据第16段不能下达法令，并且"。

（7）附表12（缓刑令的违反、撤回或修正，以及后续定罪的影响）第8段中，删除第（4A）分段。

（8）代替附表12第14段——

"14（1）本段适用于任何时候缓刑令对罪犯生效的情况——

（a）罪犯根据第220A节被给予许可变更地址，并且

（b）新住址所处的当地审判区（'新当地审判区'）不同于法令指定当地审判区。

（2）如果许可由法院作出，法院必须修正该法令，指定新当地审判区。

（3）如果许可由负责官员作出——

（a）官员必须向适格法院申请修正法令，指定新当地审判区，并且

（b）法院必须作出修正。

（4）本段中'适格法院'的意义与第13段的意思相同。

14A（1）本段适用于任何时候缓刑令对罪犯生效的情况——

（a）法院修正法令，

（b）修正后的法令包括要求罪犯在指定地点居住的住址要求，并且

（c）地点所处的当地审判区（'新当地审判区'）不同于法令指定的当地审判区。

（2）法院必须修正法令，指定新当地审判区。"

（9）附表12第19（1）段中，删除"，并且根据第14段不能下达法令，"。

（10）附表31（罚款默认令）第3A段后增加——

"地址变更

3B（1）申请默认令时，第220（1）节（罪犯与负责官员保持联系的职责）经修改如下：

（2）第（a）段末尾增加'和（b）必须通知负责官员任何地址变更。'3C第220A节（变更住址前获得许可的职责）不适用于与默认令相关的情况。"

（11）附表 31 第 4 段第（4）分段增加——

"（4A）代替第 16 和 16A 段——

16（1）本段适用于任何时候默认令对罪犯生效的情况，适格法院认为罪犯建议变更或已变更住址从相关当地审判区至另一当地审判区（'新当地审判区'）。

（2）适格法院可能修正默认令，指定新当地审判区。

（3）本段中'适格法院'指在法令指定当地审判区行使权力的治安法院。"

（12）《1989 儿童法》（强制令）附表 A1 第 3 段第（7）分段后增加——

"（7A）第 220（1）节（罪犯与负责官员保持联系的职责）第（a）段后增加'和（b）必须通知负责官员任何地址变更。'（7B）删除第 220A 节（变更住址前获得许可的职责）。"

服务法院判决的罪犯

第十九条　《2006 武装力量法案》修正

附表 6 包含《2006 武装力量法案》与罪犯释放与监管、服务社区令、海外社区令以及缓刑令的修正内容。

一般条款

第二十条　结果性和补充条款等

（1）国务大臣可能通过法令作出与本法案相关的结果性、补充或附带条款。

（2）根据本节一项法令可能——

（a）因不同目的作出不同条款，并且

（b）修正、废除或撤回法律。

（3）根据本节作出与第 1 至 7 节、附表 1、2 和 3 以及附表 6 第 2 段相关之条款的法令可能对不同地区作出不同条款。

（4）根据本节的法令应根据法定文书作出。

（5）法定文书包含根据本节的法令应由国会决议的失效与否决定，以第（6）分节为准。

（6）法定文书包含根据本节修正或废除某法案（无论单独或与其他条款一起）的法令，只有在文书草稿已提交且经由国会决议批准才能作出。

（7）本节中——

"法案"包括某法案或威尔士国民议会措施；"法律"，与本法案条款相关法令有关，指——

（a）本法案本期之前或同时通过的法案，或

（b）该条款生效之前根据法案作出的文书。

第二十一条　过渡性条款等

（1）附表 7 规定本法案所作修正适用的案件。

（2）国务大臣可能通过法令作出与本法案任何条款的生效相关的其他过渡性、暂时性或补偿条款。

（3）根据本节的法令——

（a）可能因不同目的作出不同条款，并且

（b）与第1至7节、附表1、2和3以及附表6第2段相关可能对不同地区作出不同条款。

（4）根据本节的法令应根据法定文书作出。

第二十二条　生效

（1）本法案可能于国务大臣通过法令指定的某日或若干日期起生效，以第（2）分节为准。

（2）本节和第20、21（2）至（4）、23和24节与本法案通过之日起生效。

（3）根据本节的法令——

（a）可能因不同目的指定不同天数，并且

（b）与第1至7节、附表1、2和3以及附表6第2段相关可能对不同地区指定不同天数。

（4）根据本节的法令应根据法定文书作出。

第二十三条　范围

（1）本法案作出的修正或废除，而非武装力量修正或废除，与该条款修正或废除的范围（忽略枢密令的范围）相同。

（2）根据第（1）分节，本法案效力延伸至英格兰和威尔士、苏格兰和北爱尔兰。

（3）只要第20、21和22节授予权限规定修正或以其他方式将附表1与《1997犯罪（判决）法》相连，则其效力亦延伸至海峡群岛。

（4）《2006武装力量法案》第385节（该法案适用实施范围）不适用于与武装力量修正或废除相关的内容。

（5）女王陛下可能通过枢密令使某项武装力量修正或废除，包括/未包括修订，延伸至——

（a）任何海峡群岛，

（b）马恩岛，或者

（c）任何英属海外领地。

（6）《1997犯罪（判决）法》附表1第19段（权限延伸至马恩岛）授予的权限在本法案所作任何修正相关的方面可行使。

（7）《2003刑事司法法》第338节（权限延伸至海峡群岛等）授予的权限在本法案所作任何修正相关的方面可行使。

（8）"武装力量修正或废除"指——

（a）根据附表6（《2006武装力量法案》修正）作出的修正或废除，以及

(b) 根据本法案修正或废除的条款如根据《2006 武装力量法案》实施，该条款的修正或废除亦适用。

第二十四条　简略标题

本法案可被引用为《2014 罪犯更生法》。

附表

附表 1　监管要求

第一编　一般条款

第一条　《2003 刑事司法法》第 12 编第 6 章（判决：释放、许可和召回）中，第 256AA 节后增加——

"256AB 根据第 256AA 节的监管要求

（1）根据第 256AA 节国务大臣可能在通知中指定的唯一要求是——

（a）要求表现良好，不得作出有损监管期之目的的行为；

（b）要求不得犯罪；

（c）要求根据监管者作出的指示与其保持联系；

（d）要求根据监管者作出的指示接受监管者的会见；

（e）要求在监管者批准的地址固定居住，并获得监管者的事先许可，如在不同地址过夜一次或更多次；

（f）要求不得从事工作或特定种类的工作，除非获得监管者批准并提前通知监管者任何从事工作或特定种类的工作的建议；

（g）要求不得去英属岛屿之外进行旅游活动，除非获得监管者的事先许可或承担法律义务（无论是否根据英属岛屿法律的任何部分）；

（h）要求根据监管者作出的任何指示参与活动；

（i）要求进行毒品检测（见第 256D 节）；

（j）要求进行毒品门诊矫治（见第 256E 节）。

（2）根据第（1）（h）分节执行要求，第 200A（5）至（10）节适用于与该要求相关的内容（阅读有关负责人员的参考资料，以作为主管的参考依据）。

（3）第（1）分节第（i）和（j）段根据第 256D（2）和 256E（2）节的限制生效。

（4）国务大臣可能通过法令——

（a）增加根据第 256AA 节通知指定的要求，

（b）移除或修正该等要求，

（c）规定该等要求，包括与其执行相关的情况，并且

（d）规定出于该等要求之目的作出的指示。

（5）第（4）分节的法令可能修正本法案。

（6）本节中'工作'包括支付薪酬和无偿工作。"

第二编　毒　品

第二条　《2003 刑事司法法》第 12 编第 6 章（判决：释放、许可和召回）中，第 256C 节后增加——

"256DD 毒品检测要求

（1）'毒品检测要求'，与根据本章监管相关官员有关，指当监管者指示罪犯这样做时，罪犯根据指示所述提供样本，为确认其体内是否存在指定 A 级毒品或指定 B 级毒品这一要求。

（2）只有在以下情况下方可根据监管者要求对罪犯执行毒品检测要求——

（a）国务大臣确知第（3）分节所述事项，并且

（b）执行该要求的目的是确定该罪犯是否遵循其他监管要求。

（3）这些事项是——

（a）罪犯滥用指定 A 级毒品或指定 B 级毒品，导致或触发了罪犯已被判决的犯罪行为或者很可能导致或触发罪犯作出后续犯罪行为，并且

（b）罪犯依赖于或倾向于滥用指定 A 级毒品或指定 B 级毒品。

（4）目的为毒品检测要求所作指示必须根据国务大臣不时所作指导而作出。

（5）国务大臣可能规定根据该等指示调整样本条款。

（6）本节中，'指定 A 级毒品'和'指定 B 级毒品'的意义与《2000 刑事审判和法院服务法》第 3 编的意义相同。

256E 毒品门诊矫治要求

（1）'毒品门诊矫治'，与根据本章的监管罪犯有关，指罪犯应根据监管者所作指示参加门诊矫治，旨在解决该罪犯对某控制药物的依赖性或滥用倾向性。

（2）只有在以下情况下方可根据监管者要求对罪犯执行毒品门诊矫治要求——

（a）监管者已向国务大臣推荐该等要求应对该罪犯执行，并且

（b）国务大臣确知第（3）分节所述事项。

（3）这些事项是——

（a）罪犯滥用指定控制药物，导致或触发了罪犯已被判决的某一犯罪行为或者很可能导致或触发罪犯作出后续犯罪行为，

（b）罪犯依赖于或倾向于滥用某控制药物，

（c）依赖性或倾向性需要治疗并可能受其影响，并且

（d）已作出安排或可以作出安排使罪犯获得治疗。

（4）要求必须指明——

（a）罪犯将会见谁或者在谁的指示下进行门诊矫治，以及

（b）门诊矫治进行的地点。

（5）第（4）（a）分节指定人员必须是拥有必要资格或经验的人员。

（6）感化服务提供方的官员出于必要条件的目的能够提供的唯一指示是下列指示——

（a）每次门诊矫治的持续时间，以及

（b）每次门诊矫治进行的时间。

（7）为本节之目的，要求参加门诊矫治的证明书不包括要求服从治疗。

（8）本节中'控制药物'的意义与《1971滥用毒品法》中的意义相同。"

附表2　监管默认令：《2003刑事司法法》新附表19A

《2003刑事司法法》第12编第6章附表19后增加下列附表。

附表19A 监管默认令

第一编　要求及其他

第十二编第四章条款适用情况

第一条　第2段所列第12编第4章条款适用于监管默认令相关情况，如其适用于社区令相关情况但需根据第3段所列修订。

第二条　这些条款是——

（a）第199（1）至（3）节（无偿工作要求）；

（b）第200（1）和（3）节（需满足无偿工作要求的人员职责）；

（c）第204（1）、（2）和（6）节（宵禁要求）；

（d）第215（1）至（3）以及（4A）节（电子监控要求）；

（e）第215A节（电子监控数据：行业规则）；

（f）第216（1）节（法令指定当地审判区）；

（g）第217（1）和（2）节（避免宗教信仰冲突的要求）；

（h）第218（1）、（4）和（5）节（当地安排可用性）；

（i）第219（1）（a）、（b）和（2）节以及附表14（副本条款）。

第三条　（1）第1段所述修订如下：

（2）第199节适用，如代替第（2）分节第（a）和（b）段（无偿工作小时数的限定）

"（a）不少于20小时，并且

（b）不多于60小时。"

（3）第200（1）节适用——

（a）如负责官员的证明书与监管者的证明书相同，并且

（b）如末尾增加"并且该工作必须从事于监管期结束之前"。

（4）第204（2）节适用，如代替"但是"之后的语句——

"（a）可能不指定某天中少于2小时或多于16小时时期，

（b）可能不指定在监管期之外的时期，并且

（c）必须要求罪犯留在指定一个或若干地点至少 20 天。"

（5）第 215（1）（a）节适用，如删除"或由负责官员根据相关法令确定"的语句。

（6）第 215（4A）节适用，如负责官员的证明书与监管者的证明书相同。

（7）第 217（2）节适用，如负责官员的证明书与监管者的证明书相同。

（8）第 219（1）节适用，如负责官员的证明书与监管者的证明书相同。

国务大臣与第十二编第四章条款相关的权限

第四条 国务大臣根据第 217（3）节（避免宗教信仰冲突的要求等）作出法令的权限包括规定本附表适用的第 217（1）和（2）节根据该法令指定附加限制生效的权限。

第五条 （1）国务大臣根据第 222 节（与根据社区令监管罪犯相关的规定等）作出规定的权限，可能针对与监管默认令相关罪犯执行。

（2）为第（1）分段之目的，第 222（1）（b）节生效，如负责官员的证明书与监管者的证明书相同。

第六条 国务大臣可能通过法令修正第 3（2）或（4）段，修改当前指定的小时数或天数。

第二编 违反、撤回或修正

违反诉讼

第七条 （1）如果与根据第 256AA 节监管要求与罪犯相关的监管者——

（a）确知罪犯在没有合理理由的情况下未能遵循监管默认令的执行要求，并且

（b）考虑到罪犯未遵循应由法院处置，监管者必须将事项告知执行官员。

（2）当根据本段事项已被告知执行官员，则执行官员的职责是——

（a）考虑案件，并且

（b）在合适之时，在治安法官获悉罪犯未能遵循要求之前发布信息。

（3）本段中"执行官员"指当前负责行使根据国务大臣所作安排由本附表授予执行官员之职能的人员。

（4）执行官员必须是作为公共部门提供方的感化服务提供方的官员。

（5）第（4）分段中"公共部门提供方"指——

（a）缓刑信托或其他公共机构，或者

（b）国务大臣。

由治安法官发出传票或令状

第八条 （1）如果监管默认令生效的任何时候，根据治安法官的信息，罪犯未能遵循法令所作要求，则审判员可以——

（a）发布传票要求罪犯在传票指定时间和地点出席，或者

（b）如果信息是以书面形式作出并经过宣誓，发布授权令逮捕罪犯。

（2）根据本段发布的任何传票或授权令必须指导罪犯出现或被带到——

（a）在治安法院代表罪犯所居住的当地审判区进行判决之前，或者

（b）如果罪犯的住址未知，在治安法院代表监管默认令指定当地审判区进行判决之前。

治安法院处置违反的权限

第九条　（1）本段适用，如果证明在第 8 段罪犯出现或被带到之前治安法院确知罪犯在没有合理理由的情况下未能遵循监管默认令的执行要求。

（2）该法院可能撤回法令并根据第 256AC（4）（a）至（c）节（并且第 256AC（5）以及（7）至（9）节相应适用）所列任何方式处置罪犯的未能遵循。

（3）根据本段处置罪犯时，治安法院必须考虑罪犯遵循监管默认令的程度。

（4）根据本段处置的罪犯可能不服治安法院的判决，向刑事法院提出上诉。

治安法院判决的修改或撤回

第十条　（1）罪犯处于监管默认令之中，治安法院可能应罪犯或感化服务提供方官员的申请——

（a）撤回法令，

（b）修改法令，或者

（c）撤回法令并根据第 256AC（4）节以其在该法令从未作出的情况下的任何方式处置罪犯。

（2）根据第（1）（b）分段行使权力的治安法院——

（a）可能不增加该法令指定小时数或天数，

（b）可能减少指定小时数或天数，但不会将其减少至少于第 199（2）或 204（2）节（如第 3 段修改）指定的最小值。

（3）根据第（1）分段行使其权力时，治安法院必须考虑罪犯遵循监管默认令的程度。

（4）当法院根据第（1）（b）或（c）行使权力时，罪犯可能不服该法院的判决，向刑事法院提出上诉。

（5）当治安法院建议根据本段行使权力，处理感化服务提供方官员的申请，则该法院——

（a）必须发布传票要求监管默认令的人员出现在法庭上，并且

（b）如果罪犯不出现回应传票，法院可以发布授权令逮捕罪犯。

（6）第（5）分段不适用，当法院建议只修改法令，减少其指定小时数或天数。

（7）当监管默认令的人员根据本段提出申请，治安法院可以不审理，除非确知已向法院认为与该申请有关的感化服务提供方的任何官员给出足够通知。

（8）当不服监管默认令的上诉待定时不得根据本段提出申请。

（9）本段中"适格法院"指在监管默认令指定当地审判区行使权力的治安

法院。

法令指定当地审判区的修正

第十一条 （1）本段适用于任何时候某监管默认令对某罪犯生效的情况，适格治安法院确知罪犯建议变更或已变更住址从该法令指定当地审判区至另一当地审判区（"新当地审判区"）。

（2）适格治安法院可能修正该法令，指定新当地审判区。

（3）本段中"适格治安法院"的意义与第10段的意义相同。

撤回法令，执行后续审判

第十二条 （1）本段适用于以下情况——

（a）刑事法院或治安法院对犯罪人员作出审判，并且

（b）监管默认令对罪犯有效。

（2）如果法院判决服刑或拘留（而非缓刑），则其必须撤回监管默认令。

（3）如果法院作出社区令或缓刑令，其可能撤回监管默认令并根据第256AC

（4）节以其在监管默认令从未作出的情况下的任何方式处置罪犯。

第十三条 当出现以下两种情况，法院必须撤回监管默认令——

（a）刑事法院或治安法院令缓刑或其任何部分对罪犯生效，并且

（b）监管默认令对罪犯有效。

附表3 释放与监管：未成年人及相应的条文

《1997 犯罪（判决）法》（约 43）

第一条 《1997 犯罪（判决）法》附表1（大不列颠岛屿之间转移监狱服刑人员）经修正如下：

第二条 （1）第6段（转移影响：初步）经修正如下：

（2）第（2）（b）分段中"，释放以及任何监管默认令之后可能的召回"代替"以及其释放之后可能的召回"。

（3）第（2）（c）分段中"，可能的召回和任何监管默认令"代替"和可能的召回"。

（4）第（3）分段末尾增加——

"（c）令根据2003法案第256AA节受到监管的人员服刑或拘留，因其未能遵循根据该节或监管默认令的执行要求，

（d）令根据2003法案第256B节受到监管的人员拘留，因其未能遵循根据该节的监管要求。"

（5）第（4）分段中合适位置增加——

"'监管默认令'的意义与2003法案第268（1）节给出的意义相同，"。

第三条 （1）第8段（从英格兰和威尔士到苏格兰的限制性转移）经修正

如下：

（2）第（2）（a）分段中——

（a）"264B"代替"264A"，

（b）"的267B"后增加"，以及附表19A、20A和20B，"以及

（c）"104"后增加"和106B"。

（3）第（4）（a）分段中——

（a）"264B"代替"264A"，

（b）"的267B"后增加"，以及附表19A、20A和20B，"以及

（c）"104"后增加"和106B"。

（4）第（6）（f）分段中，"第（c）段"代替"第（b）和（c）段"。

（5）在末尾（第（7）分段增加本法案第13节之后）增加——

"（8）第（2）或（4）分段适用的监管条款生效——

（a）如第（10）分段表格的第一列所列事项的证明书与该表第二列所列相反事项的证明书相同，

（b）包括第（11）分段的修订，以及

（c）符合《2000刑事法院量刑权限法案》第106B节的案件，包含第（12）分段的后续修订，（以及另见第8A、19A和19B段）。

（9）本段中'监管条款'指——

（a）2003法案第256AA至256E节和附表19A，

（b）2003法案第256AC和附表19A所述条款，该节及该附表适用，以及

（c）《2000刑事法院量刑权限法案》第106B节。

（10）第（8）（a）分段所述证明书是——

证明书类型

证明书	代替证明书
刑事法院	高等刑事法院
治安法官	郡法院
当地审判区	《1994当地政府等（苏格兰）法》意义上的当地政府区
治安法院	郡法院
感化服务提供方的官员	《1993监狱服刑人员和刑事诉讼（苏格兰）法》第27（1）所定义的相关官员
传票	传票
青少年犯管教所	《1989监狱（苏格兰）法》第19（1）（b）节提出的青少年犯管教所

（11）第（8）（b）分段所述修订是——

（a）2003法案第256AA（2）（b）节生效，如其亦参考《1989监狱（苏格兰）法》或《1993监狱服刑人员和刑事诉讼（苏格兰）法》的许可，

（b）2003 法案第 256AC（7）（b）节生效，如'苏格兰当局'代替'国务大臣'，

（c）2003 法案附表 19A 第 2 段生效——

（i）第（d）分段只提及 2003 法案第 215（1）和（2）节，以及

（ii）删除第（e）分段，

（d）2003 法案附表 19A 第 3 段生效，第（7）分段后增加——

（7A）第 218（4）（a）节适用，如'确信'代替'已由国务大臣通知'的语句，

（e）2003 法案附表 19A 第 7 段生效——

（i）第（1）分段中，'监管者可能在郡法院获悉罪犯未能遵循该要求之前发布该信息'代替'监管者必须将该事项告知执行官员'，以及

（ii）删除第（2）至（5）分段，并且

（f）2003 法案附表 19A 第 12（3）段生效如'执行任何其他判决'代替'作出社区令或缓刑令'。

（12）第（8）（c）分段所述后续修订是《2000 刑事法院量刑权限法案》第 106B 节有效——

（a）第（4）分节中，第（b）段《1994 当地政府等（苏格兰）法》建立的当局官员的证明书代替该罪犯当前居住当地政府区的证明书，以及

（b）第（3）分节后增加——

（3A）第 256AA（3）和（6）、256AB（1）和 256E（2）节有效，如国务大臣的证明信与苏格兰当局的证明信相同。"

第四条 第 8 段后增加——

"从英格兰和威尔士到苏格兰的限制性转移：监管默认令的后续条款

8A（1）本段适用如果——

（a）罪犯的监管根据本附表第 4 段以限制性转移方式转移至苏格兰或根据本附表第 7 段转移回至英格兰和威尔士，以及

（b）转移或转移回来时，监管默认令对罪犯有效。

（2）监管默认令有效如在转移或转移回来时，其指明罪犯居住或建议居住新司法管辖区（而非罪犯转移之前的司法管辖区的相关地区）的相关地区。

（3）代表新司法管辖区相关地区行使权力的法院可能修正监管默认令以指明该地区。

（4）本段中——

'相关地区'指——

（a）在英格兰和威尔士，当地审判区，以及

（b）在苏格兰，《1994 当地政府等（苏格兰）法》意义上的当地政府'监管默认令'的意义与 2003 法案第 268（1）节给出的意义相同。"

第五条 （1）第 9 段（从英格兰和威尔士到北爱尔兰的限制性转移）经修正如下：

（2）第（2）（a）分段中——

（a）"264B"代替"264A"，

（b）"的 267B"后增加"，以及附表 20A 和 20B，"以及

（c）"104"后增加"和 106B"。

（3）第（4）（a）分段中——

（a）"264B"代替"264A"，

（b）"的 267B"后增加"，以及附表 20A 和 20B，"以及

（c）"104"后增加"和 106B"。

（4）删除第（8）分段。

（5）在末尾增加——

"（9）第（2）或（4）分段适用的监管条款生效——

（a）如第（11）分段表格的第一列所列事项的证明书与该表第二列所列相反事项的证明书相同，以及

（b）包括第（12）分段的其他修订。

（10）本段中'监管条款'指——

（a）2003 法案第 256AA 至 256AC 节、256D 和 256E 节，以及

（b）《2000 刑事法院量刑权限法案》第 106B 节。

（11）第（9）（a）分段所述证明书是——

证明书类型

证明书	代替证明书
刑事法院	郡法院
治安法官	非专业治安法官
信息	投诉
当地审判区	即决法庭
治安法院	简易审判庭
感化服务提供方的官员	缓刑犯监督官
青少年犯管教所	青少年犯中心

（12）第（9）（b）分段所述其他修订是——

（a）2003 法案第 256AA（2）（b）节生效，如其亦参考——

（i）《1996 刑事审判（北爱尔兰）令》（S. I. 1996/3160）（N. I. 24）第 2 编管护缓刑令或许可，以及

（ii）根据《1996 刑事审判（北爱尔兰）令》、《2001 终身监禁（北爱尔兰）

令》 （S. I. 2001/2564 （N. I. 2）） 第三编或《2008 刑事审判（北爱尔兰）令》（S. I. 2008/1216 （N. I. 1）） 第二编第四章的许可，

（b）2003 法案第 256AC 节生效如果第（4）（c）、（5）和（10）分节（监管默认令条款）被删除，并且

（c）该节第（7）（b）分节生效如‘北爱尔兰司法部’代替‘国务大臣’。”

第六条 （1）第 15 段（非限制性转移：一般条款）经修正如下：

（2）第（4A）分段，“第（3）和（4）分段已”代替“本段已”。

（3）第（4A）分段后增加——

“（4B）罪犯正处于的监管期的类型或长度在其转移至的地区无法向罪犯执行，则由接收当局指导如何以相关目的处置。

（4C）第（4B）分段中，‘接收当局’指——

（a）与转移至苏格兰的人员相关，苏格兰当局，

（b）与转移至北爱尔兰的人员相关，北爱尔兰司法部，以及

（c）与任何其他人员相关，国务大臣。”

第七条 第 19 段后增加——

“苏格兰发布传票送达

19A（1）《1881 简易审判（流程）法》第 4 节（英格兰和威尔士的苏格兰式传票送达流程等）适用于苏格兰法院根据监管条款发布的任何传票送达流程。

（2）‘监管条款’指第 8（9）段所列条款，适用于第 8（2）或（4）段。

苏格兰电子监控

19B（1）《1995 刑事诉讼程序（苏格兰）法》第 245C 节（远程监控），以及该节规章，适用于根据监管条款执行的监管默认令中对遵循宵禁要求的电子监控相关事宜，亦适用于对遵循自由令限制的远程监控。

（2）‘监管条款’指第 8（9）段所列条款，适用于第 8（2）或（4）段。”

第八条 第 20（1）段（释义）中，代替“监管”之定义，“监管”指——

（a）因法令之目的作出的监管，

（b）拘留和教改所令的监管，

（c）针对许可释放人员的根据许可条件的监管，

（d）《2003 刑事司法法》第 256AA 节（服刑结束后的监管）的监管，包括适用于《2000 刑事法院量刑权限法案》第 106B 节的该节监管，或者

（e）《2003 刑事司法法》第 256B 节（特定青少年犯服刑少于 12 个月后的监管）的监管。

《1998 犯罪及扰乱治安法》（约 37）

第九条 （1）《1998 犯罪及扰乱治安法》第 38（4）节（“青少年审判服务”的意义）经修正如下：

（2）第（h）段（监管作为拘留和教改所令的一部分）后增加——

"（ha）《2003 刑事司法法》第 256AA 节该令服满后的监管（适用于《2000 刑事法院量刑权限法案》第 106B 节）;"。

（3）代替第（i）段——

"（i）根据《1997 犯罪（判决）法》第 31 节许可的释放后监管或《2003 刑事司法法》第 250 节罪犯根据《2000 刑事法院量刑权限法案》第 90 或 91 节，《2003 刑事司法法》第 226、226B 或 228 节或者《2006 武装力量法案》第 209、218、221、221A 或 222 节判决拘留;

（ia）《2003 刑事司法法》第 256B 节的释放后监管;

（ib）对根据《2000 刑事法院量刑权限法案》第 91 节或《2006 武装力量法案》第 209 节判决拘留的人员根据《2003 刑事司法法》第 256AA 节实施的监管;"。

《2000 刑事法院量刑权限法案》（约 6）

第十条 《2000 刑事法院量刑权限法案》经修正如下:

第十一条 （1）第 103 节（拘留和教改所令的监管期）经修正如下:

（2）第（3）分节中删除第（b）段（但不是末尾的"或者"）。

（3）第（5）分节中——

（a）删除第（a）段（以及末尾的"或者"），并且

（b）在第（b）段之后的语句中，删除"社会工作者或"以及"一名社会工作者，或者"。

第十二条 第 107 节（拘留和教改所令：释义）中——

（a）第（2）分节中"105"之后增加"和 106B"，并且

（b）该分节后增加——

"（3）为第 103（2A）和 106B（1）之目的，当某项罪行在 2 天或更多天之前犯下，或者在 2 天或更多天的时期内某个时间犯下，则其必须视为在这些天的最后一天所犯下。"

《2000 刑事审判和法院服务法》（约 43）

第十三条 《2000 刑事审判和法院服务法》第 64（4）节（许可释放：根据毒品检测条件的样本条款管理），"条例"代替"规章"。

《2003 刑事司法法》（约 44）

第十四条 《2003 刑事司法法》经修正如下:

第十五条 第 12 编第 6 章标题中，"许可"后增加"，监管"。

第十六条 第 243A 节标题中，"释放"后增加"特定"。

第十七条 第 243A（3）（a）节（无条件释放服刑少于 12 个月的监狱服刑人员的职责：必要监护期的定义）中，"与服一种刑的人员相关"代替从"相关"到"该条款"的语句。

第十八条 第 243A（3）（a）节（无条件释放许可监狱服刑人员的职责：必

要监护期的定义）中，"与服一种刑的人员相关"代替从"相关"到"该条款"的语句。

第十九条 删除第256B节之前的斜体标题。

第二十条 "服刑少于12个月特定青少年犯释放后的监管"代替该节的标题。

第二十一条 第256C（4）（b）节（违反监管要求）中，"令罪犯支付"代替"向罪犯执行"。

第二十二条 该节标题中末尾增加"根据第256B节执行"。

第二十三条 （1）第268节（第6章之释义）经修正如下：

（2）现有文本重新编号为第（1）分节。

（3）第（1）分节中，"固定刑期监狱服刑人员"的定义中，"'固定刑期监狱服刑人员'和'固定刑期判决'已"代替"'固定刑期监狱服刑人员'已"。

（4）第（1）分节中合适位置增加——

"'根据本章处于监管的罪犯'指根据第256AA或256B节处于监管要求的人员"；

"'监管默认令'指第256AC（4）（c）所述法令，无论根据该条款或附表19A第9段作出"；

"'监管期'，与根据本章处于监管的罪犯相关，与第256AA或256B节（视情况而定）给出的意义相同"；

"监管者——

（a）与第256AA节处于监管要求的人员相关，与该节给出的意义相同，并且

（b）与第256B节处于监管要求的人员相关，指根据该节提供监管的人员"。

（5）在末尾增加——

"（2）为第243A（1A）、256AA（1）、256B（1A）和264B（1）节之目的，当罪行在2天或更多天之前犯下，或者在2天或更多天的时期内某个时间犯下，则其必须视为在这些天的最后一天所犯下。"

第二十四条 （1）第302节（英格兰、威尔士和苏格兰之间的执行流程）经修正如下：

（2）"根据——"后增加"第256AC（1）或（3）节，第256C（1）或（3）节"。

（3）删除"第6（2）或（4）段"之前的"或者"。

（4）"附表12"后增加"或者附表19A第8（1）或10（5）段"。

第二十五条 第330（5）（a）节（肯定过程中的法令）中合适位置增加"第256AB（4）节，"；"附表19A第6段"。

附表4　负责执行法令的官员

第一编　限制于公共部门的职能

《2003 刑事司法法》（约 44）

第一条　《2003 刑事司法法》经修正如下：

第二条　第 191 节（提供缓刑令检查的权限）第（1）（d）分节中，"感化服务提供方的官员"代替"负责官员"。

第三条　（1）第 192 节（缓刑令的定期检查）经修正如下：

（2）第（1）分节中——

（a）删除"负责"，并且

（b）"分节"后增加"（'检查官员的报告'）"。

（3）第（4）和（5）各分节中，"检查"代替"负责"。

第四条　第 210 节（毒品更生要求：法院检查条款）第（1）（d）分节中，"感化服务提供方的官员"代替"负责官员"。

第五条　（1）第 211 节（毒品更生要求的定期检查）经修正如下：

（2）第（1）分节中——

（a）删除"负责"，并且

（b）"分节"后增加"（'检查官员的报告'）"。

（3）第（6）和（7）各分节中，"检查"代替"负责"。

第六条　（1）附表 8（社区令的违反、撤回或修正）经修正如下：

（2）第 1 段后增加——

"1A（1）本附表中'执行官员'指当前负责行使根据国务大臣所作安排由本附表授予执行官员之职能的人员。

（2）执行官员必须是作为公共部门提供方的感化服务提供方的官员。

（3）第（2）分段中"公共部门提供方"指——

（a）缓刑信托或其他公共机构，或者

（b）国务大臣。"

（3）第 5（1）段中代替第（b）段——

"（b）该官员将该事项告知执行官员（见第 6A 段）。"

（4）第 6（1）分段中，"必须将该事项告知执行官员（见第 6A 段）"代替从"必须使某信息"到末尾的语句。

（5）第 6 段后增加——

"执行官员的作用

6A（1）当根据第 5（1）（b）或 6（1）段某事项已被告知执行官员，则执行官员的职责是考虑该案件，并且在合适之时，在治安法官获悉罪犯未能遵循该要求之前发布该信息。

（2）与由刑事法院作出的任何社区令相关并且不包括任何未能遵循该法令要求的情况将由治安法院处理的指示，第（1）分段证明书应向太平绅士朗读如向刑事法院朗读证明书一样。"

（6）第13（1）、14（1）（b）、17（1）、19、19A（1）、20（1）（b）和24（2）（b）各段中，"感化服务提供方的官员"代替"负责官员"。

（7）第18（1）段中"使作出申请"代替"申请"。

第七条 （1）附表12（缓刑令的违反或修正，以及后续定罪的影响）经修正如下：

（2）第1段后增加——

"1A（1）本附表中'执行官员'指当前负责行使根据国务大臣所作安排由本附表授予执行官员之职能的人员。

（2）执行官员必须是作为公共部门提供方的感化服务提供方的官员。

（3）第（2）分段中'公共部门提供方'指——

（a）缓刑信托或其他公共机构，或者

（b）国务大臣。"

（3）第4（1）段中代替第（b）段——

"（b）该官员将该事项告知执行官员（见第5A段）。"

（4）第5（1）分段中，"必须将该事项告知执行官员（见第5A段）"代替从"必须使某信息"到末尾的语句。

（5）第5段后增加——

"执行官员的作用

5A（1）当根据第4（1）（b）或5（1）段某事项已被告知执行官员，则执行官员的职责是考虑案件，并且在合适之时，在治安法官获悉罪犯未能遵循要求之前发布信息。

（2）与由刑事法院作出的任何缓刑令相关并且不包括任何未能遵循该法令要求的情况将由治安法院处理的指示，第（1）分段证明书应向治安法官朗读如向刑事法院朗读证明书一样。"

（6）第13（1）、15（1）（b）、17、18（1）（b）和19（2）（b）各段中，"感化服务提供方的官员"代替"负责官员"。

（7）第16（1）段中"使作出申请"代替"申请"。

《2007 罪犯管理法》（约21）

第八条 《2007 罪犯管理法》第4节（只有缓刑信托或其他公共机构作出的缓刑条款）第（2）分节后增加——

"（3）第（2）（b）分节所述条款包括与官员向法院作出的申请相关的条款根据——

（a）《2003 刑事司法法》附表8（社区令的撤回或修正）第13、14、17、19A

或 20 段，

（b）该法案附表 12（缓刑令的撤回或修正）第 13、15、17 或 18 段，或者

（c）该法案附表 19A（缓刑默认令的撤回或修正）第 10 段。"

第二编　结果性条款

《1989 儿童法》（约 41）

第九条　《1989 儿童法》附表 A1 第 3 段中，删除第（1）和（2）（a）分段。

《2003 刑事司法法》（约 44）

第十条　《2003 刑事司法法》经修正如下：

第十一条　（1）第 198 节（负责官员的职责）经修正如下：

（2）第（1）分节中——

（a）第（a）段末尾增加"和"；

（b）删除第（c）段及其之前的"和"。

（3）删除第（2）分节。

第十二条　（1）第 198 节（相关法令的副本条款）经修正如下：

（2）代替第（1）分节——

"（1）任何相关令作出的法院必须立即提供法令副本——

（a）给罪犯，

（b）给负责官员，

（c）给代表法院行使权力的官员也即作为公共部门提供方的感化服务提供方官员，以及

（d）法院指明其所作法令在某当地审判区不适用，作为公共部门提供方的感化服务提供方官员在该区行使权力。"

（3）第（3）分节后增加——

"（4）第（1）（c）和（d）分段中'公共部门提供方'指——

（a）缓刑信托或其他公共机构，或者

（b）国务大臣。"

第十三条　第 330（5）（a）节（法令）中，删除"第 197（3）节，"。

第十四条　（1）附表 8（社区令的违反、撤回或修正）经修正如下：

（2）第 25A（4）（b）段中，"法院认为与该诉讼有关的感化服务提供方的任何官员"代替"负责官员"。

（3）第 27（1）（b）段中，代替第（i）分段——

"（i）该区作为公共部门提供方的感化服务提供方，以及"。

（4）第 27 段第（3）分段后增加——

"（4）本段中'公共部门提供方'指——

（a）缓刑信托或其他公共机构，或者

（b）国务大臣。"

第十五条 （1）附表 12（缓刑令的违反或修正，以及后续定罪的影响）中第 22 段经修正如下：

（2）第（1）分段中代替第（b）段——

"（b）在修正法令代替新当地审判区的情况下，向以下各方提供一份修正法令的副本——

（i）该区作为公共部门提供方的感化服务提供方，以及

（ii）在该区行使权力的治安法院，以及"。

（3）第（3）分段后增加——

"（4）本段中'公共部门提供方'指——

（a）缓刑信托或其他公共机构，或者

（b）国务大臣。"

附表 5　更生活动要求：结果性条款

第一条　《2003 刑事司法法》经修正如下：

第二条　（1）第 177 节（社区令）经修正如下：

（2）第（1）分节中，删除第（b）和（k）段。

（3）第（2）分节中，删除第（b）段。

（4）第（4）分节中——

（a）"无偿工作要求，"后增加"更生活动要求，"；

（b）删除"活动要求，"和"，监管要求"。

第三条　（1）第 190 节（缓刑令执行要求）经修正如下：

（2）第（1）分节中，删除第（b）和（k）段。

（3）第（2）分节中，删除第（b）段。

（4）第（4）分节中——

（a）"无偿工作要求，"后增加"更生活动要求，"；

（b）删除"活动要求，"和"，监管要求"。

第四条　第 218 节（当地安排可用性）中，删除第（2）分节。

第五条　第 222（1）节（条例）中——

（a）第（d）段中，删除"和社区更生中心"。

（b）第（e）段中，"更生活动要求"代替"活动要求"。

第六条　（1）第 305（1）节（第 12 编之释义）经修正如下：

（2）在合适位置增加"'更生活动要求'，与社区令或缓刑令相关，与第 200A 节给出的意义相同；"。

（3）删除以下定义——"活动要求"；"监管要求"。

第七条　（1）附表 9（向苏格兰或北爱尔兰转移社区令）经修正如下：

（2）第1（2）段中代替第（b）段——

"（b）更生活动要求，"。

（3）第2（3）段中，删除第（a）段。

（4）第3（2）段中代替第（b）段——

"（b）更生活动要求，"。

（5）第4（3）段中，删除第（a）段。

第八条 （1）附表13（向苏格兰或北爱尔兰转移缓刑令）经修正如下：

（2）第1（2）段中代替第（b）段——

"（b）更生活动要求，"。

（3）第4（3）段中，删除第（a）段。

（4）第6（2）段中代替第（b）段——

"（b）更生活动要求，"。

（5）第9（3）段中，删除第（a）段。

第九条 附表14（特殊情况下提供副本要求的人员）表格中，删除与活动要求相关的词条。

附表6　服务法院判决的罪犯

第一条 《2006武装力量法案》经修正如下：

刑期少于2年的罪犯的释放与监管

第二条 第213（1）节（与平民拘留和教改所令相关的至服务拘留和教改所令的申请条款）中，"106A至107"代替"106A和107"。

罪犯的召回和后续释放

第三条 第246（2C）节（服务监禁时间不计入为自动释放之目的的服刑时间）中，"罪犯服刑的自动释放期"代替"罪犯在自动释放期之前服刑的28天"。

服务社区令，海外社区令和缓刑令：负责执行的官员

第四条 （1）第183节（海外社区令：《2003刑事司法法》的修订）经修正如下：

（2）第（1）分节中，删除"第197（1）和（2）节（'负责官员'的意义）；"。

（3）第（1）分节后增加——

"（1A）第198（1）节（负责官员的职责）生效如末尾增加——'（c）合适的情况下，采取措施执行这些要求。'"

（4）删除第（2）、（4）和（5）分节。

第五条 （1）附表5第1编（服务社区令的违反、撤回和修正）经修正如下：

（2）第1（2）段（《2003刑事司法法》不适用的附表8条款）中，"6（2），"后增加"6A（2），"。

（3）删除第2段。

（4）该段后增加——

"2A 该附表第6A（1）段（执行官员的作用）根据本法案与服务社区令相关生效，如太平绅士的证明书与刑事法院的证明书相同。"

第六条 （1）附表5第2编（海外社区令的违反、撤回和修正）经修正如下：

（2）第10（2）（b）段（《2003刑事司法法》不适用的附表8条款）中——

（a）"段"之后增加"1A，"，以及

（b）"6（2），"之后增加"6A，"。

（3）代替第12段（法令要求的违反：警告和发布信息）——

"12A 该附表第5（1）段（作出警告的职责）生效如代替第（b）段，'（b）该官员向法院申请作出法令针对未能遵循行使其权力。'

12B 该附表第6（1）段（警告后违反法令）生效如'必须向法院申请作出法令针对讨论中的未能遵循行使其权力'代替'必须告知'的语句。"

第七条 （1）附表7（缓刑判决：后续定罪或违反要求）经修正如下：

（2）第1（a）段（《2003刑事司法法》不适用的附表12条款）中，"5（2），"后增加"5A（2），"。

（3）删除第4段。

（4）该段后增加——"4A 2003法案附表12第5A（1）段（执行官员的作用）根据相关服务法院作出的社区要求与缓刑令相关生效，如太平绅士的证明书与刑事法院的证明书相同。"

　　　　　服务社区令，海外社区令和缓刑令：变更住址前获得许可的职责

第八条 第183节（海外社区令：《2003刑事司法法》的修订）经修正如下：

（a）第（1）分节中合适位置增加——

"第220A（8）节（变更住址前获得许可的职责：'适格法院'的定义）;"，以及

（b）第（3）分节后增加——

"（3A）2003法案第220A节（变更住址前获得许可的职责），适用于海外社区令，'适格法院'指作出法令的法院。"

第九条 第205节（根据社区要求修正缓刑令）第（1）（c）分节中，"14（4）"代替"14（5）"。

第十条 附表5第1编（服务社区令的违反、撤回和修正）第1（2）段中，"16（4）"代替"16（5）"。

第十一条 附表5第2编（海外社区令的违反、撤回和修正）第10（2）（b）段中，"10（6）、13、16、16A、17（6）、18（4）"代替"10（6）"至"18（4）"的语句。

附表7 本法案适用的案件

生效日

第一条 本附表中，"生效日"，与本法案某条款作出的修正有关，指该条款生效的日期。

刑期少于2年的罪犯的释放与监管

第二条 第1至3、4（2）、5和6节，附表1第1编，附表2和3以及附表6第2段作出的修正适用于以下相关方面——

（a）根据《2003刑事司法法》第12编第6章于生效日当日或之后开始释放的任何人员，以及

（b）于生效日当日或之后开始释放的拘留和教改所令（包括《2006武装力量法案》第211节的法令）的任何人员。

第三条 附表1第2编第4（3）至（8）节作出的修正适用于在生效日之前释放的人员（亦当罪犯在生效日当日或之后释放）。

延长判决

第四条 第8节作出的修正不适用于生效日之前的相关犯罪。

监狱服刑人员的召回和后续释放

第五条 第9节和附表6第3段作出的修正只有在罪犯于生效日当日或之后召回适用。

毒品和监禁判决期间释放的罪犯

第六条 第11、12和13节作出的修正适用于在生效日之前释放的人员（亦当某人员在生效日当日或之后释放）。

社区令和缓刑

第七条 第15、17和18节，附表5以及附表6的第8至11段作出的修正不适用于生效日之前的相关犯罪。

释义：一段时期之内犯下的罪行

第八条 当罪行在2天或更多天之前犯下，或者在2天或更多天的时期内某个时间犯下，则其必须视为在这些天的最后一天所犯下。

志愿者队伍与社区部门参与刑事司法执法与
社区安全的六项原则[*]

英国驻上海总领事馆

本指南提供六项首要原则，支持志愿者队伍和社区部门（VCS）的法定联系。它为你将采用每个原则的原因、已良好应用的实例以及如何执行原则的秘诀提供了基本原理。

志愿者队伍与社区部门参与刑事司法执法与社区安全的六项原则包括如下几项内容：明确该部门必须提供什么；思考你能为该部门贡献什么；理解该部门的不同作用；传达你的作用是什么；发展战略合作关系；共同提供服务。

一、"六原则"创始组织"Clinks"公司简介

英国政府的政策持续强调社区部门（VCS）在地方层面提供公共服务中的重要性，包括社区安全和刑事司法执法。近期试行政策调整中的变化也强调了在各地方传递合作伙伴之间开展联合工作的需求，以改善社区安全效果并满足人们多样化、复杂化的需求。

Clinks 作为国家代理公司，其工作是为了让社区部门（VCS）与罪犯及其家人合作。通过定期咨询以及与国家政策制定者的持续合作，我们已确定方法，能够改善法定部门与社区部门（VCS）间的关系，以实现更好的效果。

过去四年间，Clinks 参与了众多项目，发展地方合作关系并改善刑事司法执法过程中不同方面的协作。例如，我们支持社区部门（VCS）参与罪犯综合管理（Integrated Offender Management，IOM）安排[1][2]，建立"更安全的未来社区"网络，影响警方与犯罪事务专员[3]，并承担英格兰和威尔士不同区域的地方发展

---

[*] 本文的原作者为英国一家名为"Clinks"的社会工作组织领导人内森·迪克和政策经理莱斯莉·弗雷泽。

[1] Clinks (2011) Innovative VCS Involvement in Integrated Offender Management. www. clinks. org/services/localism – work/ iom [last accessed 5. 2. 2013].

[2] Clinks (2012) Building VCS Involvement in Integrated Offender Management. www. clinks. org/publications/guides – resources/iom – resources [last accessed 5. 2. 2013].

[3] Clinks (2013) Safer Future Communities. www. clinks. org/services/sfc.

工作。①

二、"六原则"概述

（一）研究告诉我们什么

由英国内政部（Home Office）出版的最新研究已经证实，社区部门（VCS）合作伙伴能够为刑事司法执法和社区安全开启全新视角，与更多传统法定机构的方法形成互补。有力的证据表明，关键的法定利益相关者尤其重视社区部门（VCS）工作的灵活性和响应性，并不因感受到与法定部门相关的官僚主义而放缓工作。社区部门（VCS）已做好准备，成为协作中的平等合作伙伴，并能从战略、实施方面作出重大贡献，从而作为"善意的业余爱好者"挑战法定部门的认知。②

（二）为何为与社区部门（VCS）合作提供原则

依托研究吸取我们自身经验，已使 Clinks 确定了一系列的指导原则，并帮助法定合作伙伴与 VCS 实现富有成效的合作。这些原则能够指导一系列联合工作来支持公共部门改革并实现更佳的社区安全效果。这可能包括高层次的战略规划、地方服务设计、供应链发展、测试创新方法，或是创新性的服务用户参与。

（三）谁能从这些原则中获益

这些原则适用于一系列地方委员和服务提供方，如地方当局、社区安全合作、警方与犯罪事务专员、法院、监狱、缓刑信托③、健康和福利委员会、公共卫生主任。

三、"六原则"的具体内容

（一）明确志愿者队伍与社区部门必须提供什么

公共部门难有足够的能力满足罪犯、其家人与受害者多样而复杂的需求，这在经济约束和公共部门改革时尤为严重。社区部门（VCS）提供服务的范围十分广泛，但并不常为法定部门、委员或私人部门公司所知。研究表明，许多提供的社区部门（VCS）服务处于邻里层面，以应对非常特殊的地方需求。④ 法定机构很可能仅熟悉少量关键服务，而当地社区部门（VCS）提供方却通晓于此，但可能并不

---

① Clinks (2013) Clinkslocal development work. www. clinks. org/services/localism – work/ldt.

② Wong, K., O'Keeffe, C., Meadows, L., Davidson, J., Bird, H., Wilkinson, K., and Senior. P., (2012) Increasing the voluntary and community sector's involvement in Integrated Offender Management. www. homeoffice. gov. uk/publications/science – research – statistics/research – statistics/crime – research/horr59/［Last accessed 14. 03. 2012］.

③ 缓刑信托为英国过去执行社区矫正的专门机构，但是目前英国已经建立"更生公司"这一新的机构来取代缓刑信托。

④ Gojkovic, D., Mills, A. and Meek, R. (2011) Third Sector Research Centre – Working Paper 57: Scoping the involvement of third sector organisations in the seven resettlement pathways for offenders. www. tsrc. ac. uk/LinkClick. aspx? fileticket = Jn Jy2cVtYx0％3D&tabid = 500 ［last accessed 5. 2. 2013］.

了解全部有效支持的全貌。这可能限制对服务用户、其家人和受害者的有效支持。为挖掘这一专门知识，法定合伙人需要建立关于有效事物更好的宏观构图。

对于如何执行这一原则，Clinks 给出了三条建议：（1）保证社区部门（VCS）服务的筹划，以展示将会在地方提供什么、由谁提供和什么层面的缩影。这并不是简单的工作，而且可能因为活动的数量和多样性而非常耗时。（2）考虑征募所在地基础设施组织①，或是领先的社区部门（VCS）提供方的服务，利用自身现有知识和网络，支持所在部门的筹划。（3）邀请社区部门（VCS）合伙人参与"市场活动"，在此他们能够告诉你更多关于其服务以及他们能够如何填补你的工作内容。可以在与地方社区部门（VCS）网络或基础设施组织的合作中组织此类活动。

对于该原则的执行，Clinks 还给出了一个可行的具体解决方案。为改善克罗伊登（Croydon）地区②社区部门（VCS）组织与涉及罪犯综合管理（IOM）安排的法定机构间的合作关系，克罗伊登（Croydon）志愿者行动组（CVA）组织了一场"市场"活动。活动的目的在于启动社区部门（VCS）组织与罪犯和前科犯合作的新网络，以展现地方社区部门（VCS）提供方，并巩固社区部门（VCS）与加入涉及罪犯综合管理（IOM）的地方合伙人之间的联系。使用志愿者行动组（CVA）的广泛数据库确定受邀社区部门（VCS）组织，作为开展罪犯和前科犯工作的已知主要组织，但并不一定视自身为刑事司法执法机构。"市场"活动为 22 个社区部门（VCS）组织提供机遇，向来自缓刑信托（Probation Trust）和其他关键法定合伙人的 40 余名员工和管理者简述其工作，并听取更多关于公共部门机构的工作。参与者感到为克罗伊登（Croydon）小镇度身定制的活动，能帮助其在部门间培养起更坚实可靠的工作关系，并有助于在战略和实施上搭建更坚实的犯罪综合管理平台。

（二）思考你能为该部门贡献什么

很多社区部门（VCS）组织经济衰退，发生财政危机，服务需求递增带来的压力增加。③ 研究表明，法定资金仍是社区部门（VCS）重要的收入来源。④ 然而，值得铭记的是，当资源稀缺时，资金并不是法定合伙人能够提供的唯一资源，而

---

① Local infrastructure organisation（LIO）：a charitable body such as a Council for Voluntary Service that typically provides a range of support services for all the Voluntary and Community Sector（VCS）organisations within its area. This might include help with organisational development, funding advice, training, and co – ordinating the sector's engagement with and representation on local strategic groupings. Many LIOs have Volunteer Centres attached to their organisations or work very closely with them. To find the LIO in your area, see：www. navca. org. uk/directory.

② 克罗伊登（Croydon）为英国大伦敦南侧的一个区，建于 1965 年，面积 87 平方公里。

③ Clinks（2013）The VCS in the Economic Downturn：a report series. www. clinks. org/publications/ reports/ eco – downturn.

④ Gojkovic, D., Mills, A. and Meek, R.（2011）Third Sector Research Centre – Working Paper 57：Scoping the involvement of third sector organisations in the seven resettlement pathways for offenders. www. tsrc. ac. uk/ LinkClick. aspx? fileticket = Jn Jy2cVtYx0％3D&tabid = 500［last accessed 5. 2. 2013］.

是存在其他能够互利共赢的方法支持社区部门（VCS）。

对于如何执行这一原则，Clinks 给出了三条建议：（1）审视除捐赠或合同外，你能为社区部门（VCS）贡献什么。例如，你是否能提供证据或数据的使用权、政策与规程、风险评估培训、提供会议场地、支持投标其他资助者，以及鼓励主流社区部门（VCS）组织考虑开展罪犯工作；（2）确保你能坚持诸如合同等推荐做法，在相互尊重与信任的基础上，发展与社区部门（VCS）的积极关系；（3）在适当情况下，社区部门（VCS）组织为您提供员工培训场地。

对于该原则的执行，Clinks 还给出了一个可行的具体解决方法。多塞特（Dorset）郡①缓刑信托机构认为，社区部门（VCS）组织在与特殊且通常是弱势群体个体的合作方面，拥有大量的经验和专门知识。他们的传达方法灵活多变，并能够对认定的机遇作出更快的响应。这使得其在提供定制服务、满足地方需求、经常对缓刑信托的技术进行补充方面成为了有价值的合伙人。然而，刑事司法执法制度的知识以及机构工作有限，置身其中能够时常引起服务提供方的明显忧虑，这并不局限于刑事司法执法。这为服务用户以及组织自身的全面、有效参与和成效形成了重大障碍。为减少障碍、支持成功发展与提供服务，并建立有效沟通渠道和合作关系，缓刑基金可采取两个步骤。首先，发展与地方志愿者服务委员会（CVSs）的良好关系，并利用其网络与更广泛的部门沟通，告知"信托"能够提供什么，并提供用以询问、指导与支持的联系方式。在理想状态下，该提供方式应结合与地方罪犯人口相关的共享数据，提供所需证据支持投标意见书。同样重要的是，要提供渠道了解服务发展的指导以及融入刑事司法执法制度（CJS）的方式，并向其他机构和同行业者提供指导服务，支持正在进行的工作。其次，确定社区运营的关键合伙人，并进行关于培训需求与意识提升需求的简要调查。建议使用在线调查，并要求你的地方志愿者服务委员会（CVS）代为传播该调查。根据反馈信息确定是否在信托内部提供相关培训，并向合伙人提供一定比例的场地。如果需求与意识提升和司法审判背景相关，那么指定一些运营员工，提供一小时或两小时的分组会议以支持该活动。涉及的运营员工至关重要，因为合伙人将据此获得额外信息，关于运营交付以及对"罪犯管理者"工作的见解。

（三）理解该部门的不同作用

社区部门（VCS）组织给予你的不只是服务提供。其独特定位是基于局部地方特色提供宝贵的智能，以及其中的挑战，这通常嵌在社区内部，法定机构难以触及。因为在一般情况下，社区部门（VCS）组织无正式执行作用，他们定位于与服务用户建立信任与交心关系，该关系不一定存在时间限制。

对于如何执行这一原则，Clinks 给出了三条建议：（1）为部门提供结构化的机会，某种程度上助力贡献其独特的地方知识，使我们能够更好地了解需求以及未

---

① 多塞特（Dorset）郡是英国英格兰西南部的郡，在英伦海峡北岸。

来服务的发展；（2）与社区部门（VCS）合伙人讨论其如何帮助你扩大服务范围以及社区联系或参与度；（3）考虑社区部门（VCS）能够如何帮助你与服务用户协商并发展优异的用户参与实践，以展示服务委任与交付。

对于该原则的执行，Clinks 还给出了一个可行的具体解决方法。2011 年 Clinks 管理一项由英国西南国家犯罪管理服务局（NOMS South West）资助的项目，令社区部门（VCS）帮助出台该地区刑事司法执法妇女政策团队的导向议程。作为其中的一部分，布里斯托及爱文华人妇女会（Bristol & Avon Chinese Women's Group）为监禁和缓刑环境下的员工和罪犯开发了一份双语信息资料包，以减少华人妇女罪犯的压力，协助员工帮助他们，并减少罪犯对基本翻译服务的使用请求。该资料包由一套卡片组成，涵盖了一系列问题，包括："刑事司法执法系统一览"和各部门如何运作；华人信息"指南"以及其他相关支持机构；含实用短语的"沟通卡"，如"能给我一些食物吗?"并配以标志/图片以帮助确定需求；以及十大文化意识贴士。该资料包不仅分发给西南地区的刑事司法执法机构和英国各地的妇女罪犯，而且很快这一伟大资源声名远播，很多其他合伙人请求复制该做法，包括住房协会，而且男性监狱希望向男性华人罪犯传递沟通与支持。

（四）传达你的作用是什么

实际上，资深的社区部门（VCS）合伙人可能缺乏对法定责任、法定结构、法定服务以及法定方法的理解。这能够引起对角色和责任的误解，进而破坏并扰乱联合工作。分工明确对建立有效的工作关系和需要目的性一致的交流时是非常关键的。

对于如何执行这一原则，Clinks 给出了三条建议：（1）提供关于你做什么和你如何运营的简报或概况介绍，如你如何构建组织，合伙人如何与你对话，或者你的案例管理和查询系统如何运作；（2）向社区部门（VCS）合伙人集中解释你的优先策略，以及他们如何塑造你所提供的服务；（3）如果你正与社区部门（VCS）组织发展新关系，明确你期望从他们那得到什么，如基本的最低标准。这些标准应与涉及工作的性质和规模相当。

对于该原则的执行，Clinks 还给出了一个可行的具体解决方法。HMP Eastwood Park[①] 与一些组织合作，并认可采取战略性方法的重要性，以确保为监禁中的妇女提供尽可能优质的服务，以满足其多样、复杂的需求。确定监狱内的需求，其目的是提供能够满足上述需求的服务，并助力实现减少再犯的首要效果。在合作关系建立之前，组织需完成一项新服务的建议书，证明该服务将如何帮助 HMP Eastwood Park 减少再犯，这包括项目目标、预期效果、监视、评估与资金。"减少再犯委员会"仔细考虑该建议书，那么一旦作出决定，着手建立合作关系，规划

---

① Eastwood Park is a female closed local prison. Opened after refurbishment on 1 March 1996 when staff and prisoners were brought from Pucklechurch.

会议将随之跟进。HMP Eastwood Park 鼓励组织通过提供入门服务在监狱环境中实现独立，这包括定向服务、包含关键意识和安全意识的各类谈话。所有与 HMP Eastwood Park 合作的组织均签署适当的"合伙协议"，协议至少每年审核一次。该审核是评估组织进程的契机，并确保所提供服务与协议相关，且满足妇女的需求。HMP Eastwood Park 每年举行"志愿者队伍和社区部门论坛"，旨在确保部门间的对话。讨论事项，如最佳实践、新举措、监狱服务更新和减少再犯新闻，还邀请罪犯代表。这随着临时监狱、志愿者队伍与社区部门实时通信和每年出版的服务指南而来，解释并促进各类可用服务，以及如何获得服务。

（五）发展战略合作关系

由于部门所掌握的知识和经验，地方社区部门（VCS）合伙人对联合战略规划的出台作出了重要贡献。为部门发展战略作用，避免浮于表面的咨询，并为组织及其服务用户发出真实的心声。人们存在普遍的误解，认为社区部门（VCS）提供方不应包含在服务设计中，因为存在潜在的利益冲突。然而，众多良好合作关系和试行实践实例表明，在不损坏公平竞争的前提下，能够对此进行管理。

对于如何执行这一原则，Clinks 给出了三条建议：（1）地方当局或警方辖区内无所不知且坚实的社区部门（VCS）网络（如"更安全的未来社区"网络①）能够在联合战略规划中发挥中流砥柱的中坚作用②；（2）为参与关键战略董事会或会议的社区部门（VCS）代表们提供场地，确保任命过程公开、透明，其他社区部门（VCS）组织拥有适当参与和反馈机制；（3）非常清楚社区部门（VCS）代表们的作用，以及何时需要适当的界限，例如，维持政策试行与正式取得过程之间的道德高墙。

对于该原则的执行，Clinks 还给出了一个可行的具体解决方法。西麦西亚缓刑信托（WMPT）与地方社区部门（VCS）组织和 Clinks 成员 YSS（www. yss. org. uk）建立"一步之遥"合作关系。WMPT 受邀竞标战略合伙人角色，将与"信托"合作，从其他的地方社区部门（VCS）提供方处委托服务。合伙人还将帮助发展当地社区部门（VCS）组织的能力，创造创新解决方法影响罪犯。规范需熟悉地方需求，以及满足该需求的过去记录。因此，当他们接收私人部门和大型国家社区部门（VCS）组织的投标时，地方提供方 YSS 胜出。YSS 是一家完善的地方慈善机构，致力于与社会排斥作斗争，拥有与罪犯创新工作的跟踪记录。与 WMPT 的合作关系，现称为"一步之遥"，已引领"新生之路"服务的创建：一系列相互关联的项目，旨在减少再犯，常针对罪犯中的特殊群体。它提供了灵活监督清单。社区中提供的大多数工作以一对一为基础，并且度身定制的服务满足其个性化的需

---

① Clinks（2013）Safer Future Communities local network contacts. www. clinks. org/services/ sfc # networkcontacts［last accessed 5. 2. 2013］.

② See Clinks（2013）Developing a criminal justice network. www. clinks. org/publications/guides – resources /dij – resources［last accessed 11. 2. 2013］.

求，确保实现最佳效果。项目着眼于提供动态支持，确保符合法院要求，住宿、财务和债务、就业建议、心理健康支持、职业训练、孩子与家庭的支持、身体健康以及药品滥用问题。某些"新生之路"项目由 YSS 提供，其他项目由 YSS 和 WMPT 开发，但与众多公共、私人和社区部门（VCS）合伙人合作提供。战略合伙人的角色是首选提供方模型。这使得西麦西亚缓刑信托（WMPT）与 YSS 开拓并讨论新服务，而西麦西亚缓刑信托（WMPT）无义务对 YSS 的工作或 YSS 提供服务进行奖励。该合作关系帮助较小型的社区部门（VCS）组织竞标工作，一定程度上增加了可信度，从而加强了资金的应用。YSS 通过培训、参与和发展可持续的资金支持起到能力建设者的作用。它也有责任确保服务用户的心声能够反馈至战略发展之中。慈善机构 YSS 的主管罗布·史密斯（Rob Smith）对该方法满怀热情："它能确定需求、服务架构，随后在与多家 VCS 组织合作过程中推出服务，如果我们要与社区部门（VCS）最大化地利用当地的剩余技能，这一方法至关重要。我们很庆幸西麦西亚缓刑信托（WMPT）首席执行官大卫·钱特勒（David Chantler）的思维非常超前，他坚信罪犯服务应由最佳提供方提供，这在很多情况下是由社区部门（VCS）交付。它允许部门内 YSS 和其他组织发起一些真正激动人心又创意十足的活动。"

（六）共同提供服务，改善社区安全

整个刑事司法执法过程的人，通常有两个或更多重叠、复杂的需求，需要多方面的应对。合作共创和合作定位的服务提供了支持的更佳方案，这更有可能实现积极的效果。共同提供服务是久经考验的方法，能够更有效地利用现有资源，从而避免重复利用。

对于如何执行这一原则，Clinks 给出了三条建议：（1）与社区部门（VCS）合作，评估其现有服务哪些地方能够合作定位或重新配置，以更好地满足特殊群体的需求，考虑使刑事司法执法代理机构的员工共同参与社区部门（VCS）组织；（2）与社区部门（VCS）合伙人合作设计新服务，在尽可能早的时候面对面讨论，确保充分利用地方专门知识塑造新方法；（3）利用种子基金测试创新实践，因为他们允许各类特定领域拥有专门知识的较小型基层组织开发新方法。

对于该原则的执行，Clinks 还给出了一个可行的具体解决方法。卡尔德达尔（Calderdale）① 的"妇女中心"为妇女多样、复杂的需求提供了一种个性化且整体的方法，中心很多人为刑事司法执法机构所熟知。他们与包括"缓刑与药物滥用"团队在内的其他地方合伙人利用联合方法，使妇女的所有门诊矫治都安全可靠，设立并允许妇女参加的一站式矫治。同地协作的罪犯管理者与"妇女中心"的个案工作者合作，提供全方位的支持，并使妇女与其可能需要的其他专责服务联系

---

① 卡尔德达尔（Calderdale）是英格兰西约克郡的一座城市，其名称源于流经此地的卡尔德河（River Calder），它由六大城镇和周围的村落共同构成。

在一起，包括咨询、债务与利益支持和家庭暴力服务。该合作方法使法院在处理社区判决时获得信心，这包括要求或建议参与"妇女中心"的服务。该方法已表明支持符合法院规定的比率，以及其减少违反规定事件的后续效果。该方法使"跨越监狱之门"的支持服务得以加强，能够惠及判处 12 个月以下监禁的妇女。"妇女中心"作为地方战略合伙人，正与卡尔德达尔（Calderdale）地区地方缓刑当地交付单位共同合作，与其他地方合伙人开发实例，包括卫生局以及地方政府在内的合伙人，形成整体方法，解决妇女和未成年女性多样而复杂的需求问题。

简讯书评

中英社区矫正理论与实务交流活动

上海政法学院社区矫正研究中心

2014 年 9 月 26 日，由上海社科院法学研究所、英国驻上海总领事馆主办，上海政法学院社区矫正研究所（中心）协办的"中英社区矫正理论与实践研讨会"在上海社会科学院 101 会议室召开。中方参会的有司法部社区矫正管理局，上海、江苏、浙江、天津等社区矫正实务部门的相关领导，社科院的领导和法学所的部分研究人员，上海政法学院应用社科院的领导和社区矫正研究所、刑事司法学院、社会管理学院的教学科研人员代表，部分研究生和本科生以及解放日报、文汇报、新民晚报、检察日报、上海法制报的记者。英方参会的有国家法务部罪犯管理局、缓刑服务署、承担社区刑罚执行的社团组织负责人以及英国驻上海总领事馆部分官员。英国社区刑罚执行已有 100 多年的历史，积累了丰富的经验并有较多的理论研究成果。英国代表主要在社区刑罚执行的机构设置、工作人员的专业化建设、控制犯罪的质量评价、社团组织参与社区刑罚执行等方面作了较为详细的介绍。中方代表的发言围绕机构设置、队伍建设和社会力量参与等方面的问题进行了探究，并且有比较研究。研讨会设有发言、提问、交流和深度访谈阶段。研讨会实现了预期的目的，加深了双方的了解和友谊，在借鉴国外有益经验、健全我国社区矫正制度方面起到了积极的作用。

2015 年 2 月，上海社区矫正访问团应邀考察英国缓刑管理工作。此次访问由英国驻上海总领事馆策划、组织，访问团成员包括上海政法学院、华东政法大学、上海社科院法学研究所的教学科研人员。

考察期间，访问团分别听取了国家罪犯管理署缓刑局局长、副局长对英国社区刑罚执行的基本情况和最新改革动向及循证执行的介绍，听取了国家罪犯管理署研究机构负责人及德蒙特福德大学刑事司法执法、政策和实践研究机构负责人介绍如何在刑事执行领域开展研究并如何将研究成果转化的做法。参观了伦敦布里克顿监狱罪犯重返社会矫正培训项目，坎特伯雷郡缓刑办公室（该单位是英国最近开始进行的对社区服刑人员综合管理、降低重犯率的试点单位，听取了他们介绍的最新的多机构公众保护协商会议制度，缓刑公职人员和政府购买服务人员合署办公情况）；参观了英国在刑事司法执法领域的志愿者总部，伦敦威尔敏斯特治安法院（了解驻法院的缓刑官开展审前调查及精神病评估的工作）以及在伦敦女子监狱处设置的对罪犯子女提供支持的志愿者服务机构。

试评《社区矫正制度的移植、嵌入与重构》

上海政法学院刑事司法学院　郭　琪

进一步加强对社区矫正基础理论的研究，确保社区矫正制度既符合刑罚执行的基本规律，又契合中国社会的实际需要，是完善刑事司法制度和人权司法保障制度的一项重要制度设计，也是我国在推进社区矫正立法进程中需要着力解决的实际问题。由上海市社区矫正管理局副局长梅义征撰写的《社区矫正制度的移植、嵌入与重构》一书从社区矫正制度演进史着眼，结合工作中的实证研究，对社区矫正制度体系中一些关键要素进行探究，寻找制度与现实之间的契合点，并作出设想，以期构建具有中国特色的社区矫正制度，对我国正在推进的社区矫正立法工作有所帮助。

一、研究内容之必要

我国引入社区矫正从 2003 年的初步试点开始，到全国试点再到逐步立法的发展历程中，学术研究方面的进步大多是由一些专家学者在引介、研究和论述中体现出来。研究社区矫正制度的专著本就较少，能联系我国近 10 多年来社区矫正运行实际来谈制度的更是少之又少。

显然，社区矫正已逐渐成为我国刑罚执行体系中充分体现行刑社会化的一个重要部分，但其成熟度仍然不足。"夫物芸芸，各复归其根"，社区矫正由无到有的过程依托的根源是其内涵及理念，凝结而成的制度机制才是其不断发展完善的动力所在。但其中的任何制度细节都需要经过长期考量和反复比较，我们不能将完全移植作为路径，更不可期待构建出一种机制能完全成为一个不需要管理者干预和调整的自适应系统。因此更需要在把握我国社区矫正制度的完善时，多结合实务、多参考研究，承受实践和时间检验，做积极的自我调整。

在国家顶层设计中，社区矫正的运行模式应该将制度的构建作为重点来把握。研究社区矫正制度，形成一部完善的社区矫正法律，乃至一套完善的全国社区矫正运作机制，能够减少许多地区实践的随意性和个案处理的几率，提高对社区服刑人员管理的针对性、适用性及效率，走向社区矫正执行真正的规范化。这也是学界、实务领域乃至民间的呼吁。

二、框架内容简介

初读这本书，作者首先以制度移植的视角作出绪论，介绍各国家、地区在正式制度层面相互汲取和完善，从而逐步建构有利于本国治理绩效的制度模式，而并非单纯法律移植。从制度"移植"——制度的发现、介绍、宣传与引入，到"嵌入"——外来制度与现有制度系统的相互适应和磨合，最后到"重构"——体现为移植制度的法制化、实践化、本土化的三个阶段，来梳理本书论述的角度与内涵。

（一）社区矫正缘起

1. 试通过制度史研究、中西比较等方法对社区矫正概念的意蕴、内涵进行界定。其中，作者根据自己的研究，划分了不同于过去研究的美国社区矫正发展时期。并通过研究对美国早期社区矫正的实践情况作出归纳。

2. 延伸到欧美主要发达国家的制度变迁，粗略介绍了西方社区矫正初期到传统模式衰落，再到社区矫正转型的阶段。

3. 基于以上论述思考，在我国的制度引入的背景下，述明中国特色下刑事司法制度改革需要什么样的社区矫正制度。

（二）就社区矫正运作执行的机构及队伍问题进行探讨

1. 从美国缓刑体系、假释体系不同的机构队伍，到日本的更生保护制度等，"他山之石可以攻玉"。

2. 介绍我国北京、上海等地试点的创新，"八仙过海各显神通"。

3. 作者着眼于职能优化、资源整合来考虑机构问题，并主要从执法角度对社区矫正工作队伍的人数、身份、培训、专门化问题作出建议。其中，就目前司法行政机关主张建立社区矫正警察队伍的问题，梳理了主要理由和局限性，作者认为，"社区矫正的执法应由司法行政机关为主，以避免多头执法；但同时，公安机关应当根据自己的职能配合司法行政机关做好执法工作，避免职能重叠交叉，也应该成为法律强制性的规定"。而在缺少威慑力、执法困难的问题上，"主要在于尚没有法律的明确赋权，此外还在于司法行政机关执法意识的缺乏和执法经验的不足"。

（三）调查评估之惑

1. 介绍调查评估工作在我国的进展及存在的定位不明确、设计不科学、程序不明晰等主要问题。

2. 从美国审前调查制度的演进历程、执行人员、功能、方式等方面介绍经验。

3. 提出需从制度及程序角度完善我国调查评估制度，一是解决概念、合法性、主体、对象范围、内容、权限等制度问题，二是完善调查评估人员、步骤、报告格式、辅助量表等程序问题。

（四）对完善非监禁刑罚制度及规范监管工作的思考

1. 从刑罚角度介绍刑罚执行措施必须服从于刑罚目的，即惩罚功能、改造功能、威慑和教育功能，兼论如何防止刑罚执行措施实际上成为加重犯罪人刑罚的措施，划定执法界限，防止刑罚滥用。

2. 述评西方缓刑制度、社区性刑罚种类、假释制度发展，发掘出其发展史中非监禁刑罚的操作性、丰富性、拓展适用、细致具体、人道轻缓化的特点及要求。

3. 以美国为考察对象，概述国外社区矫正执法的两大核心领域：一是制度，二是措施和手段；介绍美国缓刑监督与假释监督的流程、矫正项目与循证矫正方法。

4. 最后对完善我国非监禁刑罚制度提出设想，认为亟须做的是："第一，突破社区矫正仅仅适用于判处管制，宣告缓刑、假释和暂予监外执行的规定，将所有判处非监禁刑罚的罪犯都纳入社区矫正范围；第二，进一步细化《刑法》中有关缓刑和假释的规定，建立完善的、更具有可操作性的缓刑制度和假释制度。"之后进一步论述了如何完善我国缓刑制度、假释制度，从强化管制刑可操作性、扩大罚金刑独立适用、设立社区服务刑的角度提出了丰富非监禁刑罚种类的设想。

5. 从建立科学合理的执法工作机制、完善评估体系、重视矫正方案制定、分类矫正等六个角度探讨如何完善我国社区矫正执法措施和手段的问题。

（五）人权司法保障与正当程序

作者认为在执法过程中，对社区服刑人员正当权利保障主要涉及三个方面：一是日常监管活动中注意监管与干预之间的界限和联系；二是不得在法律规定和判决以外额外增加义务；三是为社区服刑人员提供辩护、控告、申诉的制度化渠道。

另外，作者专门针对未成年人社区矫正的社会调查、日常教育与监管问题的处理提出建议。

（六）户籍及居住地管理设想

反映实践中社区服刑人员居住地复杂性和适用管理制度时的困境，认为目前的居住地管理要求与现行刑事诉讼程序的相关规定不配套，提出具体规范措施。

除以上内容以外，作者在书中附录了自己关于我国台湾地区更生保护制度和观护制度的述评，提炼出其解决安置帮教工作的社会化问题、机制整合问题的裨益可鉴之处。

三、优势及价值

该书最大的优点是推进式地探讨社区矫正制度的完善，引导读者了解社区矫正制度移植过程中需要注意和推敲的要素，古今中外、旁征博引的比较研究，抽丝剥茧式地评述制度构建中一些关键性要素、争议性论题。更是敢于提出问题、质疑现状，对社区矫正的发展有着辩证而理性的批判精神。笔墨间饱含了作者作为一线工作者对社区矫正工作体制和工作方法完善的渴望，以及自己对于符合中国非监禁刑罚发展实际的制度设想和探索。

公安、司法行政工作者大多扎根于实践工作，像这样从工作实际着眼而向社会发声的作品仍然尚付阙如。因此，在实际运作的视阈下谈社区矫正，《社区矫正制度的移植、嵌入与重构》将一线工作经验与深入挖掘研究结合起来而凝结成的专著，更能体现其实践价值，能够从制度层面对国家推进中的立法工作提出建议，以及引起实践工作者的共鸣或争鸣。

后　记

在《社区矫正评论》第五卷出版之际，本编辑部衷心感谢所有对本评论出版给予帮助和支持的人。感谢司法部社区矫正管理局及部分省市司法厅（局）社区矫正管理机构领导对评论的指导和帮助，感谢上海政法学院党政领导及应用社会科学研究院长期以来对社区矫正研究的重视和支持，感谢各位作者为本评论提供了宝贵的研究成果，感谢中国人民公安大学出版社编辑为本书出版所作出的积极努力，感谢马晓、郭琪、程园园同学参与对稿件的选择、编辑和校对工作。

本评论既是对社区矫正制度研究探讨的园地，也是对社区矫正工作学习交流的平台，同时也是对社区矫正进行宣传的阵地。希望有更多的教学科研人员和实务工作者能关注和支持《社区矫正评论》，欢迎投稿，欢迎对评论的改进提出宝贵意见。

本评论欢迎对社区矫正制度完善方面的稿件，包括社区矫正的机构和队伍建设，规范化和制度化建设，教育矫正项目的扩展和深化，社区矫正立法等；欢迎理论和实践紧密结合的文章，通过实证研究来说明观点的文章，对国外社区刑罚执行工作经验介绍和借鉴的文章；也欢迎公安、检察、法院、监狱等相关部门及来自社区矫正一线和基层工作者的研究探索。

第六卷的截稿日期是 2016 年 1 月底，稿件请寄：sqjzpl@ 163. com。

征稿启事可查看上海政法学院网站：

http：//www. shupl. edu. cn→学术科研→科研机构→社区矫正研究中心→交流平台

联系地址：上海市外青松公路 7989 号　上海政法学院社区矫正研究中心

联 系 人：马　晓　18801753643；武玉红　13061703617

邮　　编：201701

上海政法学院《社区矫正评论》编辑部

2015 年 9 月